信息资源检索实用教程

董民辉　主编

海洋出版社

2017 年 · 北京

内 容 提 要

本书以信息的类型为主线，以信息资源为核心，结合大量的操作图片和检索案例。着重讲解数据和网络信息资源检索的理论和方法，旨在让学生熟练掌握信息资源的检索方法，提高学生有效利用信息资源的技能。

本书共分 11 章，简明而系统地阐述信息检索系统和基本概念，重点介绍国内外典型的检索工具、数据库、网络资源及其使用方法。此外，还对特种文献、全文传递服务、查新、信息的综合利用分别做了介绍，并在每章后附有练习题。

本书可作为普通高等院校信息检索课程的教材，也可作为科技人员进行信息检索的指导书和图书信息部门的参考书。

图书在版编目（CIP）数据

信息资源检索实用教程/董民辉主编．—北京：海洋出版社，2017.8
浙江海洋大学系列特色教材
ISBN 978-7-5027-9898-7

Ⅰ.①信…　Ⅱ.①董…　Ⅲ.①信息检索-高等学校-教材　Ⅳ.①G254.9

中国版本图书馆 CIP 数据核字（2017）第 199854 号

责任编辑：杨海萍　张　欣
责任印制：赵麟苏
海洋出版社　出版发行
http：//www. oceanpress. com. cn
北京市海淀区大慧寺路 8 号　邮编：100081
北京朝阳印刷厂有限责任公司印刷　　新华书店发行所经销
2017 年 10 月第 1 版　2017 年 10 月北京第 1 次印刷
开本：787mm×1092mm　1/16　印张：25.75
字数：458 千字　定价：58.00 元
发行部：62132549　邮购部：68038093　总编室：62114335

前　言

在人类步入信息社会的时代，信息已经成为促进科技、经济和社会发展的新型资源。信息检索作为一种科学的学习方法，是获取已知信息、创造新知识，不断改善自身知识结构的重要途径，已成为人类共识。信息素养普遍被认为是大学生学习中不可或缺的能力，在信息发达的时代越来越受到重视，支撑和服务着大学生的学习或科研活动。由于大学生的学习环境在不断发生变化，认知方式也在逐步改变，现有的高校信息素养教育体系不足以应对这种发展，亟须创新与优化，以充分保障大学生高度适应信息化社会发展的要求。

信息素养贯穿于大学生的全部学习之中，信息素养体系也应支撑大学生的学习环境，并随其变化而变化。早在 1984 年，教育部就提出在大学基础教育中开设“文献检索与利用”课程，30 多年过去了，人们从手工检索工具为主逐渐过渡到以 Internet 为主的数据库检索，检索手段发生了巨大变革，但检索目的一如既往，并随着时代的变迁，赋予“文献检索与利用”课程新的内涵。

本书以信息资源的类型为主线，较为系统地重点介绍信息检索的基本知识与基本理论，以图文并茂的方式详细生动地介绍了各类信息资源、图书、期刊、特种文献的特征与检索方法；同时对信息利用过程中所涉及的文献传递服务、学术论文写作、文献引用与学术规范也都作了介绍，内容新颖，紧跟时代，在编写过程中，尽量吸收和介绍有关信息资源检索的新动态、新知识和新方法。依照相关教指委制定的教学基本要求中“信息检索”课程大纲编写，主要针对普通高校学生层次，适当兼顾研究生、专科生及研究人员。

与其他同类教材相比，本书理论与实践相结合，内容新颖、实用性强。主要具有以下几大特点。

（1）各章之间既有独立性又有关联性，每章开头有引言，结尾有小结，章末附有练习题。

（2）本书以网络数据库为主，适当兼顾手工检索工具。

（3）本书图文并茂，尽量使用图、表格等表现形式，展示检索方式、归纳检索语言。

（4）为增加本书的可读性和趣味性，各章中一般都设有“重要提示”、“案例分析”或“阅读材料”等小栏目。

（5）各章案例选材新颖、实用，对章末练习题有启发、指导作用。

（6）获取原始文献是信息检索的目的，本书不仅介绍了众多全文数据库，还介绍了 CASHL 和 NSTL 两个能提供外文期刊全文传递服务的一站式网站。

本书可作为普通高等院校“信息检索”课程教材，也可作为科技人员进行信息检索的指导书和图书信息部门的参考书。

本书在编写过程中，得到福州大学图书馆陈振标教授的认真审核与热情帮助，在此我深表谢意。特别感谢海洋出版社为本书出版。

本书为“海洋人文系列教材之一”，并由浙江海洋大学教材出版基金资助出版。

编　者

2016 年 10 月 8 日

目　录

第1章 信息及信息素养

进入21世纪，信息与物质、能量构成现代社会的三大资源，成为社会发展的巨大推动力。在信息化高度发展的今天，信息匮乏的日子一去不复返，但信息泛滥又使我们陷入另一种尴尬的境地。在尽可能短的时间内全、快、准地查找所需的信息，这是时代赋予信息检索的职责。俗话说，磨刀不误砍柴工，工欲善其事，必先利其器。抓住信息检索这把利器，可以帮助我们从茫茫的信息海洋中找出精华、去除糟粕。千里之行，始于足下，本章将带读者进入信息检索的大门。

1.1 信息的概念及信息资源

信息化社会谈论最多的就是信息，那么什么是信息呢？信息检索又是如何定义的呢？本节将会帮助读者找出答案。

1.1.1 信息、知识、情报与文献

1. 信息

信息簇拥着整个世界，信息环绕着人们生活，信息已成为象征着21世纪的标志。那么什么是信息呢？一个世纪以来，信息的定义经历了百年演义，不断地与时俱进。人们从不同的研究领域，提出了多种信息定义。如美国数学家、信息论的创始人香农（C. E. Shannon）在题为“通信的数学理论”一文中指出：“信息是用来消除随机不定性的东西”。信息论专家钟义信将信息定义为：信息是被反映的物质属性。香农的信息定义：信息是确定性的增加。国家标准GB4894-85《情报与文献工作词汇基本术语》对信息的定义是：物质存在的一种方式、形态或运动状态，也是事物的一种普遍属性，一般指数据、消息中所包含的意义，可以使消息中所描述事件的不定性减少。

综上所述，信息是表示物质存在的一种方式、形态。以物质介质为载体，

传递和反映世界各种事物存在方式、运动规律及特点的表征。例如，事物发出的消息、信号及信号中的指令，就可通过一定的物质形式（声波、电磁波）传送给人或动物某种信息。不同的事物，具有不同的状态和特征，因此会产生出各种不同的信息，人类就是由大脑经感觉器官来接受自然界和社会中的种种信息来区别各种事物，从而认识世界和改造世界的。

2. 信息的特征

信息一般由信息源、内容、载体、传输和接受者几部分构成。因此，信息具有以下几个主要特征。

（1）普遍性。信息源于自然界、人类社会以及人类的一切思维活动，可谓信息无处不在、无时不有、无人不用。因此，信息可被看成是物质的一种普遍属性，是物质存在的方式、运动状态的体现。

（2）存储性。信息可以用不同的方式寄存在不同的介质上，即信息必须依附物质才能存在。大脑本身就是一个天然的信息载体存储器，纸张、图像、摄影、录音、光盘、计算机存储器等都可以进行信息存储。

（3）可识别性。信息是客观事物经过感知或认识后的再现，狭义的“认识论信息”认为，那些信息接受主体感觉不到的“某个事物状态及状态的变化方式”，或者感觉到了但不能理解的东西，都不叫信息。因此信息还必须具有可识别性，识别又可分为直接识别和间接识别，直接识别是指通过感官的识别，间接识别是指通过各种测试手段的识别。不同的信息源有不同的识别方法。

（4）传播性。发出信息与接收信息就是信息的传播。信息的传播性是信息最本质的特征。信息如果不能传播，信息的存在就失去了意义。信息只有经过传播才能被接受和利用，语言、表情、动作、报纸、书刊、广播、电视、电话、传真和网络等是人类常用的信息传播方式。

（5）共享性。信息具有扩散性，同一信源可以供给多个信宿，因此信息是可以共享的。

（6）时效性。信息具有很强的时效性是毋庸置疑的，及时的信息可以产生积极的效果，过时的信息则可能贻误战机。

（7）可塑性。任何信息，人们都可根据需要对其进行加工、整理、转换成另一种形态。如自然信息可转换为语言、文字和图像等形态，也可转换为电磁波信号或计算机代码。

3. 知识

知识是人们在改造世界的实践中所获得的认识和经验的总和，是人的大脑通过思维重新组合的系统化的信息集合。知识来源于信息，是对信息的提取、加工、评价的结果，是信息的一部分。

4. 情报

情报是为了解决一个特定的问题所需要的激活了的、活化了的特殊知识或信息。情报具有知识性、传递性和效用性等三个基本属性。

5. 文献

文献是指记录有知识的一切载体。即以文字、图像、符号、声频、视频等作为记录手段，对信息进行记录或描述，能起到存储和传播信息情报与知识作用的载体。

6. 四者之间的关系

知识来源于信息，是理性化、优化和系统化的信息，知识记录下来成为文献，文献经传递并加以利用成为情报，情报是解决特定问题的知识和智慧，是激活的那部分知识；对情报的利用体现了人对知识应用的能力。文献是它们的载体。四者之间关系，如图 1-1-1 所示。

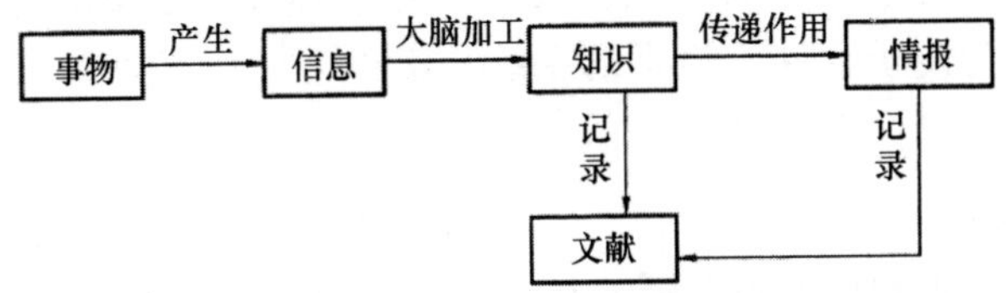

图 1-1-1　信息、知识、情报、文献四者之间的关系

1.1.2　信息资源

对信息资源的定义，如同信息一样，目前也有不同的方法。著名学者吴慰慈等人对信息资源的论述为：信息资源是经过人类采集、开发并组织的各种媒体的有机集合，也就是说，信息资源既包括制品型的文献资源，也包括非制品型的电子信息资源。信息资源具有客观性、寄载性、动态性、共享性、传递性等特点。

1.1.3 信息资源类型

1.1.3.1 按信息资源的加工层次分类

1. 零次文献

零次文献是最原始或者非正式的记录，大多数是没有公开传播的文献。它包括：日常交谈、参观展览、参加报告会、听取经验交流演讲、实验等的原始记录或工程草图等。

零次文献不仅在内容上有一定的价值，而且它没有了一般公开文献从信息的客观形成到公开传播之间费时甚多的弊病，其新颖程度颇为诸多学者所关注。

2. 一次文献

在科学研究、生产实践中，根据科研成果、发明创造撰写的文献，称为一次文献（又称为原始文献）。一次文献是文献的主体，是最基本的信息资源，是文献检索的主要对象。诸如专著、报刊论文、会议文献、学位论文、专利说明书、科技档案、技术标准、科技报告等，多属一次文献。

3. 二次文献

将分散的、无序的一次文献，按照一定的原则进行加工、整理、提炼、组织，使之成为便于存储、检索的系统文献称为二次文献。二次文献主要有目录、题录、文摘、索引等。

4. 三次文献

三次文献是在利用二次文献的基础上，选用一次文献的内容，进行分析、概括、综合研究和评价而编写出来的文献。它又可分为综述研究类和参考工具类两种类型。前者如动态综述、学科总结、专题述评、进展报告等；后者如年鉴、手册等。三次文献源于一次文献，又高于一次文献，属于一种再创性文献。一般来说三次文献具有系统性好、综合性强的特点，其内容比较成熟，常常附有大量的参考文献，有时可作为查阅文献的起点。三次文献主要有综述、述评、书评等。

1.1.3.2 按信息资源的出版类型分类

1. 图书

图书（book）大多是对已发表的科技成果、生产技术知识和经验通过选择、比较、核对、组织而成的。该类型文献内容成熟、定型，论述系统、全面、可靠。但图书出版周期较长，知识的新颖性不够。图书一般包括下面几种类型：专著、词典、手册、百科全书等。图书著录格式示例如下：

书名：中国海洋公共管理学
作者：王琪，潘新春
出版机构：北京：海洋出版社
出版年份：2015 年
页数：97 页
ISBN：978-7-5027-9125-4
中图法分类：P7
价格：￥25.00

小常识

ISBN 是国际标准书号（International Standard Book Number）的简称，是专门为识别图书等文献而设计的国际编号。ISO 于 1972 年颁布 ISBN 国际标准，并在西柏林普鲁士图书馆设立了实施该标准的管理机构——国际 ISBN 中心。现在，采用 ISBN 编码系统的出版物有：图书、小册子、缩微出版物、盲文印刷品等。当前，ISBN 号有 10 位数字（2007 年之前使用的号码）和 13 位数字（2007 年之后使用的号码）两种。

例如：图书《中国海洋统计年鉴 2014》（国家海洋局编，2015 年）的 ISBN 为：ISBN 978-7-5027-9119-3，其中，978 代表图书，7 代表中国，5027 代表出版社代号（海洋出版社），9119 代表书序号，3 是计算机校验号。

2. 期刊

期刊（periodical）一般是指具有固定题名，定期或不定期出版、刊载多篇论文的连续出版物。英文词汇 journal、periodical、magazine、serial 虽然都表示期刊，但有所侧重。Periodical 是最广义的概念，journal 主要指学术期刊，而 magazine 则主要指通俗的、大众娱乐及消遣的杂志。Serial 是指定期或不定期连续出版物，强调的是出版的连续性。期刊上刊载的论文大多数是原始文献，包含有许多新成果、新动向，其特点是出版周期短，报道文献速度快，内容新颖，发行及影响面广。据估计，从期刊上得到的信息资源约占信息来源的65%以上。期刊著录格式示例如下：

论文题名：海水淡化技术现状及新技术评述
英文题名：Status of Seawater Desalination Technology and Presents of Novel Technology
作者：王宏涛，李保安，刘兵
作者单位：惠生工程（中国）有限公司技术发展中心；天津大学化工学院化学工程研究所
刊名：盐业与化工
年卷期：2016年第43卷6期，起止页码：1-5
关键词：海水淡化；多级闪蒸；多级蒸馏；反渗透；正渗透
摘要：分析了海水淡化的市场和前景，介绍了目前大规模采用的三种常规工艺技术，即多级闪蒸、多效蒸馏和反渗透的现状、技术特点及其发展趋势。最后，根据海水淡化发展的新趋势，介绍了两种比较有发展潜力的新型海水淡化技术即：膜蒸馏技术和正渗透技术，并且分别从技术优势和研究热点方向进行了分析与讨论。

小常识

ISSN，即国际标准刊号（International Series Standard Number）。由8位数字分两段组成，前7位是期刊代号，末位是校验号。例如：期刊《自动化与仪表》的ISSN为：ISSNl001—9944。

因为很多数据库均设有1SSN号的检索字段，只要输入几个简单的数字，便可以得知是否有该期刊以及该期刊的名称、馆藏状况等信息。

核心期刊（core journal）是指刊载某一学科的论文数量较多，学术水平较高，能够反映该学科最新成果和研究动态，因而备受学科专业读者重视的期刊。虽然全世界每年出版的期刊数量庞大，但每个学科的核心期刊数量有限。某专业的核心期刊可通过文献计量学的方法来确定。目前外文核心期刊基本以美国科技信息所（Institute for Scientific Information）出版的《引文索引》（Web of Science）以及美国工程信息公司出版的《工程索引》（Ei）中收录的期刊为准。中文核心期刊以中国科技信息研究所编辑出版的《中国科技期刊引证报告》和北京大学图书馆编辑出版的《中文核心期刊要目总览》中收录的期刊为准。需要说明的是，这两种工具书所收录的核心期刊均是印刷版期刊，对于那些电子期刊来说，目前尚无相关的统计与评价。

3. 专利文献

专利文献（patent literature）是实行专利制度的国家，在接受专利申请和审批过程中形成的有关出版物的总称。它通常指各国（地区）专利局公布出版或归档的所有与专利申请案有关的专利说明书。中国专利文献的种类有：发明专利文献、实用新型专利文献和外观设计专利文献。专利文献著录格式示例如下

申请号：CN01278782. 5
名称：螺旋卷板式换热件的小型海水淡化器
公开（公告）号：CN2527550
主分类号：C02F1/04
申请（专利权）人：天津大学
地址：300072　天津市南开区卫津路 92 号
发明（设计人）：王宇新；任延；王世昌；王志；王纪孝；李凭力；徐世昌
申请日：2001. 12. 19
公开（公告）日：2012. 12. 25
代理人：李素兰
摘要：本实用新型公开了一种螺旋卷板式换热件的小型海水淡化器。该淡化器在船只上依靠船动力机的缸套换热水为热源，实现海水淡化。它主要由海水泵、喷射泵、换热室内设置的蒸发、冷凝换热件构成，其特征在于：蒸发、冷凝换热件为螺旋卷板式，蒸发换热螺旋卷板件设置在换热室下部，冷凝换热螺旋卷板件设置在换热室上部，在它们之间设置捕沫器和锥型淡水收集器。螺旋卷板换热件由 1~4 个在板的宽度方向两侧构成封闭的空腔板带绕制而成，每个空腔螺旋卷板的两端设有流体的进出口。本实用新型的结构紧凑，蒸发，冷凝换热面积大，整体重量较轻，特别适用于渔船生产淡水。亦可用于化工、轻工、制药等行业作为溶液的浓缩器。

4. 标准文献

标准文献（standard literature）是指按规定程序制订，经公认权威机构（主管机关）批准的一整套在特定范围内执行的规格、规则、技术要求等规范性文献。按使用范围，标准可分为：国际标准、区域性标准、国家标准、行业标准和企业标准等；按内容可划分为基础标准、产品标准、方法标准、安全卫生标准；按成熟程度可划分为法定标准、推荐标准、试行标准等。标准方献著录格式示例如下：

名称：船舶和海洋技术，船舶设计，应急牵引规程通用指南
英文名称：Ships and marine technology-Ship design-General guidance on emergency towing procedures
标准编号：ISO 16548-2012
发布日期：2012-10
实施日期：2013-3-1
中国标准分类号：U10
国际标准分类号：47.020.01
中文主题词：采取对策；定义；应急的；紧急措施；船舶导航；海上安全；造船工程；规程；职责；安全性；船舶；牵引绳；拖车
开本页数：32P

5. 学位论文

学位论文（thesis，dissertation）是高等学校、科研机构的学生为获得某种添加学位所撰写的论文。学位论文探讨的问题往往比较专深，一般具有一定的创造性。根据学位的不同可分为学士学位论文、硕士学位论文、博士学位论文。学位论文著录格式示例如下：

论文题名：石油储运过程罐区风险分析与储罐油气蒸发损耗量估算研究
作者：贾志慧
作者专业：环境工程
导师姓名：王丽萍教授
授予学位：硕士
授予单位：中国矿业大学
学位时间：201405
分类号：TE89
关键词：石油储运；罐区风险；事故树；饱和蒸气压；油气蒸发损耗量估算
摘要：随着石油储运量的日益增加和罐区规模的不断扩大，储罐油气蒸发带来油品损耗及相关环境风险问题也日益突出，分析石油储运过程中的罐区风险和相关影响事件，以及准确估算储罐油气蒸发损耗量，对寻求制定切实可行的罐区风险防范措施和控制油气蒸发损耗量都具有重要意义。本文以风险识别为基础，采用事故树方……

小常识

在学位论文著录格式中，PhD thesis 指博士论文，MS dissertation 指硕士论文。

6. 会议文献

会议文献（conference literature）是指在国内外重要学术会议上宣读和交流的论文和报告。此类文献代表某学科领域的最新成就，反映该学科领域的发展趋势。会议文献分为会前文献（论文预印本和论文摘要）和会后文献（会议录）。会议论文著录格式示例如下：

论文题目：加快瓯江河口地区建设 拉动温州经济再次腾飞
作者：董福平，陈静
作者单位：浙江省水利学会
会议名称：第六届中国功能材料及其应用学术会议
会议时间：20071115
会议地点：武汉
主办单位：浙江省水利学会
出版时间：200412
页码：3~4
分类号：F127
摘要：瓯江是浙江省仅次于钱塘江的第二大河，流域面积17 985 km^2。瓯江河口具有泄洪御潮、航运、水产渔业、滩涂围垦、旅游开发、环境保护等多种功能。瓯江河口地区是瓯江流域中人口最稠密、社会最繁荣、经济最发达的区域。位于瓯江河口区的温州市是我国首批十四个 ……

7. 科技报告

科技报告（sci-tech report）是科技人员或研究机构向资助者呈交的成果报告。其特点是内容详尽专深，有具体的篇名、机构名称和统一的连续编号(即报告号)，一般单独成册。

科技报告的种类很多，按时间划分有初期报告（primary report)、进展报告（progress report)、中间报告（interim report)、终结报告（final report)；按流通范围划分有绝密报告（top secret report)、机密报告（secret report)、秘密报告（confidential report)、限制发行报告（restricted report)、公开报告（unclassified report)、解密报告（declassified report）等。科技报告是在第二次世界大战期间及战后迅速发展起来的，目前全世界每年约有10万件科技报告产生，其中以美国政府研究报告（PB、AD、NASA、DOE）为主。科技报告著录格式示例如下：

著者：R. Cole，Y. Muthusamg and M Fanty
报告题名：The ISOLET spoken letter database
机构名称：Oregon Graduate Institute
报告号：Tech. Rep. 90-004
报告发表日期：1990

8. 政府出版物

政府出版物（government publication）是指政府部门及其所属机构颁发出版的文献。可分为行政性文献和科技性文献两大类。行政性文献主要有政府法令、方针政策和统计资料等，涉及政治、法律、经济等方面；科技性文献主要有政府部门的研究报告、标准、专利文献、科技政策文件、公开的科技档案等。该文献对于了解某国的科技、经济等方面的政策和事件有一定参考价值。政府出版物著录格式示例如下：

法规标题：国务院关于加快发展旅游业的意见
发布部门：国务院
发文字号：国发［2009］41 号
发布日期：2009. 12. 01
实施日期：2009. 12. 01
法规类别：旅游综合规定
唯一标志：124305
内容：各省、自治区、直辖市人民政府，国务院各部委、各直属机构、旅游业是战略性产业，资源消耗低，带动系数大，就业机会多，综合效益好。改革开放以来，我国旅游业快速发展，产业规模不断扩大，产业体系日趋完善……

9. 科技档案

科技档案（technical records）是指单位在科研或技术生产活动中针对具体的工程对象所形成的技术文件、图纸、图片、原始技术记录等资料，包括课题任务书、合同协议书、试验记录、技术指标、审批文件、研究计划、工程设计图纸、大纲、技术措施、调研材料、施工记录、交结验收文件等，它是生产建设和科研活动中用于积累经验，吸取教训和提高质量的重要文献。科技档案具有保密和内部使用的特点，一般不公开。科技档案著录格式示例如下：

来源：福建省科技档案馆
名称：中亚热带常绿阔叶林生态采伐作业系统研究
时间：2005 年 9 月 8 日
主要完成单位：福建农林大学
主要完成人员：周新年，邱仁辉，杨玉盛，游明兴，潘仁钊
省级成果登记号：20010074
主要内容：选择皆伐作业的 5 种集材方式与采伐强度为 30% 的择伐作业，进行土壤理化性质指标变化程度的比较。经土成分分析得出不同采伐、集材方式对林地土壤理化性质的干扰程度，并作出科学排序……

10. 产品资料

产品资料（product data）是国内外生产厂商或经销商为推销产品而印发的企业出版物，是用来介绍产品的品种、特点、性能、结构、原理、用途和维修方法、价格等的资料。据不完全统计，全世界每年出版的产品样本有 70 万~80 万种。产品样本著录格式示例如下：

产品名称：地铁逃生标识
产品简介：地铁逃生标识采用蓄光型自发光材料。该标志牌除具有普通消防安全标志牌的作用外，它固有的蓄光型自发光功能可在突发性事件引起停电时，在黑暗中起到无需电源的应急标志作用……
产品厂家：四川新力光源有限公司

1.1.3.3 按信息资源的载体形式分类

1. 刻写型文献

刻写型文献是指在印刷术尚未发明之前的古代文献和当今尚未正式付印

的手写记录，以及正式付印前的草稿。如古代的甲骨文、金石文、绵帛文、竹木文，以及现今的会议录、手稿等。

2. 印刷型文献

印刷型文献是指印刷术发明之后，以纸张为存储载体，通过油印、铅印、胶印、静电复印等手段，将文字固化在纸张上所形成的文献。这种类型文献的形式自印刷术发明至今仍然是一种重要的出版形式，各种内容的图书、期刊、报纸都属于此种类型文献。印刷型文献的优点是便于传递和阅读，并且阅读时不需借助任何技术设备。但由于其体积大，存储密度低，所占的存储空间很大，很难实现自动化管理和提供自动化服务。

3. 视听型文献

视听型文献又称声像型文献。它是以磁性材料或感光材料为存储载体，借助特定的机械电子设备直接记录声音信息和图像信息所形成的文献。如录音带、录像带、唱片、幻灯片等。视听型文献的特点是形象直观、逼真，使人能闻其声，观其形。但使用时需借助一定的设备。

4. 缩微型文献

缩微型文献又称为缩微复制品文献，它是以感光材料为载体，以印刷型文献为母本，采用光学摄影技术，将文献的体积浓缩而固化到载体上的文献，如缩微卡片、平片、胶卷等。缩微型文献体积小，密度大，易于传递，平均可以节约存储面积95%以上，并且保存期较长，不易损坏和变质，但不能直接用肉眼阅读，需借助各种型号的阅读器.

5. 机读型文献

机读型文献是以磁性材料为存储载体，以穿孔、打字或光学字符识别装置为记录手段而形成的文献，如磁带、磁盘、光盘等。机读型文献包括题录、文摘、全文等各种类型数据库，其特点是一次加工，多次使用，存储容量大，存取速度快，节省存放空间，易于实现资源共享，是一种很有发展前途的文献类型。但是检索利用机读型文献时，必须借助电子计算机。

1.2　信息素养与创新能力

何为信息素养？它与创新能力又是什么关系？布拉格宣言给我们作了很

好的诠释：信息素养是人们有效参与信息社会的一个先决条件，是终身学习的一种基本人权。本节的内容将会作出更好的解答。

随着互联网越来越成为一个学习、教育和研究的“场所”而不仅仅只是一种“媒介”，整个高校的学术环境也在悄然发生变化：新兴媒体（如微博、微信）成为研究人员和高校师生学术交流的新手段，学者博客成为记录学者学术思维过程的重要平台，大规模在线开放课程（MOOC）成为学生研究和学习的新型资源……

1.2.1 信息素养的内涵

信息素养（Information Literacy，IL），是1974年美国信息产业协会（IIA）主席保罗·泽考斯基（Paul Zurkowski）在提交给全美图书馆学和信息学委员会（NCLIS）的一份报告中提出的这一概念，他当时把信息素养解释为“利用大量的信息工具及主要信息源使问题得到解答的技术和技能”。进入20世纪80年代后，随着计算机技术的发展和普及，信息素养的含义不断深化，涉及领域更加广泛。1989年，美国图书馆协会（ALA）下设的IL主席委员会发表的一份有关IL的权威报告，其对IL的定义是至今使用最为广泛的一种：“具有信息素养的人必须在需要时能够识别、查找、评价和有效地使用信息”。1997年9月，美国纽约州立大学图书馆馆长理事会对信息素养的定义表述为：“能清楚地意识到何时需要信息，并能确定、评价、有效利用信息以及利用各种形式交流信息的能力”。

2003年9月20至23日，联合国教科文组织（UNESCO）和美国图书情报学委员会（NCLIS）在捷克首都联合召开的信息素养专家会议（Information Literacy Meeting of Experts，Prague，The Czech Republic）发布了布拉格宣言：走向具有信息素养的社会。会议将信息素养定义为一种能力，它能够确定、查找、评估、组织和有效地生产、使用和交流信息，并解决面临的问题。

信息素养是一种个人能力素养，同时又是一种个人基本素养。因为在信息化社会中，获取信息、利用信息、开发信息，已经普遍成为对现代人的一种基本要求，是信息社会劳动者们必须掌握的终身技能。信息素养可简单地概括为：人们能够敏锐地察觉信息需求，并能进行相应的信息检索、评估以及有效利用所需信息的水平。一般而言，信息素养由信息意识、信息能力、信息道德三个方面构成。其具体表现为：对信息源内容的了解程度，通过信息解决问题的基本意愿，信息获取方法的掌握程度，知道在何时、通过何种信息源、如何解决相关问题，具备评价和分析信息的能力，具有良好的信息道德，合理、合法地利用信息的意识等。其中，信息意识是前提，信息能力是保证，信息道德是准则。

1.2.2　新型信息素养体系

信息素养在以往的学习环境中，基本被定位为对学习资源——学习环境的基本构成要素之一，甚至只是其中的文献资源进行检索、选择和应用的能力。但在信息技术和学习环境发展变化的情况下，用户的学习素养需求不断增加，传统信息素养的局限性日益凸显，原来强调的检索能力已经不再是唯一的学习重点，需要根据需求，重新定位和构建面向新学习环境的信息素养体系。

学术大环境的新变化。北京大学图书馆馆长朱强援引《第 34 次中国互联网络发展状况统计报告》中“2014 年 6 月手机上网比例超过传统 PC”的统计数据，认为当前整个社会已经进入移动互联时代，在这样一个时代，学习资源不再仅仅局限于图书、期刊和数据库，而是向微型世界、探究主题式资源、教育游戏、教学模拟、认知工具、开放数据或关联数据、虚拟实验、网络课程、教学演示、问题解答等新型学习资源发展。CALIS 管理中心陈凌、王文清认为信息技术的快速发展，不仅使得移动互联网快速普及，将图书馆的服务阵地从“物理空间和互联网空间”拓展到用户手持终端，而且带动了新媒体、全媒体、社交媒体的深入应用，这意味着图书馆信息服务、服务营销、用户交互等方式呈现多样性。新出现的大数据、语义网、数据挖掘、知识发现等使得图书馆建立新型情报服务，开展深度咨询服务成为可能。

高等教育的新变化。东北财经大学张莉认为移动互联的新媒体时代整个教育和学术环境的主要变化表现在：教育理念方面，从以知识传授为主到注重沟通、交流和思辨，从强调先贤圣人的经验和传统到注重理性思维和科学方法，从遵从学术权威到挑战学术权威，从强调知识传承到注重培养创新能力，从规范化学习到个性化学习，从被动学习到主动学习，从集中学习到分散学习，从封闭学习到开放学习；教育技术方面，从传统黑板粉笔向网络公开课、MOOC、微课和在线学习讨论社区转变；学习模式方面，从灌输式被动学习向自主学习（自主选择学习时间、学习内容和学习形式）、学习过程的重组及其游戏化倾向、跨越时空和学科界限的开放式学习、小组协同合作学习方向转变；学校向24小时开放教学、个性化的教育体验、学生们在不同的时间上学、学生们在不同的年龄开始正式教育、课程表横跨各个专业、非教师跟教师一起工作、教师在商业世界和教书匠的工作中切换、本地各色公司在学校里设立办公室和创立更多的特许学校转变。上海交通大学图书馆馆长陈进进一步认为，从当前中国高等教育改革、大学定位、大学图书馆的功用等大方向来看，演变的学术环境需要高校图书馆做好三个层次的转变：低层次，即重新思考和定位图书馆员的角色与技能，嵌入课程的过程中；中层次，即实现研究成果的数字化采集与存档，并在与来自其他服务途径的竞争中取胜；高层次，即积极开展持续的整合、互操作与项目合作。上海财经大学李超民观察到，高等教育改革以及高校转型，直接导致了教师队伍结构的变化、师生的研究和文献阅读需求的变化。以上海财经大学为例，随着学校对海外人才引进力度的加大，拥有博士学位的海归读者不断增加，海归读者在馆行为非常重要的一个体现是对图书馆外文出版物和数据库的需求不断加大。

完整的信息素养体系构建应包含的内容有：目标与定位，标准与基本要求，作用及其拓展，主要内容组成，特点与相关方法，宣传推广模式，合作机制等等。

有鉴于此，美国大学与研究图书馆协会（Association of College & Research Libraries，ACRL）在其2014年11月发布的《高等教育信息素养框架（草案）》（ACRL Framework for Information Literacy for Higher Education（Draft））中，提出了“元素养”概念，即将信息素养重新定位，使之成为催生其他素养的核心素养，通过对相关素养理念和新技术进行关联整合吸纳，对学生进行学习行为、情感、认知和元认知方面的培养。

在元素养概念提出的基础上，ACRL明确地将信息素养重新定义为：通过参与信息生态系统，拓展和深入学习的一系列能力、行为和思维习惯；包括：对信息生态系统基本概念的理解，以创造性研究和批判性思维方式来查找、评估、管理信息，通过社群学习创新知识，具备战略性眼光等等。

信息素养的重新定位和定义，使得其培养目标和内容不仅保留了原有的信息意识、信息获取、信息评价、信息利用、信息道德等方面能力的培养，而且突破了技能培养的限制，将信息素养的培养范围扩大到了基于整体学习环境的学习能力的培养，努力满足学习者在学习素养方面不断提升的需求。

ACRL的新框架草案还提出了信息素养内容的六大框架：

（1）信息的可塑性与关联性，即培养学习者根据信息需求对自己学科领域内权威信息进行识别、提取与构建的能力；

（2）信息创建是一个过程，即对信息创建过程中不同环节信息的理解、认识和判断；

（3）信息是有价值的，即理解信息在不同的领域拥有不同的价值；

（4）研究也是质询，即学习者要具备在研究过程中提问、调查、批判以及解决问题、做 出决策的能力；

（5）学术也是对话，即培养学习者在学术研究中的交流、判断、批判、总结和应用文献的能力；

（6）搜索是一种有策略的探索，即对检索技能与思路的培养。

要具备这些能力，就需要培养学习者的信息素养、数字素养、数据素养、媒体素养、技术素养、视觉素养等各种学习能力。这些素养彼此关联，共同构成了支撑学习的学习素养体系；鉴于这些素养都关注信息，以及信息使用、理解、评估及管理的能力，其差异主要在于关注的具体技术和信息形式有所不同，因此信息素养就成为其中最重要的素养，是学习素养体系的核心基础①。

总之，信息素养是一种综合信息能力。即在信息社会中，人们所具备的信息觉悟、信息处理所需的实际技能和对信息进行筛选、鉴别、传播和合理使用的能力。

1.2.3　信息素养与创新能力

创新能力是人们运用知识和理论，在科技和实践活动中除旧立新、创造具有经济价值、社会价值的新思想、新理论、新方法和各种新发明的能力。创新能力构成的基本要素有创新意识、创新智能、科技素质、创新环境等。创新意识是创新的前提，是激发创新能力的动因，创新智能（包括观察能力、思维能力、想象能力、操作能力）决定了创新的成功和水平，科技素质是创

① 数字素养强调的是运用电脑及网络定位、组织、理解、估价和分析信息的能力；数据素养核心是指对数据的敏感性、收集能力、分析和处理能力、利用数据进行决策的能力、对数据的批判能力；技术素养是指评价、选择和利用科学技术的基本知识和能力；媒体素养则强调通过印刷、电视、电台、电影及社交媒体等多种媒体平台，获取、驾驭、读写和交流信息的能力；视觉素养是指对视觉信息的感受与处理能力，包括视觉思维、视觉交流和视觉学习。

新的基础，创新环境则为创新营造氛围，是提高创新能力的重要条件。

高校实施的信息素养教育是孕育创新能力的沃土，正像布拉格宣言宣称的那样，信息素养是人们有效参与信息社会的一个先决条件，是终身教育和终身学习的一种基本人权。信息素养教育主要是培养大学生主动获取各种信息的意识，掌握信息获取和利用的能力，恪守信息道德，构建终身学习环境和氛围，为创新能力的培养夯实基础，这样才能不被时代抛弃，顺应未来社会的发展。

信息素养和创新能力的培养与提高不是一蹴而就的，需要进行长期、有计划、有步骤地训练。培养和提升大学生的信息素养既是个人终身发展的要求，也是信息时代对高等教育的必然要求，关系着国家的前途和发展。我们应借鉴“美国高等教育信息素养能力标准”，以信息技术教育为基础，以信息能力和创新能力的培养为核心，注重大学生信息道德、文化、社会责任感等方面的发展，为全面建设小康社会培养大批高素质的优秀人才。

小　结

本章主要讲述了信息及信息检索的定义、信息检索的类型及信息检索的目的：培养学生新的信息素养体系，提高学生的创新能力。

练习题

1. 什么叫信息？信息有哪些特征？
2. 信息检索分为哪几类？
3. 信息素养包括哪几方面的内容？
4. 给出几种自己经常使用的文献的类型名称，并说明它们的特点。
5. 通过中图分类号查找海洋类、水产类、航海类本馆收录情况。
6. 查找收藏的石油储运类英文纸质期刊、电子期刊。

第 2 章　信息检索原理、技术、系统

2.1　信息资源检索概述

2.1.1　信息检索的含义与实质

信息检索一词最早来源于英语“Information Retrieval”，表示将信息按一定的方式组织和存储起来，形成各种“信息库”，并根据用户的需要，按照一定的程序，从“信息库”中找出符合用户需要的信息的过程。因此，广义的信息检索包括信息的存储与检索两个过程。

信息存储（标引）过程就是解决如何建立检索系统，编制、标引检索工具或数据库，这主要由专业信息标引人员、图书情报部门的专职人员依据检索语言进行编制、标引。一般图书情报部门都把这部分编制、标引出的“信息库”，放在图书馆的检索室或图书馆的服务器中。表 2-1-1 所示为国内外常见的检索工具，表 2-1-2 所示为国内外常见的数据库。

信息检索（检出）过程则是根据已知的检索工具和数据库，按照一定的检索规则（检索语言）将所需的文献资料查找出来的过程。

狭义的信息检索则仅指信息的检出过程。

因此，信息检索主要讲解怎样利用检索工具和数据库查找信息资料。当然随着 Internet 的发展，网络信息空间得到了极大的拓展，在信息检索中也占有很重要的位置。

表 2-1-1　常见检索工具一览表

<table>
<tr><td colspan="2">美国</td><td>EI、CA、JEL、PROMT、MR、TTD、SCI、BA</td></tr>
<tr><td colspan="2">英国</td><td>SA（PA、EEA、CCA、IT）、WPI、WTA</td></tr>
<tr><td colspan="2">俄罗斯</td><td>文摘杂志</td></tr>
<tr><td colspan="2">日本</td><td>科技速报、特许公报</td></tr>
<tr><td rowspan="3">中国</td><td>文摘</td><td>管理科学文摘、计算机应用文摘、硬件软件文摘、机械制造文摘、中国数学文摘、中国汽车文摘、中国化工文摘、中国食品文摘</td></tr>
<tr><td>目录</td><td>全国新书目、国内外科技资料馆藏目录、国家标准目录及信息总汇、中国近代期刊篇目汇录</td></tr>
<tr><td>索引</td><td>全国报刊索引、报刊资料索引、人民日报索引、光明日报索引、中国专利索引、中国科学引文索引、国外社会科学论文索引、中国近代现代丛书目录索引</td></tr>
</table>

表 2-1-2　常见数据库一览表

中文数据库	超星数字图书馆、书生之家数字图书馆、读秀学术搜索 中国学术期刊全文数据库、中文科技期刊全文数据库 中国博士学位论文全文数据库、中国优秀硕士学位论文全文数据库 万方中国学位论文全文数据库、万方数据资源系统会议论文 中国社会科学引文数据库、人大复印报刊资料全文数据库 中国资讯行、中经网统计数据库、新华在线——道琼斯财经咨询教育平台
外文数据库	EBSCO 全文数据库、Elsevier 电子期刊数据库、ACS 期刊全文库 Springer 电子期刊数据库、ISI Proceedings、Ei Village2、PQDD 博硕论文库 CALIS 文献传递、CASHL 文献传递、NSTL 文献传递

2.1.2　信息检索类型

信息检索的种类很多，在此仅按其检索对象和检索手段两种方式进行描述。

1. 按检索对象和检索内容的不同划分

根据检索对象的不同，信息检索可归纳为以下 3 种类型。

（1）数据检索（Data Retrieval）。数据检索是指以各种数据或数值为检索对象，其检索范围包括文献中某一数据、公式、图表、指数、常数以及化学分子式、统计数据、人物传记、机构名录以及各种规格、标准等。使用的工具主要有百科全书、字典、辞典、年鉴、手册、人名录、地名录、机构指南及其相对应的数据库和网络资源等。例如，“2009 年我国人均 GDP 指数”，其检索结果是经过测试、可供直接使用的科学数据，也是一种确定性的检索。数据型检索分为数值型与非数值型。

（2）事实信息检索（Fact Retrieval）。事实检索是指以某一客观事实为检索对象或对已有的数据进行处理（逻辑推理）后得出新的事实过程，利用参考性工具书和指南数据库，查找用户所需的特定事实，找出特定数据的过程，其检索结果是客观事实或是为说明事实而提供的相关资料，是一种确定性的检索。但事实信息检索过程中所得到的事实、概念、思想、知识等非数值性信息和一些数值性信息须进行分析、推理，才能得到最终的答案，因此要求检索系统必须有一定的逻辑推理能力和自然语言理解功能。目前，较为复杂的事实信息检索课题仍需人工才能完成。例如某同类产品中，哪种牌号的汽车最省油？本学年成绩优秀的学生有多少？

（3）文献检索（Document Retrieval）。文献检索是指以文献为检索对象，利用检索性工具书和文献型数据库，查找用户所需特定文献的过程，其检索结果常为文献的信息或全文，是一种相关性检索。凡是查找某一课题、某一著者、某一地域、某一机械、某一事物的有关文献，以及这些文献的出处和收藏处所等，都属于文献检索的范畴。例如“关于儒家文化对韩国经济的影响”都有些什么参考文献？文献检索是要检索出包含所需要信息的文献，是一种不确定性的检索，其检索结果是与某一课题有关的若干篇论文，书刊的来源出处以及收藏地点等。因此，文献检索一般使用文摘、目录、索引、全文等检索工具及其相对应的数据库和网络资源。

以上 3 种检索对象不同，结果也不同。数据型检索侧重于“量”，提供具体数据信息；事实型检索侧重于“质”，提供具体事实信息，二者都是为用户提供确定性答案；而文献型检索不直接解答用户提问，而是提供与之相关的名称及出处，供用户筛选分析，是进一步获取和利用信息。

2. 按信息检索方式不同划分

（1）手工检索。手工检索简称手检，是指无须借助任何辅助设施即可使用的检索工具。这类工具都是些传统的印刷型检索工具，如文摘、目录、索引。因此用户使用起来直观、便于阅读、检准率高，但漏检严重、检索速度慢。

（2）计算机检索。计算机检索简称机检，是指借助计算机、通信设施、数据库及其他辅助设备进行检索的统称。计算机检索包括联机检索、光盘检索和网络检索。机检与手检相比，检索效率高、速度快、范围广、查全率高。随着计算机技术、网络通信技术的发展，计算机检索正在逐步取代手工检索，成为信息检索的主要形式。

3. 按检索技术的层次不同划分

（1）全文文本检索

全文文本检索是通过计算机文件的全貌（包括文字和图形、图像等非文字信息）转换成计算机可读形式。检索结果的每一条记录不仅能提示文献的题名、作者、出处、文摘等信息，而且能深入直接地提示整篇文章甚至整本书。全文文本检索是以文中任意信息单元（章、段、句、节）信息作为检索点，计算机自动进行高速比照，从而完成检索过程。

（2）超文本检索

超文本检索是一种新型的具有发散式思维功能的检索技术，包括基于浏览和基于提问两种检索方式。传统的文本都是线性的，用户必须顺序阅览，而超媒体是一种多向的网状结构，检索时用户可以从任何节点开始，沿着交叉链从不同角度选择自己感兴趣的部分阅读。超文本早期多为文字信息，现在扩展到图像、视频、音频等各种动态、静态信息。如图 2-1-1 所示：

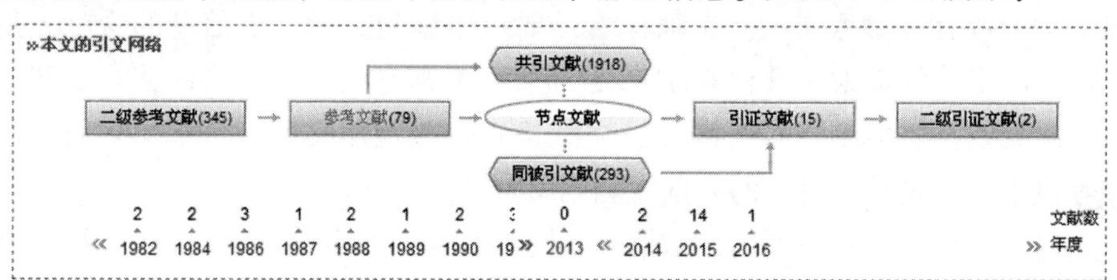

图 2-1-1　CNKI 的论文应用情况交叉链

（3）多媒体检索

多媒体检索就是以多媒体信息（文字、声音、图形、图像等）为检索对象的信息检索，包括视频检索、声音检索、图像检索和综合检索等。信息用户在检索集文字、图形、图像、动画、声音为一体的多媒体数据时，不仅能够查询浏览对象的文字描述，而且可以听其声，观其形。

（4）网络信息检索

网络信息检索是通过网络接口软件，用户在一终端查询各地上网的信息资源的检索。其检索系统集各种新型检索技术于一体，能对各种媒体、各种类型的信息进行跨时间、跨地区的检索。它的组织管理需要诸多信息技术的支持，其中以万维网（WWW）全球浏览技术最具优越性和可用性。

3. 依据用户使用信息的目的不同划分

（1）撰写论文的信息检索

这类检索大部分是为了写论文而要求检索较新的期刊和学位论文等文献，它主要强调查准率，一般检索 5～10 年以内的文献。写一般的论文往往需要 10 篇左右的参考文献，而撰写博士论文往往需要 100 篇以上的参考文献。

（2）学科建设的信息检索

为了创建新学科或促进学科发展而进行的信息检索，主要强调信息的完整性和系统性。这类不仅要求得到本学科的相关信息，而且也希望得到相近学科和交叉学科的有关信息；同时它也非常重视事实数据，还有时限要求。对于研究层次低、发展快的学科，检索的时段可以适当缩短，反之，则适当延长。该项工作的重点不仅仅是信息的检索，更重要的是信息的整理。

（3）科学研究的信息检索

①立项查新。立项查新是申报各级、各类科技计划，申请科研课题和专利时的资料查询，要求有资质的图书馆、信息机构出具报告。这类检索特别要防止漏检，要提取技术要点及其同义词、缩写、别名、学名等，可证明新颖性成立。如果检索发现有相同文献，即否定研究价值。

②成果查新。成果查新是为成果鉴定和项目申报奖项而进行的信息检索，这类检索的要点是防止漏检和保证检索结果的真实性。

（4）生产开发的信息检索

生产开发关心的是产品生产技术、产品的市场前景及经济效益，这类检索主要是针对专利商标信息、产品样本资料、统计数据、价格信息。

（5）回答或解决单一问题的信息检索

这类用户的提问通常单一、具体，如制糖残留物的处理工艺、水稻烂秧问题、葡萄炭疽病的防治等，强调查准率但不求全。

（6）对已知文献的查找

强调检索的准确性，这类用户需要了解的是某信息来源出处或入藏情况，其目的是要得到有关信息的原件、复制品或不同文字的译本。例如，检索杨永林 2002 年在《现代外语》发表的一篇论文。

4. 按照检索界面的模式划分

（1）简单检索

简单检索界面（Basic Search）通常只有一个文本框。大部分检索工具默认的界面就是简单检索，一般允许输入一个检索项，适合简单的检索，也被称之为初级检索或快速检索。通常查询一本图书的书名或者一两个关键词，只需要使用简单检索界面。不过简单检索界面不易执行多条件的复杂检索，往往需要在结果中添加新的内容再检索，即通过二次检索分次完成。

（2）高级检索

高级检索界面（Advanced Search）是表格式的，用于一次完成比较复杂的检索。一般的检索工具都有高级检索，把不同检索字段累加，一次提取，因此也被称之为组合检索。

（3）专业检索

连高级也难以执行得更复杂的检索课题，可以用专业检索。专业检索准确率高，效果更稳定。在外文数据库中，专业检索也被称为专家检索，主要是使用逻辑运算符和关键词构造检索式进行检索，有一定难度。

2.1.3 信息检索意义

1. 借鉴前人经验，避免重复劳动

科学研究具有连续性和继承性，没有继承就没有创新。正如科学家牛顿所说："如果我比别人看得远些，那是因为我站在巨人的肩膀上。"这句名言极其深刻地概括了科学研究的连续性和继承性的道理。

信息检索的一个基本目的就是借鉴前人经验，避免重复劳动，避免重做别人已解决了的问题，避免重犯别人已经犯过的错误，少走弯路，提高研究效率。据欧洲专利局 2004 年统计，世界上 80%以上的科技信息首先在专利文献中出现。善于利用专利文献，可减少 60%的研发时间和 40%的科研经费。

2. 进行调查研究，提供决策依据

在日常工作和生活中，人们经常要作决策。一些重大决策关系到国家的兴衰、团体的成败和个人的前途。为此，必须进行科学决策。正确的决策受多种因素的影响和制约，其决定因素在于决策者对决策对象有确切的了解和把握，对未来的行动和后果有正确的判断，这就需要及时、准确、全面地掌握信息。

信息日益成为科学、民主、合理决策之源泉。而信息检索则是获取信息的重要途径，是科学决策的必要前提和重要依据。

3. 跟踪研究动态，拓宽知识面

充分占有文献可以开拓研究者的思路，深化对问题的认识。启发深层次的思考。经常查阅文献可占领文献的制高点，站在研究领域的最前沿，可跟踪了解国内外的最新研究成果和方法，并从中得到启发，寻找解决问题的可能答案，使所研究的课题站在更高的起点上。

我国著名科学家、中文激光照排系统的发明人王选在回顾研究与发明时这样说："我按照习惯，做一件事情，总是先研究国外的状况。熟悉一下最新的进展是什么，所以我就急着看文献。""我看到的那些资料，基本上，我都是第一读者——借杂志都有登记的，所以我知道从来没有人借过。看了以后马上就知道了美国当时流行的是第三代，数字存储的，而中国随便一家都是落后的、过时的，也看到正在流行的第四代——用激光扫描的方法。"

4. 提高自学和独立研究能力

古语云："授人以鱼。三餐之需；授人以渔。终生之用。"21 世纪是经济信息化、社会信息化的时代。终身教育、开放教育、能力导向学习成为教育理念的重要内涵，作为 21 世纪的新型人才，应该具备信息技术应用能力、信息查询与获取能力、信息组织加工和分析能力。因此，信息检索是当代人才必备的能力，是信息素质教育的重要内容。

2.2　信息源与信息媒体

本节从信息产生的"源头"开始追溯，主要介绍承载信息源的两种文献型信息媒体。

2.2.1　信息源的概念

顾名思义，信息源就是获取信息的来源。联合国教科文组织（UNESCO）出版的《文献术语》对其定义为：组织或个人为满足其信息需要而获得信息的来源，称为“信息源”。从绝对意义上看，只有信息产生的“源头”，才能称为信息源。但信息源是一个相对的概念，凡能产生、拥有和传递信息的所有物质皆谓信息源。由此看来信息源内涵丰富，它不仅包括各种信息载体，也包括各种信息储存、传递、生产机构。但在图书情报界则认为：人们在科研活动、生产经营活动和其他一切活动中所产生的成果和各种原始记录，以及对这些成果和原始记录加工整理得到的产品都可称为信息源。因此又有口头型信息源、实物型信息源和文献型信息源之说。

2.2.2 信息媒体

信息媒体是指信息传播的介质、信息表示的载体，也称为信息媒介或信息载体。这些信息媒体可以是文字、图形、图像、动画、声音、视频等信息表示形式，也可以是扬声器、磁盘阵列服务器、电视机等信息的展示设备，还可以是传递信息的光纤、电缆、电磁波等中介媒质，以及存储信息的缩微胶卷、磁盘、光盘、磁带等存储实体。而在图书情报界则从文献型信息源的研究视角出发，将信息媒体大致划分为传统文献信息媒体和电子文献信息媒体两大类。

文献信息媒体是将人类知识用文字、图形、符号、声频、视频等手段在物质载体上记录下来的用于交流传播的信息载体。而文献是记载着知识内容的物质载体。具体来说，凡是用文字、图形、符号、声频、视频等手段在物质载体上记录下来的知识，都可称为文献。

1. 传统文献信息媒体

主要是指传统图书馆收录的各种文献信息媒体总汇。若把传统文献信息媒体再进行细分，又可分为多种类型。

2. 电子文献信息媒体

电子文献信息媒体是指以数字编码的形式，把文字、图像、动画、声音、视频等信息存储在磁光等介质上，通过计算机和其他辅助设备阅读使用的一种新型文献信息媒体，实质是一种机读型信息媒体。电子文献信息媒体是信息技术发展的产物，它的产生、发展和应用给人们展示了一个全新的虚拟世界。电子文献信息媒体种类繁多、划分多样。

(1) 根据载体的存储形态划分

① 光盘文献信息媒体：是以光盘作为信息存储载体和检索对象的有形文

献信息媒体，它对电子文献信息媒体作出了巨大贡献。光盘文献信息媒体的检索方式有单机版、网络版和与联机检索系统联网的联机检索形式。由于光盘文献信息媒体储存能力强、介质成本低、数据可靠、便于携带、检索费用低等优点，因此许多常用的联机数据库都配备其相应的光盘产品，如 EI CompendexWeb 等。但目前光盘文献信息媒体多用在镜像站和数据备份上。

② 联机文献信息媒体：是指联机检索系统提供的那些文献信息媒体，如 DIALOG、STN、OCLC 等。目前联机检索和网络检索都是通过 Internet 进行检索，但联机数据内容全面、准确、权威，收费也高。

③ 网络文献信息媒体：以 Internet 形式向全世界发布的各种各样的文献信息媒体，如搜索引擎、主题网关、企业网络、网络书刊、网上论坛、新闻组等，它是目前世界上最大的文献信息媒体，使用方便快捷、免费信息居多，颇受用户喜爱。但信息杂乱、可靠性差。

（2）根据数据库的检索对象进行划分

① 参考数据库：只为用户提供信息线索的数据库，用户使用此类数据库后，一般还需依据其文献出处进一步索取原文。参考数据库包括书目数据库和指南数据库。

书目数据库包含文摘、目录、题录、索引等数据库，实为印刷型二次文献即检索工具的电子化产物。书目数据库的数据结构简单，记录格式比较固定。

指南数据库是有关机构、人物等相关信息的简要描述，包括各种机构名录数据库、人物传记数据库、产品信息数据库等。

② 源数据库：指能直接获取原始资料或具体数据的数据库。源数据库包括数值数据库、文本—数值数据库、全文数据库、术语数据库、图像数据库和多媒体数据库等。

（3）根据网络传输协议进行划分

网络信息媒体是指借助计算机网络进行传递的文本、数值、声频与视频等各种信息媒体的总合。随着 Internet 的发展，这部分信息媒体在时间和空间上将得到了极大地拓展。网络信息媒体的种类繁多。

① WWW 信息媒体：WWW 是广域网（World Wide Web）的缩写，也称万维网或 Web。WWW 是一个基于超文本传输协议（Hypertext Transfer Protocol），在客户机和服务器之间展现和传递各种媒体信息，并以直观的图形页面

为用户提供服务的信息检索系统。WWW 能够将位于 Internet 上不同地点的信息有机地编织在一起，提供一种非常友好的信息查询接口：用户仅需提出查询要求，而到什么地方查询及如何查询则由 WWW 自动完成。WWW 是由欧洲粒子实验室（CERN）20 世纪 90 年代初研制的，一经推出就吸引了学术界、政界和商界的广泛关注，现已成为 Internet 上发展最快，信息最丰富的一种检索方式，被公认为是 Internet 的代名词。

② FTP 信息媒体：FTP 是文件传输协议（File Transfer Protocol）的缩写。它的主要功能正如其名所示，在 Internet 上完成从一个计算机系统到另一个计算机系统的文件传输，既可以从远程计算机上下载信息到本地计算机，也可以从本地机上载信息到远程机。

③ Telnet 信息媒体：Telnet 是 Internet 远程登录，只要用户在本地计算机上输入用户名和密码，成功登录后变可作为 Internet 的远程终端实时访问主机，来共享远程主机中对外授权的各种信息资源，包括硬件资源和软件资源。目前，许多图书馆、商用数据库都是通过 Telnet 对外开展服务的，如 OPAC、DIALOG、OCLC。

④ Gopher 信息媒体：Gopher 是一种基于菜单的网络服务，其服务形式类似于 WWW 的分布式客户机/服务器，但不像 WWW 那样展示给用户的是一幅幅直观性很强的页面，而是令人费解的一些菜单说明。

由此可见，人们在获取信息时，信息媒体的来源渠道是至关重要的。因为种种原因，同一条信息需求的内容在不同的信息媒体中可能会存在差异。这时用户应以信誉度高的信息媒体为主，但必须对其他相关信息媒体进行考查，以识别信息的真伪。

2.3 信息检索原理

任何事情掌握了原理，就会得心应手，同样，信息检索也是如此。信息检索原理可从信息检索过程得到很好的诠释，如图 2-3-1，用户在检索时，检索系统一方面接收用户的检索提问，另一方面从数据库（检索工具）中接收文献记录，然后在两者之间进行匹配运算，即将检索提问与数据库（检索工具）中文献记录标识进行比较，如果比较结果一致或数据库（检索工具）中的文献记录标识包含了检索提问标识，那么具有该标识的信息可能就是用户所要的命中文献；如果比较结果不一致，则要重新提交检索提问。

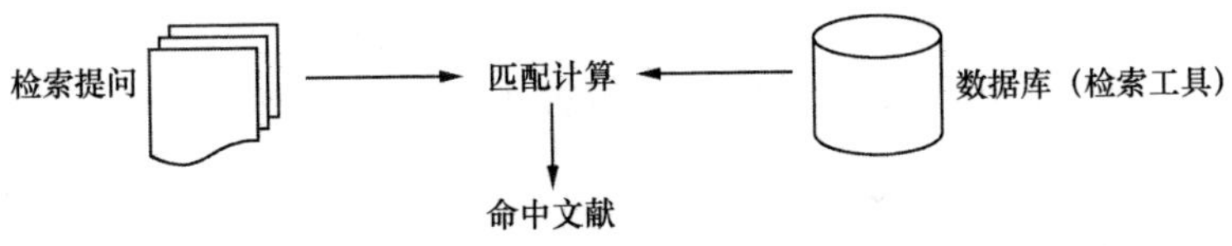

图 2-3-1 信息检索原理示意图

2.4 信息检索语言

检索语言是人们组织、存储与检索文献信息的重要依据，有了检索语言，标引人员才能按规则组织、存储文献信息，检索人员才能按规则检索、获取文献信息，这样存进去的文献信息才能被有效地揭示、检出。

2.4.1 检索语言的类型

检索语言是根据文献标引与检索的需要，在自然语言的基础上规范化了的人工语言，它贯穿于文献存储与检索的全过程，是沟通标引人员和检索人员双方思想的约定语言，也有人称为"标定符号"或"标识系统"。

检索语言的种类颇多，其中按描述文献信息的特征进行划分是目前最常见的一种，如表 2-4-1 所示。

表 2-4-1 检索语言分类

<table>
<tr><td rowspan="10">检索语言</td><td rowspan="3">文献信息的外表特征</td><td colspan="2">题名语言</td></tr>
<tr><td colspan="2">著者语言</td></tr>
<tr><td colspan="2">号码语言</td></tr>
<tr><td rowspan="7">文献信息的内容特征</td><td rowspan="3">分类语言</td><td>体系分类语言</td></tr>
<tr><td>组配分类语言</td></tr>
<tr><td>混合分类语言</td></tr>
<tr><td rowspan="4">主题语言</td><td>单元词语言</td></tr>
<tr><td>标题词语言</td></tr>
<tr><td>叙词语言</td></tr>
<tr><td>关键词语言</td></tr>
</table>

由于描述文献信息外表特征的检索语言，其文献标识与检索依据简单明了，如书名、著者、号码等不必再另行制定符号加以标注，因此通常所称的检索语言实际上是按描述文献信息内容特征的检索语言即分类语言和主题语言。

2.4.2 分类语言

分类语言是将文献信息按学科、事物性质的等级体系加以排列，用分类号来表达文献主题概念的检索语言。分类语言的具体表现形式就是分类表（法）。分类法（表）是类分和组织文献信息以及用户检索文献的共同依据。

分类语言有3种，最常用的是体系分类语言。体系分类语言以文献内容的科学性质为对象，从学科分类观点出发，运用概念划分的方法，将知识分门别类地按逻辑次序，从总到分、从一般到具体、从低到高、从简到繁进行层层划分、层层隶属，逐级展开一个层累制的等级结构体系。《中图图书馆分类法》（简称《中图法》）、《中图科学院图书馆分类法》（简称《科图法》）、《杜威十进制分类法》（DDC）、《国际十进制分类法》（UDC）都是比较典型的体系分类语言。

现在以《中图法》为例说明其构成，《中图法》自1973年在我国使用以来，不断修订，现已成为国内图书情报部门统一使用的一部分类法。目前正在使用第5版。

《中图法》将全部知识分为5个基本部类，即马列主义、毛泽东思想、邓小平理论，哲学，社会科学，自然科学和综合性图书。在5大部类下又展开为22个基本大类（一级类目），如表2-4-2所示。

表2-4-2 《中图法》基本大类

一级类目分类号及类目名称	
A 马列主义、毛泽东思想、邓小平理论	N 自然科学总论
B 哲学	O 数理科学和化学
C 社会科学总论	P 天文学、地球科学
D 政治	Q 生物科学
E 军事	R 医药、卫生
F 经济	S 农业、林业

续表

一级类目分类号及类目名称	
G文化、科学、教育、体育	T工业技术
H语言、文字	U交通运输
I文学	V航空、航天
J艺术	X环境科学、劳保科学
K历史、地理	Z综合性图书

《中图法》的标记符号采用汉语拼音字母、阿拉伯数字和圆点相结合的混合制号码作为分类号，用字母表示基本大类（一级类目），在字母后用数字表示基本大类下类目的划分，唯独工业技术大类下用两位字母表示二级类目。《中图法》的分类号越长，代表的内容越具体，检索出的文献越精准，如图2-4-1所示。

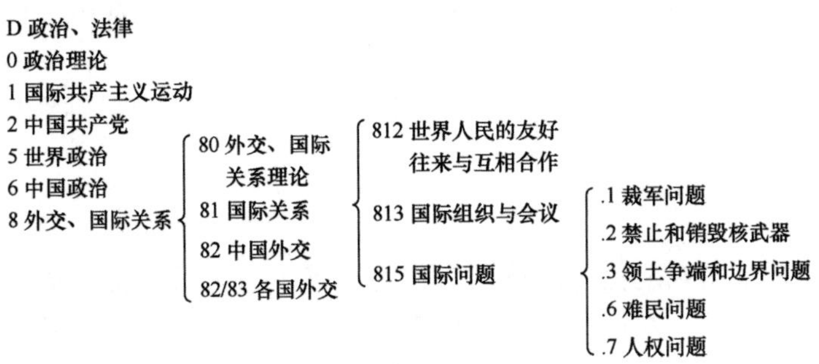

图2-4-1　《中图法》2-5级类目图

分类法按学科或专业集中文献，能够较好地满足族性检索要求，查全率较高；其次分类法采用概念划分的方法，具有等级结构，调整检索范围收缩自如，如要查找钓鱼岛问题，若按D815.3查找的文献太少，可改用其上位类D815查找；另外，分类法用字母和数字表示类目，简单明了，便于组织图书资料排架及目录系统。但分类法的缺陷也随之显现，因用号码语言作检索标识，专指度不高也不直观，在检索文献时，容易产生差错造成误检或漏检；此外，分类法是一种先组式标引语言，增加新类目困难，不适应新兴学科和边缘学科的查找，所以分类法都要不断地进行修订。

2.4.3 主题语言

主题语言是直接用自然语词作主题概念标识，并用字顺排列标识和参照系统等方法来间接表达各种概念之间的相互关系的一种检索语言。主题语言的具体表现形式是主题词表，主题词表也像分类表一样是文献标引人员与用户检索文献的共同依据。

主题语言根据构成原则与编制方法不同，可分为以下 4 种。

(1) 标题词语言（标题词法）。

(2) 单元词语言（单元词法）。

(3) 叙词语言（叙词法）。

(4) 关键词语言（关键词法）。

它们可统称为主题法系统。其中标题词法、单元词法、叙词法是用规范化名词标引和检索文献的主题概念语言，按这些规范化名词的字顺编排为词表分别称为标题词表、单元词表和叙词表；关键词法是指直接选自文献标题或内容中具有实质意义的自然语言作为标引和检索文献的语言。因此，关键词法是未经规范化处理的自然语言，无受控词表，下面分述这几种语言的特点。

1. 标题词法

标题词法是用规范化的自然语言作为文献主题标目和检索依据，并以事先固定的词表组配方式进行标引和检索的一种主题语言。标题词法属先组式主题语言，标题词预先确定组配关系是其主要特征，如美国 EI 在 1993 年以前就是使用标题词语言标引和检索文献的典型检索工具。

2. 单元词法

顾名思义是以不能再分解的概念单元的规范化名词作为文献主题概念的标识。它不选用词组或短语去表达复杂的概念，这是与标题词法的主要区别。例如，对于“制冷材料”这一概念，按单元词法是通过“制冷”和“材料”这两个元词组配来表达该概念，而标题词法则直接选用“制冷材料”这个词组来表达它。实际上，表达事物概念，除了单一概念外，还有许多的复合概念。随着科技的不断发展，单元词法已被更先进的叙词法所取代。

3. 叙词法

叙词法是以规范化的自然语言词汇为基础，以概念组配为基本原理来对文献的内容特征进行描述的后组式标识系统。叙词法是主题法的最高级形式，它综合了多种检索语言的原理和方法，扬长避短，这主要体现在以下几方面：吸取了单元词语言后组式特点；采用了组配分类法的概念组配来代替单元词法的字面组配，并适当采用标题词法的预先组配的方法；吸取和继承了分类法的基本原理编制范畴索引和词族索引；借鉴了关键词法的轮排方法；采用了标题词法的参见系统并加以完善，以及直接引入体系分类表或分面分类表。例如，美国国防部和工程师联合会协作编制的《工程和科学术语叙词表》(Thesaurus of Engineering and Scientific Terms，TEST)、英国电气工程师学会编辑出版的《INSPEC 叙词表》以及我国编辑和出版的《汉语主题词表》等都是使用叙词语言标引和检索文献的典型词表。

4. 关键词法

关键词是直接从文献的篇名、正文和文摘中抽选出来的，用以揭示文献内容特征的具有实际意义的自然词汇。

关键词法无须像标题词法、单元词法、叙词法那样有受控词表，它比起主题法系统里的其他几种语言选词方便、简单迅速，尤其是使用计算机进行检索，就更加显示出了优越性，可快速帮助用户了解最新信息。但用关键词法编制的检索工具的质量比较粗糙。

主题语言比分类语言表达概念准确、灵活、专指度高，便于读者检索，特别是对一些新兴学科、边缘学科的查找尤其方便。此外主题语言还可打破传统的学术分类的框框，把分散于各个学科里的有关某课题的文献集中于同一主题之下，有利于综合性研究。

2.5　信息检索方法

进行任何一项工作都要讲究方法、途径和步骤，如果使用不当，费工费时。同样，信息检索也有其独特的一套操作程序。

2.5.1　信息检索方法

信息检索方法应据课题的目的、性质和检索工具的现状灵活选定。一般来说，可以从手工检索和计算机检索两方面分别叙述。

1. 手检方法

（1）常用法。常用法是信息检索中最常用的一种方法，因为是利用检索工具来查找，故又称为工具法。其按查找时间的顺序不同又可分为顺查法、倒查法和抽查法3种。

① 顺查法：顺查法是一种按照时间顺序由后向前的查找法。如接过某一课题，先要摸清课题的起始年代，然后再逐年依次由远向近进行查找，直到认为文献够用为止。顺查法检索全面、不易漏检，但费时费力，适于撰写综述性文章。

② 倒查法：倒查法是一种逆着时间顺序由前向后的查找方法。该法多用于一些新课题新内容的查找，因此是由新向旧去查找，直至找到所需资料够用为止，不必逐年的资料都查。该法查询近期文献，效率高、省时省力，但有可能漏检。

③ 抽查法：抽查法是针对某一学科在某一段时间里发展迅速，如正值该学科处于鼎盛时期的文献为主，单独抽出这一时期，利用检索工具进行查找。该法重点检索某一时期的文献，检索效率高，但必须在熟悉学科的发展特点下进行，所以也易漏检。

（2）追溯法。追溯法又叫回溯法，是以某一篇论文末尾所附的参考文献为依据，逐一追踪地检索方法。该法的连锁反应，可查到有关某一专题的大量参考资料。该法直观、方便，在不备检索工具的情况下，是一种扩大情报源的最好办法，但检索效率低、漏检率高。如果能使用有关的引文检索工具（见3.3节“美国《科学引文索引》”和4.4节“中国社会科学引文数据库”），则可获得较好的效果。

（3）分段法。分段法是交替使用以上所提的两种方法，因而又叫循环法。具体来说，就是先使用检索工具查找某课题几年内的资料，再利用该资料末尾所附参考文献追溯查找。一般5年之内的文献被引用参考的较多，因此可以只追溯5年左右的时间，然后再用检索工具查出一批文献进行追溯，这样分批分段地交替进行，如此循环，直至认为够用为止。

2. 机检方法

随着信息技术的发展，计算机检索将逐步占有主导地位。计算机检索方法也称检索方式或检索界面，目前参差不齐。一般有专门机构维护管理的数据库都提供各种各样的检索方法，而多数的网站网页则不提供检索方法，只能浏览。但无论如何计算机检索方法没有固定模式，主要可归纳为以下几种。

（1）基本检索。基本检索是一种最简单的检索方法，多数数据库只提供一个检索框且只能输一词或一个词组检索，但也有的数据库可对两词或多词进行逻辑组配检索。

（2）高级检索。在高级检索中，用户可通过点选检索系统给定的检索算符对多词进行逻辑组配检索。高级检索提供的检索框也较多，一般一个检索框只能输一词或一个词组，检索框多控制在 2~5 个。

（3）专业检索。专业检索一般只有一个大检索框，要求用户自己输词、字段、检索算符进行组配检索。专业检索要求用户有熟练的检索技术。

（4）分类检索。一般按分类表进行限定检索，或按学科进行一级一级浏览。

（5）二次检索。二次检索是在以上单项检索的基础上，进一步选用新词进行缩小范围的检索。

2.5.2　信息检索途径

检索途径通俗地讲就是查找文献信息的入口，在手检中，检索入口取决于检索工具提供的索引的多少，在机检中，检索入口取决于数据库提供的检索字段（手检中文献的著录项目）。但是检索工具提供的索引有限，而数据库提供的可检索字段几乎覆盖了组成文献的全部著录项目。因此，机检比手检的检索入口宽泛了许多。本书仅介绍以下几种主要的检索途径。

1. 文献名称途径

文献名称途径是根据书刊篇名名称途径进行查找的一条途径。如各种题名字段、书名目录、篇名索引、刊名一览表等检索工具皆是用此途径检索。它是把文献名称按照字顺编排起来的检索系统。使用时，与查字典相似。

2. 著者/作者途径

著者途径是以著者姓名为线索的检索途径。这里的“著者”包括个人著者、团体著者、专利发明人、专利权人、合同用户、学术会议召集单位等。著者姓名途径主要是利用著者字段、著者目录、（索引）、团体著者目录（索引）、专利权人索引、机构字段、机构索引等。这些字段、目录（索引）都是按其姓名字顺编排，在已知著者的前提下，很快就可查到所需文献。但要注意外国与中国著者书写上的区别。

3. 号码途径

号码途径是利用文献信息自身的编号检索文献的一条途径。许多文献有固定的注册编号，如报告号、标准号、专利号、合同号、馆藏号、索书号等，一般都是按字母和数字顺序排列。

4. 分类途径

分类途径是按照文献信息的知识内容及所属学科性质而类分和检索文献的途径。常用的工具有分类字段、分类目录和分类索引等。分类途径的检索依据是分类法或称分类表也称分类语言（见2.3.2小节“分类语言”），使用这种检索途径的关键是熟悉和掌握分类表。对于文献信息的学科分类，世界各国都有自己的分类法，此外对于不同的文献，可能要采用不同的分类法。如专利文献要使用专利分类法，标准文献要采用标准分类法等。

5. 主题途径

主题途径是通过代表文献信息内容的主题词来检索文献的一条途径。常用的工具有主题字段、关键词字段、主题索引、叙词索引、关键词索引等。主题途径的检索依据是主题语言（见2.3.3小节“主题语言”），使用这种检索途径的关键是熟悉和掌握主题词表。

6. 时间途径

时间途径是指以文献发表的时间范围查找文献的途径。

7. 代码途径

代码途径是指利用事物的某种代码编成的索引来查找文献的途径，如分子式等。

2.5.3 信息检索步骤

信息检索步骤即检索过程，一般可归纳为以下5个步骤。

1. 分析研究课题

分析研究课题是整个检索过程的关键，只有对研究课题进行全面的调查了解，才能做到心中有数。分析课题应从信息需求的目的和意图入手，明确该课题检索的目的是属科研立项、科技成果查新，还是进行专利申请、撰写学位论文；是设备论证，还是引进消化；是查找统计数据、具体事实，还是查找医疗信息；是查找某一企业状况，还是查找某一技术攻关等。

2. 选择检索工具或数据库

一般情况下，检索工具或数据库的选择应从课题的学科范围、语种范围、时间范围、文献类型、经费支持、检索功能、服务方式等多方面考虑，总之要选择专业对口的、信誉度高的检索工具或数据库。此外，选好检索工具或数据库后，还应在一定的范围内试查一下，看是否合适。

3. 确定检索途径（检索字段）及检索方法（检索方式），形成检索标目（构造检索提问式）

如前所述，检索途径包括分类、主题、著者、序号等，选择哪一种，一要根据研究课题的已知条件，二要根据所选检索工具或数据库。手工检索工具正文只提供一条途径，索引可补充其他途径。检索方法也有 3 种，各有特点：分段法适用馆藏不多，检索工具缺藏①的情况；如检索工具齐全，又具备检索能力，应采用常用法；对不熟悉图书馆的读者，一般只能采用追溯法和浏览法。检索标目是在对课题分析的基础上，找出检索线索，形成能代表文献特征的检索标识。若课题的已知条件是某一作者或文献编号或书刊名称等，那么检索者只要用相应的名称、号码做检索标目即可；若课题的已知条件仅仅是课题内容，那么只能对课题内容进行主题分析，核对主题词表或分类表，确定检索标目。

4. 实施检索

在分析课题的基础上，选择好检索工具或数据库后，即可按照一定的检索途径（检索字段）和检索方法（检索方式）实施检索。经过阅览便可决定取舍，凡符合课题要求的应随时记录其文献出处，以便查考原文备用。

5. 索取原始文献

索取原始文献看似简单，但实际操作起来并非易事。对于手工检索，在索取原文之前，必须要解决以下两方面的问题。

（1）识别文献类型。检索工具著录的文献出处款目项中，一般对文献类型不加说明，需用户自己识别，若不会识别，就无法找到收藏原文的处所。检索刊物所收藏的文献大致有图书、期刊、会议文献、科技报告、学位论文

① 缺藏：即指缺乏收藏，收藏不多。

及专利文献等，均可以从“文献出处”款目项中加以判断，这对用户按不同的文献类型去查找不同的馆藏目录、索取原文具有实用价值。下面举例说明各种文献的著录特征。

① 图书。图书的著录特征除著者、书名外，还有出版社、出版地、出版时间、图书总页数、国际标准书号等。

② 期刊。期刊出处的著录一般包括刊名、年、卷（期）、页次等，如 Compu. Wld. J. 2003，19（2），125-31，不过这里的刊名采用缩写著录。

③ 会议文献。会议文献的著录出处要掌握三要素：会名、会址和会期。

④ 科技报告。科技报告出处的著录特征主要为报告号，如 ESA106879。

⑤ 学位论文。学位论文出处的著录特征主要有学位名称、颁发学位的大学名称、地点及授予学位的时间。例如 Master Thesis Dissertation，Stanford Univ.，Stanford，CA，1985。

⑥ 专利文献。专利文献出处的著录特征主要有国别代码、专利号及专利的法律状态，如 CN1015681B。但日本的专利著录有些特殊，例如在 CA[①] 中：Jpn. Kokai Tokkyo Koho（专利类型）、JP6001，427［8501，427］（国别及专利号）、(CL. D0607/00)（国际专利分类号）。

（2）缩写刊名还原。国外的大部分检索工具中，为了压缩篇幅，其文摘著录的刊名出处中，一般采用了缩写著录。因此，还必须将缩写刊名转换成全称，才能索取原文。其方法如下。

① 西文期刊的缩写转换全称，可利用检索工具中的“期刊表”对照转换，如 EI 可使用“Publication List”还原，CA 可利用“Chemical Abstracts Service Source Index”转换等。

② 对于非拉丁语系的国家，如日文、俄文的刊名缩写的还原比较麻烦。因为这些文种的刊名在用英文书写的检索工具中一律采用拉丁文音译缩写著录，因此首先应使用检索工具中提供的“期刊表”将其缩写刊名变成全称，而后再借助“俄文字母——拉丁字母音译对照表”及“黑本式拉丁字母——日文字母音译对照表”将检索工具中的拉丁字母转换成相应的日文、俄文刊名，最后便可索取原文。

③ 对于中文出版的期刊，在用英文书写的检索工具中既有按汉语拼音音

① CA：美国《Chemical Abstracts》的缩写。

译的，如 Zidonghua Xuebao，也有按英文意译的，如 Chinese Journal of Lasers，但港台期刊多采用威妥码拼音著录，如 Hsin Hsien Wei。因此在使用时应特别注意，切忌把音译刊名直接当成英文刊名去查找原文。

对于计算机检索，若是全文库或网络信息检索，一般都能看到原文；若是文摘题录库，可记录其论文题名和文献出处，使用 CASHL 或 NSTL 机构的原文传递功能索取全文，可详见 3.4 节“CASHL 网站”和 3.5 节“NSTL 网站”相关内容的讲解。

2.5.4　信息检索技术

逻辑检索是一种开发较早、比较成熟、比较流行的检索技术，目前信息检索系统大多都采用这种技术。

1. 布尔逻辑检索

布尔逻辑组配是现行计算机检索的基本技术，主要使用的是布尔代数里的逻辑运算符“与”、“或”、“非”概念进行检索。

（1）逻辑“或”

逻辑“或”用“十”或“OR”表示。例如，检索式“A OR B 或“A+B”，表示在某个数据库中检索出含有检索词 A 或含有检索词 B 的文献，这是一种用于并列概念或平行关系的组配。使用 OR 算符，相当于增加检索词的同义词与近义词，扩大了检索范围，即增加了检索的泛指性，避免文献的漏检。检索结果如图 2-5-1 中阴影部分所示。表示被检中的文献含有二词之一或同时包含两词，但两者重复部分只计算一次。

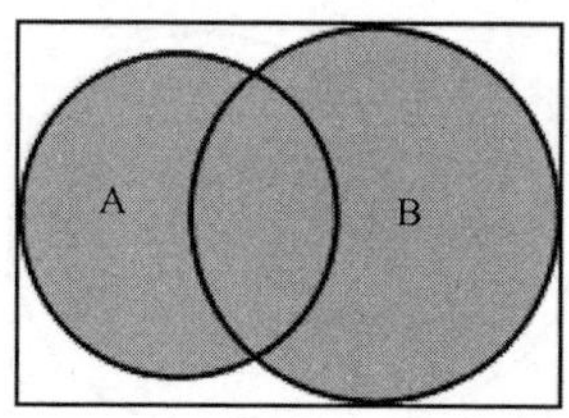

图 2-5-1　A OR B

功能：这是表示概念并列关系的一种组配，用来扩大检索范围，提高文献的检出数量，防止漏检，提高查全率。

检索式：A+B

(2) 逻辑“与”

逻辑“与”用“＊”或“AND”表示。例如检索式“A AND B”或“A＊B”，表示在某个数据库中检索出既含有检索词 A 同时又含有 B 的文献，检索结果如图 2-5-2 阴影部分所示。

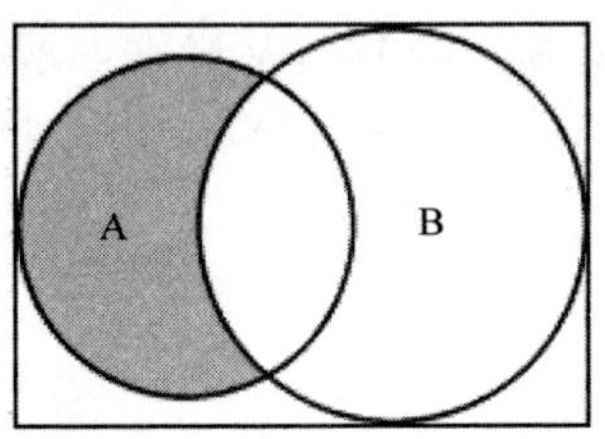

图 2-5-2　A AND B

功能：这是表示概念交叉和限定关系的一种组配，用来缩小检索范围，增强检索的专指度和特指性，提高检出文献与检索要求的相关性，提高查准率。

检索式：A＊B

(3) 逻辑“非”

逻辑“非”用“—”或“NOT”表示。例如检索式“A NOT B”或“A—B”，表示在某个数据库中检索出含有检索词 A 但不含有检索词 B 的文献，这是一种用于排斥关系的组配，该组配用于从原来的检索范围中排除不需要的概念或影响检索结果的概念。NOT 算符与逻辑“与”的作用类似，可使检索范围缩小，增强检索的正确性。检索结果如图 2-5-3 阴影部分所示

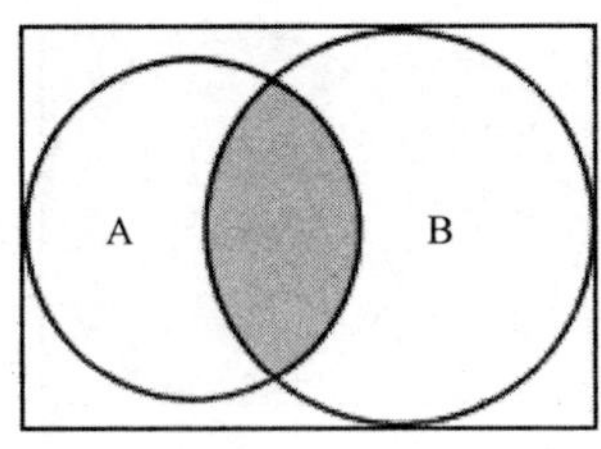

图 2-5-3　A NOT B

功能：这是具有不包含概念关系的一种组配，用来缩小检索范围，减少文献输出量，提高检索词的准确性。

检索式：A not B

重要提示

布尔逻辑算符的运算顺序，在不同的系统里有不同的规定。大多数系统采用的顺序是：NOT 最先执行，AND 其次执行，OR 最后执行。若要改变运算顺序可用优先级算符小括号— ( )。

案例分析

用布尔逻辑算符构造规定的检索表达式

要求用布尔逻辑算符构造检索表达式：查刑诉法典方面的资料，但不要法文的。

解析：

(1) 选择能代表课题实质内容的检索词：

刑诉 法典 法文

(2) 根据课题意思，构造检索表达式：

刑诉 AND 法典 NOT 法文，或者：(刑诉 AND 法典) NOT 法文

2. 词间位置检索

尽管布尔逻辑算符为用户提供了较为理想的检索效果，但它所造成的误检率是很高的。例如，想查一下“中国股票市场经济学实验分析”方面的信息，采用布尔逻辑算符表示：中国 AND 股票 AND 经济学实验。

但可能会把“中国信息研究所关于英国的股票市场经济学实验分析”方面的信息也一并检出，显然文不对题。可见误组配①是布尔逻辑算符的最大缺陷。为了弥补其不足，检索系统又提供了另一检索功能，即位置检索算符，也称全文检索算符。它表示词与词之间的相互位置关系及前后次序，以增强选词的灵活性，从而大大降低误检率。

关于位置检索算符的符号很多，表 2-5-1 只列出了一些最常见的位置检索算符。

① 误组配：指错误组配。

表 2-5-1 位置检索算符一览表

符号	实例	意义
相邻位置算符（nW）、（W）	A（nW）B；A（W）B	A、B 两词之间相隔 0 至 n 词且前后顺序不变；若 A（W）B，表示 A、B 两词之间不能插入任何其他词，但允许有一空格或标点符号
相邻位置算符（nN）、（N）	A（nN）B；A（N）B	A、B 两词相隔 n 词且前后顺序不限，n 是两词允许插入的最大词量；若 A（N）B，表示 A、B 两词之间只能为一空格或标点符号且前后顺序不限
句子位置算符（S）	A（S）B	A、B 两词只要在同一子字段（同一句子）中出现即可
字段位置算符（F）	A（F）B	A、B 两词只要在同一字段中出现即可

重要提示

字段位置算符（F）要比句子位置算符（S）的检索范围更宽泛，因为字段是指篇名字段、文摘字段、叙词字段、自由词字段等，而子字段是指一句话。

案例分析

位置算符查询选择

输入 A（N）B，计算机能否检出以下 3 种形式：

①A-B ②A C B ③B A

解析：A（N）B 表示 A、B 两词之间不能插入任何其他词，但允许有一空格或标点符号，且 A、B 两词前后顺序不限。因此①和③可检出，②不能检出。

由于布尔逻辑运算不能表示词与词之间的顺序关系，有时在概念上较难区分。要达到区分的目的，则要采用词间位置算符才能达到。词间位置算符主要有以下几种。

(1) W-with

表示该算符两边的检索词按顺序排列，不许颠倒，如：communication (W) satellite，只能检索出含有 communication satellite 的文献，而不能检索出含有 satellite communication 的文献。

(2) n W-n words

表示该算符两边的检索词按顺序排列，不许颠倒，并且中间可间隔 n 个词（n=1，2，3，…），如 communication (1W) satellite 可以检索出含有 communication broadcasting satellite 的文献。

(3) N-near

表示该算符两边的检索词顺序可以颠倒，如：communication (N) satellite，既能检索出含有 communication satellite 的文献，也能检索出含有 satellite communication 的文献。

(4) n N-n near

表示该算符两边的检索词顺序可以颠倒，并且中间可存在 n 个词（n=1，2，3，…），如：communication (2N) satellite，既能检索出含有 communication bus for satellite 的文献，也能检索出含有 satellite sharing mobile communication 的文献。

(5) S-subfield

表示该算符两侧的检索词必须同时出现在文献记录的同一字段中（如篇名、摘要中的一个句子等)，即一个句子或一个短语中。词序任意，如：communication (S) satellite，可以检索出 construction a new communication system by integrating the GSM to the satellites infrastructure 的文献。

上述词间位置算符按照限制程度由大到排序为：W→nW→N→nN→S。

(6) f-field

用于限定检索词出现在数据库记录的某个字段。表示其两侧的检索词必须出现在文献记录的同一字段中。例如："air (F) pollution"，表示 air 与 pollution 必须在同一字段中出现，位置不固定。

(7) l-link

此算符连接的两个检索词之间有一定的从属关系。

3. 截词检索

截词检索是把检索词截断，取其中的一部分片段，再加上截词符号一起构成检索式的方法，系统将按照词的片段与数据库里的索引词对比匹配，凡包含这些词的片段的文献均被检索出来。截词检索常用于检索词的单复数、词尾变化、词根相同的一类词、同一词的拼法变异等。

（1）功能

截词检索可以扩大检索范围、提高查全率和检索效率，主要用于西文数据库检索。

（2）检索符号

在不同的检索系统中使用不同的截词符号，常见的截词符号有“*”和“?”两种。“*”常用于无限截词，如 transplant *，可以检索 transplante、transplantation、transplanting、transplantable 等所有含有“transplant”的词；“?”常用于有限截词，如 colo? r wom? n 等，分别代表 colour 或者 color、woman 或者 women。

（3）截词检索类型

截词检索根据截词的位置不同，分为前截断、后截断和中截断等三类。

前截断用于后方一致检索，截词符放在被截词的左边，可与后截断一同使用。例如输入“* magnetic”，可检 electro - magnetic，clectromagnetic、thermo-magnetic 等。目前这种检索技术已经极少应用。

后截断用于前言一致检索，截词符放在被截词的右边。后截断主要用于下列检索：词的单复数检索，如 company 与 companies；年代检索，如 199?（20 世纪 90 年代）；词根检索，如 socio *，可以检索 sociobiology，socioecology、sociology 等 20 多个词汇。

中截断用于前后一致检索，把截词符放在词的中间。如 organi? ation，可检索 organisation 、organizaton。这种方式查找英美不同拼法的概念最有效。

4. 限制检索

在许多联机检索系统中，为了提高检索的查全率或查准率，需要一些缩小或约束检索结果的方法，称之为限定检索。用这种方法可将检索过程限定在特定的范围（或字段）中进行。如在 DIALOG 系统中，为了对检索项目有一精确的输出，设置了基本索引和辅助索引。

基本索引是一种主题性质的索引，它将检索项限制在反映文献主题内容特征的那些字段中检索，如叙词（/DE，/DF）、标引词（/ID，/IF）、题目（/TI）和文摘（/AB）等字段，使用这些字段检索，要加后缀代码（/）且放在检索项后面。

辅助索引是一种非主题性索引，它是指将检索项限制在反映文献外表特征的那些字段中检索，如把某一检索项限制到某一作者、某种刊物、某一年份、某个会议等，辅助索引用前缀代码（=）表示，其前缀代码放在检索项前面。

例如：(Manage OR Control) /TI，DE

表示在题目和叙词中查找含有“Manage”或“Control”这两个词的文献。

输入 AU=Chen，qing AND CS=（Peking（）Univ?）

本例表示查作者（AU）为陈青同时作者机构（CS）为北京大学的文献。

2.6　信息检索系统

信息检索系统和检索工具是信息检索的利器，随着时代的变迁，检索系统和检索工具也在不断地升级换代。本节分别从手工检索和计算机检索两方面加以解析。

2.6.1　信息检索系统

信息检索系统是集信息收集、加工、存储、检索和管理于一体的信息服务系统。一般来说，组成信息检索系统的基本要素有：文献信息、检索设备、检索语言、信息存储方法与检索方法、系统管理维护人员和用户。这几大要素的运行情况直接反映着信息检索系统的服务效果。信息检索系统按其检索方式可分为手工检索系统和计算机检索系统。

1. 手工检索系统

手工检索系统由手工检索设备（目录、题录、文摘、索引、卡片等）、检索语言及文献库等组成。该检索系统检准率高、成本低，但检索速度慢、效率低。

2. 计算机检索系统

计算机检索系统由计算机检索设备（光盘检索设备、联机检索设备、网络检索设备等）、检索语言及数据库等组成。该检索系统检索效率高、检索范围广、内容全，但检索费用高、灵活性差。

2.6.2 检索工具

从整个文献检索过程来看，无论是存储还是检索，都离不开检索工具。那么什么是检索工具呢？

检索工具是按照一定的学科或主题范围、将所收录文献的条目和检索标识依据一定的规则（检索语言）编排组织在一起的二次文献。其中文献条目指描述文献外部特征（题目、著者、出处）和内容特征（主题词、分类号）的记录单元。被标引了的文献特征叫检索标目（检索标识），它是存储和检索文献的入口词。只是在机检中文献条目称字段，且所有字段都可作为检索入口词。

其实广义的检索工具与检索系统是一致的，只是在手检中习惯称检索工具，在机检中多数称为检索系统或数据库。检索工具的类型众多，本书仅按检索手段划分，将其分为手工检索工具和计算机检索工具两大类。

1. 手工检索工具

手工检索工具是指无须借助任何辅助设施即可处理和查询的检索工具，多指那些传统的印刷型检索工具。手工检索工具主要通过“手翻、眼看、大脑判断”方式进行浏览、检索，因此，检准率高，但检索速度慢、效率低。若按其著录内容细分，可划分为以下 3 种。

（1）目录（题录）。目录是描述文献外部特征的文献条目，并按一定的次序编排起来的集合体。文献的外部特征包括题名、著者、出处、文种等，其特点是报道及时且量大，但揭示文献深度不够。

目录的著录对象可以是整本文献，也可以是单篇文献（题录）。我国出版的题录性检索工具有《中国社会科学文献题录》，外国的有美国的《Chemical Title》等。

（2）文摘。文摘是除题录外还对文献内容做实质性描述的文献条目，即比目录（题录）式检索工具多一项内容摘要条目。因此文摘性检索工具在揭示报道文献的深度及实用性等方面都优于题录，有时甚至能代替原文，从而可大大节省查阅时间、起到事半功倍之效。文摘是检索工具的主体。

文摘有报道性文摘、指示性文摘和评论性文摘 3 种。文摘性检索工具很多，如《管理科学文摘》、JEL、EI、PROMT 等。

（3）索引。索引是将事物标识（著者、关键词、主题、分类等）及其有关指引线索，按照一定的顺序加以排列，并注明其所在文献中的位置（页码或文摘号等），以便检索相应文献的检索工具。它的特点是用户利用简单、方便，但也和目录一样未能反映文献内容。

索引比目录和文摘性检索工具应用更广，不仅有正式出版的索引刊物（独立的索引刊物），如人民日报索引、计算机公司名录索引等，还有许多的文摘、目录刊物之后附有各种辅助索引，如主题索引、著者索引、关键词索引等。尤其是辅助性索引应用更广，现已成为检索工具不可分割的组成部分。

2. 计算机检索工具

计算机检索工具主要分为以下3种。

（1）光盘检索。即采用计算机作为手段、以光盘作为信息存储载体和检索对象进行的信息检索系统。

（2）联机检索。联机检索是一台主机带多个终端的计算机信息检索系统，它具有分时操作能力，能使许多相互独立的终端同时进行检索。这种检索是用户使用计算机终端设备通过通信线路，直接与主机对话，用户可输入提问表达式并马上得到答案。联机检索系统一般都设有数百个数据库，而每个数据库又包括几十万、几百万条数据信息。

（3）网络检索。该系统同联机检索系统的主机和用户终端的主从关系不同，网络检索是基于客户机/服务器的网络支撑环境的，客户机和服务器是同等关系，只要遵守共同协议，一个服务器可被多个客户访问，一个客户也可以访问多个服务器。Internet便是该系统的典型。网络信息检索是基于Internet的分布式特点开发和应用的，用户只要通过网络接口软件，即可在任一终端机上查询世界各地上网的信息资源。随着信息技术的发展，网络将成为信息源传递的主要渠道。

目前，联机检索和网络检索都是通过Internet进行检索，只是联机数据库由专门机构管理维护、数据内容全、准确、回溯年代长、具有权威性，在人们科研立项、项目鉴定等学术活动中起着举足轻重的作用，但收费也高。网络信息资源既没有统一的网络管理机构、统一的资源管理机构，也没有统一的信息索引标准，与联机检索相比，信息杂乱无序，可靠性差，但费用低、检索界面友好，颇受用户青睐。光盘数据库与联机数据库相比，虽然存在着更新时间慢、数据容量小、专业范围窄等缺点，但由于它使用时操作方便、易学易用、费用低廉，而且检索效果优于联机检索，发展速度及普及程度都相当惊人，很快便成为一个能够与联机检索平分秋色的竞争对手。因此 3 种检索各有特色，目前许多检索系统既有光盘检索、联机检索又有网络检索，可供用户选择。

2.7 信息检索策略

检索策略是对全部检索过程进行总策划而提出的全盘检索方案，因此检索策略的制定与调整对检索结果至关重要，本节就从检索策略的制定和调整两个方面加以阐述，并列举了两个检索策略调整的实例。

2.7.1 检索策略的制定

检索策略是指在分析信息检索需求的基础上，选择适当的数据库并确定检索途径和检索词，确定各词之间的逻辑关系与检索步骤的一种计划或思路，它可以制定出检索表达式并在检索过程中修改和完善检索表达式。

检索方案制定得如何，直接关系到检索的成败，故编制检索策略意义重大，检索策略一般包括以下几个方面。

1. 确定检索工具或数据库

参见 2.5 3 小节“信息检索步骤”中的“2. 选择检索工具或数据库”。

2. 确定检索途径（检索字段）及检索方法（检索方式），形成检索标目（构造检索提问式）

参见 2.5 3 小节“信息检索步骤”中的“3. 确定检索途径（检索字段）及检索方法（检索方式）”，形成检索标目（构造检索提问式）。

3. 确定检索途径（检索字段）及检索方法（检索方式），形成检索标目（构造检索提问式）。

从广义上讲，检索策略是指为实现检索目标而制定的全盘计划和方案；从狭义上讲，是指检索表达式，因此，检索表达式是检索策略的综合体现，通常由检索词和各种逻辑算符、词间位置算符及系统规定的其他连接符号构成。面对一个课题，不应该只从现成的课题名称中抽取检索词或词组，而应对课题名称进行分词、删除、替换、补充和组合，生成检索表达式，才能达到最佳检索效果。

对于计算机检索来说，就是确定检索方式、检索字段、构造检索提问式。

所谓构造检索提问式就是用各种检索算符将简单概念的检索词进行组配成能表达课题需求的复杂概念的检索提问式。其中检索词的选择至关重要，一般采用“聚类组合法”即对检索课题按序实施如下 8 项操作：分词、删除、替换、聚类、补充、限定、组合和调整，从而生成检索式的方法。

（1）分词。分词就是对课题语句进行切分，以词为单位对课题包含的词进行最小单元的分割划分单词或词组。切忌眉毛胡子一把抓，不假思索地把整个课题照搬。如查“儒家文化对韩国经济的影响”，用中文科技期刊数据库，不可直接照搬检索，必须先进行切分：儒家 文化 韩国 经济 影响。

（2）删除。删除是指对不宜做检索词的词进行剔除，且避免使用一般概念性的词做主题词，对过分宽泛或过分具体的词、无实质意义的连词、虚词应予以删除。如“在、中、的、处理、研究、状况、合成、应用、性能、发展、影响”等。如对上例进行切分后，还要删除：影响。

（3）替换。对表达不清晰或容易造成检索误差的词替换用更具体、明确的词，防止某些表达欠佳的词。如在 EBSCO 库中可用更专指或更专业的检索词 fashion show 替换 apparel show、clothing show、garment show 三词。

（4）聚类。把切分、删除、替换后所得出的关键词按语义概念进行同类合并，将那些可以相互等效、相互替换、相互补充的同义词、近义词、相关词归成一组。

例如：｜高层建筑的优化设计｜

↓（分词）

｜高层｜建筑｜的｜优化｜设计｜

↓（删除）

｜高层｜建筑｜优化｜设计｜

↓（替换）

｜高层｜建筑｜优化｜结构设计｜（词的组合）

↓（聚类）｜高层建筑｜优化结构｜设计｜（组面的集合）

（5）补充。有些词是缩略词，有些词是同义词和相关词，对于前者应考虑找出缩略词的来源词组，将两者一并作为检索词，对于后者应补充同义词和相关词（包括上位词、下位词和同位词）作为检索词。

例如：“模拟计算机”→模拟计算机+模拟系统＊计算机

（6）限定。针对一词多义导致误检的问题，需采取限定措施，即增加限定词作为检索词。通过逻辑"或"增加同义词，逻辑"与"、"非"增加限义词①，避免由于检索词一词多义造成的误检问题。例如："工程制图 CAI 系列课件的研制"，除选取"工程制图"、"计算机辅助教学"、"教学课件"等作为检索词外，应考虑增加"机械制图"、"画法几何"等作为检索词。

(7) 组合。组合就是使用布尔逻辑算符、全文算符、截词算符及字段算符等将以上"聚类组合"过的课题构造成合乎需要的检索提问式。

(8) 调整

2.7.2 检索策略的调整

制定好检索策略后，检索任务只能算完成了一半，因在实际检索过程中，并非一次检索就会获得满意的检索效果。此时就需要及时采取补救措施，调整检索策略。检索策略的修改和调整，在实际操作上主要指数据库的选择和检索表达式的编制，前者取决于现有的数据库资源，后者则直接反映检索目标。一般情况下，若检出结果过多，就应在提高查准率上下工夫，主要从缩小检索（简称"缩检"）入手；如果检出篇幅过少，就应在提高查全率上下工夫，主要从扩大检索（简称"扩检"）入手。

1. 扩检时，调整检索式的主要方法

(1) 选全同义词、相关词和近义词，并多用"OR"算符。例如查找"中东地区的粮食产量"，输入：中东 * 粮食，检索结果为 0。此时应该找出"中东地区"所代表的具体国家，改输：(巴林+埃及+伊朗+伊拉克+以色列+…) * 粮食。

(2) 多选一些上位词或相关词，降低检索词的专指性。例如，用 EI 的标题词表查苹果种植方面的文献，应用 Fruit-Apple，不能直接用 Apple。

(3) 采用分类号进行检索。从揭示文献的广度和深度来看，依据分类体系检索恰到好处，它既能按文献的内容查找，又能把这一类文献收集齐全。

如查音响方面的标准，用 M72 可查找近 40 件有关音响方面的标准，如按"音响"的标准名称查找，只有 10 余条这方面的国家标准。

(4) 删除没有实际意义的概念组面。删除没有实际意义的概念组面，即减少逻辑与（AND）和逻辑非（NOT）的运算。如：网络 * 诉讼 * 案件 * 研

---

① 限义词：指限制使用的词。

究，改为：网络 * 诉讼。

（5）减少或去除某些过严的限制符。如位置限制算符、字段限制符等。例如在 Elsevier 库中的高级检索：shakespeare W/15 biography，改输：shakespeare AND biography。

（6）少使用位置算符，或调整位置算符，由严变松。例如，在 Elsevier 库中的高级检索：shakespeare W/5 biography，改输：shakespeare W/50 biography。

（7）使用截词技术。如查找会计管理方面的文献，在 Elsevier 库的文摘字段输入 accountant and manage，检出文献很少，如使用截词算符：accountant and manage *，则检出文献可观。

若采用以上扩检措施，检索结果仍不理想，则应该考虑更换检索工具或数据库。

2. 缩检时，调整检索式的主要方法

（1）提高检索词的专指性，增加或换用下位词和专指性较强的自由词。

（2）增加 AND 算符，以便进一步限定主题概念的相关检索项，提高检准率。

（3）用检索字段限制检索，如常限定在篇名字段和叙词字段中进行检索。如用 Google 查找张五常关于交易费用方面的 Word 文档的论文，在上题的基础上再加摘要一词：交易费用 关键词 摘要 “张五常” filetype：doc，则检出 109 条。在用中国知网查 “世界资本主义对中国经济的影响”，选资本主义、中国经济做主题词，限定在主题字段命中 15 352 条；如限定在篇名字段，则命中 45 条。

（4）利用文献的外表特征限制，如文献类型、出版年代、语种、作者等。如用 Google 查找张五常关于交易费用方面的 Word 文档的论文：交易费用 “张五常” 论文，命中 10 500 条；考虑论文的写作形式和格式，用关键词替换论文，并用 DOC 文件格式加以限定：filetype：doc 关键词 交易费用 “张五常”，则检出 215 条。如在 SOSIG 主题网关中，用简单检索查找 “civil law or criminal law”，命中 340 条，而在高级检索中，将其限定在期刊（全文）中查找，就命中 12 条。

（5）用逻辑非 NOT 来排除一些无关的检索项。

（6）适当的使用位置算符，或调整位置算符由松变严。采取上述调整方法时，要针对所检课题的具体情况和所用检索系统的客观实际综合分析，灵活应用。

3. 检索策略调整实例

（1）检索海信电视在西部的市场状况。

检索表达式：海信＊电视＊西部＊市场

为了提高检全率，实检①后调整：海信＊电视＊（西部+四川+西藏+新疆+甘肃）；考虑提高检准率，实检后调整：海信（2W）电视（S）（西部+四川+西藏+新疆+甘肃）。

（2）查找“服装品牌设计”。

检索表达式：garment＊ brand（）design？？

为了提高检全率，实检后调整：（apparel+clothing+garment+fashion）＊ brand（）design？？

考虑提高检准率，调整优化为：（apparel+clothing+garment+fashion）（s）brand（）design？？；

进一步调整优化为：（apparel+clothing+garment+ fashion）（3n）brand（）design？？

按上述组合进行初步检索，再根据在构造检索提问式时，要注意各种算符的运算顺序，位置算符、截词符②等的使用方法，还要考虑各个检索项的限定要求及输入次序等。

小　结

本章主要介绍了与信息检索有关的一些基本概念，如信息检索原理、信息检索系统与检索工具、重点讲述了检索语言、信息检索方法、途径和步骤。

练习题

1. 什么是题录、文摘和索引？

---

① 实检：即实施检索。

② 截词符：截词算符的简称，是指截词检索中所用的算符。

2. 什么是检索语言？它有哪些类型？

3. 利用分类和主题途径检索文献的关键是什么？

4. 要查找日本三菱电子株式会社发明的专利，试问用什么途径查找？并写出该途径的检索入口词。

5. 简述电子文献信息媒体的几种划分形式。

6. 简述信息检索的步骤，在机检中构造检索提问式要考虑哪几方面的问题。

7. 什么是手检？什么是机检？

8. 列出计算机检索的几种主要算符。

9. 试比较截词和位置检索技术的主要功能。

10. 简述扩检与缩检的措施。

第 3 章　中文期刊数据库检索

中国知识基础设施工程（China National Knowledge infrastructure），简称 CNKI，始建于 1995 年，是以实现全社会知识信息资源共享与增值利用为目标的国家信息化重点工程，由清华大学发起，同方知网技术产业集团承担建设，是“十一五”国家重大出版工程项目。

CNKI 的源数据库主要包括《中国学术期刊网络出版总库》（CAJD）、《中国博士学位论文全文数据库》（CDFD）、《中国优秀硕士学位论文全文数据库》（CMFD）、《中国重要会议论文全文数据库》（CPCD）、《中国重要报纸全文数据库》（CCND）；特色资源主要包括《中国年鉴网络出版总库》（CYBD）和《中国工具书网络出版总库》（CRFD）、《中国经济社会发展统计数据库》、《中国法律知识资源总库法律法规库》、《中国科技项目创新成果鉴定意见数据库》、《专利》、《标准》、《古籍（国学宝典）》、《cnki 学术图片知识库》、《cnki 外观专利检索分析系统》、《职业教育特色资源总库》等；国外资源主要包括：EBSCO ASRD—学术研发情报分析库、EBSCO BSC—全球产业（企业）案例分析库、EBSCO EPS 国际能源情报分析库、EBSCO MGC 军事政治情报分析库；行业知识库主要包括：医药、农业、党和国家大事、城建、法律等；作品欣赏主要包括：《中国精品文化期刊文献库》、《中国精品文艺作品期刊文献库》、《中国精品科普期刊文献库》等；指标索引主要包括全国专家学者、机构、指数、概念知识元数据、中国引文数据库、CNKI 翻译助手等。

3.1　中国学术期刊网络出版总库

中国学术期刊网络出版总库（CAJD）是专门针对期刊检索而言的，据统计期刊是科研人员利用率最高的信息媒体，为使文理科使用方便，CAJD 还专门划分出了中国学术期刊网络出版总库（社科）和中国学术期刊网络出版总库（自科）两个版本，本节将介绍综合版本的使用。

3.1.1　数据库简介

中国学术期刊网络出版总库（CAJD）是中国知网即国家知识基础设施（National Knowledge Infrastructure，CNKI）的系列数据库之一，国家知识基础设施（CNKI）的概念，首先由世界银行于 1998 年提出，后由清华大学光盘国家工程研究中心、清华同方光盘股份有限公司等单位发起，于 1999 年 6 月开始实施。目前 CNKI 已建成了十几个系列知识数据库，而中国学术期刊网络出版总库是目前世界上最大的连续动态更新的中国学术期刊全文数据库。

CAJD 收录我国自 1915 年以来国内出版的 7 700 余种学术期刊，内容涵盖十大专辑：基础科学、工程科技Ⅰ、工程科技Ⅱ、农业科技、医药卫生科技、哲学与人文科学、社会科学Ⅰ、社会科学Ⅱ、信息科技、经济与管理科学。该库既有浏览功能又有检索功能，还有引文链接功能，及对个人、机构、论文、期刊等方面的计量与评价功能，并能共享 CNKI 系列数据库的各种服务功能。

目前高校是采用网上包库或本地镜像的形式购买中国学术期刊网络出版总库，校园网内的用户既可通过图书馆中的相应链接进入，也可直接输入其 IP 地址（www.cnki.net）进入，只有登录成功的用户才可下载期刊全文，而 CAJD 题录库在网上没有任何限制，可免费检索。

3.1.2　检索方式

在 CNKI 系列数据库中，各数据库页面及功能相似，中国学术期刊网络出版总库（CAJD）现设有快速检索、标准检索、专业检索、作者发文检索、科研基金检索、句子检索，此外还有来源期刊导航。

在 CAJD 中，所有的检索界面均由左右两栏组成，左栏为学科分类导航，默认状态下为十大专辑，也可根据需要选择；右栏又分上下两部分，上面部分为 CAJD 的检索界面，下面部分为 CAJD 数据库信息介绍，如图 3-1-1 所示。

该库共提供 18 个检索项（检索字段），分布在不同的检索方式中，检索项之间可使用逻辑与、逻辑或、逻辑非进行项间组合（项间组合即检索项之间的逻辑组合），同一检索项中还支持相应的位置检索算符，此外还支持二次检索。

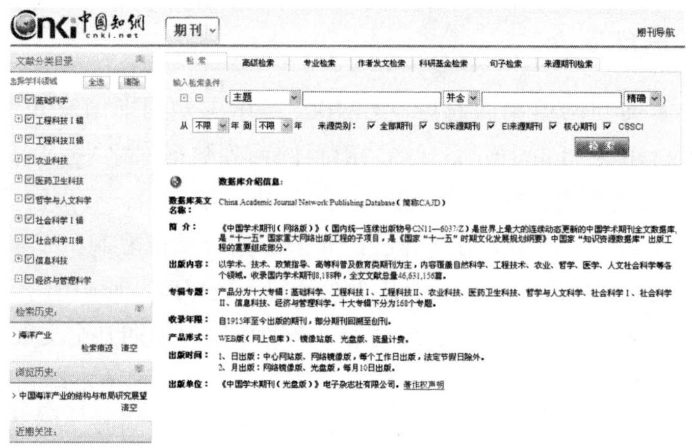

图 3-1-1 CAJD 快速检索界面

2. 快速检索

快速检索是一种简单检索，简洁方便，其右栏的最上面只有一个检索框，可输单词或一个词组检索，并支持二次检索，但不分字段，因此查全率较高、检准率较低，如图 3-8 所示。

2. 标准检索

标准检索是 CAJD 上的默认检索界面，最上面由输入检索控制条件和输入内容检索条件两部分构成。检索控制条件是指期刊年期、来源期刊、来源类别、支持基金、作者、作者单位等检索项，内容检索条件是指主题、篇名、关键词、摘要、全文、参考文献和中图分类号这 7 个检索项。

标准检索是一种比快速检索复杂一些的检索方式，它既支持单词检索又支持多项双词逻辑组合检索：多项是指可选择多个检索项，可通过单击前方的“+、-”来增减检索项；双词是指一个检索项中可输入两个检索词，每个检索项中的两个词之间可进行 3 种检索位置算符组合：并且包含、或者包含和不包含；逻辑是指检索项之间可使用逻辑与（并且）、逻辑或（或者）和逻辑非（不包含）进行项间组合。例如要查找季羡林与梵文或巴利文有关的一些论述，如图 3-1-2 所示。

在标准检索中，将检索过程规范为三个步骤。

第一步，检索控制条件。检索控制条件包括：输入发表时间、来源期刊、

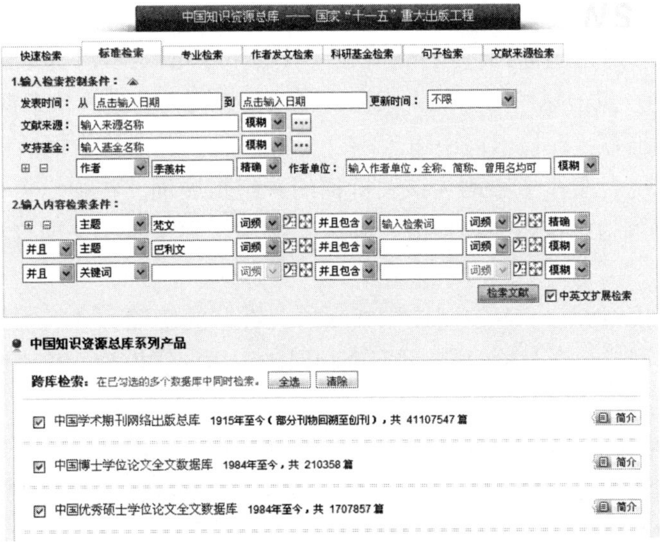

图 3-1-2　CAJD 标准检索

支持基金、作者、作者单位等。通过对检索范围的限定，便于准确控制检索的目标结果。

发表时间：在检索中可以限定检索文献的出版时间，默认为不限定发表时间。

来源期刊：可在检索框中直接输入相应的期刊名称作为检索词，也可以根据期刊所属专辑、收录来源和是否核心期刊进行检索。

支持基金：可直接输入基金名称的关键词，也可以选择支持基金输入检索框中。

作者及作者单位：在下拉框中选择限定“作者”或“第一作者”，在后面的检索框中输入作者姓名或作者单位。

第二步，内容检索条件。内容检索条件包括：基于文献的内容特征的主题、篇名、关键词、摘要、全文、参考文献、中图分类号。

在下拉框中，选择一种文献内容特征，在其后的检索框中填入一个关键词；若一个检索项需要两个关键词做控制，可选择“并且包含”、“或含”或“不含”的关系。在第二个检索框中输入另一个关键同；点击检索项前的“⊞”按钮，可增加逻辑检索行，添加只一个文献内容特征检索项，点击

“⊟”按钮，可减少逻辑检索行。

最近词：点击图标“⊠”，将弹出一个窗口，记录本次登录最近输入的10个检索词。点击您所需要的检索词，则该检索词自动进入检索框中。

扩展词推荐：在检索框中输入一个关键词后，点击检索框后的“⊞”扩展按钮，系统会推荐中心词为该关键词的一组扩展词。在弹出窗口中，勾选相关词前的“□”按钮，再点击“确定”按钮，则这些相关词自动增加到检索框中。

精确、模糊检索：可控制该检索项的关键词的匹配方式。①精确：检索结果完全等同或包含与检索字/词完全相同的词语。②模糊：检索结果包含检索字/词或检索词中的词素。

中英文扩展检索：中英文扩展是由所输入的中文检索词，自动扩展检索相应检索项中英文语词的一项检索控制功能。仅在选择“匹配”中的“精确”时，“中英文扩展”功能才可用。

在结果中检索：在实施一次检索后，如想对本次检索结果进行进一步的筛选则要修改所需的检索项内容。然后点击“在结果中检索”。

第三步，检索结果分组排序。检索结果页面将通过检索平台检索得到的检索结果以列表形式展示出来，并提供对检索结果进行分组分析、排序分析的方法、来准确查找文献。检索结果分组类型包括文献分组浏览和文献排序浏览。

文献分组浏览：按学科类别、期刊名称、研究资助基金、研究层次、文献作者、作者单位、中文关键词等排序方式进行排序。

文献排序浏览；按发表时间、相关度、被引频次、下载频次、浏览频次等排序方式进行排序。

3. 专业检索

专业检索比高级检索功能更强大，但需要用户根据系统的检索语法编制检索式进行检索，适用于熟练掌握检索技术的专业检索人员。单击CAJD中的专业检索即可进入该页面，专业检索可提供18个字段，如图3-1-3所示。

重要提示

（1）专业检索中，表达式的符号要在半角（英文）状态下输入，如小括号、等号等。

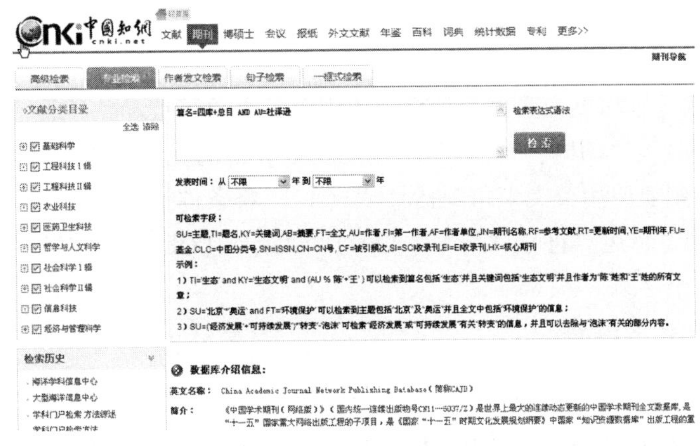

图 3-1-3　CAJD 专业检索界面

(2) 专业检索中，同一字段的检索词之间可用“*、+、-”构造检索表达式，检索词与算符之间是否空格无所谓；若不是同一字段的检索词之间就要用“AND、OR、NOT”构造检索表达式，且检索词与算符之间要空一格。

专业检索可用下列18个检索字段构造检索表达式：SU=主题，TI=题名，KY=关键词，AB=摘要，FT=全文，AU=作者，FI=第一责任人，AF=机构，JN=中文刊名 & 英文刊名，RF=引文，YE=年，FU=基金，CLC=中图分类号，SN=ISSN。CN=统一刊号，IB=ISBN，CF=被引频次。CNKI常用的检索字段及检索功能如表3-1-1所示。

检索字段	检索功能
主题	检索在文献“主题词”中出现检索词的文献。它不是要输入主题词，而是输入关键词。结果表示检索词可出现在题名、关键词、摘要、机构等字段中
题名	检索在文献题名（篇名）中出现检索词的文献。采用此途径检索论文，查准率最高
关键词	检索从文献给出的“关键词”中出现检索词的文献
摘要	检索从文献给出的“摘要”中出现检索词的文献
作者	检索某作者发表的文献
第一作者	检索只含署名第一作者的文献
机构	也称作者单位，检索某单位发表的文献情况
来源	也称刊名，检索某一期刊收录的文献
全文	检索文献全文（包括文献全部内容）中出现检索词的文献
参考文献	检索某文献被引用的情况，它反映了文献引用与被引用的关系
基金	检索在论文基金项目中出现检索词的文献

使用 CNKI 时应注意事项如下几点。

- 所有符号和英文宁母，都必须使用英文半角字符。
- “AND”、“OR”、“NOT” 三种逻辑运算符的优先级相同，如要改变组合的顺序，则要使用英文半角圆括号“（）”将条件括起来。
- 应用逻辑运算符号“与”（AND）、“或”（OR）、“非”（NOT）时，前后要空一个字节。

3. 作者发文检索

作者发文检索是通过作者姓名、单位等信息，查找作者发表的全部文献及被引、下载情况的方法，如图 3-1-4 所示。作者发文检索不仅能找到某一作者发表的文献，还可以通过对结果的分组筛选情况全方位地了解作者主要研究领域，研究成果等情况。

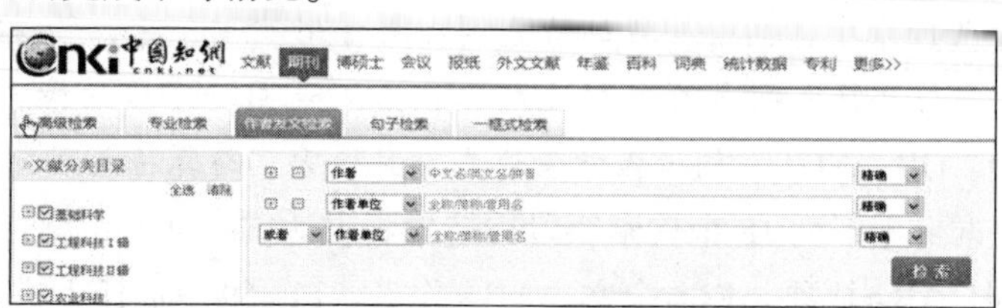

图 3-1-4 作者发文检索界面

检索项包括作者姓名、第一作者名和作者单位，可在检索框中直接输入相关名称进行检索。对于作者单位检索项，点击检索项前“⊞”按钮，可增加逻辑检索行，点击“⊟”按钮，可减少逻辑检索行。

5. 科研基金检索

科研基金检索是通过科研基金名称，查找科研基金资助的文献的检索方式。通过对检索结果的分组筛选，可全面了解科研基金资助学科范围，科研主题领域等信息。

6. 句子检索

句子检索是通过用户输入的两个关键词，查找同时包含这两个词的句子的检索方式。由于句子中包含了大量的事实信息，通过检索句子可以为用户提供有关事实的问题的答案。

7. 来源期刊检索

来源期刊检索是通过输入来源期刊的名称、类别和期刊的年限等信息，来查找包含相关信息的期刊的检索方式。

3. 期刊导航

期刊导航展现了 CAJD 收录的全部期刊，为了满足不同读者的需要，提供了 12 条导航路径。此外，读者还可按学科或期刊字顺直接浏览，也可按刊名查找期刊文章，如图 3-1-5 所示。

图 3-1-5　CAJD 期刊导航界面

主要导航路径解释如下。

① 专辑导航：按照期刊内容知识进行分类，分为 10 个专辑，168 个专题。

② 世纪期刊：专门回溯 1994 年之前出版的期刊。

③ 核心期刊：现收录 2008 年最新版“中文核心期刊要目总览”的期刊，并按核心期刊表进行分类排序。

④ 数据库刊源：按期刊被国内外其他著名数据库收录情况分类，如 SCI 来源期刊、EI 来源期刊、中国科学引文数据库（CSCD）、中国人文社会科学引文数据库（CHSSCD）等。

案例分析

检索杜泽逊发表论文的题名中含有四库及总目的文献

由题目内容可知，本题是要查找杜泽逊发表的论文题名中含有四库或含有总目的论述，该题使用专业检索或标准检索较好，其使用专业检索的表达式、检索结果如图 3-1-6（题名=四库+总目 AND AU=杜泽逊）、图 3-1-7 所示。

重要提示

CAJD 中的主题字段并非仅指单一的主题词，而是题名、关键词和摘要 3 词的总称。

3.1.3 检索结果处理

1. 结果显示

从 CAJD 检索结果界面可看到检索命中文献记录总数，并以“序号、篇名、作者、刊名、年/期、被引频次、下载频次”的题录形式将命中结果加以显示，如图 3-1-6 所示。如想看到文章摘要、关键词、知网节等信息，要单击篇名链接，如图 3-1-7 所示；若要看全文，则要单击 CAJ 或 PDF 图标，下载原文，如图 3-1-8 所示。

案例分析

CAJD 的最大创新—引文网络即知网节

知网节是一条知识链接的纽带，通过这条纽带，研究人员可找到一批相似文献、相关机构、相关作者。借助参考文献、二级参考文献可追溯课题的发展历史、研究背景，借助共引文献、同被引文献可了解课题的研究现状、目前进展，借助引证文献、二级引证文献可展望课题的发展方向、后继研究。

2. 全文阅读浏览器

CAJD 的全文显示格式有 CAJ 和 PDF 两种，第一次阅读全文必须下载安

文献排序浏览：发表时间　相关度　被引频次　下载频次　　列表显示　每页记录数：10 20 50

找到 33 条结果 共2页　　1 2 后页　　全选　清除　存盘　定制

序号	篇名	作者	刊名	年/期	被引频次	下载频次
1	清人著述总目述例稿	杜泽逊	中国典籍与文化	2012/01		11
2	国家清史纂修重大项目《清人著述总目》的现状与未来	杜泽逊	山东图书馆学刊	2010/05		44
3	古籍目录编纂例说——《清人著述总目》编纂札记	杜泽逊	文献	2009/03	1	168
4	读《四库提要》随记	杜泽逊	中国典籍与文化	2009/04	1	122
5	四库提要厘定	杜泽逊	图书馆工作与研究	2010/01		93
6	四库馆辑本《直斋书录解题》"文史类"校议	杜泽逊	图书馆工作与研究	2006/01	2	118
7	《四库提要》续正	杜泽逊	中国典籍与文化	2006/03		87
8	《四库提要》斠正	杜泽逊	图书馆杂志	2006/10		74
9	史志目录的编纂方法及其面临的困惑——以《清人著述总目》为例	杜泽逊	图书与情报	2006/06		126
10	乾隆皇帝与"四库全书"	杜泽逊	山东图书馆季刊	2006/04	1	190
11	《四库提要》续订	杜泽逊	图书馆理论与实践	2007/05		85
12	四库提要总集类辨正	杜泽逊	图书馆工作与研究	2007/06	1	119
13	国家清史项目《清人著述总目》之由来	杜泽逊	山东图书馆季刊	2008/02		62
14	史志目录编纂的回顾与前瞻——编纂《清人著述总目》的启示	杜泽逊	文史哲	2008/04		229

图 3-1-6　CAJD 检索结果界面

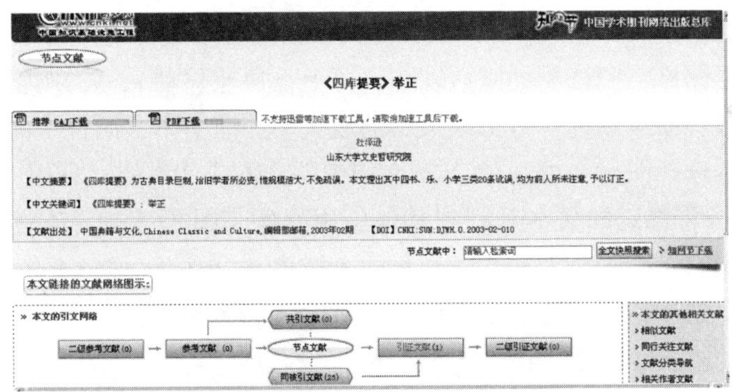

图 3-1-7　CAJD 引文网络界面

装 CAJ 或 PDF 全文浏览器，否则无法阅读全文。

（1）CAJ 浏览器。CAJ 浏览器是中国知网自己研发的专用检索浏览全文的阅读器。它功能齐全，有查找字符串、打印全文功能，且能按原版显示效果打印。并能从 CAJ 上抓取文章内容，进行文本、图像摘录、保存、编辑。

（2）PDF 格式。PDF（Portable Document Format）格式是电子发行文档的事实上的标准，而 Adobe Reader、Acrobat Reader 或 Foxit Reader 是查看、阅读

图 3-1-8 PDF 全文界面

和打印 PDF 文件的最佳工具，且在网上可免费下载。由于 PDF 文档通常是一些图文并茂的综合性文档，因此在学术论著中广泛使用。目前出版商发行的数据库大多采用 PDF 格式。PDF 工具栏上几个重要图标的解释如下。

① 手形图标：阅读器的默认图标，可上下快速移动光标，调整页面位置。

② 放大和缩小图标：可更改文档的放大率和缩小率，调整字体大小。

③ 文本选择图标：可选择 PDF 文档中的文本或文本块，利用“复制”和“粘贴”命令将选定的文本复制到其他应用程序。图 3-1-8 右栏描黑部分即为选中要摘录的文本块。

④ 保存副本图标：选择该图标可下载全文，也可以附件的形式将其保存在某一文件中，发送到邮箱中进行保存。

3.2 中文科技期刊全文数据库

中文科技期刊数据库是中文光盘创始者，本节将系统地介绍其检索体系，重点讲解传统检索。

3.2.1 数据库简介

中文科技期刊数据库由中科院西南信息中心重庆维普资讯有限公司于 1994 年研制出版，该库是国内最早的中文光盘数据库，也是目前国内最大的综合性文献数据库。收录中国境内历年出版的中文期刊 12 000 余种，其中全文收录 8 000 余种，核心期刊 1 810 种。时间跨度为 1989 年至今，学科遍布理、工、医、农及社会科学（文、史、哲、法，现回溯到 2000 年）。该数据库数据中心网站日更新，镜像站每季度更新一次。

目前国内数据库一般都提供远程包库、本地镜像和个人读书卡 3 种服务形式。大凡团购的高校用户要么采用远程包库要么采用本地镜像或两者并存的方式，在校园网内提供资源共享，凡隶属 IP 范围内的用户，既可通过“校园网-图书馆”中的相应链接进入，也可直接访问远程网络的 IP 地址：http：//cstj. cqvip. com/，如图 3-2-1 所示。同时网上提供免费的题录检索库，其网址为 http：//www. cqvip. com。

图 3-2-1　仓储式在线出版平台

3.2.2　检索方式

中文科技期刊数据库自研制出来以后，其检索界面不断修改，以期更适合用户检索。自 2005 年版开始，一直沿用目前的界面，可提供基本检索、传统检索、高级检索、期刊导航和检索历史 5 种检索方式，如图 3-2-2 所示。该库支持逻辑与、或、非和二次检索，此外还可以选择模糊和精确匹配检索方式。

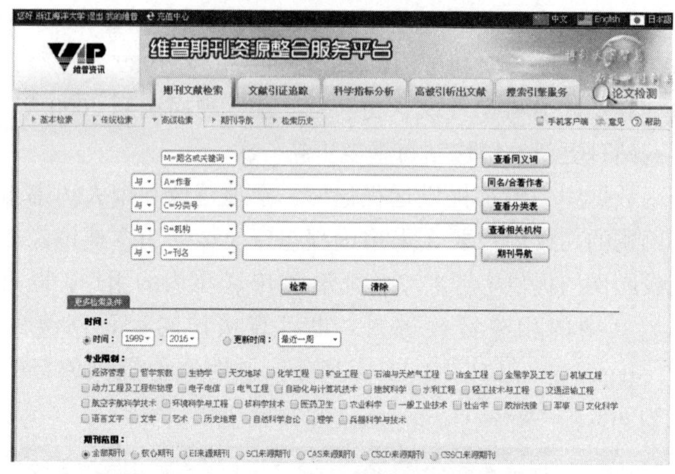

图 3-2-2　中文科技期刊数据库主页

1. 基本检索

基本检索为中文科技期刊数据库的默认检索方式，在此选好逻辑算符、检索字段并输入相应的检索词即可实现由上至下的组配检索，每个检索框中只能输入单一检索词或词组，默认情况下只有两个检索框，可通过点击“+、-”实现检索框的增减，此外还有时间、范围和学科的选项限定条件，如图3-2-3所示。

2. 传统检索

传统检索是中文科技期刊数据库创建伊始的检索方式，一直沿用至今，故称传统检索。单击图 3-2-3 中的 传统检索 链接，即可进入传统检索界面，如图 3-2-4 所示。传统检索包罗万象，可以说是其他几种检索方式的综合检索，而其他几种检索方式只是传统检索单项功能的具体细化。传统检索包含以下内容。

（1）限定检索范围。限定检索范围包括导航系统、期刊范围、年限、最近更新、同义词、同名作者等。

导航系统位于传统检索的最左侧，可分为专辑导航和分类导航。分类和专辑导航均为树状结构。分类导航按《中图法》的前 21 个大类进行划分，专辑导航可分为社会科学、经济管理、教育科学、图书情报、自然科学、农业

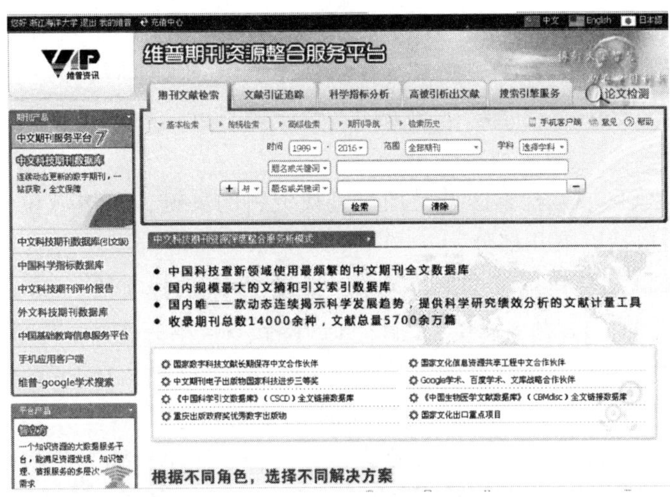

图 3-2-3　中文科技期刊基本检索页面

科学、医药卫生和工程技术 8 个部分。无论何种导航，每个类目或专辑都可以进一步细分。选中某学科结点后，任何检索都会被锁定在此类目学科下进行。

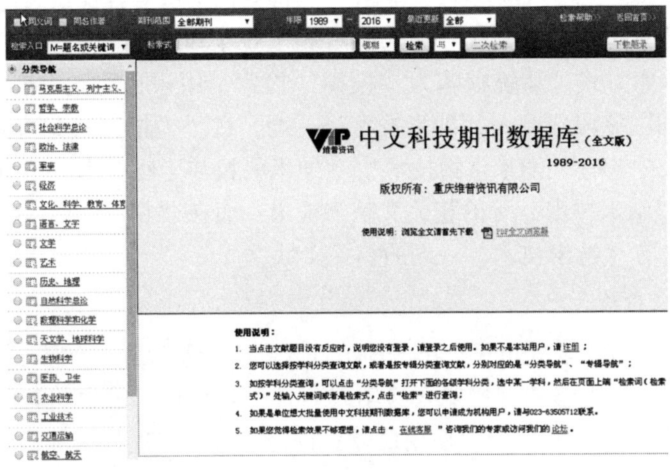

图 3-2-4　传统检索界面

期刊范围、年限、最近更新、同义词和同名作者等位于传统检索的最上端。期刊范围、年限、最近更新和选择选项默认状态如图 3-2-4 所示，当然也可通过其右边的小箭头进行选择。

同义词和同名作者库功能只有在选择了关键词、作者、第一作者检索入口时才生效，这两库均是默认为关闭，选中则打开。用户可根据课题需要进行相关限定。

（2）检索区域。检索区域是用户查找资料的关键，该区域位于传统检索的第2栏，包括以下几部分。

① 检索入口。可通过其下拉菜单，提供10个选择字段：M=题名或关键词、K=关键词、T=题名、R=文摘、A=作者、F=第一作者、S=机构、J=刊名、C=分类号和U=任意字段。其中，U=任意字段是指在全部字段内进行。与此同时，要在检索式输入框中输入相应的检索表达式。

② 检索表达式。分为简单和复合检索两种。简单检索是直接输单一词进行检索，单击 检索 按钮即可。复合检索又分二次检索和复合检索式。

二次检索可能会使检索冗余，可以在一次检索的基础上进行二次检索，缩小检索范围。二次检索可多次使用，以达复合检索之效，二次检索要通过下拉菜单“与、或、非”并单击 二次检索 按钮实现。

如果想一次性达到比较理想的检索效果，可在检索式输入框中用检索字段代码、逻辑与或非（*、+、-）算符和检索词构造复合检索表达式。

匹配检索是指“检索式”输入框右侧下拉菜单中的“模糊”和“精确”两种限定检索方式。系统默认为“模糊”检索，用户也可选“精确”。如选“K=关键词”字段，输入“纳米技术”一词，在“模糊”检索方式下，可把关键词字段中含有“纳米生物技术”、“纳米科技与生物技术”、“纳米级定位技术”和“纳米技术”等的相关文献都检出；而在“精确”检索方式下，就只能检出含有“纳米技术”一词的相关文献。

3. 高级检索

高级检索链接随处可见，单击即可进入高级检索界面，如图3-2-5所示。高级检索分表框检索和直接输入检索式两种检索界面，表框检索类似于基本检索，可针对13个检索字段使用逻辑算符与、或、非进行组配检索，表框检索一次最多可以进行5个检索词的逻辑组配检索；直接输入检索式类似于传统检索。高级检索的限定检索条件要比其他检索界面丰富。

3. 期刊导航

单击 期刊导航 链接，即可进入期刊导航界面，如图3-2-6所示。

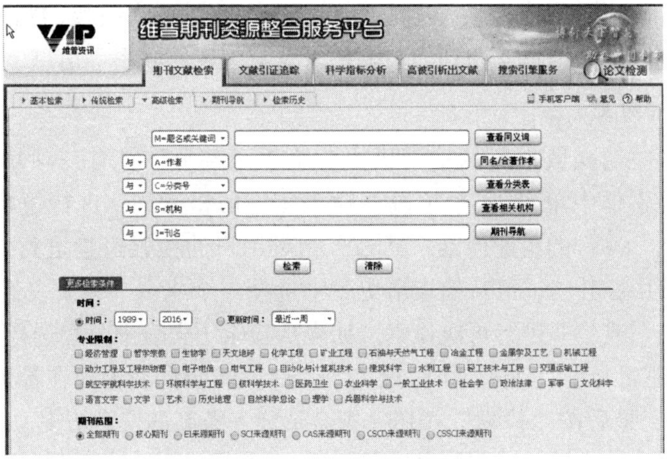

图 3-2-5　高级检索界面

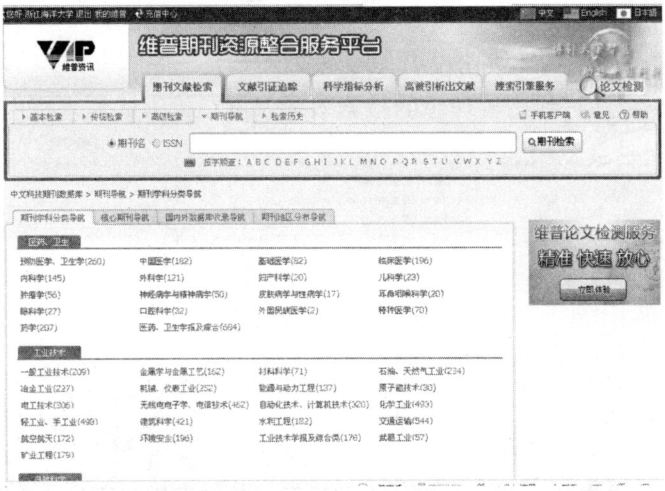

图 3-2-6　期刊导航界面

期刊导航有 4 种方式：期刊学科分类导航、核心期刊导航、国内外数据库收录导航、期刊地区分布导航，此外还可进行期刊和字顺检索。

期刊检索既可按国际标准期刊号（ISSN）检索，又可按刊名的关键词检索；按字顺查就是按期刊刊名的汉语拼音字顺查询；按学科查实际上是先按大类，再按学科层层展开检索。

期刊导航不仅可检索某种杂志上的文献，还是读者投稿的指南，可帮助读者了解期刊主办信息、期刊的主要栏目及与编辑部联系等信息。

5. 检索历史

中文科技期刊数据库的检索历史分上下两部分，具有三项功能。其一，在上部的检索框中单击 14 个字段并输入相应的检索词，进行逻辑与（＊）、或（+）、非（-）的组配检索；其二，能对用户的检索过程进行自动保存在检索历史表中；其三，可从检索历史表中选择一个或多个检索表达式的序号，单击逻辑与、或、非进行再次检索。如先从检索历史表中分别选择序号 1、2、3，并单击逻辑与，表达式（#1 ＊ #2 ＊ #3）就会自动出现在检索框中（见图 3-2-7），最后按“检索”按钮，则会形成一条新的检索历史。

图 3-2-7 检索历史界面

案例分析

检索旅游学刊上发表的有关旅游管理或旅游营销方面的文献资料

由题目内容可知，本题是要查找在旅游学刊杂志上论述有关旅游管理或旅游营销方面的文献资料，该题无论使用何种检索方式都可完成，但使用传统检索或高级检索中的直接输入检索式最简单，其表达式为：M=旅游＊（管理+营销）＊J=旅游学刊，检索结果如图 3-2-8 所示：

图 3-2-8　检索结果界面

3.2.3　检索结果处理

中文科技期刊数据库检索结果界面多数可显示检索条件、检索命中文献总篇数，并将检索命中结果以“序号、全文下载、标题、作者、出处”的题录形式加以显示，如图 3-2-8 所示。

中文科技期刊数据库的全文显示格式有维普浏览器 OCR 和 PDF 两种，第一次阅读全文必须下载安装维普浏览器 OCR 或 PDF 全文浏览器。否则无法阅读全文。

PDF 为因特网上的一种标准化电子格式，维普浏览器是中文科技期刊数据库自己研发的专用检索浏览全文的阅读器。图 3-2-8 所示为 PDF 全文显示界面，只要单击图 3-2-8 中的图标或图 3-2-8 中的下载全文图标，均可下载全文，如图 3-2-9 所示。

3.3　人大复印报刊资料全文数据库

人大复印报刊资料全文库是公认的社科研究领域的精品文献库，但该库没有报刊等级之分，只注重论文品质。本节将带领读者去了解精品库。

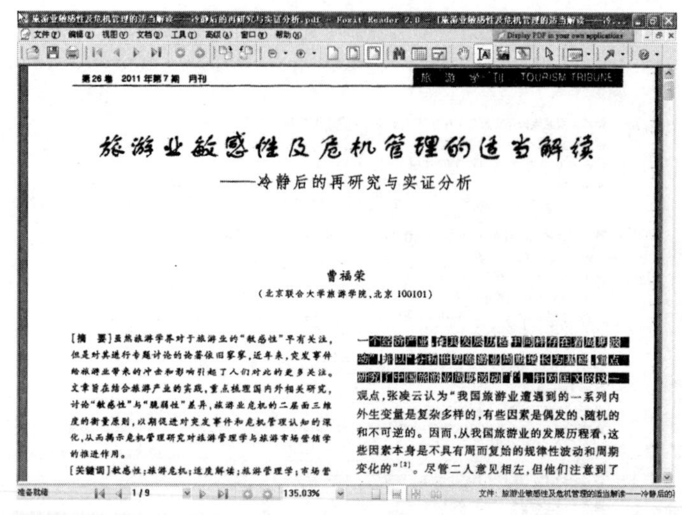

图 3-2-9 全文显示界面

3.3.1 数据库简介

人大复印报刊资料全文库由中国人民大学书报资料中心编选，并委托浙江天宇信息技术有限公司加工建库（天宇分布式全文检索系统 CGRS 5.1），该库精选了 1995 年以来的社会科学、人文科学及数理化科学方面的资料。最初只按政治、经济、教育和文史语言 4 大类出版；2006 年开始细划为“马列、哲学、政治、法律、社会总论，经济类，文化、教育、体育类，语言文字、文学、艺术、历史、地理、其他类”新四大类出版；2007 年又增设了数学、物理、化学大类，所有文献按季度更新。另回溯增补了 1978 年~1994 年的中国古代、近代文学研究专题。

凡订购全文数据库的高校用户均采用 IP 地址控制访问权限，网内的用户既可通过校园网中的相应链接进入，也可直接登录该库的 IP 地址，但无论何种方式，人大复印报刊资料全文库都需要用户标识和用户密码进行登录，只有登录成功的用户才可检索下载报刊资料。

3.3.2　检索方式

1. 检索技术

人大复印报刊资料全文库提供6种检索算符：逻辑与（*）、逻辑或（+）、逻辑非（-）、优先级（）及位置检索算符。其中位置算符“?”，用“?”的个数表示两词（字）之间允许间隔字的个数，最多允许出现9个“?”，如输入“中国??? 啤酒”，可检出“中国的青岛啤酒”、“中国牌子的啤酒”及“中国卷烟、啤酒”等；位置算符“!”，用“!”的个数表示两词（字）之间最多允许间隔字的个数，系统最多允许出现9个“!”，如输入“中国!!! 啤酒”，不但能检出：“中国??? 啤酒”的各种情况，还可检出“中国啤酒”、“中国的啤酒”、“中国人对啤酒”等。

2. 检索方式

人大复印报刊资料全文库设有分类、任意词和高级3种检索方式，无论哪种方式，都可进行二次检索。

（1）分类检索。分类检索实际上是按学科专题检索，可分5大类：马列、哲学、政治、法律、社会总论，经济类，文化、教育、体育类，语言文字、文学、艺术、历史、地理、其他类，数学、物理、化学。分类检索是任意词和高级检索的基础，准确地说是分类浏览或选库浏览。

分类浏览即为系统默认状态的主页界面（见图4-3-1），该界面分为资源列表区（数据库列表区）、数据库命中结果区、检索区和检索结果显示4个区。

分类浏览（选库浏览）首先是按年编排，其次按大类组织专题库，1995~2004年是每年按大类组织4个专题库，而2005年后是按季度组织4~5个大类专题库，这样一年就是16~20个专题库。分类浏览有以下两种方法。

① 直接单击左侧可查询资源（资源列表区）某年份的名称，可以直接在检索结果显示区中显示该年份下按大类组织的所有专题库的信息。

② 单击左侧可查询资源前面的“+”，可以展开显示该年份下按大类组织的所有专题库的结点信息，然后根据需要单击某一专题库的名称，在检索结果显示区中即可显示某一专题库上所有的文献名称，如图3-3-1所示。

（2）任意词检索。任意词检索界面与分类浏览界面绑定在一起，更确切地说就是分类浏览界面中的检索区，用户在此输词检索。任意词检索，由于不分字段，检全率较高，但检准率较差。例如，要查 2010~2011 年期间，儒家文化对韩国、新加坡和日本经济的影响，如图 3-3-2 所示。

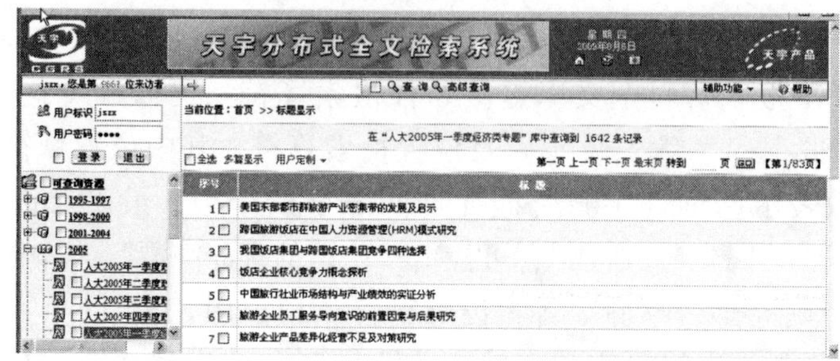

图 3-3-1 人大复印报刊资料全文库主页

CGRS
jszx，您是第 2855 位来访者 | 儒家*文化*(韩国+新加坡+日本)*经 | 查 询 | 高级查询 | 辅助功能 | 帮助

用户标识 jszx
用户密码 ••••
登 录 退 出

可查询资源：1978-1994、1995-1996、1997-1998、1999-2000、2001-2002、2003-2004、2005、2006、2007、2008、2009、2010、2011

当前位置：首页 >> 查询结果

在 40 个库中共查询到 581 条记录

序号	库名	库中文献数	命中篇数	查阅否
1	马列、哲学、政治、法律、社科总论2010年四季度(BU)	1308	29	查阅
2	数学、物理、化学类2010年四季度(BT)	228	0	
3	语言文字、文学、艺术、历史、地理、其他类2010年四季度(BS)	721	17	查阅
4	文化、教育、体育类2010年四季度(BR)	1218	12	查阅
5	经济类2010年四季度(BQ)	1265	9	查阅
6	马列、哲学、政治、法律、社科总论2010年三季度(BP)	1263	32	查阅
7	语言文字、文学、艺术、历史、地理、其他类2010年三季度(BN)	727	17	查阅
8	数学、物理、化学类2010年三季度(BO)	242	0	
9	文化、教育、体育类2010年三季度(BM)	1261	16	查阅
10	经济类2010年三季度(BL)	1272	9	查阅
11	马列、哲学、政治、法律、社科总论2010年二季度(BK)	1336	26	查阅
12	数学、物理、化学类2010年二季度(BJ)	235	0	
13	文化、教育、体育类2010年二季度(BH)	1230	16	查阅
14	语言文字、文学、艺术、历史、地理、其他类2010年二季度(BI)	723	33	查阅
15	经济类2010年二季度(BG)	1352	6	查阅
16	马列、哲学、政治、法律、社科总论2010年一季度(BF)	1294	22	查阅

图 3-3-2 任意词检索界面

重要提示

对人大复印报刊资料全文库来说，所有的检索必须先选数据库，然后才能检索，在资源列表区中每一项数据库前面都有一个空白框供用户选库之用。

(3) 高级查询。如果想同时在几个字段中查找文献或检索某些著者发表的文献，最好使用高级查询。高级查询可在原文出处、原刊地名、分类号、分类名、复印期号、标题、作者、正文和任意词等 24 个字段进行检索，高级查询的针对性强，因此比其他检索更易锁定目标、检准率高。

单击**高级查询**按钮，可以打开高级查询对话框。同样打开高级查询对话框之前，一定要先选好数据库。

高级查询可在各个字段中输入用户想要检索的相应的内容，单击添加→按钮；再单击查询按钮，即可显示查询结果。有些字段输入域后面有帮助按钮，用户可单击“帮助”按钮来获得更多的信息。

案例分析

检索刘怀荣自 1978~2009 年期间在 J2 大类下发表的论文

本题使用分类检索，只能按 J2 大类一年一季度地浏览，属于马拉松检索，效率太低；任意词检索不分字段，无法锁定作者，容易造成误检。因此本题最好使用高级检索，首先选中所要查找的数据库资源，然后分别在高级检索的分类号和作者字段中输入 J2、刘怀荣，再单击添加→、查询按钮即可，如图 3-3-2 所示。其检索结果如图 3-3-3 和图 3-3-4 所示。

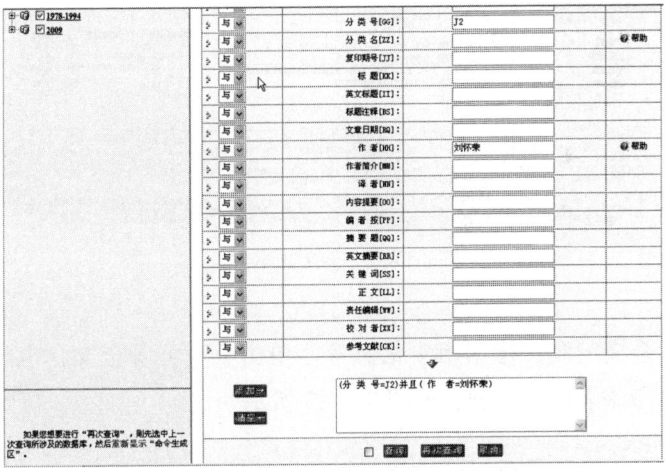

图 3-3-3　高级查询界面

3.3.3　检索结果处理

人大复印报刊资料全文库检索结果界面可显示检索命中文献记录总数，并把检中结果以“序号、库名、库中文献数、命中篇数、查阅否”的形式加以显示，如图 3-3-4 所示。此外还有一些对检索结果的操作，如多篇显示、

天宇分布式全文检索系统

当前位置：首页 >> 查询结果

在 118 个库中共查询到 9 条记录

序号	库名	库中文献数	命中篇数	查阅否
1	人大全文95年政治类专题(MA)	7177	0	
2	人大全文95年经济类专题(JA)	6964	0	
3	人大全文95年教育类专题(GA)	4397	0	
4	人大全文95年文史类专题(YA)	5094	1	查阅
5	人大全文96年政治类专题(MB)	7332	0	
6	人大全文96年经济类专题(JB)	7165	0	
7	人大全文96年教育类专题(GB)	4696	0	
8	人大全文96年文史类专题(YB)	3992	1	查阅
9	人大全文97年政治类专题(MC)	7269	0	
10	人大全文97年经济类专题(JC)	7423	0	
11	人大全文97年教育类专题(GC)	4523	0	
12	人大全文97年文史类专题(YC)	4828	0	
13	人大全文98年政治类专题(MD)	7250	0	
14	人大全文98年经济类专题(JD)	6946	0	

图 3-3-4 检索结果界面

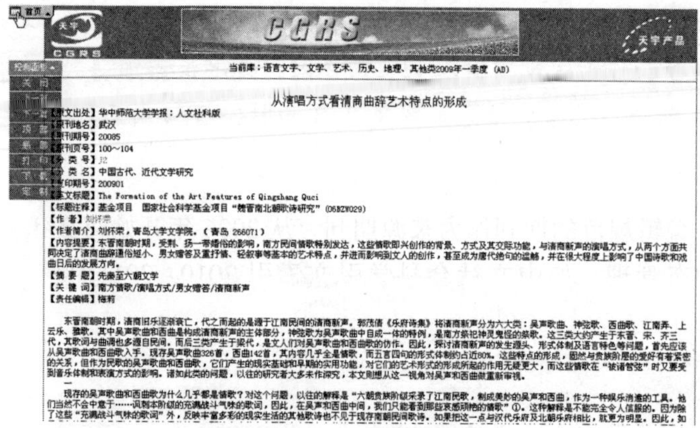

图 3-3-5 全文显示界面

标题定制、全文定制、检索历史信息等。单击查阅可看全文，也可打开控制面板进行打印、下载和定制，如图 3-3-5 所示。

3.4 中文社会科学引文索引数据库

中文社会科学引文索引（CSSCI）一反其他检索工具通过主题或分类途径检索文献的常规做法，而是以论文后所附的参考文献（引文）来设置独特的“引文索引”，引文索引是反映文献之间引用和被引用关系及规律的一种新型的索引工具。

3.4.1　数据库简介

中文社会科学引文索引（Chinese Social Sciences Citation Index，CSSCI）由南京大学中国社会科学研究评价中心开发研制，是南京大学承担的教育部重大研究项目，CSSCI 是我国社会科学重要文献引文统计信息查询与评价的主要工具。该库以中文社会科学登载的文献为数据源，通过来源期刊文献的各类重要数据及其相互逻辑关联的统计与分析为社会科学研究与管理提供科学、客观、公正的第一手资料。

目前，教育部已将 CSSCI 作为全国人文社会科学重点研究基地评审、研究成果评奖、科研项目结项、高级人才培养等方面的重要评审依据。许多高校已启用 CSSCI 作为人文社会科学文献引文统计、信息查询与评价的重要工具。

CSSCI 来源期刊的遴选遵循文献计量学规律，采取定量与定性评价相结合的方法从全国近 3 000 种中文人文社会科学学术性期刊中精选出 500 种左右的学术性强、编辑规范的期刊作为来源期刊。从 2006 年开始每 2 年调整一次期刊，实行动态管理，如中文社会科学引文索引 2010～2011 年来源期刊目录 527 种。为了与国际引文数据库接轨，拓展 CSSCI 学科覆盖率，适应我国哲学社会科学繁荣发展的需要，从 2008～2009 年开始，又增加了扩展版来源期刊，如中文社会科学引文索引（2008～2009 年）扩展版来源期刊目录 152 种，中文社会科学引文索引扩展版来源期刊（2010～2011 年）目录 172 种。CSSCI 覆盖范围涉及我国人文社会科学各学科及有关交叉学科的各个领域。目前已完成（1998～2011 年）14 年的光盘和网络版数据（包括网上服务）。

CSSCI 数据库向社会开展网上包库服务。凡订购网上包库的高校采用 IP 地址控制访问权限，网内的用户既可通过校园网中的相应链接进入，也可直接登录该库的 IP 地址 http：//cssci. nju. edu. cn/或 http：//219. 219. 114. 10，再单击右侧的包库用户入口按钮进入。图 3-4-1 所示为 CSSCI 主页。

3.4.2　检索方式

CSSCI 数据库既有检索功能，又有评价功能。该库从来源文献和被引文献两个方面向研究人员提供相关研究领域的前沿信息和各学科学术研究发展的脉搏。从其构成可看出引文索引具有“回溯历史、展示未来”之功效，使用

图 3-4-1　CSSCI 主页

来源文献可追溯到某一课题（某篇文章或某学科）的源头，使用被引文献可了解某一课题（某篇文章或某学科）的最新研究进展情况。

CSSCI 提供多种信息检索途径（字段），共有 20 多种检索字段，可以实现逻辑“或”和“与”的组配检索，系统还支持截词检索、精确检索和二次检索等多种优化检索功能。

1. 来源文献检索

单击图 3-4-1 最下方的“来源文献”按钮即可进入。来源文献检索主要用来查询本索引所选用的源刊文章中的作者（所在单位）、篇名、参考文献等。其检索字段有：来源篇名（词）、关键词、中图类号、学科类别、学位分类、文献类型、所有字段、来源作者、作者机构、作者地区、期刊名称、年代、基金类别、基金细节 14 项，如图 3-4-2 所示。例如，在“作者机构”中输入“青岛大学”，从学位类别下拉菜单中选择“应用经济学”。

（1）作者检索。若要查找某一学者的发文情况，可在图 3-4-6“作者”栏中输入该学者的姓名，然后单击“检索”按钮即可。在作者检索中，可采取精确检索或第一作者的方式进行，也可使用截词检索，但截词检索易造成误检。

（2）机构检索。机构检索是为了解某一机构发表文章的情况。在机构检索中，可用第一机构进行限定检索，也可使用截词检索。例如，用“农业大学”则可把各种含有“农业大学”的机构都检出。

（3）关键词检索。关键词是用来反映论文主题内容的词汇，因此使用关

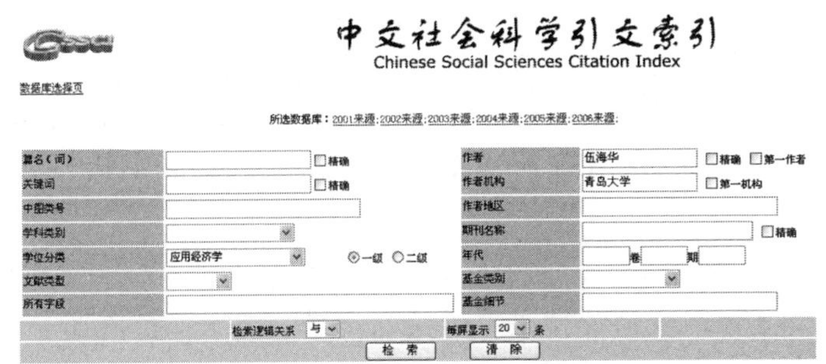

图 3-4-2　来源文献检索界面

键词检索可以索取到一批含有该关键词的相关论文。

（4）刊名检索。主要用于对某种期刊发表论文的情况进行查询。若欲查看在《中国社会科学》上发表的论文，可以在刊名录入框中输入“中国社会科学”，会发现命中文章中还包括《中国社会科学院研究生院学报》上发表的论文，若只想看到《中国社会科学》上发表的论文，选中期刊名称字段后面的“精确”即可。

（5）来源篇名（词）检索。来源篇名（词）检索主要是为用户提供用篇名中词段进行检索的手段。可以在篇名录入框中输入整个篇名，也可以输入一个词，甚至一个字或几个词的检索表达式，如输入“网络 * 参考文献”。

（6）基金检索。对来源文献的基金来源进行检索，包括基金类别和基金细节，可从基金下拉菜单中选择国家自科基金、国家社科基金、国家级其他基金、教育部基金、其他部委级基金、中科院基金、社科院基金、省（市）级基金、其他基金 9 种基金，进行检索。

（7）年代卷期检索。在相应的输入框中输入阿拉伯数字即可，将检索结果控制在划定的时间范围内。

（8）作者地区检索。可将检索结果限制在指定地区或者非指定地区中进行，注意输入地名的规范性。

（9）文献类型检索。可对论文、综述、评论、传记资料、报告 5 种文献类型进行限制检索。

（10）中图类号检索。按中国图书馆图书分类法（简称中图法）指定的分类号进行检索，如 J212，F270.7。

（11）学科类别检索。将检索结果控制在指定学科类别上进行检索，这些学科类别有管理学、马克思主义、哲学、宗教学、语言学、文学、外国文学、中国文学、艺术学、历史学、考古学、经济学、政治学、法学、社会学、民族学、新闻学与传播学、图书馆、情报与文献学、教育学、体育学、统计学、心理学、社会科学总论、军事学、文化学、人文、经济地理、环境科学、其他科学。

（12）学位分类检索。将检索结果控制在指定的某一学位分类上进行，这些学位分类有哲学、理论经济学、应用经济学、法学、政治学、社会学、民族学、教育学、心理学、体育学、中国语言文学、外国语言文学、新闻传播学、艺术学、历史学、环境科学与工程、军事思想及军事历史、战略学、战役学、战术学、军队指挥学、军制学、军队政治工作学、军事后勤学与军事装备学、管理科学与工程、工商管理、农林经济管理、公共管理、图书馆、情报与档案管理、其他。

2. 来源文献检索结果

在来源文献检索结果显示窗口中可显示检索的命中篇数、检索表达式、来源作者、来源篇名、期刊、年代卷期等，如图 3-4-3 所示。如果单击“来源篇名”链接，则可看到该篇文章的学科类别、中图类号、关键词、引文（参考文献）列表等更多的信息，如图 3-4-4 所示。

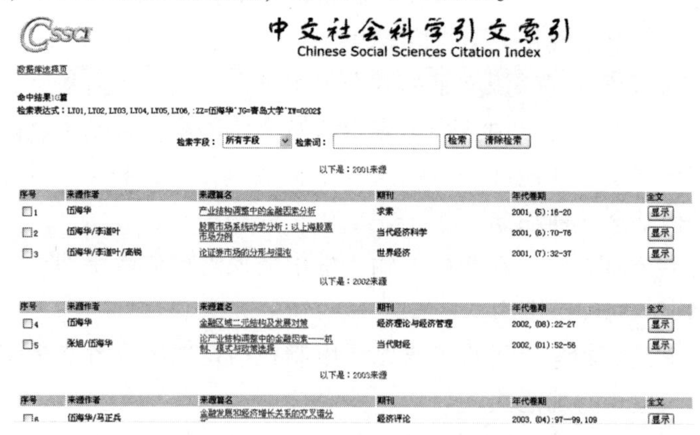

图 3-4-3　来源文献检索结果显示界面

中文社会科学引文索引
Chinese Social Sciences Citation Index

重新选择数据库 被引文献检索

篇 名	产业结构调整中的金融因素分析
英文篇名	An Analysis on Financial Element of the Adjustment for Industrial Structure
作 者	伍海华
作者机构	青岛大学金融学院, 266071
文献类型	
学科类别	经济学
中图类号	F82
基金项目	国家社科基金资助项目阶段性成果（98BJL035）
来源期刊	求索
年代卷期	2001, (5):16-20
关键词	产业政策/货币政策/金融模式/金融发展/产业结构

参考文献

1 毕世杰. 发展经济学. . 北京：经济科学出版社，1989

2 李国振. 美德日苏经济发展比较. . 上海：上海交通大学出版社，1988

3 李同明. 经济发展战略的国际比较. . 武汉：华中师范大学出版社，1993

4 王慧炯. 中国中长期产业政策. . 北京：中国财政经济出版社，1991

5 伍海华. 经济增长、产业结构与金融发展. 经济理论与经济管理. 2001（4）

6 佐贯利雄. 日本经济的结构分析. . 沈阳：辽宁人民出版社，1988

图 3-4-4　来源文献检索结果详细显示界面

案例分析

按要求检索伍海华老师的文献

检索青岛大学学者伍海华老师在 2001~2006 年发表的有关应用经济学方面的文献。

解析：

（1）按年选库：2001—2006。

（2）在图 3-4-6 来源文献检索界面的作者和作者机构框中分别输入：伍海华、青岛大学，从学位类别下拉菜单中选择“应用经济学”，然后单击“检索”按钮，即可在结果显示窗口中显示本次检索的命中篇数、检索表达式、来源作者、来源篇名、期刊、年代卷期等，如图 3-4-7 所示。

（3）若选中左下方的“选择所有”并单击“显示”按钮，则可看到伍海华老师这 10 篇文章除全文以外的详细情况，其引文（源头文献）共为 122 篇。若只想了解某篇文章的 7 详细情况，则可单击某篇文章“来源篇名”的链接，就能看到该篇文章的详细列表，包括该篇文章的引文列表。

由此看来，使用来源文献可追溯到 CSSCI 收录伍海华老师在应用经济学方面源头部分的 122 篇文献。

3. 被引文献检索

单击图3-4-8最下方的“被引文献”或其他界面中的“数据库选择页”即可进入。被引文献检索主要用来查询作者、论文、期刊等的被引情况。其检索字段有：被引文献作者、被引文献篇名（词）、被引文献期刊、被引文献年代、被引文献类型、被引文献细节和所有字段7项，如图3-4-5所示。该种检索可以给出论著被引用的详细信息，包括引用文献的作者、篇名、期刊出处等。

图3-4-5　CSSCI被引文献检索界面

（1）被引作者检索。通过此项检索，可以了解到某一作者在论著发表后，被CSSCI引用的情况。

（2）被引篇名检索。被引篇名的检索与来源文献的篇名词检索相同，可输入被引篇名、篇名中的词段或逻辑表达式进行检索。

（3）被引文献期刊检索。被引文献期刊检索主要用于查询期刊被引情况。在此框中输入某刊名，可得到该刊在CSSCI中所有被引情况。

（4）被引文献年代检索。被引文献年代检索，主要是配合以上几种检索的辅助手段，通常作为某一出版物某年发表的论文被引用情况的限制。

（5）被引文献类型检索。被引文献类型检索也是配合以上前3种检索的辅助手段，主要用于将查询的被引文献限定在某一类型文献中进行，这些文献类型为期刊论文、图书、报纸、会议文献、学位论文、信件、汇编（丛书）、报告、标准、法规、电子文献和其他。

（6）被引文献细节检索。该检索具有较强的灵活性，可对文献题录信息进行检索，如输入某人的名字，既可以对作者为某人的文献进行检索，也可以检索篇名（词）中提到某人的文献信息。

3. 被引文献检索结果

在被引文献结果显示窗口中按年依次显示检索的命中结果、总计被引篇次、检索表达式、被引作者、被引文献篇名、被引期刊、被引文献出处、被引次数等，当然还可进行二次检索，如图 3-4-6 所示。如单击“被引文献篇名”链接，则可看到该篇文章的来源文献的更多信息，如图 3-4-7 所示。

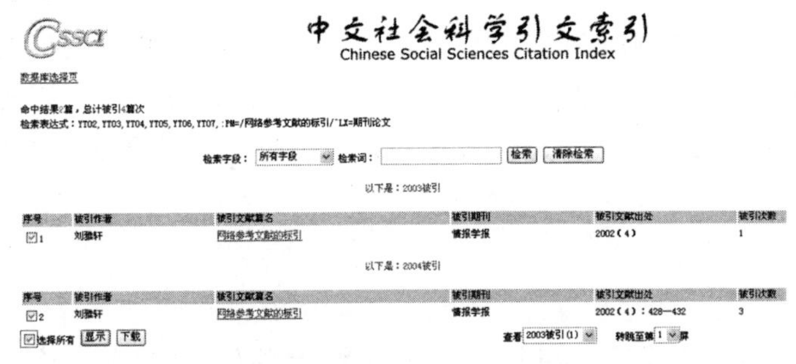

图 3-4-6　被引文献检索结果显示界面

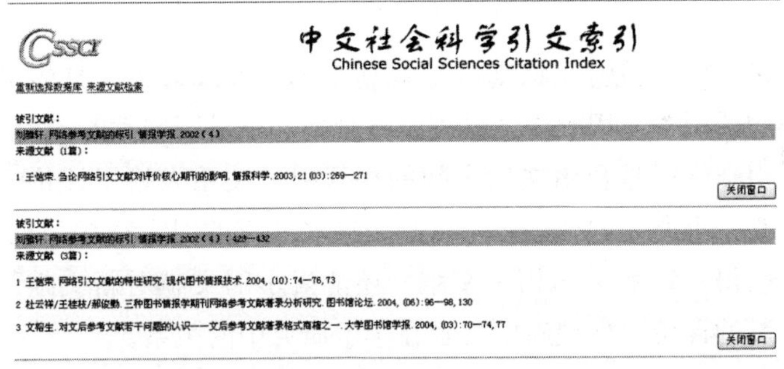

图 3-4-7　被引文献检索结果详细显示界面

案例分析

检索“网络参考文献的标引”被期刊论文引用的情况

检索 2002 年情报学报上发表的题名为“网络参考文献的标引”这篇论文被期刊论文引用的情况。

解析：

(1) 按年选库：2002 年以来的数据库。

（2）在图3-4-5被引文献界面的被引文献篇名（词）框中输入“网络参考文献的标引”，从被引文献类型下拉菜单中选择“期刊论文”，然后单击“检索”按钮，即可在结果显示窗口中按年显示本次检索的命中结果2篇、总计被引4篇次、检索表达式、被引作者、被引文献篇名、被引期刊、被引文献出处、被引次数等。

（3）选中图3-4-6左下方的“选择所有”并单击“显示”按钮，则可依次看到按年被引的“网络参考文献的标引”后来被谁引用（来源文献）的详细情况，共被4人次引用过，如图3-4-7所示。若只想了解该篇文章某年被谁引用的详细情况，则可单击该篇文章某年下的“被引文献篇名”的链接，就能看到该篇文章被谁引用的详细列表。

重要提示

CSSCI不同检索字段之间可通过点选检索逻辑关系中的“或”和“与”实现逻辑检索，但多词同一检索字段之间则用“+”（逻辑或）和“-”（逻辑与）实现逻辑检索。

由此看来，使用被引文献则可了解到CSSCI收录某篇文献的最新研究进展情况。换句话说，使用被引文献可以看到新文献对旧文献的传承、评价。

因此，引文索引是利用文献之间的相互引证关系来检索评价文献的。从引文索引中查一批所需的文献后，再利用这些文献的引文查找一批新的文献，这样不仅能获得一定数量的相关文献，还能揭示旧文献对新文献的影响，新文献对旧文献的评价，展现新旧文献在学术研究中的关系。

小常识：

1931年著名文献学家布拉德福首先提示了文献集中与分散规律，发现某时期某学科1/3的论文刊登在3.2%的期刊上；1967年联合国教科文组织研究了二次文献在期刊上的分布情况，发现75%的文献出现在10%的期刊中；1971年，SCI的创始人加菲尔德统计了参考文献在期刊上的分布情况，发现24%的引文再现在1.25%的期刊上，这些研究都表明期刊存在“核心效应”，从而衍生了“核心期刊”的概念。

核心期刊是期刊中学术水平较高的刊物，是我国学术评价体系的一个重要组成部分，它主要体现在学术水平的确认方面。目前国内有下列7大核心期刊（或来源期刊）遴选体系：北京大学图书馆“中文核心期刊”；南京大学“中文社会科学引文索引（CSSCI）来源期刊”；中国科学技术信息研究所“中国科技论文统计源期刊”；中国社会科学院文献信息中心“中国人文社会科学核心期刊”；中国科学院文献情报中心“中国科学引文数据库（CSCD）来源期刊”；中国人文社会科学学报学会“中国人文社科学报核心期刊”；万方数据股份有限公司正在建设中的“中国核心期刊遴选数据库”。

小　结

本章分别对国内的 4 个数据库作了介绍，重点讲述了这些数据库的检索方式及检索结果。中国学术期刊网络出版总库、中文科技期刊全文数据库、中国社会科学引文数据库（CSSCI）和人大复印报刊资料全文数据库全部是针对期刊检索，其中中国学术期刊网络出版总库和中文科技期刊全文数据库是以收录期刊文献全著称，而中国社会科学引文数据库（CSSCI）和人大复印报刊资料全文数据库是以收录期刊文献精闻名。

练习题

1. 分别查一下本校教师在 CSSCI 数据库的来源文献和被引文献中的收录情况。

2. 查一下北京大学自 1995 年以来在人大报刊复印资料库中发表的文章。

3. 用人大报刊复印资料库，查一下陈漱渝教授发表的有关论述鲁迅的文章。

4. 用维普数据库的传统检索查武汉大学发表的有关“刑法和民法”方面的论文。

5. 用维普数据库的高级检索查行政管理或教育管理方面的资料，要求使用 3 个检索词且资料的来源须是声誉较高的学术性资源。

6. 现代主义和后现代主义艺术代表莫里斯、包豪斯都倡导乌托邦，请用中国知网的标准检索查出有关这方面的文献。

7. 要求用中国知网的专业检索查找姜学民老师所发表的题名中包含“生态或环境”方面的文章。

第 4 章　摘要型数据库检索

摘要型数据库将描述文献（图书、期刊、专利、会议文献等）外部特征和内部特征的信息（如书名、刊名、作者、关键词、摘要等）提取出来，利用数据库技术，按照一定的原则和方法，将上述信息进行组织编排，提供尽可能多的检索途径，方便读者在海量的信息集合中快速、准确地查询有价值的参考文献。该类型数据库只提供摘要、索引等信息，不提供全文。本章将介绍 EI Village2（工程索引数据库）、SCI（科学引文索引数据库），CASHL（China Academic Social Sciences and Humanities Library 中国高校人文社会科学文献中心）、CALIS（China Academic Library& Information System 中国高等教育文献保障系统）和 NSTL（National Science and Technology Library 国家科技图书文献中心）、全国报刊索引。

摘要数据库的作用及特点：

摘要数据库以单篇文献为著录对象。它对所收录的单篇文献进行标引，以提供各种检索途径。故从摘要数据库中获得的多是文章的信息，若要获得原文，还需要查馆藏。摘要数据库的作用概括起来有以下四点：①报道科学文献。摘要数据库所收录的文献来自全世界各种学术出版物，并经过了筛选，以保证收录质量。如美国科学情报研究所（ISI）用《期刊引用报告》（JCR）对《科学引文索引》收录的期刊进行筛选。因此利用摘要型数据库可以较为全面而有效地了解某专业领域的研究情况及最新进展。②有助于克服语言障碍。在目前出版的全部科学文献中，有一半的文献是用各国语言出版的，这成为国际学术交流的障碍。而摘要型数据库中的记录通常用英文写成。英文作为目前通用的国际语言，在一定程度上可以帮助读者克服语言障碍。而且在许多情况下，摘要可以作为原文的代用品。因此通过摘要数据库可以促进对其他国家的研究成果的了解与利用。③有助于选择文献。篇名由于受字数的限制，时常对文献主题的揭示不够充分。有时出于技术保密的原因，作者故意将篇名写得含糊，甚至可能使人误解，如专利说明书。因此，在一些情况下，仅根据篇名来选择文献并不充分。相比之下，摘要作为文献内容的简要表述，它所提供的信息比篇名多。当读者通过阅读摘要判断原文对其研究有参考价值时，即可通过摘要库所提供的文献出处，查找馆藏获取原文。④有助于撰写综述文章以及编制书目。从摘要中提取综述所需的资料比从原文摘录更为有效，利用摘要编制专题书目也很方便，只要把内容相关的条目汇集和组织起来就行了。

摘要数据库作为查找单篇文献的工具，具有以下特点：①收录的文献涉及多个学科。如《工程索引》所收录的文献涵盖了工程技术领域的所有学科。而《科学引文索引》则侧重于基础研究领域中的研究成果的报道。②文献来源广泛。如《科学引文索引》收录了世界范围内出版的期刊 6 000 多种，而《工程索引》也收录了世界范围内出版的期刊、会议录和技术报告等 5 000 多种。③数据回溯年代长。如《工程索引》可以检索的数据年代为 1884 年创刊至今。④检索功能强大。如《工程索引》数据库的检索字段有 20 多个，不仅提供了主题检索，还提供分类检索等。又如利用《科学引文索引》的引文检索，只要获得一篇高被引文献，就可以方便地查找一批相关文献。除检索功能外，摘要数据库还具有分析检索结果的功能，以及提供最新文献的通报服务。摘要索引数据库所具有的这些特点，使它成为查找文献的有效工具。

4.1　EI Village 数据库及其检索

4.1.1　EI 简介

《工程索引》(The Engineering Index，EI)，是由美国工程信息公司（Engineering Information Inc）编辑出版的一部历史悠久的大型综合性检索工具(http：//www. engineeringvillage. com/)。EI 在全球的学术界、工程界、信息界享有盛誉，是科技界公认的重要检索工具。　《工程索引》网络版(Engineering Index Compendex Web，Ei compendex）是当今最大的综合性的工程研究参考数据库。截至 2011 年初，该数据库包含了 1 100 多万条参考文献和文摘，有来自全球 5 600 种学术性期刊、会议录以及技术报告。其内容涵盖工程及应用科学，包括：核技术、生物工程、交通运输、化学工程、光及光学技术、农业工程和食品技术、计算机和数据处理（加工）、应用物理、电子及通信、控制、土木、机械、材料、石油、航空航天工程等。收录年代始于1969年，年增新记录约65万条，每周更新。数据库中化工和工艺的期刊文献最多，约占15%；计算机和数据处理占12%；应用物理占11%；电子和通信占12%；另外还有土木工程占6%和机械工程占6%。大约22%的数据是有主题词和摘要的会议论文，90%的文献是英文文献。EI从1992年开始收录中国期刊。

4.1.2 EI检索

EI与SCI（科学引文索引）、ISTP（科学技术会议录索引）并列为世界著名的三大综合科技类检索刊物。目前，许多单位都对这三大检索刊物收录论文的情况做统计排名，以此作为衡量学术水平的一个重要参考指标。

1. EI特色

EI是The Engineering Index（工程索引）的简称，最初由美国华盛顿大学土木工程系教授J·B·Johnson于1884年发起创刊，至今已有一百多年的历史。EI几经变迁，1998年又归属于爱思唯尔科学（Elsevier Science）出版集团的工程信息公司（Engineering Information Inc.，简称EI公司）出版发行。

EI名为索引，实为文摘。EI之所以会成为世界瞩目的检索刊物，是因为它具有以下几个特点。

（1）收录文献范围广、报道文献内容全。EI收录了世界上近50个国家的15种文字出版物，其中以英美的英文出版物为主，但近年来引用的日文出版物和我国出版物有增多的趋势，其中我国出版物已有100余种。

EI若按报道学科的范围则涵盖工程和应用科学领域的各学科，涉及核技术、生物工程、交通运输、化学和工艺工程、照明和光学技术、农业工程和食品技术、计算机和数据处理、应用物理、电子和通信、控制工程、土木工程、机械工程、材料工程、石油、宇航、汽车工程等工程领域。

EI若从收录文献类型来看，以工程类期刊（3 500种）、会议（1 000种）为主，兼收图书、报告等刊物，共5 000余种。

（2）纯基础理论方面的文献资料不收，专利文献也不收，只在1969年以前收有少量专利。

（3）出版形式多样化。

① EI月刊（EI Monthly）：出版快、报道时差短、跟踪检索快、适宜查找

最新资料。

② EI 年刊（EI Annual）：将 EI 本年度的各种索引辅表及月刊报道过的文摘按主题字顺重新汇集成册，每年出版一卷，进行追溯检索方便。

③ EI 累积版本（EI Cumulative）：自 1973 年起开始编辑出版，把每 3 年的内容又重新汇集出版，特别适应回溯性检索。

此外 EI 还出版缩微胶卷（EI Microfilm）、磁带（EI Compendex）、光盘（EI Compendex Plus）及 Web 版（EI Engineering Village）等。

（4）采用主题编排。EI 文摘正文按主题词编排，但 1993 年以前使用的是《工程标题词表》（SHE），由主、副两级标题词之分，且主、副主题词之间遵循一定的组配关系。1993 年起，EI 更新了其主题词表，改用叙词语言编制的《EI Thesaurus》。

2. EI 编排内容

EI 出版形式多样，编排结构独特。但国内读者最常看到的是 EI 月刊和年刊两种形式。表 4-1-1 列出 EI 月刊和年刊编排内容。

3. EI 检索途径

使用 EI 检索文献资料，主要有 3 条途径，如图 4-1-1 所示。

表 4-1-1　EI 月刊和年刊编排内容一览表

EI 编排内容	月刊	年刊
文摘正文（Abstracts）	√	√
著者索引（Author Index）	√	√
主题索引（Subject Index）	√	√
著者工作单位索引（Author Affiliation Index）（1998 年取消）		√
出版物一览表（Publications List）		√
文摘号索引（Number Translation Index）（1987 年取消）		√
机构名称字首缩写（Acronyms，Initials and Abbreviation of Organization Names）	√	√
缩写、单位和略语（Abbreviations，Units and Acronyms）		√

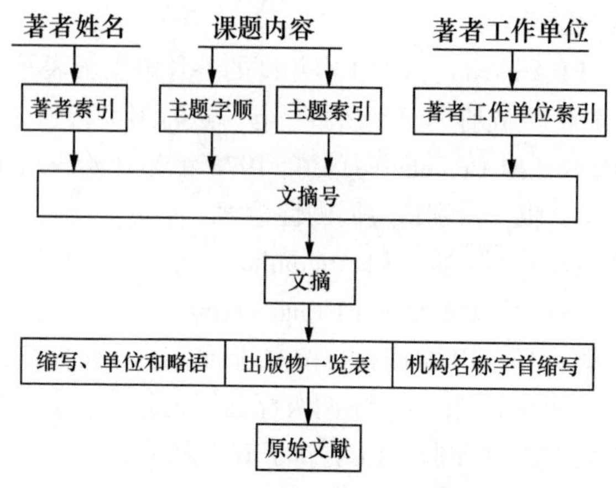

图 4-1-1　EI 检索途径示意图

案例分析

查找 1998 年 EI 发表的有关论述股票价格动态方面的文献

解析：由课题内容知，此题使用月刊、年刊皆可，既可从文摘正文入手，也可从主题索引入手。但最好用年刊，可一下找到全年的文献，且使用主题索引比从文摘正文检索标识多，因主题索引中的主题词由 EI 叙词和自由词两部分组成，而 EI 文摘正文只按叙词编排，检索时必须核对其叙词表选词。以下是用 1998 年年刊检索的具体步骤：

（1）使用主题索引，按主题词字顺查找：

STOCK PRICE DYNAMICS①

Investigation of stock price dynamics in emerging markets. ②

A096966③

M162591④

年刊主题索引比月刊本著录内容详细，其中①主题词②论文题名③年刊文摘号，全年排通号①④月刊文摘号。

（2）依据年刊文摘号到 1998 年年刊中查文摘正文，其文摘正文的著录格式如下：

① 全年排通号：指全年按顺序排号。

MATHEMATICAL MODELS①

096966② Investigation of stock price dynamics in emerging markets. ③The emergence of stock markets in former centrally planned economies poses a significant problem to financial economists and policy makers in that price movements in these markets are not well explained by conventional capital theory. The opening of stock markets brings about a new equilibrium value P for the firm. Shares are floated on an estimate of P, and buyers of these shares and individuals trading in the secondary market are also obliged to do so on the basis of their estimates of this magnitude. At any time, the market price of the firm´s shares then reflects the market´s best guess of what its value would be in the new equilibrium, and information on which to calpaculate estimates become more readily available as the stock market matures. This paper presents a stochastic price model which takes all of these factors into consideration. The model also provides a theoretical foundation underlying the pronounced trends of prices in emerging stock markets, and explains why they appear to be so volatile. (Author abstract) ④ 12 Refs. ⑤ English. ⑥ Yeung, David W. K. ⑦ (Univ of Hong Kong, Hong Kong) ⑧; Poon, Jessie P. H. ⑦ *Appl Stochastic Models Data Anal* v 14 n 2 Jun 1998 ⑨John Wiley & Sons Ltd, Chichester, Engl, ⑩p 137-151. ⑨

说明：

①叙词，黑体大写。

②文摘号，每年从 000001 开始，但月刊和年刊顺序号不同。

③论文题目，首字母大写。

④文摘正文内容。

⑤参考文献数。

⑥原文语种。

⑦著者姓名。

⑧著者工作单位置于括号内，EI 只对第一著者署名单位。

⑨文献出处，其中刊名采用缩写且斜体著录。

⑩出版商、地点、国家。

(3) 使用“出版物一览表”将缩写刊名进行还原。Appl Stochastic Models Data Anal-Applied Stochastic Models and Data Analysis 。

(4) 索取原文。可根据文献出处等信息到图书馆外文期刊室或利用本馆订购的电子版数据库查看原文，当然还可通过文献传递服务索取原文。

4.2 引文索引相关概念

引文索引首先由美国情报学家加菲尔德博士（Dr. Eugene Garfield）提出，它一反其他检索工具通过主题或分类途径检索文献的常规做法，而是以期刊、会议、技术报告、学位论文等文献资料所发表的论文后所附的参考文献（引文）的作者、出处等项目，按照引证（来源文献）与被引证（参考文献）的关系进行排列而编制的索引，即从引文（文后参考文献）角度来设置独特的“引文索引”（Citation Index）。因此，引文索引是反映文献之间引用（来源文献）和被引用（参考文献）关系及规律的一种新型的索引工具。

根据引文索引，可将作者姓名（引文作者）为检索起点，检索该作者发表的论文都被哪些人（引用作者）、哪些文章（来源文献）引用过，并找出这些来源文献的内容和引用作者的单位。这样通过作者与作者、文献与文献之间的引用和被引用的关系，不仅能获得一定数量的相关文献，还能揭示旧文献对新文献的影响，新文献对旧文献的评价，展现新旧文献在学术研究中的依存关系，同时引文索引又打破了传统的学科分类界限，反映学科之间的交叉渗透的关系。因此，引文索引在信息检索、科学计量、期刊评价、科研规划等方面有着其他检索工具无法替代的独特作用。

本节就来明确以下与引文索引有关的几个概念。

4.2.1 引文、引文著者的概念

1. 引文概念

引文文献，简称引文，即一篇文章后所附的参考文献。通过引文可追溯论文研究工作的背景和依据。

在实际使用中，也称被引用文献或被引文献。

因此，引文文献=参考文献=被引用文献=被引文献。

英文表示：Citation=Cited Document。

共引文献，也称同引文献，具有相同参考文献的两篇文献。如果共引文

献数越多，说明两篇文献越相关。通过共引文献可追溯论文共同的研究背景或依据。

2. 引文作者概念

引文作者，即参考文献的作者。

在实际使用中，也称被引作者。

因此，引文作者=被引作者（Cited Author）。

4.2.2 来源文献、来源著者的概念

1. 来源文献

来源出版物上刊载的文章称为来源文献，即现期期刊上发表的文章，只有在来源出版物上发表的文章才能在来源文献中查到，而被引文献则不受此限制。如用《清华大学学报（自然科学版）》做标识，在 CSSCI（中文社会科学引文索引）来源文献中查不到，但在被引文献中则有。通过来源文献可反映论文研究工作的继承、应用、发展或评价。

在实际使用中，来源文献也有引用文献、引证文献或施引文献之称。

因此，来源文献=引用文献=引证文献=施引文献。

英文表示：Source Document=Citing Document。

来源出版物，是指刊载来源文献的期刊或专著丛书等。来源期刊是在一定的区域范围内，遵循文献计量学规律，采取定量与定性评价相结合的方法进行遴选的。如 SCI 每年从世界 7 万余种期刊中筛选出 3 000 多种期刊为来源期刊，CSSCI 则从我国 3 000 种中文人文社会科学学术性期刊中精选出不到 500 种学术性强、编辑规范的期刊作为来源期刊，并从 2005 年开始每年调整一次期刊，实行动态管理。

2. 来源作者

来源作者，是指来源文献的作者，即现期期刊上的作者。

在实际使用中，来源作者也有引用作者、引证作者或施引作者之称。因此，来源作者=引用作者=引证作者=施引作者（Citing Author）。

4.3 美国《科学引文索引》

美国科学信息研究所（Institute for Scientific Information，ISI）是美国情报

学家加菲尔德博士（Dr. Eugene Garfield）1958 年创立的私人机构，世界上知名度最高的 3 大引文索引均出自该机构，它们是科学引文索引（Science Citation Index，SCI）、社会科学引文索引（Social Sciences Citation Index，SSCI）和艺术与人文科学引文索引（Arts&Humanities Citation Index，A&HCI）。

4.3.1 SCI 简介

美国科学引文索引（Science Citation Index，SCI）创刊于 1963 年，以期刊目次作为数据源。SCI 最初为印刷版，现已发展成印刷版、联机版、光盘版、网络版几种形式并存。印刷版和光盘版收录了世界上 3 500 余种核心期刊，联机版和网络版收录了近 6 000 种核心期刊。其内容主要涉及数、理、化、农、林、医、生命科学、生物科学、天文、地理、环境、材料、工程与计算机技术等学科，其中尤以物理、化学和生命科学所占比重为大。因此，SCI 主要反映的是自然科学基础研究成果，在学术界被公认为最高水平的检索刊物。

科学引文索引（science Citation Index，SCI）数据库由美国科学情报研究所（Institute of scientific Information，ISI）出版发行。SCI 数据库有扩展版和核心版两个版本。

SCI 数据库收录各学科领域中最权威的期刊，能够提供科学技术领域最重要的研究成果的检索。SCI 数据库主要有如下三个方面的功能。

（1）以参考文献引证为线索进行文献检索

利用 SCI 数据库进行文献检索，可通过揭示作者与作者、文章与文章之间的引用与被引用关系，了解一篇文献发表以后的继承和发展的源流。

（2）寻找热点课题

查文献时要注意观察，如果某个领域的文献经常被引用，某篇文献经常被引用，就应该对此引起重视。因为 SCI 数据库反映交叉学科的机会更多一些，这对于发现学科新的生长点会有所启发。

（3）基础研究的学术评价

判断各个科研项目中究竟哪个更重要时，一些主观因素往往会影响评价的客观性。于是，论文发表所在的刊物的学术水平，以及论文发表后在学术界引起的反响越来越多地被作为评价的参考数据。而如何知道刊物的学术水平及论文发表后的反响，可以借助 SCI 数据库来确定。

另外，SCI 数据库还具有衡量同事或竞争者对工作的影响、找出一个基本概念是如何被应用的、验证参考文献的准确性等功能。

SCI 引文检索的体系更是独一无二，不仅可以从文献引证的角度评估文章的学术价值，还可以迅速方便地组建研究课题的参考文献网络。引文索引的发明人加菲尔德说："一个科学家的论文被引次数进入世界前几位时，他的研究成果迟早会被承认。"

ISI Web of Knowledge（简称 WOK）整合了学术期刊、会议录、专利等文献信息，通过统一界面，向用户提供自然科学、工程技术、生物医学、社会科学、艺术与人文等多个领域的学术信息。它可检索的数据库包括 WOS（Web of Science）、Conference Proceedings Citation Index（CPCI）、Current Contents Connect（CCC）、BIOSIS Previews、INSPEC、Derwent Innovations Index（DII）、Current Chemical Reactions（CCR）、Index Chemical（IC）、Journal Citation Reports（JCR）、Essential Science Indicators（ESI）。

WOK 的核心资源是 Web of Science。Web of Science 由 7 个数据库组成：科学引文索引扩展版（Science Citation Index Expanded，SCIE）、社会科学引文索引（Social Sciences Citation Index，SSCI）、艺术与人文科学引文索引（Arts & Humanities Citation Index ，A&HCI）、科学会议录引文索引（Conference Proceedings Citation Index—science，CPCI-S）、社会科学与人文科学会议录引文索引（Conference Proceedings Citation Index - Social 。Sciences& Humanities，CPCI-SSH）、化合物索引（Index Chemicus，IS）、全新化学反应（Current Chemical Reactions，CCR-Expanded）。

内容包含来自数以千计的学术期刊、书籍、丛书、报告及其他出版物的信息。其中，三大引文索引数据库（SCIE，SSCI，A&HCI）包含文献作者引用的参考文献，用户可以进行被引参考文献检索，查找某文献的被引情况，引用了哪些前人的成果，相关文献，还可进行作者甄别、按被引频次对结果进行排序，从多种角度进行检索结果分析等。

CPCI—S 和 CPCI-SSH 包括多种学科的最重要会议、讨论会、研讨会、学术会、专题学术讨论会和大型会议的出版文献。使用这两个数据库可以查找在期刊文献尚未记载相关内容之前、跟踪特定学科领域内涌现出来的新概念和新研究。使用 IC 和 CCR—Expanded 这两个化学数据库可以创建化学结构图以查找化合物和化学反应。其中，IC 包含国际一流期刊所报告的最新有机化合物的结构和关键支持数据。许多记录显示了从原始材料到最终产物的反应流程，是有关生物活性化合物和天然产物最新信息的重要来源。CCR—Expanded 包含从 39 个发行机构的一流期刊和专利摘录的全新单步和多步合成方法，每种方法都提供总体反应流程，以及每个反应步骤详细、准确的示意图。

4.3.2 SCI 编排内容

SCI 是通过设置引文索引来掌握所研究课题的来龙去脉，并迅速检索与其相关的研究文献。SCI 印刷版为双月刊（6 期/年），自 1988 年第 5 期起分为 A、B、C、D、E 5 个分册出版，正文设有引文索引（Citation Index）、来源索引（Source Index）、团体索引（Corporate Index）和轮排主题索引（Permuterm Subject Index）4 部分内容。另附来源出版物目录。在此仅以印刷版为例，介绍一下 SCI 的编排格式。

1. 引文索引（Citation Index）

SCI 的引文索引由著者引文索引、匿名引文索引和专利引文索引 3 部分组成。原为 A、B 两个分册，自 1988 年第 5 期起分为 A、B、C 3 个分册。

A 分册为著者引文索引，是以引文作者（被引作者即参考文献中的作者）的姓名字顺排列的一种索引，均按姓氏用全称居前、名字用缩写步后的形式出现，引文作者仅列第一作者。

引文索引中每条索引款目的著录格式又分被引文献和引用文献两项。被引文献项按被引作者姓名、被引文献发表年份和原文出处排列，且全部用黑体标注。引用文献项按引用作者姓名和文献出处排列。

同一引文作者下，按该作者被引用的文献出版年顺序排列，在同一年下按期刊缩写名称字顺排列。以下为著者引文索引的著录片段。

VOLPGYR

ANSELIN F①

63② CR HEBDOMAD SE ACAD③2562616④

PEZAT M⑤ J SOL ST CH⑥

74 T AM NUCL SOC 20

BLANCHAR P T AM NUCLS2316194⑦ M⑧

说明如下：

① 被引作者姓名；

② 被引文献发表年份的后两位数字；

③ 被引刊物名称缩写；

④ 被引刊物的卷和页码；

⑤ 引用作者姓名；

⑥ 引用刊物名称缩写；

⑦ 引用刊物的卷、页码和年份的后两位数字；

⑧ 引用文献类型代码。引用文献类型用英文字母表示，如 B-书评，C-勘误，D-会议论文，E-编辑，I-个人事项，K-编年表，L-通信和快报，M-会议摘要，N-技术札记，R-评论目录，W-计算机书评，无字母标记的则为一般研究报告或论文。

B 分册为匿名引文索引，匿名引文索引按期刊名称字顺排列。

C 分册为专利引文索引，专利引文索引按专利号顺序排列。

由此看来，使用引文索引可以从引文作者入手找出引用者的姓名及来源文献出处，从而可以了解到该篇文献的最新研究进展情况，看到新文献对旧文献的传承、评价。另外，还可以通过该索引来了解某人的文献都被哪些人引用、引用时间的长短等。

2. 来源索引（Source Index）

在引文索引中可以查到引用者的姓名及来源文献出处，但要了解其论文的题目，必须再查“来源索引”。SCI 的来源索引位于 D 分册上，是根据引用作者（施引作者）的姓名字顺排列的一种索引，类似于一般检索工具中的“作者索引”。来源索引只报道前一年或当年在 SCI 来源出版物上发表的文献信息，每条索引款目的著录项目为来源文献的第一作者、合著者、文种、篇名、缩写刊名、卷期号和页次、年份、引用参考文献数量、ISI 存取号码、作者地址等。来源索引只对第一作者著录全部来源信息，而对合著者，只能通过“See”引见第一作者获取详细著录信息。对著者姓名不详的，用匿名来源索引，该索引位于整个来源索引的最前面，用“ANON”代替著者姓名，按缩写刊名字顺排列。来源索引的著录片段如下。

SCHAFER M①

-RENEWABLE RESOURCES AND POLLUTION②　EQ469③

MATH COMPUT MODELL 14：1177-1182④　90⑤　11R⑥

UNIV BUNDESWEHR HAMBURG HAMBURG 70 DE⑦

SCHAFER U⑧

See SCHAFER M 9 4519 90⑨

说明如下：

① 第一来源作者姓名，本例也是唯一作者，因此没有合著者；

② 来源文献篇名；

③ ISI 期刊代码；

④ 文献出处；

⑤ 出版年；

⑥ 参考文献数；

⑦ 第一作者通信地址；

⑧ 合著者；

⑨ 参见第一作者。

3. 团体索引（Corporate Index）

团体索引也位于D分册上，利用该索引可以了解某一单位团体的研究动态和水平。团体索引由地理部分（Geographic Section）和机构部分（Organization Section）两部分组成。

地理部分是团体索引的主要部分，该部分按机构所在地的地名字顺进行编排。其中，美国按州名-城市名的字顺排在地理部分的前面，其他国家按国名的字顺排在美国各州之后。地理部分著录格式片段如下：

PEOPLES R CHINA①

QINGDAO②

· QINGDAO UNIV③

MA JW④ APPL ACOUST6976308⑤

JI PS LINEAR ALGEBRA APPL43033509

JI PS LINEAR ALGEBRA APPL43117909

说明如下：

① 国名；

② 城市名；

③ 机构名；

④ 第一作者（来源作者）姓名；

⑤ 文献出处。

如果要了解文献题名等更多的信息，只能从第一作者（来源作者）姓名入手，转查来源索引。

机构部分是地理部分的辅助索引，如果知道了团体机构的确切地理位置，可直接使用上面的团体索引地理部分；如果对团体机构所在的地理位置不甚了解，则应先借助团体索引的机构部分确定准确的地理位置，然后再查团体索引的地理部分。机构部分著录格式片段如下。

QINGDAO UNIV①

PEOPLES R CHINA②QINGDAO③

说明如下：

① 机构名；

② 国名；

③ 城市名。

4. 轮排主题索引（Permuterm Subject Index）

轮排主题索引是从文献的主题入手检索引用作者姓名，以便通过来源索引进一步查找文献题名等其他信息的一种索引。该索引是从文献题名中选出关键词字顺轮排，每个关键词下都有说明语作为配合词并与关键词轮流组配，最后为引用作者姓名。

4.3.3　SCI 检索方法

检索 SCI，使用哪种方法要根据已知条件来定。如果已知课题内容，只能用主题法查找；如果从参考文献中获悉某一作者，则可以用引文法查找；如果知道某一引用作者或单位，则可以直接使用来源索引或用机构、地理查找法。具体检索途径示意图如图 4-3-1 所示。

Web of Science（SCI 数据库的扩展版）提供“基本检索”、“被引参考文献检索”、“作者检索”和“高级检索”四种检索方式，如图 4-3-2 所示。Web of Science 主页提供了中文和英文两种检索界面，不管哪种界面，进行检索时只能输入英文的关键词，而不能输人中文的关键词。

（1）检索

Web of science 的初始界面提供了默认的检索，如图 4-3-2 所示，在此界面中可以直接输入检索词进行检索。在检索范围中可以选择主题、标题、作

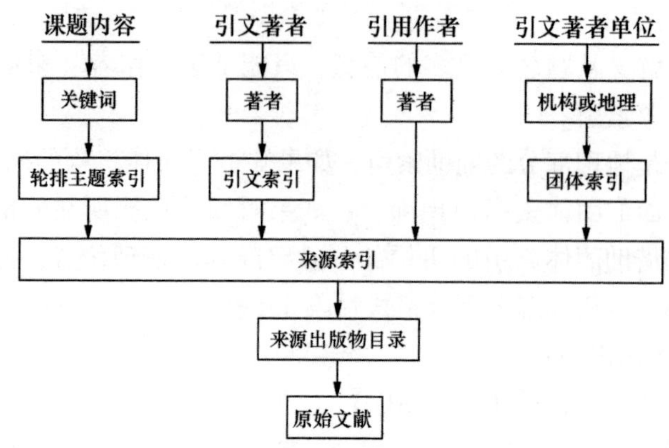

图 4-3-1 SCI 检索途径示意图

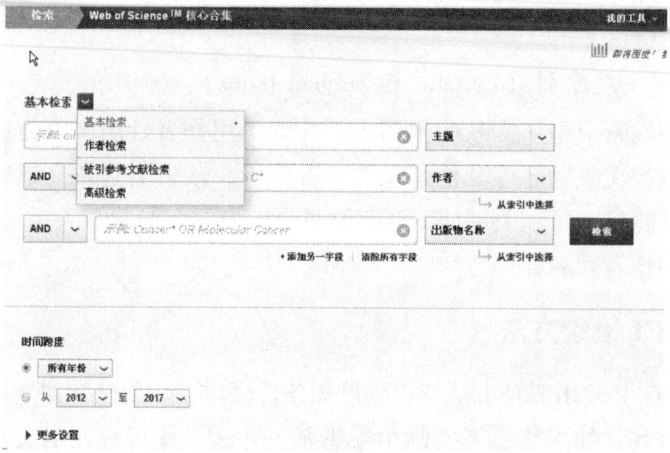

图 4-3-2 Web of Science 首页

者、团体作者、编者、出版物名称、出版年、地址、会议、语种、文献类型、基金资助机构和授权号、作者识别号、机构扩展、DOI 等进行文献检索。

检索窗口下方的下拉菜单可以限定原文的语种和文献类型，按下“Ctrl”或“Shift”键，点击可选多个选项。

有下列五种方式对检索结果进行排序。

①Latest Date：根据 ISI 收录日期排序，最新的排在前面（默认选项）。

②Relevance：相关性排序。根据短篇记录中检索词出现的频率及它们之

间的靠近程度降序排序。

③Times Cited：根据文献被引用的次数排序。

④First Author：根据第一著者姓名的字母顺序排序。

⑤Source Title：根据来源出版物名称的字母顺序排序。

（2）被引参考文献检索

被引参考文献检索以被引作者、被引著作和被引年份作为检索点进行检索，如图 4-3-3 所示。其中，被引作者方式检索一般应以被引文献的第一著者的姓名进行检索；被引著作为刊登被引文献的出版物名称。如期刊名称缩写形式、书名或专利号；在被引年份输入框中，应输入 4 位数字的年号。上面三个检索字段可以单独使用。也可同时使用，系统默认多个检索途径之间为逻辑“与”的关系。

图 4-3-3　被引参考文献检索界面

（3）作者检索

作者检索可以检索个人作者、团体作者等不同研究领域相关文献资源，如图 4-3-4 所示。

（4）高级检索

高级检索允许使用两个字符的字段标识符和布尔逻辑符号进行组配，创建一个检索提问式。高级检索中的每个检索词需用两个字符的检索标识符标示出来，不同的检索字段用布尔逻辑符相连。输入格式按“示例”的格式，其中字段的表示方法见右边的“字段表识别”，如图 4-3-5 所示。如要检索

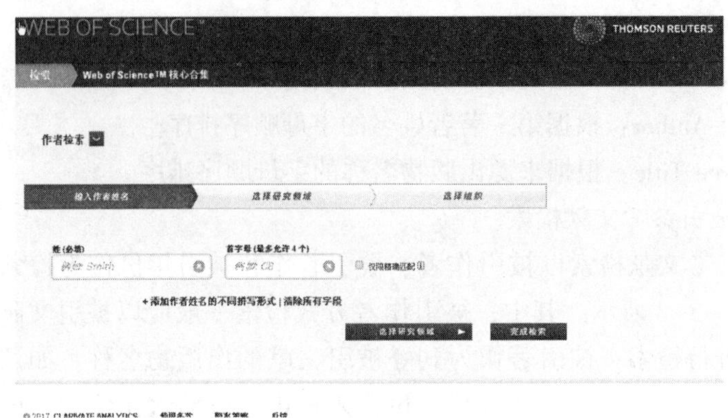

图 4-3-4 作者检索界面

篇名中出现“指纹识别”的文献，检索式为：

TI=（fingerprint）AND TI=（identification）

高级检索属于精确检索，可采用输入检索式或对原有结果进行重新组配检索它们之间的关系可以是“AND”或“OR”。

（5）检索算符

①逻辑运算符：“NOT”、“AND”、“OR”，分别规定“非”、“与”、”或”逻辑关系。

②位置算符：“SAME”或“SENT”，两者作用相同，规定其前后连接的两个词在检索记录中出现在同一句，或者同一个词组（keyword 字段）中；逻辑运算符或位置算符与检索词之间应有一个空格。

③截词符/通配符：“?”和“*”，用在检索词的中间和词尾，“?”是截词符，代表一个字符，“*”是通配符，代表零个或若干个字符。例如：输入“wom? n”可检出 woman、women 等词；输入“sul * ur”可检出 sulphur、sulfur 等词。两种截词符可混合使用，例如，输入“ch? Mi *”可检出 chemist、chemistry、chimia 等。

（6）结果分析、显示保存

执行一次检索后，显示检索结果如图 4-3-6 所示。

当检索结果范围太大时，可在“精练检索结果”输入框中再输入其他关键词进行二次检索。

在检索前，可以设定排序方式，以得到更集中的检索结果，点击“排序

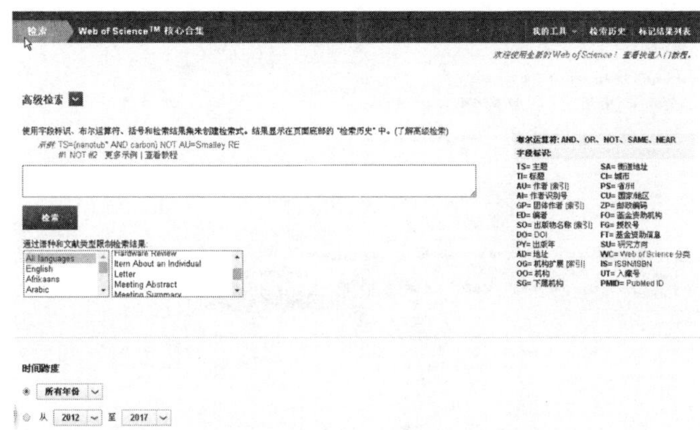

图 4-3-5　高级检索界面

图 4-3-6　显示检索结果

方式”下拉框，可对检索出的文献按更新日期、被引频次、相关性、第一作者、来源出版物、出版年、会议标题等进行排序，如图 4-3-7 所示。

Web of science 提供了对检索结果的优化功能，点击“分析检索结果”按钮，可对结果进行作者、会议标题、国家或地区、文献类型、机构、语种、出版时间、来源期刊、主题的归类，如图 4-3-7 所示。勾选相应的主题，可浏览该作者文献所属主题的篇数。

点击任意一篇相关文献的篇名，可进入该篇文献的全记录页面。点击“被引频次”后的数字，可以查看此文发表以后被他人引用的情况；点击“参

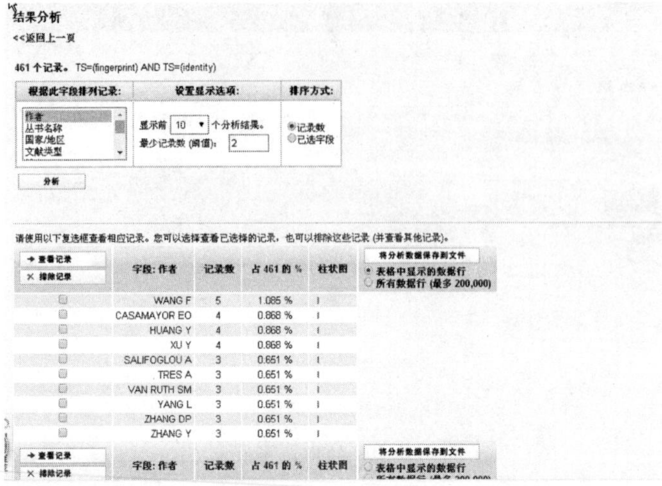

图 4-3-7 分析检索结果

考文献”后的数字，可以查看该作者在撰写本文过程中引用的参考文献的列表，如图 4-3-8 所示。

图 4-3-8 查看被引频次和参考文献

（7）检索历史

Web of Science 的四种检索方式都有“检索历史”按钮。每一次进行的检索都会自动转化为一个检索提问式，这些检索提问式可以在“检索历史”页面看到。在该页面上，用户可以利用布尔逻辑运算符“AND”、“OR”对检索集合进行组配。“检索历史”只可以保存 20 个检索提问式，当运行第 21 个检索提问式时，用户将收到提醒信息。用户可以继续追加检索提问式，但这些检索都无法保存，除非删除前面的一些。如果删除了一个检索提问式，这个提问式号将不会再次编号。这些删除的提问式将不被记入用户的 20 个检索提问式限制中。

（8）显示排序

检索结果概要页面以简单格式显示相关记录。每条记录的内容包括：前 3 位著者，文献篇名及来源期刊名称、卷期、页码等信息。屏幕最上方显示检索命令、检索范围、限定条件，命中结果的排序方式等内容。

3. 检索案例

例　利用 web of science（SCI）数据库，对近十年来水性聚氨酯研究的全景进行分析。检索步骤如下。

（1）课题分析。使用的关键词有：water - Borne，Water - Borne，WaterBorne，aqueous，Polyurethane；使用的检索式：[标题=〔Water-borne) OR 标题 =（waterborne）OR 标题 =（aqueous）] AND 主题 =(Polyurethane)；检索时间范围：2012—2017 年。

（2）检索步骤如图 4-3-9 至图 4-3-11 所示，共检索到 588 文献。

图 4-3-9　检索步骤 1

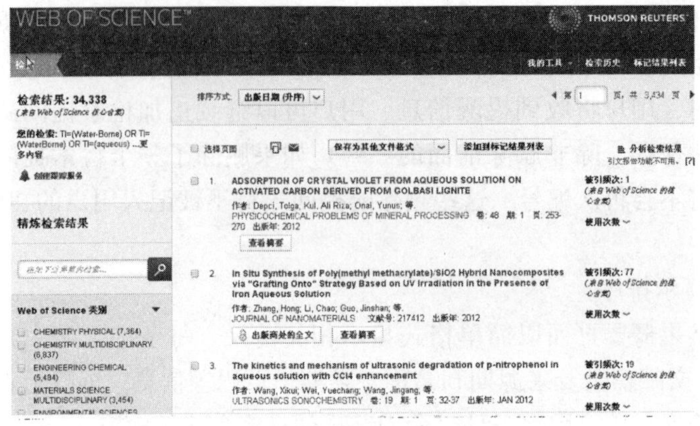

图 4-3-10 检索步骤 2

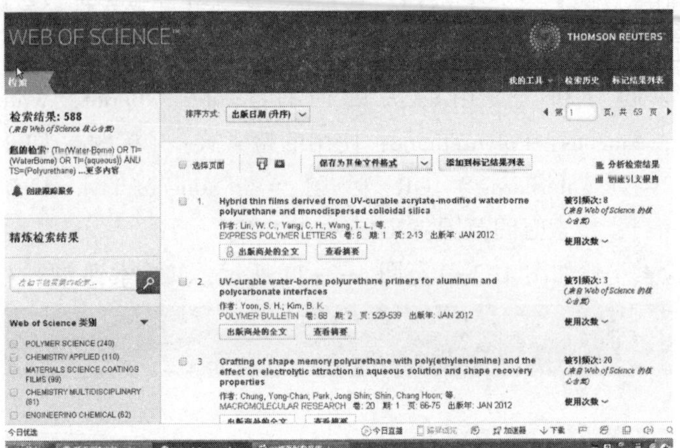

图 4-3-11 检索结果

(3) 作者分析。近六年发表论文前十位的情况如图 4-3-12 示，其中前三位作者分别为中国人，说明这三位学者研究比较深入。

(4) 科研实力分析。通过对 588 科技论文的作者署名国家或地区进行分析，可以对科研涉及的国家或地区分布有一个大致的了解。分析结果显示：我国内地在水性聚氨酯研究中发表论文位居首位，文献量达 343 篇，占总量的 58.3%；而韩国名列第二，文献量达 43 篇；我国台湾地区名列第七，文献量达 18 篇。我国内地发表论文最多，但发表论文最多的前三位中没有我国内

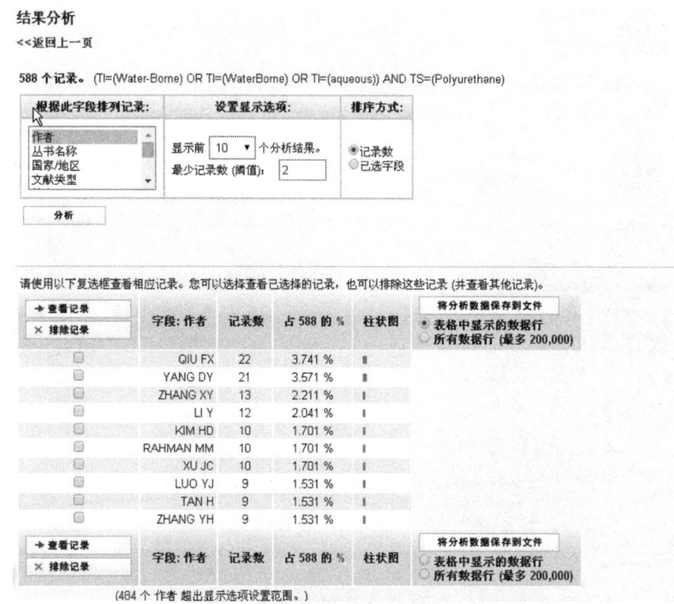

图 4-3-12　发表论文多的前十位作者

地学者，说明我国内地研究比较分散。图 4-3-13 显示发表论文多的前十个国家或地区。

（5）科研机构分析。通过 588 篇科技论文的作者署名科研机构进行分析，可以对涉及的科研机构分布有一个大致的了解。分析结果显示：四川大学在水性聚氨酯研究中发表论文位居首位，文献量达 35 篇，占总量的 5.9%，而中科院名列第二，文献量达 30 篇，韩国釜山大学第三，文献量达 23 篇。图 4-3-14显示了前十个主要科研机构单位。

（6）高被引研究文献前三名分别如下。

①Smart surfaces with switchable superoleophilicity and superoleophobicity in-aqueous media：toward controllable oil/water separation 作者：Zhang，Lianbin；Zhang，Zhonghai；Wang，Peng，来源出版物：NPG ASIA MATERIALS 卷：4，期：3. 参考文献：39，出版年：FEB 2012，被引频次：201。

②Properties of Graphene/Waterborne Polyurethane Nanocomposites Cast from Colloidal Dispersion Mixtures，作者：Choi，Sang Hyop；Kim，Dong Hoon；Raghu，Anjanapura V.，来源出版物：JOURNAL OF MACROMOLECULAR SCI-

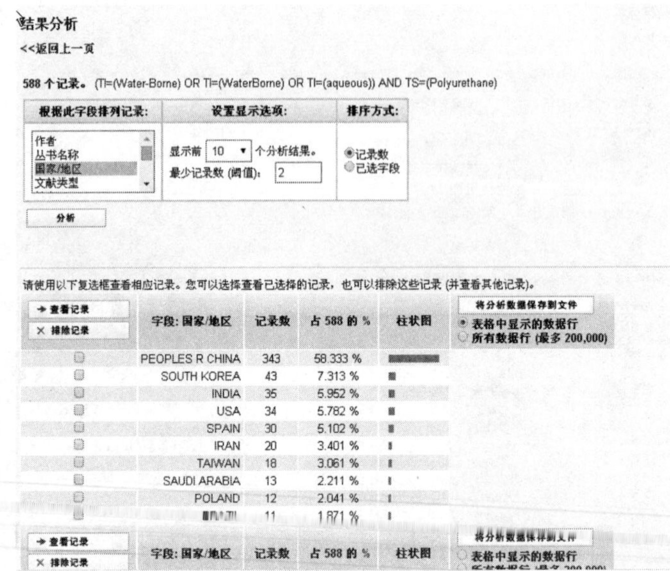

图 4-3-13　发表论文多的前十位的国家或地区

ENCE PART B-PHYSICS 卷：51，期：1-3，页：197-207，出版年：JAN-MAR 2012，被引频次：75。

③Using a non-covalent modification to prepare a high electromagnetic interference shielding performance graphene nanosheet/water-bornepolyurethane composite 作者：Hsiao，Sheng-Tsung；Ma，Chen-Chi M.；Tien，Hsi-Wen；等来源出版物：CARBON，卷：60，页：57-66. 出版年：AUG 2013，被引频次：55。

小常识

期刊的影响因子

影响因子（impact factor，IF）是美国科学情报研究（Institute for Scientific Information，ISI）的期刊引证的报告（JCR）中的一项数据，由美国科学情报研究所创始人加菲尔德（Eugene Garfiedld）在 20 世纪 60 年代创立，其后为文献计量学的发展带来了一系列重大革新。其计算方法是，某期刊前两年发表的论文在统计当年的被引用总次数除以该期刊在前两年内发表的论文总数。例如，某期刊的 2005 年影响因子的计算如下：

本刊 2004 年的文章在 2005 年被引次数：48 次；本刊 2004 年发表的论文数：187 篇；

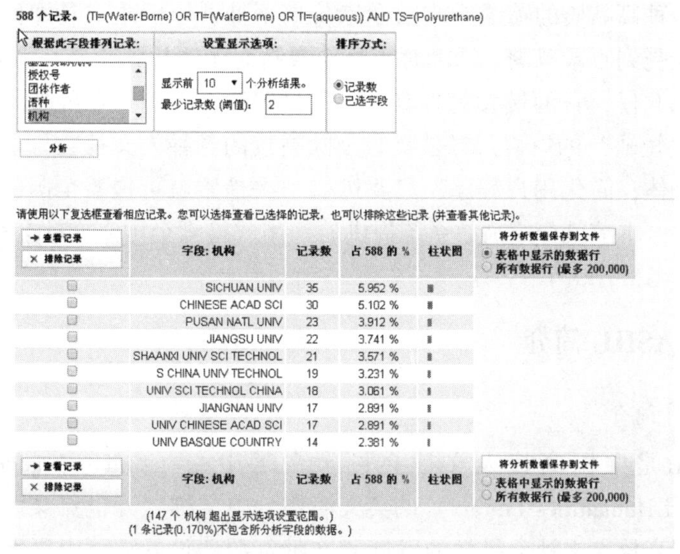

图 4-3-14　发表论文多的前十位科研机构

本刊 2003 年的文章在 2005 年被引次数：128 次；本刊 2003 年发表的论文数：154 篇；

本刊 2003-2004 年的文章在职 2005 年的被引次数总计：48+128=176 次；

本刊 2003-2004 年的发文量总计：187+154=341 篇；

本刊 2005 年的影响因子为：176/341=0。5161。

SCI 收录期刊的学术地位根据影响因子排列，分三大类，高因子类期刊，影响因子大于是 1.105；中因子类期刊，影响因子在 1.105 到 0.422 之间；低因子类期刊，影响因子小于 0.422。

影响因子是一个国际上通行的期刊评价指标，也是衡量学术期刊影响力的一个重要指标。该指标是相对统计值的，可克服大小期刊由于载文量的不同所带来的偏差。一般来说，影响因子越大，其学术影响力也越大。

4.4　CASHL 网站

文献检索的最终目的是查看原文，虽然网上的英语资源占 90%，但对国内用户来说，要索取高品质的英语原文文献并非每个图书馆都能满足。其原因之一是各种高品质的英语全文数据库价格不菲，原因之二是即便为全文数据库，也会受到收录范围、回溯时间等的限制而无法找到原文。而 CASHL 网站则可完成此任，它的最大优势有二：一是解决个体图书馆经费不足、弥补外文资源“短缺”的馆藏，二是整合全国高校的各种人文社会科学外文期刊数据库于一体，简化用户程序，只要进行一次检索就可覆盖全国的馆藏，直至索取原文。本节就介绍高教系统提供的一站式检索全国人文社会科学馆藏、索取原文的 CASHL 网站。

4.4.1 CASHL 简介

1. 项目简介

CASHL 是中国高校人文社会科学文献中心（China Academic Social Sciences and Humanities Library）的英文简称，中文称之开世览文。该项目是教育部根据高校人文社会科学的发展和文献资源建设的需要引进专项经费于 2004 年 3 月 15 日正式启动，其宗旨是组织若干所具有学科优势、文献资源优势和服务条件优势的高等学校图书馆，有计划、有系统地引进国外人文社会科学期刊，借助现代化的服务手段，为全国高校的人文社会科学教学和科研提供高水平的文献保障。目前 CASHL 是全国高校系统唯一的人文社会科学外文期刊保障体系，成员馆已达 700 家，包括高校图书馆和其他人文社会科学研究机构，个人用户逾 8 万多人，机构（团体）用户逾 3 000 家，提供文献传递服务 100 多万笔，包括文献传递和图书借阅。已成为各图书馆解决馆藏外文文献匮乏的辅助资源。CASHL 的最终目标是构建国家人文社科信息平台，为高校乃至全社会提供文献信息服务。

2. 服务体系

CASHL 的资源和服务体系由两个全国中心、五个区域中心和十个学科中心构成，其职责是收藏资源、提供服务。

CASHL 的全国中心设在北京大学和复旦大学，区域中心设在武汉大学、吉林大学、中山大学、南京大学、四川大学，学科中心设在北京师范大学、东北师范大学、华东师范大学、兰州大学、南开大学、山东大学、清华大学、厦门大学、浙江大学、中国人民大学。

CASHL 项目管理中心设在北京大学，其技术支持由 CASHL 管理中心承担，包括馆际互借与文献传递系统升级与维护等，并负责“高校人文社科外文期刊目次数据库”和“高校人文社科外文图书联合目录”的建设与更新，以及文科专款图书的集中编目等工作。教图公司提供印刷本和电子资源采购服务。

3. 服务对象

CASHL 的主页网址为 http：//www. cashl. edu. cn，如图 4-4-1 所示，用户可以免费浏览检索。但 CASHL 提供的文献传递服务对象目前暂定为全国高等院校的教师、学生、科研人员以及其他人文社会科学研究机构的科研人员，凡加入到 CASHL 高校成员馆的用户都可享受 CASHL 文献传递经费补贴，目前高校成员馆已突破 450 家。

4. 4. 2　CASHL 服务

1. 服务内容

目前，CASHL 可为用户提供的服务内容有：图书查询、期刊题录检索、图书借阅、文献传递、全文下载、代查代借、课题咨询、特色资源、留言板等。

2. 服务程序

（1）用户注册。凡是 CASHL 高校成员馆的用户，若需要全文传递服务，请先在开世览文主页左下角的”个性化服务”（见图 4-4-1）进行用户注册。注册完成后，请持注册时填写的有效证件到本校图书馆的馆际互借处或文献传递处进行确认。确认后，即成为 CASHL 的合法注册用户。

用户注册信息提交成功，但是却向用户的邮箱发送注册信息失败。此时千万不要重复注册，请用户牢记有关注册信息并携带相关证件到本馆馆际互借员处进行确认，馆际互借员确认后，会发送确认通知到用户的邮箱，请注意查收。

新注册用户需要等待所属学校图书馆的馆际互借员审核身份并确认后，才能提交文献传递申请。

（2）提交请求。用户登录 CASHL 主页，进入“期刊”检索界面，查到所需文献的篇名题录信息，单击“发送文献传递请求”按钮，输入用户名和口令（用户注册时获得的信息），即可进入申请文献传递信息页面，自动生成相应的信息后单击“提交”按钮，即可提交文献传递请求；若是从别处获得

图 4-4-1 CASHL 主页

的某些参考文献，则要求用户亲自填写相应的信息后单击“提交按钮”，才能进行原文传递请求。

(3) 获取全文。用户提交文献传递请求后，通常可在 1~3 个工作日内获得全文（邮寄方式需根据邮局邮寄时间确定）。

3. 服务时间

CASHL 系统提供一年 365 天，每天 24 小时的文献检索服务。但文献传递、图书借阅等服务在寒暑假、节假日有一定的调整，请注意查看开世览文主页的通知信息。

普通文献传递请求两个工作日内完成系统处理，3 个工作日内送出文献，遇节假日顺延。

加急文献传递请求 1 个工作日内完成系统处理，1 个工作日内送出文献，遇节假日顺延。

4. 收费标准

CASHL 文献传递收费=复制费+传递费+加急费，对于只用 E-mail 进行普通传递的用户而言，就是收取复制费。其中复制费：￥0.30 元/页指复印+扫描；加急费：10.00 元/篇。具体传递费用标准如表 4-4-1 所示。

表 4-4-1　CASHL 文献传递费一览表

传递方式	投递地区	邮费、包装费等（件/次）
E-mail		免费
网上文献传递系统		免费
用户自取		免费
传真		¥1.00 元/页
普通函件	本地	¥0.30 元/页
	外地	¥0.60 元/页
平信挂号	本地	4 元起（10 页以内），以后每增加一页加收 0.30 元
	外地	6 元起（10 页以内），以后每增加一页加收 0.60 元
特快专递	本地	50 页以下 15 元，以后每增 50 页加收 3 元（不足 50 页者，按 50 页计算）
	外地	50 页以下 30 元，以后每增 50 页加收 6 元（不足 50 页者，按 50 页计算）
人工专送	本地	10 元起（按实际费用结算）
	外地	20 元起（按实际费用结算）

说明：目前 CASHL 文献传递服务主要由 CASHL 中心馆承担，中心馆设在北京、上海、武汉、长春、广州、南京、成都等城市。上表中提到的本地指中心馆城市所在地区，外地指中心馆城市之外的地区。

4.4.3　检索资源

CASHL 以外文资源为基础，且面向人文社科，截至目前，已收藏 2.4 万种国外人文社会科学领域的外文核心期刊和重要期刊、140 万种纸质外文图书。电子资源包含 2 860 种电子期刊以及 41 万种电子图书，还有大型特藏文献 160 种。文献可回溯至 16 世纪，国外早期外文图书，最早可回溯至 1473 年。另有一批大型特藏文献，学科集中，专业性强，有相对完整的专题，在国内（至少是高校范围内）具备相对唯一性。CASHL 涵盖了历史、哲学、法学、社会学、语言学、经济学等多个一级重点人文社会学科。这些文献既可提供目次的分类浏览和检索查询，又可基于目次的文献原文传递服务。

CASHL 将文献查询、图书借阅、文献传递、代查代检、课题咨询、特色资源等整合在同一个平台中，为用户提供了文献查、借、传、询等的一站式服务，大大缩减了用户检索、索取文献的烦琐程序。

文献查询栏目下设有期刊、图书、文章、数据库、大型特藏文献和学科特色资源 6 种检索路径。用户可通过学科分类或期刊名称、图书名称浏览篇名、图书目次，也可以通过文章篇名、作者、刊名以及 ISSN 号等进行检索，获取相关的文献信息。

1. 期刊检索

期刊检索有期刊检索与浏览和核心期刊检索两种，如图 4-4-2 所示。

（1）在期刊检索与浏览界面中，可提供期刊首字母检索、学科列表和期刊检索、浏览，以及基于目次的文献原文传递服务。其中带有“核心”标识的期刊为核心期刊。

图 4-4-2　CASHL 期刊检索界面

① 期刊首字母检索可按 26 个英文字母和其他进行检索。

② 学科列表涉及地理/环境、法律、教育、经济/商业/管理、军事、历史、区域学、人物/传记、社会科学、社会学、体育、统计学、图书馆学/信息科学、文化、文学、心理学、艺术、语言/文字、哲学/宗教、政治等 20 余个学科。

③ 期刊检索按刊名和 ISSN 号进行检索，匹配方式可按前方一致、包含和精确匹配 3 种方式选择，此外还有馆藏地址、核心期刊、电子期刊的限定选项。

（2）核心期刊检索指被 SSCI 及 AHCI 收录的人文社会科学外文期刊，有“馆藏”标识的可以提供文献传递服务，有“推荐”标识的可以推荐订购。其检索界面与刊名检索与浏览相仿。

2. 图书检索

图书检索有图书检索与浏览、图书简单检索和图书高级检索 3 种，如图 4-4-3所示。目前收录了 70 多万种文科专款引进的纸本图书和 34 万种电子图书。提供 70 所文科专款院校图书馆的人文社科外文图书联合目录查询。可按照书名进行检索，或按照书名首字母进行排序浏览，还可以按照学科分类进行浏览。但外文图书的馆际互借服务正在试运行阶段，服务范围仅限于 17 家中心馆的高级职称用户。图书检索与浏览界面与期刊检索中的刊名检索与浏览相仿，图书简单检索和图书高级检索与文章检索中的篇目简单检索和篇目高级检索类似，只是图书检索中的字段调整为全文、题名、作者、主题、ISBN 号及出版机构。

图 4-4-3　CASHL 图书检索界面

3. 文章检索

文章检索即通过文章全文、篇名、作者、刊名及 ISSN 号进行检索，获取相关的文献信息。

文章检索有篇目简单检索和篇目高级检索两种。篇目简单检索只能输入单一词或词组进行检索，匹配方式可按前方一致、包含和精确匹配三种方式选择，另有核心期刊、电子期刊的限定选项。篇目高级检索较篇目简单检索最大区别是，一次最多可支持4个单词或词组的布尔逻辑（AND、RO、NOT）检索，此外还有出版时间、学科类别、馆藏地址、期刊类别的检索限制和显示设置等，如图4-4-4所示。以上两种检索均支持二次检索。

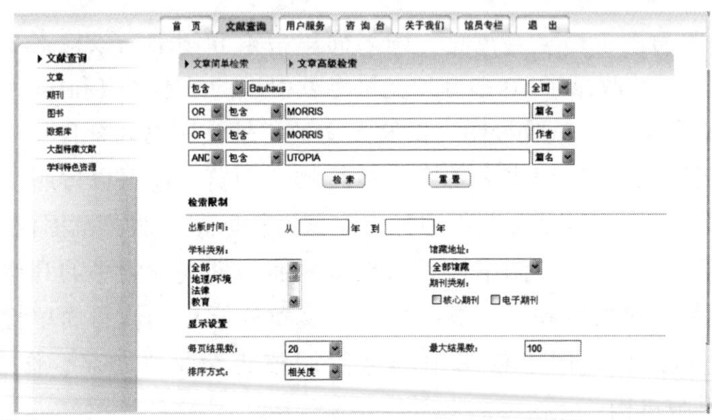

图4-4-4 CASHL篇目高级检索界面

4. 数据库检索

数据库检索即中国高校人文社会科学文献中心（CASHL）出资购买的电子资源。2007年，CASHL出资购买了JSTOR、PAO、ECCO、EEBO四个全文数据库，并采用IP地址控制访问权限，凡属CASHL中心馆（17家）校园网用户可直接访问、检索、下载全文等信息；2008年，CASHL大型特藏引进了EAI（《美国早期印刷品》），该特藏只收藏在北京大学，北大校园网用户可通过其IP直接访问，而CASHL的其他用户可以免费检索图书，如需全文则可发送文献传递请求；2009年，由CASHL管理中心组织的MyiLibrary电子书联盟采购的10家高校校园网用户还可通过合法IP直接访问、检索、下载MyiLibrary电子书联盟文献，如图4-4-5所示。

而非以上高校范围的CASHL用户可免费检索文献，获取全文则可通过CASHL文献传递服务进行。

（1）JSTOR全文电子期刊（http：//www. jstor. org）。

（2）PAO社科全文电子期刊（http：//pao. chadwyck. co. uk/）。

（3）ECCO十八世纪电子书（http：//infotrac. galegroup. com/itweb/peking？db=ECCO）。

（4）EEBO 数据库（http：//eebo. chadwyck. com/）。

（5）MyiLibrary 电子书平台（http：//lib. myilibrary. com）。

（6）EAI 美国早期印刷品（http：//infoweb. newsbank. com）。

数据库名称	类型	起止时间	访问权限	简介
JSTOR	期刊/全文	1665年~	IP控制	JSTOR全名为Journal Storage，是一个对过期期刊进行数字化的非营利性机构，于1995年成立。JSTOR全文资料库所提供的期刊绝大部分都从1卷1期开始，回溯年代最早至1665年。库中的"最新期刊"多为三至五年前的期刊，这与一般定义的最新出版的期刊不同，两者之间有一段固定的时间间隔，称为推迟间隔（Moving Wall）。目前，JSTOR收录期刊现有1，110种，收录近4，019，507篇文献。 目前JSTOR的全文库是以政治学、经济学、哲学、历史等人文社会学科主题为中心，兼有一般科学性主题共十几个领域的代表性学术期刊的全文库。
PAO	期刊/全文	1802年~2000年	IP控制	Penodicals Archive Online（PAO，典藏学术期刊全文数据库）提供人文社科类高品质期刊全文，是一个过刊在线图书馆。收录550种期刊，回溯时间从1802年至2000年，可以访问超过140万篇文章，总计超过890万页的期刊内容，其中超过20%为非英文期刊。覆盖学科领域包括经济、文学、法律、教育、社会学、心理学及艺术等。其中较著名期刊如*Current history,Phllosophy today, American Musicological Society Journal,Sight and sound, Foreign affairs, Management review*等几乎全部回溯至创刊号。
ECCO	图书/全文	1700年~1799年	IP控制	Eighteenth Century Collections Online（ECCO，十八世纪作品在线）是Thomson Gale的重要在线数据库，收录了1700-1799年之间在英国出版的图书和在美国和英联邦出版的非英文书籍。共约13.8万种，15万卷，内容超过3千万页，涵盖历史、地理、法律、文学、语言、参考书、宗教哲学、社会科学及艺术、科学技术及医学等多个学科领域，可进行全文检索。
EEBO	图书/全文	1473年~1700年	IP控制	Early English Books Online（简称EEBO，早期英文图书在线）是由密歇根大学、牛津大学和ProQuest Information and Learning公司合作开发并于1999年推出的在线全文数据库。 该数据库收录了所有现存的1473-1700年之间英语世界出版物的资料，是目前世界上记录从1473年到1700年的早期英语世界出版物最完整、最准确的全文数据库。EEBO项目全部完成以后将收录125，000种著作，包含超过22，500，000页纸的信息。 EEBO包括许多知名作家的著作，例如莎士比亚（Shakespeare）、马洛礼（Malory）、斯宾塞（Spencer）、培根（Bacon）、莫尔（Moore）、伊拉斯漠（Erasmus）、鲍尔（Bauer）、牛顿（Newton）、伽利略（Galileo）。除了收录那个时期大量的文学资料以外，该数据库还包括许多历史资料，例如皇家条例及布告、军事、宗教和其他公共文件；年

图 4-4-5　CASHL 数据库

5. 学科特色资源

特色资源是指由 CASHL 的两个全国中心、5 个区域中心和十个学科中心所构成的 17 家图书馆各自拥有的特色资源，如北京大学图书馆的北京历史地理库、复旦大学图书馆的古籍库、四川大学图书馆的巴蜀文化特色数据库、武汉大学图书馆的长江资源库、吉林大学图书馆的东北亚研究数据库等。其中绝大部分可以提供目录的免费检索，如需深度服务请通过咨询台直接联系收藏馆。

6. 大型特藏文献

CASHL 为了满足全国人文社科科研人员的研究需求，同时也为了弥补高校图书馆收藏的空白，经北大、复旦、武汉大学等知名学者强力推荐，CASHL 于 2008 年度开始大批购入大型特藏文献。这些特藏文献被公认为极具科研价值与收藏价值的珍贵文献，但受其价格昂贵的限制，诸多高校图书馆无力购买收藏。首批引进大型特藏文献多为第一手的原始档案资料，涵盖历史、哲学、法学、社会学、语言学、经济学等多个一级重点学科，涉及图书、缩微资料、图书/档案等不同介质，这些特藏文献的收费标准各不相同，一般不再享受 CASHL 补贴。该特藏文献库可按题名字顺浏览和学科列表两种方式进行浏览、检索。

4.4.4 检索结果及文献传递

1. 检索结果

CASHL 的文章检索结果如图 4-4-6 所示，每篇文献按“篇名、作者、期刊类型、刊名、ISSN、出版日期、卷期、页码、文献传递”依次显示，可以发送邮件、导出文献，也可以进行二次检索。单击篇名或文献传递链接还可看到篇目详细内容和“发送文献传递请求”链接信息，如图 4-4-7 所示。

图原 4-4-6 CASHL 检索结果界面

2. 文献传递

若需要全文，可单击图 4-4-7 “发送文献传递请求”链接，在弹出的对话框中输入用户名和密码，就可登录到 CASHL 馆际互借读者网关系统，该系统会自动添加好索取的文献信息，用户只需单击“提交”按钮即可（见图 4-4-8）。

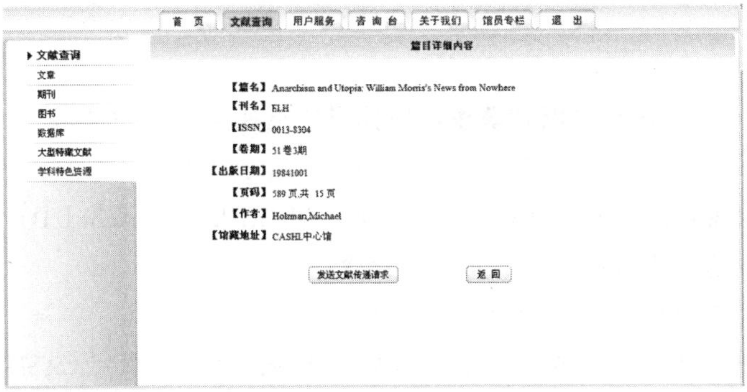

图 4-4-7　CASHL 检索结果界面

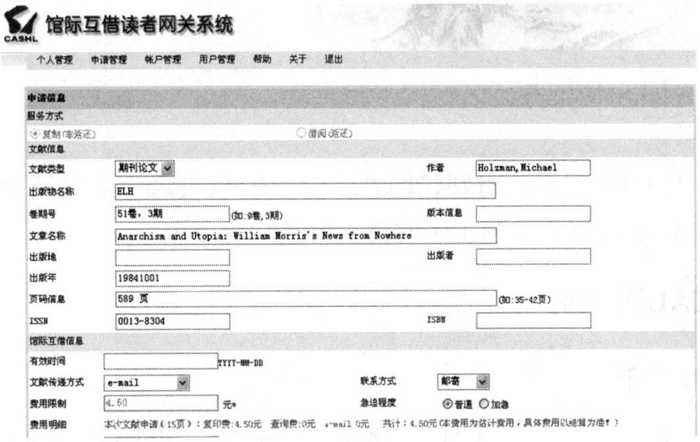

图 4-4-8　CASHL 馆际互借读者网关界面

重要提示

重要提示

若用户是从别处获得的请求文献传递的信息，则可直接进入 CASHL 馆际互借读者网关系统（ill. cashl. edu. cn/gateway），但要按文献传递的格式逐一填写。当然若提交 CASHL 收录期刊以外的文献申请可能无法保证一定能满足，且收费标准同代查 代检。

案例分析

查找包豪斯和莫里斯所倡导的乌托邦方面的文献

解析：

找出检索词：包豪斯 Bauhaus，莫里斯 MORRIS，乌托邦 UTOPIA；

根据题意，使用文章的篇目高级检索；

检索结果如图 4-4-6 所示；

单击图 4-4-7“发送文献传递请求”链接，就可登录到 CASHL 馆际互借读者网关系统（见图 4-4-8），进行原文请求申请，普通原文传递一般三个工作日内就会有答复。

4.5 CALIS 网站

CALIS 与 CASHL 是一对姊妹网站，CASHL 以收录“人文社会科学馆藏”为主，而 CALIS 以收录“理工医农科学馆藏”为主。

4.5.1 CALIS 简介

1. 项目简介

CALIS 是中国高等教育文献保障系统（China Academic Library& Information System）的英文简称，创建于 1996 年，是经国务院批准的我国高等教育“211 工程”、“九五”、“十五”总体规划中 3 个公共服务体系之一。CALIS 的宗旨是在教育部的领导下，把国家的投资、现代图书馆理念、先进的技术手段、高校丰富的文献资源和人力资源整合起来，建设以中国高等教育数字图书馆为核心的教育文献联合保障体系，实现信息资源共建、共知、共享，以发挥最大的社会效益和经济效益，为中国的高等教育服务。到目前为止，CALIS 已经历了一期、二期和三期建设，CALIS 一、二期主要以建设为主，先后建立了标准规范体系、国外电子资源集团采购、分布式数字图书馆体系、三级保障体系、并从技术上解决了“联机编目+目录检索+文献传递”的纸本文献共享问题和部分电子资源共享问题。CALIS 三期重在“服务”，其建设目标是：为全国 1 800 个高校成员馆提供标准化、低成本、可扩展的数字图书馆统一服务和集成平台，这些馆通过彼此互联，构成全国高校数字图书馆三级共建和共享服务以及多馆服务协作的联合体系，共同为高校师生提供全方位的文献服务、咨询服务、电子商务和个性化服务。

CALIS 三期的七大服务系统为：协调采购与资源建设——采访，合作编目与书目配送——编目，公共检索与资源导航——门户，文献传递与原文获取——借阅，查收查引与专题咨询——咨询，软件共享与技术支持——系统，业务培训与资格认证——人力。

2. 服务体系

CALIS 设有全国中心、地区中心、省中心 3 级保障体系。

CALIS 管理中心设在北京大学，下设了文理、工程、农学、医学 4 个全国文献信息服务中心，分别设在北京大学图书馆、清华大学图书馆、中国农业大学图书馆和北京大学医学图书馆；华东北、华东南、华中、华南、西北、西南、东北 7 个地区文献信息服务中心和一个东北地区国防文献信息服务中心，分别设在南京大学、上海交通大学、武汉大学、中山大学、西安交通大学、四川大学、吉林大学和哈尔滨工业大学图书馆。目前，全国已有 31 个省（市、自治区）建立了省级文献信息服务中心，此外还有 2 个共享域联盟。

3. 服务对象

所有高校均有权利获取 CALIS 服务。

4.5.2　CALIS 服务

1. 服务内容

当前，CALIS 面向读者的服务架构有：联合问答、课题咨询、代查代检、资源查找、信息交流等。

2. 服务程序

（1）用户注册。凡是 CALIS 高校成员馆的用户，只要拥有一个账号和密码，就可使用 CALIS 提供的各种文献资源的全文传递服务。因此用户需要先进行注册，获取自己的账号和密码。CALIS 高校成员馆以学校为单位，各校用户都会在本校的馆际互借读者网关系统进行读者注册。用户注册分四步进行。①登录读者网关→http：//ill. sd. calis. edu. cn/gateway 或 http：//uas. sd. calis. edu. cn：8090→登录（见图 4-5-1）。②填写账号和密码，单击

“登录”按钮（见图 4-5-1）。各校账号和密码一般都使用本校图书借阅卡号或校园一卡通。③进入“本校馆际互借读者网关系统”，完成注册。其中＊号部分必须填写（名称——个人账户填写“单位名称+个人姓名”，机构账户填写“单位名称”，单位，电话号码，E-mail），所需文献最终传回读者所填邮箱，所以请务必核对准确，确认账户（见图 4-5-2）。④注册完成后，请登录读者网关确认或到本校馆际互借员处确认，只有确认后才可使用 CALIS 的馆际互借服务或全文传递服务。

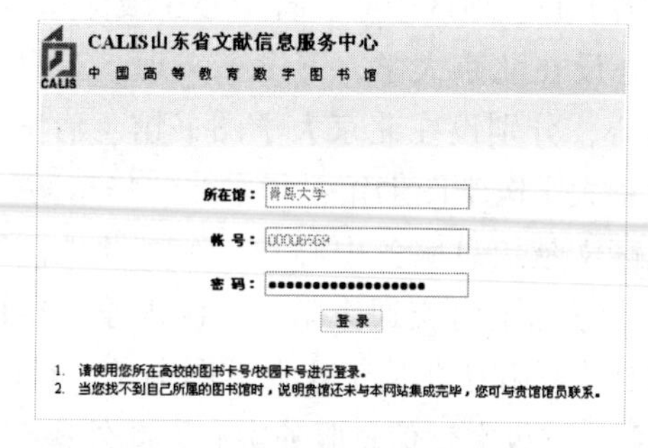

图 4-5-1　CALIS 馆际互借读者网关入口

（2）提交请求。用户登录 CALIS 主页，进入“各种不同文献资源”检索界面，查到所需文献的篇名题录信息，单击“发送文献传递请求”按钮，输入自己的账号和密码（用户注册时获得的信息），即可进入申请文献传递信息页面，自动生成相应的信息后单击“提交”按钮，即可提交文献传递请求；若是从别处获得的某些参考文献，则要求用户亲自填写相应的信息后单击“提交”按钮，才能进行原文传递请求。

（3）获取全文。用户提交文献传递请求后，通常可在 2~3 个工作日内获得全文（邮寄方式需根据邮局邮寄时间确定）。

3. 服务时间

CALIS 系统提供一年 365 天，每天 24 小时的文献检索服务。但文献传递、图书借阅等服务在寒暑假、节假日有一定的调整，请注意查看 CALIS 主页的通知信息。

普通文献传递请求2个工作日内完成系统处理，3个工作日内送出文献，遇节假日顺延。

加急文献传递请求1个工作日内完成系统处理，1个工作日内送出文献，遇节假日顺延。

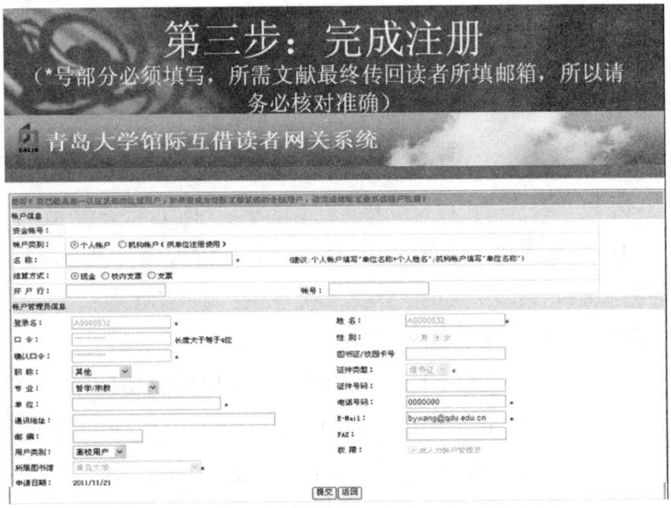

图4-5-2　CALIS馆际互借读者网关系统

4. 收费标准

CALIS文献传递收费=复制费+传递费+加急费，对于只用E-mail进行普通传递的用户而言，就是收取复制费。其中复制费：¥0.30元/页，指复印+扫描。加急费：10.00元/篇。

4.5.3　资源查找

CALIS以高校收录的各种文献资源为基础，并与国家科技图书文献中心（NSTL）和上海图书馆进行合作，面向高校师生、科研人员及社会公众服务，CALIS涵盖了高校的所有学科，偏重理工医农，而人文社科类文献主要由CASHL负责。这些文献既可提供目次的分类浏览和检索查询，又可基于目次的文献原文传递服务。

CALIS将文献查询、图书借阅、文献传递、全文获取、代查代借、课题咨询、特色资源、虚拟参考咨询业务等整合在同一个平台中，为用户提供了文献查、借、传、询等的一站式服务，可大大缩减用户检索、索取文献的烦琐程序。

CALIS目前提供的公共检索与资源导航有e读（亿读、易读）、外文期刊网、中外论文中心服务网站、教学辅助中心网站、特色资源网站、中国高校机构库中心网站等。在此仅以e读和外文期刊网为例做一介绍，其他资源检索可举一反三。

1. e读检索

e读（亿读、易读）集成了高校馆藏的所有资源，目前收录了800多家图书馆的丰富馆藏，并整合了CALIS联合目录、中外文学位论文、CCC、特色库项目、CADAL资源等。从检索功能上看，e读类似于超星的“读秀学术搜索”，将各种文献资源集于同一平台，实现统一检索管理；并为读者整合各种获取资源的途径，提供多种阅读方式。

e读现提供632万余种中文图书，其中36万种可免费阅读全文，164万种提供部分试读；171万种外文图书，其中3 293余册可免费阅读全文；10多万种中外文期刊，6 048万篇外文期刊论文；275万篇中外学位论文，其中31万余篇中文学位论文提供前16页试读；以及古籍、拓片、家谱、地方志、视频、会议论文、网络资源等特色资源若干万篇。e读还将本馆电子书全文、链接本馆OPAC获取馆藏纸本信息及文献传递服务集于同一平台。校园网用户既可通过本校图书馆超链进入，也可直接输网址 http：//www. yidu. edu. cn，或 http：//www. calis. edu. cn，CALIS的主页即为e读，如图4-5-3所示。

（1）文章检索与获取。e读实为CALIS的一个学术搜索引擎，检索功能便捷灵活，提供简单检索和高级检索两种检索方式，可从资源类型、检索范围、时间、语种、论文来源等多角度进行限定检索，高级检索还可进行多字段组配检索。系统能够根据用户登录身份显示适合用户的检索结果，检索结果通过多种途径的分面和排序方式进行过滤、聚合与导引，并与其他类型资源关联，方便读者快速定位所需信息。

（2）检索结果。e读基于CALIS成员馆的文献资源，以及多样化的获取方式，可帮助用户方便、快捷地获得文献信息资源的服务。e读检索结果内容丰富，其中心模式上方可通过IP识别用户身份分别显示：所在学校、所在市、所在省、全国，从而迅速扩充本馆资源服务数量。下方分左、中、右3栏分别显示：左栏可按著者、年代、语种、资源类型、学科、主题词进行分面

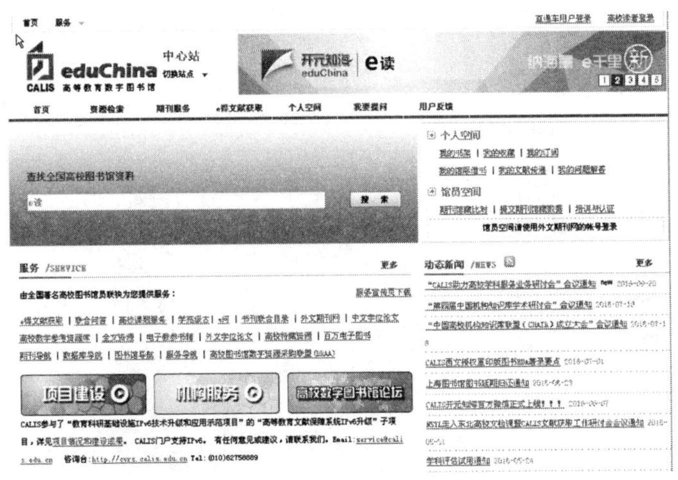

图 4-5-3　CALIS 主页

检索，提高检索的专指度；右栏可按词条解释、相关资源等信息扩展检索；中栏为检索结果主要内容显示区，如图 4-5-4、图 4-5-5 所示。

（3）文献获取。对于图 4-5-4、图 4-5-5 中的文献，单击“试读”链接可阅读部分章节内容；单击“全文”链接可下载电子原文（注：电子原文能否下载取决于你的图书馆是否购买了该电子文献或是否为 e 读的免费全文阅读资源）；单击“文献传递或借书”链接可为用户提供国内外文献服务机构的原文文献复制及原文传递服务，复制及传递的文献类型包括期刊论文、会议录文献、学位论文等，传递方式包括电子邮件、传真、快件或普通邮寄等，目前 CALIS 提供学位论文、图书部分章节的复印服务。进行“文献传递或借书”时，必须为本校图书馆馆际互借系统的注册用户，可通过用户本身的账号和密码登录到本校图书馆馆际互借网关系统提交完成。

案例分析

查找采矿或硫铁矿烧渣工艺研究方面的文献

解析：找出检索词：采矿，硫铁矿，烧渣；

根据题意：查找采矿方面的文献，使用 e 读的简单检索并限定在题名和青岛大学范围内检索，命中 2 篇期刊论文和 14 本图书；查找硫铁矿烧渣工艺研究方面的文献，使用 e 读的高级检索并限定在题名和全国范围内检索，命

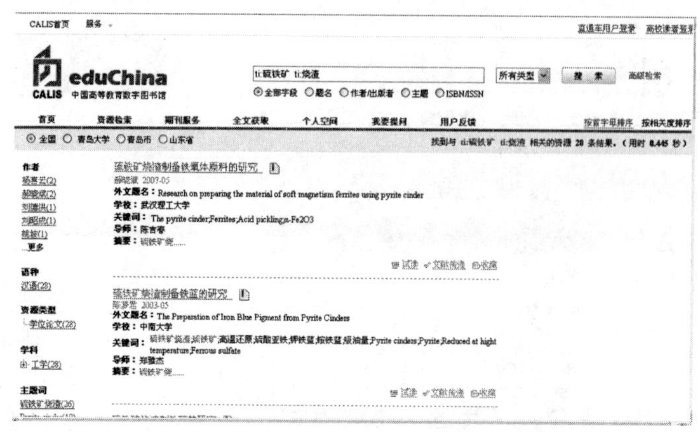

图 4-5-4　e 读检索结果

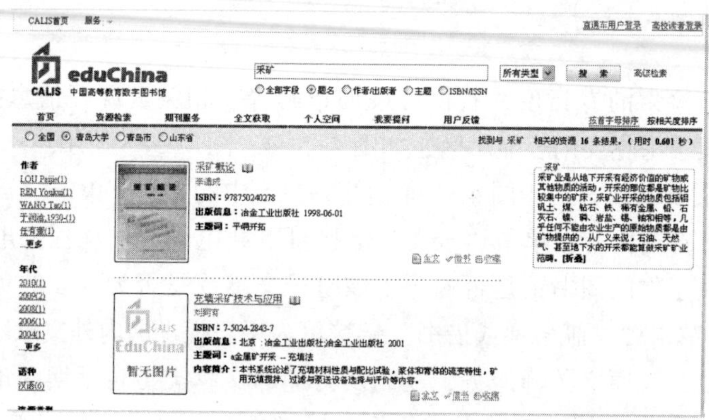

图 4-5-5　e 读检索结果

中 28 篇学位论文；单击图中相应链接，就可获取全文或部分章节的复印服务。

2. 外文期刊网检索

CALIS 外文期刊网也称 CCC 西文期刊目次数据库（CALIS CURRENT CONTENTS OF WESTERN JOURNALS，简称 CCC），是 CALIS 共建的数据库之一，CCC 的主页网址为 http：//ccc. calis. edu. cn，如图 4-5-6 所示，目前只能在校园网上浏览检索。CCC 是普通用户获取外文期刊论文的最佳途径之一，可为读者提供外文期刊文章一站式检索与全文获取服务；也是图书馆馆际互借员文献传递的强大的基础数据源；还是图书馆馆员进行期刊维护管理的免费使用平台和外文资源评估工具。

图 4-5-6　CCC 主页

CCC 包含三部分内容：外文期刊、外文期刊目次和外文数据库，收录了近 12.9 万种高校收藏的纸本期刊和电子期刊信息，并且还在不断增长中。其中有 4 万多种期刊的文章篇名信息周更新，涉及 126 个外文全文库和 11 个外文文摘库。最早可回溯至 1897 年，其学科覆盖了 20 多个大类，以理工医农为主，兼收社会科学学术期刊。

CALIS 外文期刊网具备篇名目次检索、馆藏期刊的 OPAC 链接、电子期刊全文链接，揭示国内馆藏情况并提供各种分类统计数据，具备了强大、准确的揭示功能、完善的链接功能和各种统计分析功能。该数据库还和 CALIS 馆际互借和文献传递系统无缝集成，可在检索结果上直接发出文献传递请求，因此任何一个图书馆，只要使用 CALIS 外文期刊网，他所获得的文献支持就相当于拥有了全国的全部馆藏，这将为国内所有有西文期刊文献需求的图书馆，特别是那些文献保障能力比较低的单位，带来极大的便捷和资源共享。

CALIS 外文期刊网具有文章检索与获取、期刊导航、数据库导航、图书馆馆藏 4 项主要功能。

（1）文章检索与获取。文章检索即通过文章篇名、作者、刊名、ISSN 和全面进行检索，获取相关的文献信息。

文章检索有篇目快速检索和篇目高级检索两种。篇目快速检索只能输入单一词或词组进行检索，可按包含、完全匹配和前方一致 3 种方式选择，此外有出版时间检索限制选项。篇目高级检索与篇目快速检索的最大区别是，一次最多可支持 4 个单词或词组的布尔逻辑（AND、RO）检索，此外还有收录限定、显示设置等限制选项，如图 4-5-7 所示，以上两种检索均支持二次检索。

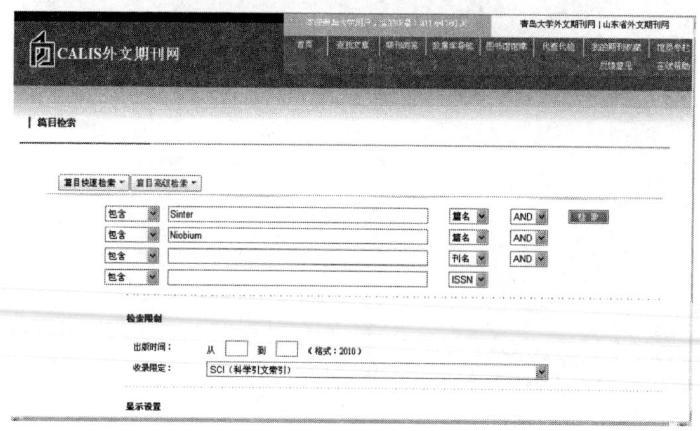

图 4-5-7　CCC 篇目高级检索界面

（2）期刊浏览。目前，CALIS-CCC 共有 12.9 万种期刊，既可按刊名、ISSN、刊名缩写、期刊首字母缩写 4 种形式浏览检索，还可按纸本期刊和电子期刊浏览。此外还可按期刊导航、字母导航和学科导航 3 种情况进行浏览，其中期刊导航按文摘库字顺排列，如 EI 收录 5 793 种期刊，SCI 收录 7 943 种期刊，SSCI 收录 2 179 种期刊；字母导航按 26 个英文字母和其他的字顺排列；学科导航按教育部学位设置的 12 个大类和其他分类排列。

（3）数据库导航。目前，CALIS-CCC 共收录 137 个数据库。其中，全文库 126 个，文摘库 11 个，既可按数据库起始字母查询，也可按数据库类型查询。

（4）图书馆馆藏。当前共有 2 058 个高校图书馆，其中 196 个提供纸本馆藏，512 个提供电子资源馆藏。所谓图书馆馆藏仅指提供本馆馆藏的 700 多个高校图书馆的外文期刊收藏，既可按期刊拼音首字母导航，也可按地域导航。

4.5.4　检索结果及文献传递

1. 检索结果

CCC 的检索结果分两栏显示：左侧按出版年、刊名、著者、文摘库收录等排列，可进一步缩小检索范围；右栏显示表达式及每篇文献按“序号、篇名、作者、刊名、ISSN、年、卷期、页码、全文或文摘链接、文献传递、收藏情况”等的命中结果依次显示，如图 4-5-8 所示。凡检索结果栏目中显示“全文或文摘链接”的，表明本校已购买了该数据库，单击其链接就可浏览到详细的内容；而栏目中没有“全文或文摘链接”的，则可通过检索结果栏目右侧的“收藏情况、文献传递”，了解 CALIS 成员馆收藏此篇文章的全文或文摘数据库及纸本刊的情况。

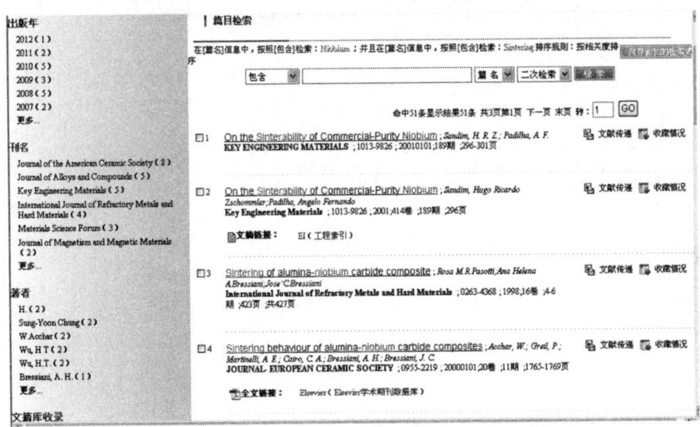

图 4-5-8　CCC 检索结果界面

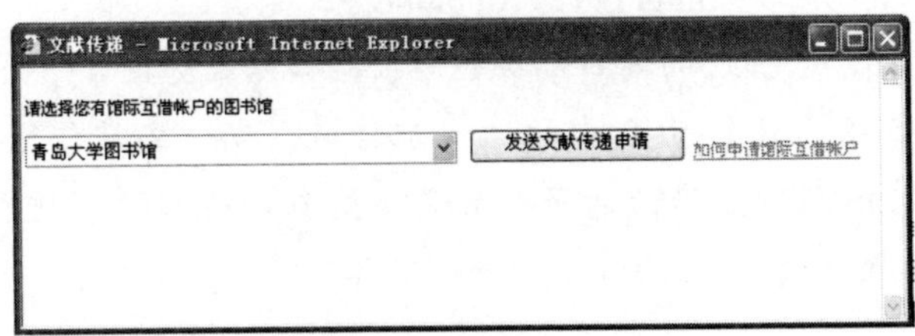

图 4-5-9　文献传递界面

2. 文献传递

若需要全文，单击“文献传递”链接，会出现如图 4-5-9 所示的界面，再单击图中“发送文献传递请求”链接，在弹出的对话框中输入账号和密码，就可登录到 CALIS 馆际互借读者网关系统，该系统则会自动添加好索取的文献信息，用户只需单击“提交”按钮即可（见图 4-5-10）。

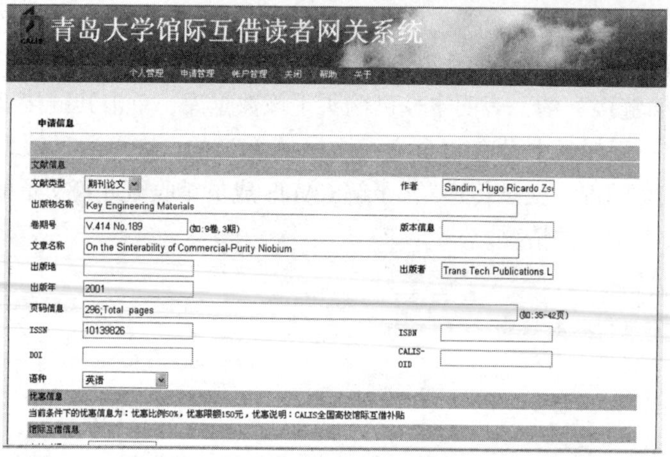

图 4-5-10 CALIS 馆际互借读者网关系统

案例分析

查找烧结温度对金属铌影响的研究

解析：

找出检索词：烧结-Sinter，铌-Niobium。

根据题意，使用 CCC 的篇目高级检索；检索结果如图 4-5-8 所示。

单击图 4-5-8、图 4-5-9 中的“文献传递、发送文献传递请求”链接，就可登录到 CALIS 馆际互借读者网关系统（见图 4-5-10），进行原文请求申请，普通原文传递一般 3 个工作日内就会有答复。

4.5.5 CALIS 与其他图书馆的馆际合作

e 得（易得）是 CALIS 推出的“e”系列服务之一，是 CALIS 文献对读者提供服务的门户网站，可为读者提供从文献检索到原文获取一站式文献提供服务。

目前 CALIS 先后与国家科技图书文献中心（National Science and Technology library，NSTL）、上海图书馆、维普的中文科技期刊和同方的知网进行了合作，如图 4-5-11 所示。

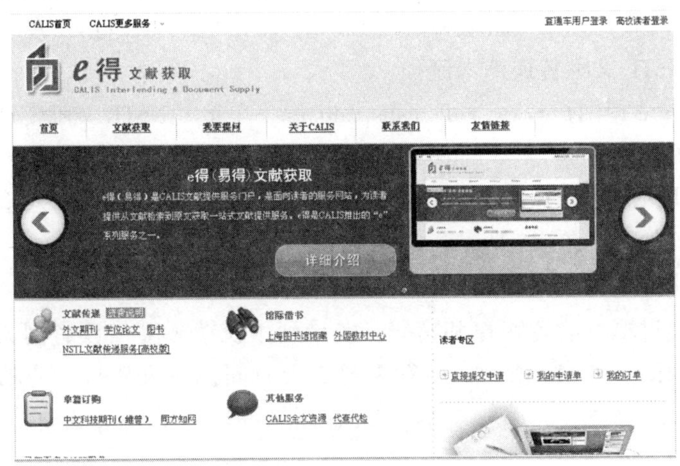

图 4-5-11　e 得主页

1. CALIS 的 NSTL 文献传递服务（高校版）

CALIS 与国家科技图书文献中心（NSTL）的合作于 2012 年 3 月正式开通“NSTL 文献传递服务（高校版）”，高校读者可通过部署在本校的 CALIS 馆际互借系统，利用本校的图书馆用户账号，即可享受 NSTL 拥有的文献资源，享受 CALIS 项目经费提供的费用补贴。

（1）NSTL 资源介绍。NSTL 拥有丰富的科技类外文文献资源，印本外文文献 26 000 多种，其中外文期刊 17 000 多种，外文会议录等 8 000 多种。此外还有 NSTL 订购、面向中国大陆学术界用户开放的国外网络版期刊（现刊 700 多种，回溯期刊 1 500 多种）；NSTL 与中国科学院及 CALIS 等单位联合购买、面向中国大陆部分学术机构用户开放的国外网络版期刊；中文电子图书；网上开放获取期刊和 NSTL 报告等。

（2）服务承诺。全文请求服务在用户发出请求的 24 小时（加急服务为 12 小时）内处理完毕，遇国家法定节假日服务周期顺延。

（3）收费标准。文献传递费用因文献或传递方式不同而异，若用电子邮件或自助获取方式收取文献，对于非标准和非专利文献收费为 0.30 元/页，标准文献 3.5 元/页。如需加急服务，还要收取加急费，其他具体的收费标准，请参见 NSTL 网站。另外 CALIS 还有相应的补贴政策，按照《CALIS 三期文献传递补贴方案（试行）》执行，具体补贴比例为东部地区 50%，西部（除新疆、西藏）75%，新疆和西藏 100%，补贴上限为 150 元/篇。

（4）NSTL 文献传递请求流程。

① 登录 e 得门户 www.yide.calis.edu.cn，单击“NSTL 文献传递服务［高校版］-NSTL 文献资源”，如图 4-5-11 所示。

② 使用 NSTL 检索界面，选择数据库、设置查询条件，输入检索表达式进行检索，如图 4-5-12 所示。

③ 根据检索结果，选择所需文献，单击“馆际互借”旁边的“提交”按钮，然后通过填写读者账户和密码，登录到本校馆际互借读者网关，进行文献传递，如图 4-5-13 所示。一般需要 2 天时间，即可从自己的邮箱中索取原文。

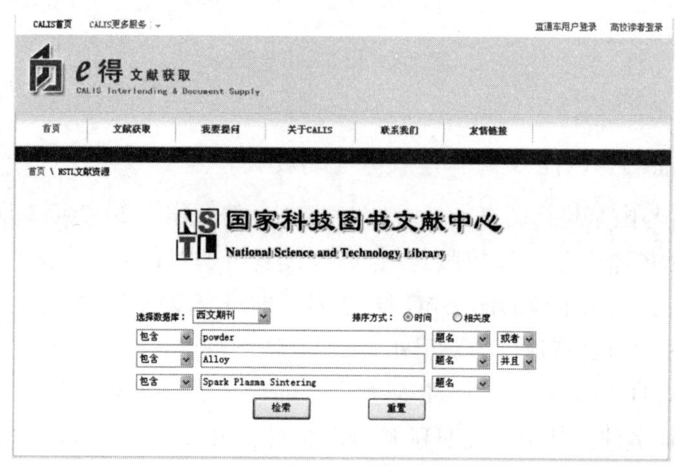

图 4-5-12 NSTL 检索界面

重要提示

必须通过 e 得门户 NSTL 资源检索入口提交的文献传递申请，才能通过

图 4-5-13　NSTL 检索界面

CALIS 馆际互借调度中心调度到 NSTL；否则在馆际互借事务信息管理系统中直接提交的请求暂不能调度到 NSTL。

案例分析

查找放电等离子烧结技术在粉末或合金材料中应用的文献

解析：此题选西文期刊，检索界面如图 4-6-3 所示，检索表达式为：(TITLE inc powder) or (TITLE inc Alloy) and (TITLE inc Spark Plasma Sintering)，检索命中 125 篇，图 4-6-4 所示为通过 e 得门户进入本校馆际互借读者网关进行原文传递的请求界面。

2. CALIS 与上海图书馆馆际互借服务

CALIS 与上海图书馆达成合作意向，在 2012 年 5 月份开展馆际借书服务优惠月活动，即截至 2012 年 5 月 31 日，高校读者可通过部署在本校的 CALIS 馆际互借系统，利用本校的图书馆用户账号，享受上海图书馆的馆藏资源，并且可享受 CALIS 项目提供的费用补贴。

(1) 上海图书馆资源介绍。

上海图书馆馆藏丰富，门类齐全，拥有图书、报刊和科技资料近 5 200 万册（件），其中外文期刊近 6 000 种，外文图书 160 万册左右。

上海图书馆馆际借书服务（ShLib-iLL）是上海图书馆新推出的一项馆与馆之间的文献资源共建共享服务，是图书馆延伸服务的新举措。该服务以上海图书馆的参考外借类图书为文献保障，以上海图书馆馆际互借系统为技术手段，以快递为物流保障，把上海图书馆的参考外借图书服务到全国和世界各地。

（2）收费标准。上海图书馆馆际借书服务优惠月活动期间，各校读者可免费获得上海图书馆馆藏资源。平时上海图书馆馆际借书收费标准和 CALIS 补贴比例如图 4-5-14 所示。

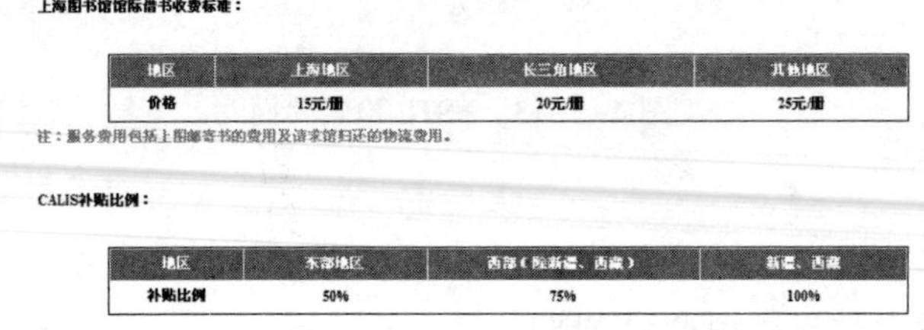
上海图书馆馆际借书收费标准：

地区	上海地区	长三角地区	其他地区
价格	15元/册	20元/册	25元/册

注：服务费用包括上图邮寄书的费用及请求馆归还的物流费用。

CALIS补贴比例：

地区	东部地区	西部（除新疆、西藏）	新疆、西藏
补贴比例	50%	75%	100%

图 4-5-14　上海图书馆馆际借书收费标准和 CALIS 补贴比例

重要提示

各馆对从上海图书馆所借入的图书应采取读者登记取书与归还业务，所以请读者带借阅卡及一定押金，到图书馆有关部门办理。

当前上海图书馆图书借期为 45 天，不续借。逾期归还，需支付逾期费，每天 0.50 元/册。

（3）上海图书馆馆际借书请求流程。

① 登录 e 得门户 www.yide.calis.edu.cn，单击“上海图书馆馆藏-上海图书馆馆藏”，如图 5-40 所示。

② 使用上海图书馆书目检索界面，选择字段，输入检索词进行检索，如图 4-5-15 所示。

③ 根据检索结果，选择所需书名，点击“馆际互借”旁边的“提交”按钮，然后通过填写读者账户和密码，登录到本校馆际互借读者网关，进行文献传递。一般需要 2 天时间，即可接到物流公司（快递公司）取书的电话。

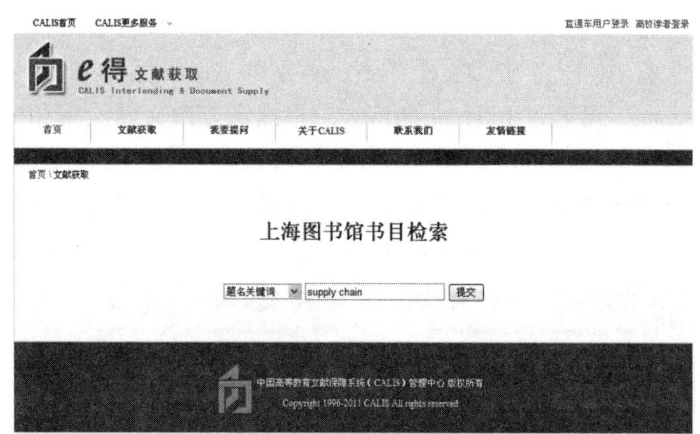

图 4-5-15　上海图书馆书目检索界面

4.6　NSTL 网站

NSTL 是国家科技图书文献中心（National Science and Technology Library）的英文简称，本节就带领大家领略一下科技系统所提供的检索全国理、工、农、医各学科领域的科技文献资源的 NSTL 网站，以及如何实现从二次文献检索到一次文献索取的一站式对接平台服务。

4.6.1　NSTL 简介

NSTL 是根据国务院领导的批示于 2000 年 6 月正式组建的一个虚拟的科技文献信息服务机构，成员单位由中国科学院文献情报中心、中国科学技术信息研究所、机械工业信息研究院、冶金工业信息标准研究院、中国化工信息中心、中国农科院农业信息研究所、中国医科院医学信息研究所、中国标准化研究院标准馆和中国计量科学研究院文献馆组成。

NSTL 按照“统一采购、规范加工、联合上网、资源共享”的原则，采集、收藏和开发理、工、农、医各学科领域的科技文献资源，以实现资源共享。目前收藏有中外文期刊、图书、会议文献、科技报告、学位论文、专利文献、标准文献等各种类型、各种载体的科技文献信息资源，其主要任务是面向全国提供馆藏文献的阅读、复印、查询、检索、网络文献全文提供和各项电子信息服务。

NSTL 的资源服务是通过网络服务系统来实现的，其网址为 www. nstl. gov. cn。可通过 Internet 向广大用户提供二次文献检索和一次文献提供服务。任何一个 Internet 的用户都可免费查询该系统提供二次文献检索服务。注册用户还可方便地要求系统以各种方式（电子邮件、传真、邮寄等）提供所需的一次文献，主页如图 4-6-1 所示。

图 4-6-1　NSTL 主页

4.6.2　服务

NSTL 文献资源系统所提供的服务项目包括：文献检索、网络版全文数据库、期刊浏览、参考咨询、引文检索、热点门户、预印本服务及原文传递和代查代借等。

1. 文献检索

NSTL 可对中外文期刊、学位论文、科技报告、会议文献、专利文献、标准文献等多种类型的文献信息进行免费的二次文献检索服务。

2. 全文文献

本栏目报道 NSTL 订购的国外网络版期刊和中文电子图书、网上免费获取期刊、NSTL 拟订购的网络版期刊试用和 NSTL 研究报告。NSTL 提供的全文文献有以下 6 种情况，用户可对号使用。

（1）全国开通现刊数据库。NSTL订购的国外网络版期刊，目前多达43种，面向中国大陆学术界用户开放。凡用户为了科研、教学和学习目的，可少量下载和临时保存这些网络版期刊文章的书目、文摘或全文数据。但符合开通条件的机构用户注意，必须下载开通申请表，填写完成并按表中要求发送给相关机构后，可免费开通NSTL订购的全国开通文献，详细情况可参考相关网页链接。

（2）全国开通回溯数据库。NSTL购买的回溯数据库通过NSTL的服务平台免费为全国非营利学术型用户提供服务。当前开通了7个回溯数据库：施普林格在线回溯数据库（Springer，1832~1996）、牛津期刊过刊回溯库（OUP，1849~1995）、英国物理学会网络版期刊回溯文档数据库（IOP，1874~2002）、Turpion网络版期刊回溯文档数据库（Turpion，1958~2002）、Nature周刊回溯文档数据库（Nature，1869~1986），LWW期刊经典回溯库（创刊年~2003），RSC回溯期刊数据库（1981~2004），详细情况可参考相关网页链接。

（3）试用数据库。NSTL根据对国内用户的需求调查、分析和对国外相应文献资源的评价和遴选，国家科技图书文献中心（NSTL）经与国外有关出版商、代理商协商，近期分别以IP控制或用户名+密码方式，开通17个国外出版机构的60种网络版期刊的试用，试用通知请见2011年NSTL开通国外网络版期刊试用的通知。详细情况可参考相关网页链接。

（4）部分单位开通文献。为国内部分机构开通使用的资源有6种。其中有NSTL与中国科学院及CALIS等单位联合购买国外网络版期刊5种以及NSTL购买的北大方正中文电子图书，均面向中国大陆部分学术机构用户开放。

（5）开放获取期刊。NSTL组织开发了大量互联网免费获取的全文文献7种，供全国各地用户使用。

（6）NSTL研究报告。NSTL针对一些部门的需求，组织有关单位开展情报调研，形成的研究报告2种，供全国各地用户使用。

NSTL提供的以上6种全文文献的详细情况可参考NSTL相关网页链接使用。

3. 期刊浏览

本栏目所报道的文献实为“文献检索”栏目中收录的外文期刊即为国家

科技图书文献中心各单位收藏的各文种期刊。用户既可通过刊名关键词、完整刊名、ISSN、EISSN或刊名代码分别检索西文、日文和俄文刊名，又可通过期刊字顺或分类浏览检索期刊刊名，继而获取期刊文章的题名、文摘等信息，注册用户还可请求全文使用。

4. 引文检索

引文检索包含三部分内容：文献检索的范围为NSTL文献库的所有来源刊的文献，当前记录数为21 342 966；引文库收录文献的范围为国际科学引文数据库中收录的来源期刊的文献，当前记录数为3 596 613；参考文献检索的范围为国际科学引文数据库中收录的来源期刊的文献的参考文献，当前记录数为105 605 465。

5. 集成揭示

集成揭示系统已集成了中国科学院国家科学图书馆、中国国家图书馆、中国科学院国家科学图书馆兰州分馆、中国高等教育文献保障系统、冶金工业信息标准研究院、浙江省科技信息研究院、高等教育出版社的相关资源与服务。该系统采用分布式体系架构、Web Services技术，可实现对多种分布式信息资源系统的整合与揭示，同时通过规范的注册管理机制，形成一个开放式的、可以不断扩充的共享服务平台。集成揭示既可进行资源统一检索，也可按机构、文献类型、信息所属学科和服务分类进行检索。

6. 参考咨询

参考咨询完全采用网络化服务，分为实时咨询与非实时咨询两种服务方式，其主要目的是协助用户解决在查询利用科技文献过程中遇到的问题。用户既可通过实时咨询的方式在线与咨询员探讨，也可通过非实时咨询的途径提出问题，一般情况下可在两个工作日内得到答复。

7. 热点门户

热点门户实际上是NSTL针对当前国内外普遍关注的科技热点问题，进行搜集、选择、整理、组织建设的一个门户类主题网关服务栏目，其目的是揭示互联网上与之相关的文献资源、机构信息、动态与新闻，以及专业搜索引擎等，为用户提供国内外主要科技机构和科技信息机构的网站介绍与导航服务，帮助用户从总体上把握各科技热点领域的发展现状、资源特色与信息获取途径。目前提供服务的热点门户包括纳米科技、认知科学、海洋生物技术、农业立体污染防治、汽车科技、汽车电子、物流、塑料、工业控制与自动化、机床和低压电气 16 个领域。

8. 预印本服务

预印本是指科研学者的研究成果尚未在正式刊物上发表，而出于和同行交流的目的自愿通过邮寄或网络等方式传播的科研论文、学术观点等。与正式刊物上的论文相比，预印本具有交流速度快、便于学术争鸣的特点。目前预印本服务包括中国预印本中心和国外预印本门户两个服务栏目。

9. 代查代借

本栏目面向注册用户提供各类型文献全文的委托复制服务，目前 NSTL 只向中国大陆地区的预付款用户提供此项服务，使用网上支付的用户可以先通过“自助中心”中的“用户账户充值”功能交纳预付款后使用本服务。西部用户服务费和 NSTL 内代查代借的文献复制费享受半价优惠政策。该服务的具体收费标准可参考 NSTL 代查代借网页链接。

用户填写“代查代借请求订单表”后，NSTL 的工作人员将根据申请表提供的文献线索及用户所限定的地域、时间与费用，依次在 NSTL 成员单位、国内其他文献信息机构和国外文献信息机构查找用户所需文献。根据查得文献的来源不同，文献的复制费用有所不同，文献来自 NSTL 成员单位，一般文献复制费为每页 0.3 元，文献来自其他单位，复制费以各相应单位的实际收费标准核算。如果 NSTL 成员单位馆藏范围内有用户所需要的文献，用户提交申请表后，工作人员将在 2 个工作日内按照用户所请求的方式发送原文。需要到国内其他文献信息机构或国外信息机构查找文献时，发送原文的时间将视具体情况而定。国外代查一般费用为 100 元左右/篇。

4.6.3 检索方式

NSTL 将各种类型的文献整合在同一平台“文献检索”下进行。

1. 检索语言

NSTL 检索语言如表 4-6-1 所示。

表 4-6-1　NSTL 检索语言一览表

算符名称	算符代号	举例	含义
逻辑与	AND	A AND B	A、B 两词必须在文献中同时出现
逻辑或	OR	A OR B	A、B 两词中的任意一个或两个同时出现在文献中均可
逻辑非	NOT	A NOT B	NOT 算符前面的 A 词出现在文献中，后面所跟的 B 词不出现在文献中
优先级检索	( )	（A OR B）NOT C	括号里的运算优先执行
精确检索	“ ”	“A B C”	词组检索

2. 检索方式

单击 NSTL 主页上方中的“文献检索”，或直接选择 NSTL 主页中部“文献检索与全文提供”下的某种文献，都可进入“文献检索”界面。“文献检索”分普通检索、高级检索、期刊检索和分类检索 4 种，普通检索一次最多支持 4 个检索词运用检索语言构造检索表达式，并可选择数据库、设置查询条件进行限定检索，普通检索界面如图 4-6-2 示。

图 4-6-2　NSTL 普通检索界面

如果要一次性检索 4 个以上检索词组成的表达式，就应该使用高级检索，高级检索可自由书写检索表达式，它有一大一小两个文本框，用户可借助小文本框选择检索字段、输入检索词、并组合词间关系添加到大检索文本框中，

图 4-6-3　NSTL 高级检索界面

也可以在大文本框中直接输入检索表达式，如图 4-6-1 所示。

期刊检索既可针对刊名、ISSN 号、EISSN 号或期刊代码进行检索，也可配合此刊转而查询其上的内容。

分类检索是在普通检索的基础上，外加分类选择，分类设有 21 个大类，如图 4-6-2 所示。

图 4-6-2　NSTL 期刊检索界面

4.6.4 检索结果及文献传递

1. 检索结果

NSTL的检索结果如图4-6-3所示，并可在检索结果上方进行二次检索。每篇文章前有选中标记框、序号、篇名，作者（下划线）、刊名、ISSN、年、卷、期及起讫页码。单击文章的标题可浏览该篇文章除全文外的详细信息。

2. 原文传递

NSTL提供文献检索和原文请求两种服务，非注册用户可以免费进行文献检索，注册用户还可以在文献检索的基础上请求文献原文。目前，NSTL的原文请求服务为24小时全天候在系统中完成相关处理（节日长假除外）。如果NSTL成员单位馆藏范围内有用户所需要的文献，用户提交申请表后，工作人员将在2个工作日内按照用户所请求的方式发送原文。如果需要到国内其他文献信息机构或国外信息机构查找文献时，发送原文的时间将视具体情况而定。

单击图4-6-3上的“加入购物车”，并按提示操作，就可进行原文请求。

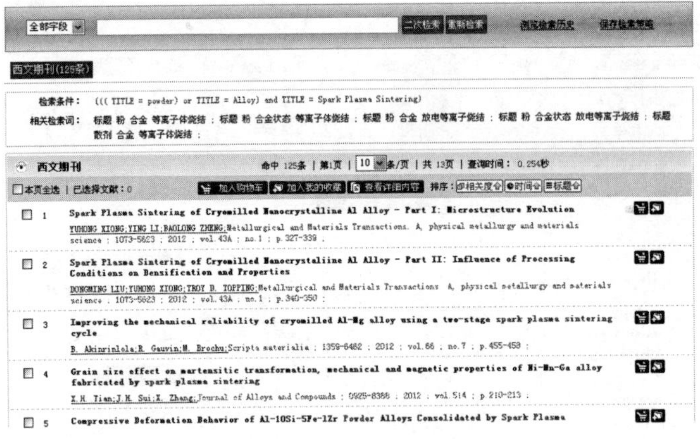

图4-6-3 NSTL检索结果界面

重要提示

订购全文即原文传递请求，必须先输入用户名、密码，进行登录。若是第一次使用，要进行新用户注册获取用户名和密码。另外，订购全文还要预先确认好其支付费用的方式，因为NSTL有预付款支付和网上支付两种情况。

对于高等学校的用户，最好使用e得门户下的“NSTL文献传递服务［高校版］”进行文献传递请求。因为这样还可享受到CALIS相应的补贴政策。

案例分析

查找放电等离子烧结技术在粉末或合金材料中使用方面的文献

解析：此题可分别使用普通检索、高级检索和分类检索，使用高级检索的表达式为：［（TITLE=powder）or（TITLE=Alloy）and TITLE= Spark Plasma Sintering）］，普通检索和高级检索均命中125篇，分类检索命中8篇。通过e得门户进行原文传递请求。

4.7　全国报刊索引

《全国报刊索引》是报道国内主要报刊信息的大型综合性题录式检索刊物。该刊创刊于1955年，前后经历了许多变革，1959年后改为上海图书馆编辑出版，1966年10月~1973年9月曾停刊，从1980年起分为哲学社会科学版和自然科学技术版两个分册出版，刊期为月刊。

《全国报刊索引》系选自上海图书馆新近入藏的报刊1 500余种，涉及所有哲学、社会科学、自然科学和工程技术领域。该索引正文采用《中图法》编排，在每期正文前有分类目录，正文后均附有个人作者索引、团体作者索引、题中人名索引及引用报刊一览表，各种索引均按其名称的汉语拼音顺序排列。

案例分析

检索2008年“K81传记”大类下的有关文献

解析：由所给条件可知，本题属于《全国报刊索引》哲学社会科学版的内容，且只能使用正文查找，找到2008年的《全国报刊索引》的12期，查每期分类目录“K81传记”的具体页码，然后依据页码在“K81传记”大类下浏览所要的文献即可。以下是从2008年第9期“K81传记”大类下摘选的一条样例：

K81 传记①

K815 人物总传：按学科分②

080918184③ 季羡林与泰戈尔④/（澳）班固志著⑤（澳大利亚悉尼大学）⑥；刘建译//南亚研究（北京）。⑦-2008，(1)。⑧-84-88，90⑨

著录格式说明：

①中图法3级分类号、类名。

②中图法4级分类号、类名。

③顺序号。

④文献题名。

⑤/外国人用括号注名国家，责任者。

⑥第一作者所属单位紧跟作者之后放在括号中。

⑦//报刊名，出版地放在括号中。

⑧-年，卷（期）。

⑨-页码。

若要查看原文，可根据⑦、⑧、⑨等三项记录到图书馆报刊室、电子版数据库或委托《全国报刊索引》复印都可。

小 结

本章对美国《工程索引》、美国《科学引文索引》的编排体例做了讲解，并重点描述了这些检索工具的著录格式，同时还讲述了有关引文索引的相关概念、CASHL、CALIS和NSTL网站虽本身只是一个文摘题录库，但都提供外文期刊全文的传递服务，若用户需要索取原文，可直接在文献检索的基础上请求“文献传递”或“订购全文”服务，但要收取一定的费用。

练习题

1. 利用EI查找有关经济学方面的文献，列出其中的一篇著录格式。
2. 使用EI将下列机构组织的缩略代码或文献来源刊名缩写还原成全称。

（1）UNESCO

（2）IBM J Res Dev

（3）Proc IEEE

（4）Zhongguo Dianji Gongcheng Xuebao

3. 什么是引文文献、引文著者？什么是来源文献、来源著者？

（1）唐代历史或经济

（2）国外金融管理（只能用中国、金融和管理三词）

4. 各列出 3 种在扩检和缩检情况下，调整检索式的主要方法。

5. 分别用 CASHL、CALIS 和 NSTL 网站检索本专业的文献，并练习一下全文传递。

6. 使用 e 得平台，试着浏览或检索一下 NSTL 和上海图书馆的期刊和图书。

7. 分别用 CASHL、CALIS 和 NSTL 网站检索本专业的文献，并练习一下全文传递。

第 5 章　西文期刊数据库检索

目前，国内各大高校科研单位图书馆购买的外文数据库一般都多于中文数据库。这一方面是因为占世界人口 20%的发达国家拥有全世界信息量的 80%，而占世界人口 80%的发展中国家却只拥有信息量的 20%，尤其是网上的英语内容达 90%；另一方面外文数据库也的确是高校科研单位的师生和研究人员的重要信息源。因此本章为了开阔大家的视野，了解和掌握国外发达国家的先进理念和技术，选择了有代表性的 3 个外文数据库加以介绍。

5.1　EBSCO 全文数据库

EBSCO 是一家私营公司名称首字母缩写，总部位于美国，在全球 19 个国家设有分部。是世界上最大的期刊和全文数据库的生产、代理商，能提供订购、出版、使用和检索等一系列完整的服务解决方案。该公司不仅可提供百余种在线文献数据库检索，还开发了研究论文写作范例平台，英语阅读学习中心，此外还设有查找非刊类出版物的 BSI 平台。EBSCO 主要收录以美国为主的国外期刊、报纸及电视和收音机的全文新闻副本，其中期刊全文 6 000 余种，且相当一部分期刊为 SCI、SSCI、AHCI 的来源期刊。涉及自然科学、社会科学、人文和艺术科学等各类学科领域，多数期刊可回溯到 1965 年或期刊创刊年，最早可追溯至 1886 年。

EBSCO 提供有 330 余种电子文献数据库检索。我国高校及科研单位图书馆只是联合采购了 EBSCO 公司的部分数据库，通过 EBSCO*host* 提供检索服务，最常见的数据库如下。

（1）Academic Source Premier（ASP）：综合性学术期刊全文数据库，提供了近 4 700 种全文出版物。

（2）Business Source Premier（BSP）：综合性商业资源学术期刊库，收录期刊近 9 000 种，其中全文期刊 2 300 多种。

（3） ERIC：教育资源文摘数据库，包含2 200多篇文摘刊物和1 000多种教育或与教育相关的期刊引文和摘要。

（4） History Reference Center：历史参考文献中心库，提供了2 400多本历史参考书、百科全书和非小说性书籍的全文，135种著名的历史杂志、61 100份历史资料、57 000篇历史人物传记和110 200多幅历史照片与地图等。

（5） MasterFILE Premier：多学科数据库，提供了1 750种综合参考出版物全文、86 017篇传记以及一个由400 972幅照片、地图和标志组成的图片集等。

（6） MEDLINE：医学文摘数据库，提供4 800余种生物和医学期刊的文摘。

（7） Newspaper Source：报纸资源数据库，提供了35种美国国家和国际报纸的全文以及375种美国当地的报纸全文。

（8） Professional Development Collection：职业开发收藏库，提供了520种非常专业的优秀教育期刊集。

（9） Regional Business News：区域商业出版物，提供75种美国地区商业出版物的详尽全文信息。

（10） World Magazine Bank：世界杂志银行，约250种主要英语国家的出版物全文库。

（11） Vocational & Career Collection：职业技术文集库，收录了350份商贸及产业相关期刊的全文。

（12） Library, Information Science & Technology Abstract（LISTA）：图书馆、信息科技文摘数据库，收录了500多种期刊及书籍、研究报告和会议录。

（13） Teacher Reference Center：教师参考库，可检索270多种教师、管理者期刊和杂志的文摘。

（14） GreenFile：环境方面的数据库，可检索人类对环境影响方面的文摘记录约384 000条，其中4 700多条记录可以检索到全文。

（15） Health Source-Consumer Edition：保健信息库，提供约80种全文杂志。

（16） Clinical Reference Systems：临床参考系统库。

（17） TOPICsearch：专题检索库，包含60 000篇全文文章，源自399种出版物。

（18）TTC：纺织技术全文库，收录期刊全文50余种、索引摘要超过460种期刊以及数千种非期刊类出版物。

（19）Academic Source Complete（ASC）：综合性学术期刊全文库，提供了近8 000种全文出版物，比ASP更全面。

（20）Business Source Complete（BSC）：综合性商业资源期刊全文库，是世界权威的学术类商业数据库，也是书目和全文内容都很有价值的汇总资源，比BSP更全面。

EBSCO通过EBSCO*host*提供的所有在线文献数据库，其检索方法大同小异、检索界面一致，本节以综合性学术期刊数据库（Academic Search Premier）为例，重点介绍，用户可举一反三。

5.1.1 数据库简介

EBSCO的综合性学术期刊数据库（Academic Source Premier，ASP）为当今世界最大的多学科学术期刊全文数据库之一。专为研究机构所设计，提供了近4 700种出版物全文，其中包括3 600多种同行评审期刊，被SCI、SSCI收录的核心期刊为1 500种。学科几乎涵盖学术研究的每个领域，社科和科技期刊比例各占50%。其数据库通过EBSCO*host*每日进行更新。

凡订购ASP数据库的高校用户可采用IP地址控制访问权限，网内的用户既可通过校园网中的相应链接进入，也可直接登录该库的IP地址访问。

5.1.2 检索语言

检索语言是用户掌握数据库检索的关键技术，EBSCO的子库虽然繁多，但它们全按表5-1-1所列的检索语言执行检索运算。

表5-1-1 EBSCO检索语言一览表

算符名称		算符代号	举 例	注 释
逻辑检索	逻辑与	AND	color and TV	两词同时出现在文献中
	逻辑或	OR	bus OR car	两词任意一词出现在文献中或两词同时出现在文献中
	逻辑非	NOT	windows NOT microsoft	在文献中出现windows，但排除microsoft

续表

算符名称	算符代号	举　例	注　释
优先级检索	( )	(solar and energy) not france	括号里的运算优先执行
截词检索	*	comput *	在任意字母后缀截词
	?	wom? n	精确地代替一个字符
位置检索	Wn	red W2 pen	两词相隔不超过 2 个词，前后词序一定
	Nn	red N1 pen	两词相隔不超过 1 个词，前后词序不定

5.1.3　检索方式

重要提示

由于 EBSCO 数据库繁多，因此使用时要先选择数据库，才能检索。

对单个数据库进行检索时，可用鼠标直接单击这个数据库的名称。对多个数据库检索，则勾选所有想要同时检索的数据库前的复选框，并单击上方的“继续”按钮，如图 5-1-1 所示。在检索过程中，可随时重新选择数据库。同时对多个数据库进行检索可能会影响某些检索功能或数据库的使用。如所选多个数据库使用了不同的主题词表，则无法使用主题检索功能。有的检索功能即便选择多库，也只能一个库一个库地检索，如出版物检索。

EBSCO*host* 提供以下 8 种方式进行检索服务。

(1) 基本检索（Basic Search）。

(2) 高级检索（Advanced Search）。

(3) 视觉搜索（Visual Search）。

(4) 出版物检索（Publications）。

(5) 科目术语检索（Subject Terms）。

(6) 参考文献检索（Cited References）。

(7) 图像检索（Images）。

(8) 索引（Indexes）。

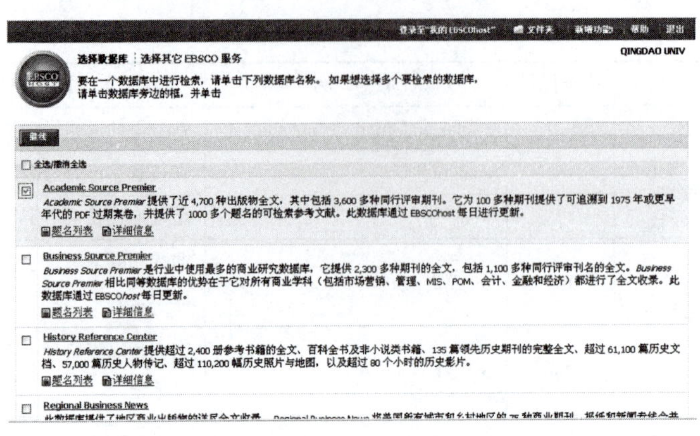

图 5-1-1　EBSCO 选库界面

1. 基本检索（Basic Search）

基本检索界面位于主页，只提供一个检索词输入框，这样对于简单的检索，可直接在主页的检索框中输入检索词语进行。如要进行准确的检索，还需用户自己添加检索字段、检索算符或选择检索选项（检索模式及限制结果）等限定。

其中检索字段可用字段代码表示，如：全文-TX、作者-AU、文章题名-TI、主题-SU、文摘或作者提供文摘-AB、关键词或作者提供关键词-KW、地理术语-GE、人名-PE、综述和产品-PS、公司实体-CO、股票-TK、刊名-SO、国际统一刊号-IS、国际标准书号-IB、数据库存取号-AN 等。

检索模式指布尔运算符/词组（Boolean/Phrase）、查找全部检索词语（Find all my search terms）、查找任何检索词语（Find any of my search terms）、智能文本检索（SmartText Searching）、应用相关字词，也可以在文章的全文范围内搜索等。

各种限制结果如下。

（1）Full text：只检索有全文的文章。

（2）References Available：只检索有参考文献的文章。

（3）Scholarly（Peer Reviewed）Journals：在学术（同行评审）期刊中检索。

（4）Published Date from：在限定的出版时间中检索。

（5）Publication：在限定的出版物中检索。

（6）Publication Type：在限定的出版物类型中检索。

（7）Number Of Pages：在限定的出版页数中检索。

（8）Image Quick View：图像快速查看。

（9）Image Quick View Types：图像快速查看类型，包括黑白照片、图表、彩色照片、图示、图片、插图、地图。

例如，检索 SU fashion-forecasting OR SU fashion design，基本检索界面如图 5-1-2 所示。

2. 高级检索（Advanced Search）

单击 EBSCO *host* 2.0 主页中的“高级检索（Advanced Search）”链接，即可进入高级检索界面。高级检索由 3 行检索框且每个检索框后都提供可选的检索字段，行与行之间的检索词可通过布尔运算符（AND、OR、NOT）点选进行组配检索。若输词检索框不够，可单击右侧的“添加行”链接，最多可显示 12 行；反之也可单击“删除行”链接。高级检索的检索模式及限制结果与基本检索界面大致一样，只是在限制结果中比基本检索界面多了文献类型、封面报道、PDF 全文 3 种限制条件，高级检索界面如图 5-1-6 所示。

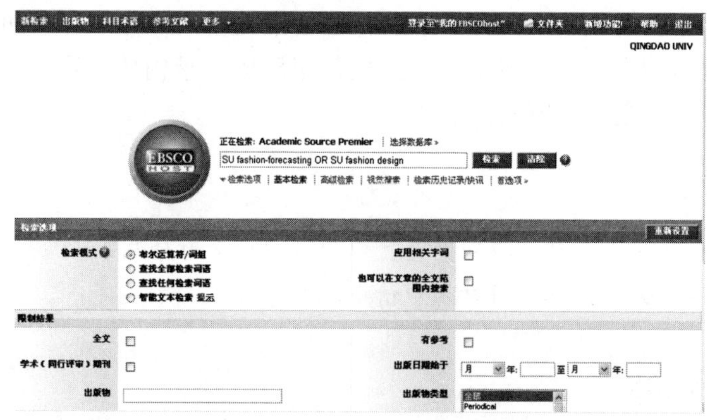

图 5-1-2　EBSCO 基本检索界面

3. 视觉搜索（Visual Search）

视觉搜索顾名思义就是在视觉上与前两种检索有所不同，避免总是使用文字所造成的视觉疲劳，使检索有种立体效果，只要单击视觉搜索就会立刻体验。图 5-1-3 所示即为按“fashion design-fashion designers-UNITED States-

ENVIRONMEATAL aspect-a case for Eco-Fashion”进行检索的视觉效果。

图 5-1-3 EBSCO 视觉搜索界面

在以上 3 种检索过程中，EBSCO 都会备份—检索历史记录表，可通过“检索历史记录/快讯”链接查看。

每次在检索过程中单击“Search”按钮进行新的检索，都会在历史记录表中产生一条新的检索历史记录。每一条历史记录有一个编号，可以用这个编号代替检索命令用于构建检索表达式。用历史记录构建表达式也会在历史记录表中产生一条新的历史记录。

重要提示

① 历史记录表可以打印和保存，以便再次检索时使用。

② 保存检索历史前，用户须申请个人账号。

4. 其他检索

(1) 出版物检索（Publications）。设置出版物检索的目的有三：其一是便于用户从出版物入手检索该库是否收藏该出版物，其二是查找数据库中有关某一主题的出版物都有哪一些？其三是便于用户从收藏的出版物入手定制喜爱的期刊快讯。所谓期刊快讯就是通过电子邮件发送通知给用户，以便每次在所选期刊有新一期期刊出版时，用户可通过电子邮件自动接到通知。图 5-1-4所示为在 Business Source Premier 数据库中按字母顺序查找 Harvard Business Review 的实例。

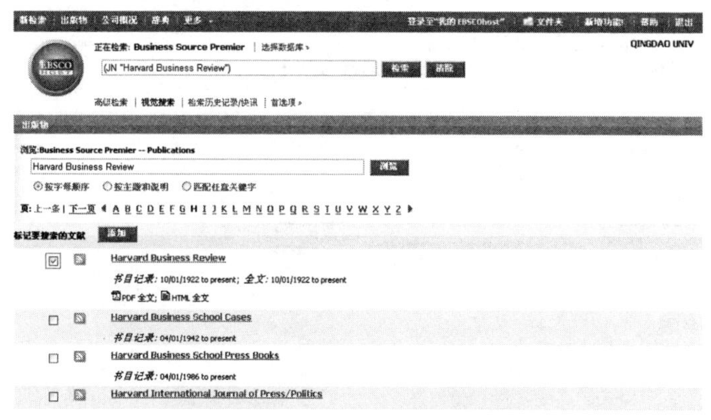

图 5-1-4　EBSCO 出版物检索界面

（2）科目术语检索（Subject Terms）。所谓科目术语检索，就是帮助用户准确地确定叙词表中的主题词，以便在正规的叙词表中检索。该检索既可以按叙词的开始字母顺序（Term Begins With）浏览确定，也可以在浏览框中输入相关词（Relevancy Ranked）进行快速浏览确定，还可以按叙词包含（Term Contains）检索；然后从中选择叙词，并单击“添加”按钮，这样规范化的叙词就自动输入到最上面的查找框中；最后单击“检索”钮即可检索。

（3）参考文献检索（Cited References）。参考文献检索能够帮助用户扩大检索范围，可从引文作者、引文题名、引文来源、引文年限等几个方面进行检索。

（4）图像检索（Images）。图像检索是 EBSCO 的一个特色，到 2009 年已达到 9 182 种期刊，提供 3 766 000 多幅图片。图像检索可在人物图片（Photos of People）、自然科学图片（Natural Science Photos）、某一地点的图片（Photos Of Places）、历史图片（Historical Photos）、地图（Maps）或国旗（Flags）等选项中进行检索。图 5-1-5 所示即为在图像检索界面中查找“fashion show”的实例。

（5）索引（Indexes）。索引可从索引浏览项下选择著者、著者提供的关键词、公司实体、文献类型、DUNS 号、登记日期、地理术语、标题词、ISBN、ISSN、语言、NAICS 代码或叙词、人物、出版物名称、综述和产品、证券代码、出版年等 17 个方面进行浏览并检索。

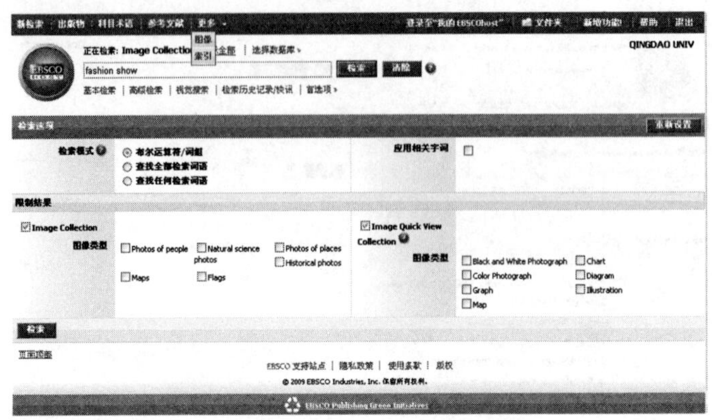

图 5-1-5　EBSCO 图像检索界面

5.1.4　检索结果

EBSCO 数据库不仅可提供众多的检索功能，其检索结果显示格式也多样化：预览、摘要、HTML、PDF，并可打印、电邮传递、存盘、引用、导出、添加到文件夹等。

1. 检索结果显示

EBSCO 检索结果列表分左中右 3 栏显示，如图 5-1-6 所示。

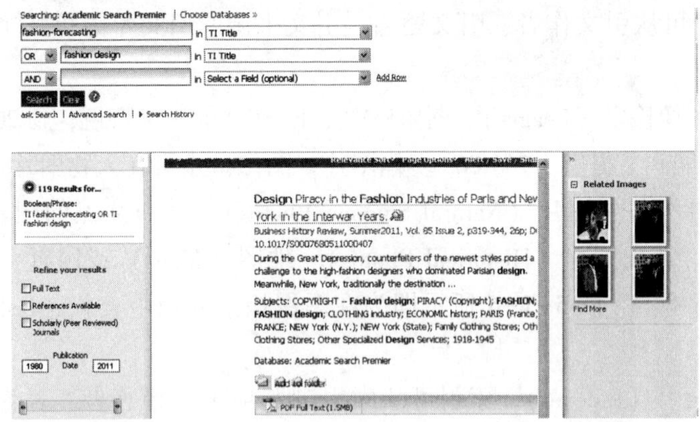

图 5-1-6　EBSCO 检索结果界面

（1）以中栏为主，显示“结果列表”屏幕中心位置的所有文章。每篇文章以标题、“预览”图标、著者、文献出处、简短摘要、主题词、数据库名称、“添加至文件夹”链接、HTML 全文、PDF 全文等内容显示。通过文章标题链接可查看引文信息或全文，将鼠标放到“预览”图标上，可以查看详细摘要；通过“HTML 全文”链接可直接查看该文章的 HTML 格式全文；通过“PDF 全文”链接可查看 PDF 格式全文，但要先预装打开 PDF 格式的软件。

（2）左栏用来缩小结果范围。根据“结果列表”的情况，可利用左侧的限定条件：全文、参考文献、学术（同行评审）期刊、检索年限、来源类型、主题、出版物、公司、出版物类型、地理、数据库（所选数据库）、著者等字段中进行再次检索，以缩小检索结果的范围。

（3）右栏显示相关信息。当有其他信息来源（如图像、博客和 Web 新闻）可供使用时，将会显示。

2. 检索结果处理

（1）文件夹。无论使用何种检索，检索结果系统中都有一个临时的个人文件夹即收藏夹。在每次检索的过程当中，检索者可随时将需要进一步处理的文章存入收藏夹中，以便检索完成后集中处理，如图 5-1-1～图 5-1-5 所示。

在检索结果页面，使用“添加至文件夹”链接，可将选中记录加入收藏夹。此时，收藏夹显示“文件夹中有对象”。单击文件夹中的对象，可显示所有加入到收藏夹中的文献记录，如图 5-1-7 所示。

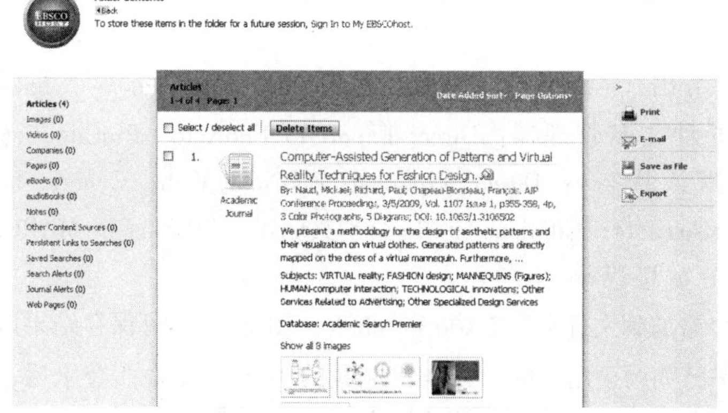

图 5-1-7　EBSCO 收藏夹界面

如果要对图 5-1-6 所示的检索结果进一步处理，只要单击文章题名或打开收藏夹，就会进入图 5-1-7 所示的处理平台中，在此可以下载全文，可以对文章分别进行打印、电邮传递、存盘、引用、导出等处理。

（2）打印/用电子邮件发送/保存检索结果。单击“打印”、“用电子邮件发送”或“保存”图标，然后按照屏幕上的说明打印、用电子邮件发送或保存结果。可同时打印、用电子邮件发送或保存若干结果，方法是将其保存到“文件夹”中，然后同时打印、用电子邮件发送或保存。

使用“电子邮件发送”（E-mail）图标可以电邮（E-mail Manager）选中的文章，系统默认状态下是将结果以多文本格式、电邮后文献从收藏夹中删除、附件的形式保存为 PDF 的格式、标准文件格式。

应用“保存”（Save as File）图标，可保存（Save Manager）结果以备将来使用，系统默认状态下保存为 HTML 的全文、标准文件格式，使用该图标的前提是，要确保已登录至用户的个人账户（我的 EBSCO*host*），登录后，结果将保存到该文件夹中，随时均可对其进行检索。

（3）引用/导出/添加到文件夹。单击“引用”（Cite this article）图标，可以将选中文章的格式直接按 7 种常见的引文格式输出：AMA-美国医学会、APA-美国心理协会、Chicago/Turabian：Author - Date-芝加哥论文格式：作者 - 日期、Chicago/Turabian：Humanities-芝加哥论文格式：人文类形式、MLA-美国现代语言学会、Vancouver/ICMJE-温哥华格式或自定义文件格式。

使用“导出”（Export to Bibliographic Manager）图标，可以将选中文章导出到 6 种文献管理器：Direct Export to EndNote，ProCite，or Reference Manager（默认状态）；Direct Export to EndNote Web；Generic bibliographic management software；Citations in BibTeX format；Citations in MARC21 format；Direct Export to RefWorks。

应用“添加到文件夹”（Add to folder）图标，可保存结果以备将来使用，请确保已登录至用户的个人账户（我的 EBSCO*host*）。登录后，结果将保存到该文件夹中，随时均可对其进行检索。

小常识

兰思（Lexile）分级是美国科学基金会为了提高美国学生的阅读能力而研

究出的一种衡量学生阅读水平和标识文章难易程度的标准；它提供一种衡量阅读能力（reader ability）与文章难易度（text readability）的科学方法，提供文章的分级；允许老师测试学生目前阅读水平，以便因材施教。简而言之，就是学生可以自己测试自己的阅读水平，然后去找符合自己阅读水平的文章去学习，以便循序渐进、步步提高英语阅读水平。

案例分析

检索时装预测或设计方面的文献

解析：此题使用基本检索、高级检索、视觉搜索皆可，由于此题没有过多的附加要求，第一次检索可以宽泛些。若检出文献太多，可用字段加以限定或在检索结果中采用左右两栏的限定选项进行二次检索，以提高检索的准确性。

该题使用基本检索的表达式为：SU fashion - forecasting OR SU fashion design，命中 1916 篇，如图 5-1-2 所示；后在高级检索中改为题名字段检索，如图 5-1-6 所示，检索结果如图 5-1-6 和图 5-1-7 所示。

5.2　ScienceDirect 电子期刊数据库

目前世界上有三大出版商，它们分别是荷兰的 Elsevier、德国的 Springer 和美国的 John Wiley。本节只介绍荷兰 Elsevier 公司出版的 ScienceDirect 电子期刊数据库。

5.2.1　数据库简介

荷兰 Elsevier Science 公司 1580 年创建，是 Reed Elsevier 集团中的科学部门，现为世界上最著名的三大科技出版集团之首，其出版的期刊是世界上公认的高品位学术期刊。从 1997 年开始，Elsevier Science 公司推出名为 Science Direct 的电子期刊计划，即将该公司的全部印刷版期刊转换为电子版，并使用基于浏览器开发的检索系统 Science Server。这项计划还包括了对用户的本地服务措施 Science Direct Onsite（简称 SDOS 数据库，即镜像服务器方式访问），而国外主站点为 ScienceDirect Online（简称 SDOL 数据库）。自 2006 年 10 月起，我国所有的团购单位取消了本地镜像服务器，都转到了 SDOL 平台上，其授权用户通过 IP 地址控制访问，既可通过图书馆主页上的相应超链接进入，也可直接访问国外 SDOL 电子期刊主页：www. sciencedirect. com，如图 5-2-1 所示。

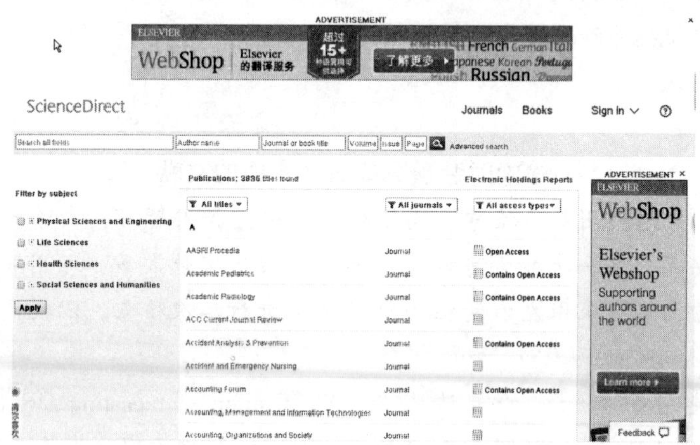

图 5-2-1 SDOL 主页

SDOL 数据库收录了 2 500 余种电子期刊，最早的收录年限可追溯至 1823 年，其中 1995 年至今收录的文章，可看全文；1995 年前回溯文档收录了 400 多万篇文章，可免费看题录文摘信息，但看全文要另收费。SDOL 收录的学科涵盖了自然科学和工程、生命科学、保健科学及社会科学和人文学 4 大部分 24 个大类，使用率最高的学科为医学、化学、经济学和语言学。

5.2.2 检索语言

检索语言是检索系统执行检索任务的核心，用户对数据库掌握的如何，关键在对检索语言的熟悉程度上。表 5-2-1 所示为 SDOL 检索语言一览表。

表 5-2-1　SDOL 检索语言一览表

算符名称		算符代号	含　义
逻辑检索	逻辑与	AND	默认算符，多个检索词同时出现在文献中
	逻辑或	OR	检索词中的任意一个或多个出现在文献中
	逻辑非	AND NOT	AND NOT 算符前面的词出现在文献中，后面所跟的词不出现在文献中
优先级检索		( )	括号里的表达式优先执行
截词检索		*	取代单词后缀中的任意个字母
		?	精确地取代单词中的 1 个字母
位置检索		PRE /n	两词相隔不超过 n 个词，前后词序固定
		W /n	两词相隔不超过 n 个词，前后词序不定
短语检索		" "	宽松短语检索，标点符号、连字符、禁用字等会被自动忽略
		{ }	精确短语检索，所有符号都将被作为检索词进行严格匹配检索

5.2.3　检索方式

SDOL 电子期刊库既有浏览功能又有检索功能，并可建立个性化的收藏夹，定制喜爱的期刊，设置各种 E-mail 提示等个性化服务。

1. 期刊浏览（Browse）

SDOL 提供了 3 000 余种连续出版物，主页的左栏即为期刊浏览部分的入口，在此既可按刊名的学科浏览，也可按刊名字顺浏览，还可按喜爱的刊名浏览。

图 5-2-2 所示为按 M 字顺浏览的界面，选中刊名后单击，即可进入该刊所有卷期的列表，进而逐期浏览或对其进行快速检索。

重要提示

期刊浏览界面中，如图 5-2-2 所示。系统为每种期刊后面都放置了一把钥匙图标，分别用绿、浅两种颜色表示已订购期刊和未订购期刊，对于含有绿色文本图标的期刊可提供全文，而含有浅色标记图标的期刊，只能看到文

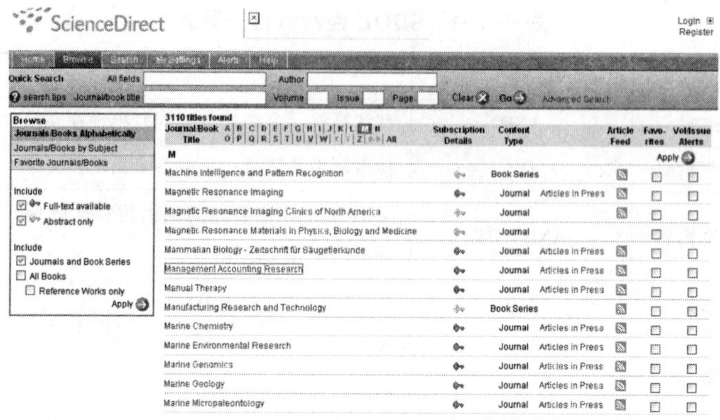

图 5-2-2 SDOL 期刊浏览界面

章的题录或文摘，个人用户只能通过信用卡订购的形式获取期刊全文。

2. 快速检索（Quick Search）

快速检索区始终伴随在 ScienceDirect 数据库的上方，随时可进行快速检索。该检索存在一定的局限性，只能在“全部字段，著者，刊名/书名，卷，期，页”这些检索项中查询，如图 5-2-3 所示。

图 5-2-3 SDOL 快速检索界面

3. 高级检索（Advanced Search）

单击页面上方的“Search”选项卡，或直接单击图 5-10 右侧的“Advanced Search”都可进入高级检索界面，如图 5-2-4 所示，检索系统默认设置即为高级检索。高级检索界面由两部分组成。主要部分是通过点选字段、逻辑算符、输入检索词，构造检索表达式；辅助部分是确定各种限定条件，如数据源、学科、文献类型、年限等。高级检索界面提供两个检索框，每个检索框只能输一个词或一个词组。

4. 专家检索（Expert Search）

在高级检索界面中，点击检索框上方的“Expert Search”选项卡，即可进

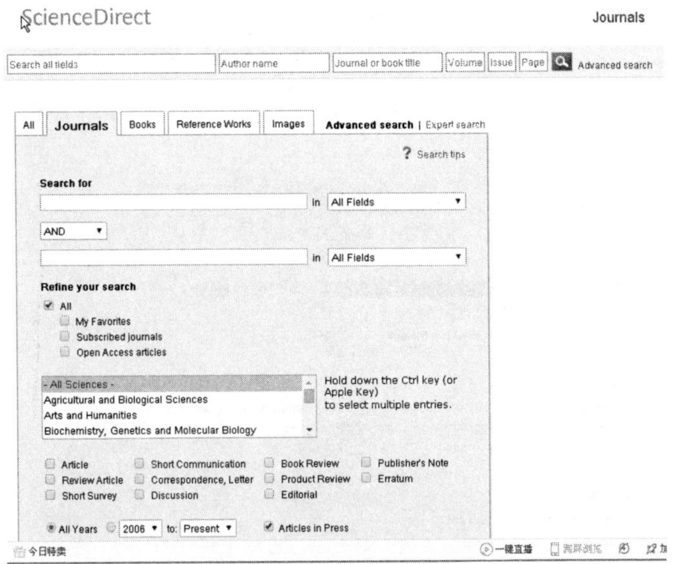

图 5-2-4　SDOL 高级检索界面

入专家检索模式，如图 5-2-5 所示。高级检索一次只能限定在两个字段内进行检索，如果要在两个以上的字段中进行一次性检索，就必须使用专家检索，专家检索只提供一个检索词输入框，这样用户可随心所欲地使用检索字段、检索算符、输词构造检索表达式。其数据源、学科、文献类型、年限限定均同高级检索。

重要提示

无论是浏览还是检索，系统在每篇论文前面都放置了一个文本图标，同样用绿色文本图标表示可提供全文，白色文本图标只能看到文章的的题录或文摘，如图 5-2-6 所示。专家检索中的小括号、引号等符号要在半角（英文）状态下输入，如图 5-2-5 所示。

5.2.4　检索结果处理

检索结果分上左右三栏显示。上栏显示检索命中数量、表达式、编辑检索策略、保存检索策略、保存检索提示、RSS 等，左栏可进行二次限定检索，

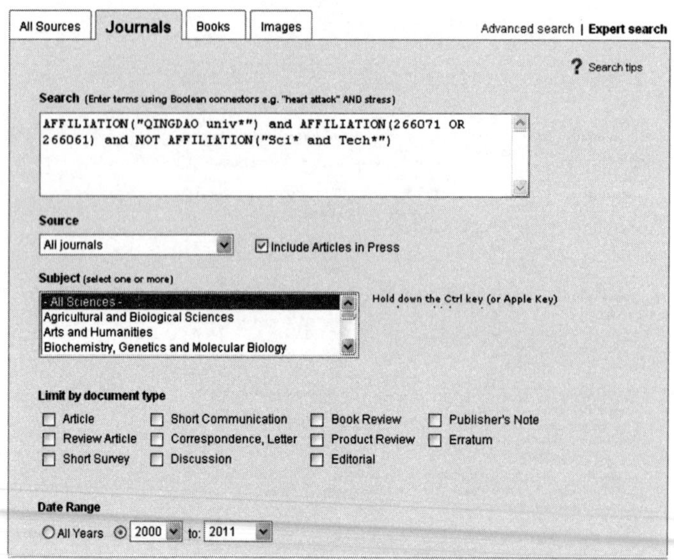

图 5-2-5 SDOL 专家检索界面

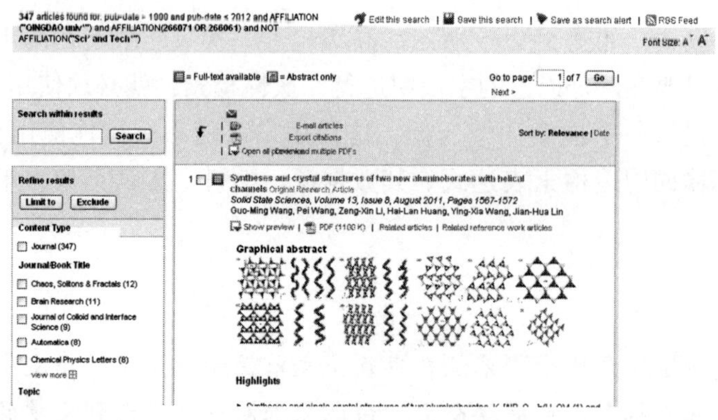

图 5-2-6 SDOL 检索结果界面

右栏为“结果列表”的主栏目，以篇为单位按文章的序号、题目、出处、著者、预览、PDF 全文格式、相关文献、相关参考文献、图示文摘以及依次显示，其中题目、预览、PDF 全文格式、相关文献、相关参考文献为超链接形式，如图 5-2-6 所示。通过文章标题链接还可查看该文的 HTML 格式全文等详细信息，如图 5-2-7 所示。

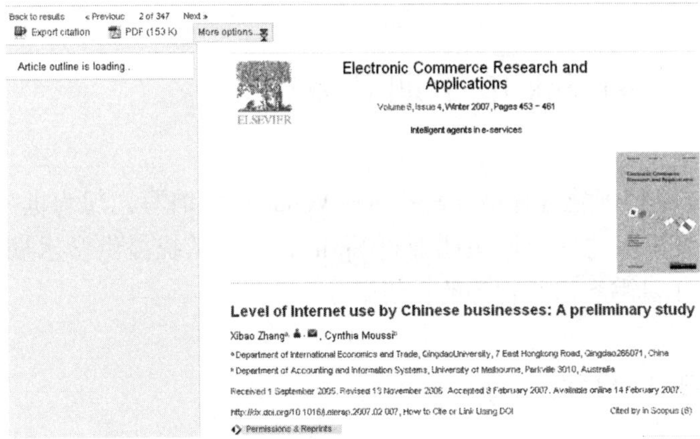

图 5-2-7　SDOL 检索结果界面

案例分析

查找青岛大学 2000~2011 年在 SDOL 库中发表的论文

解析：此题使用高级检索的表达式：1, 079 articles found for: pub-date > 1999 and pub-date < 2012 and AFFILIATION (QINGDAO univ *) and AFFILIATION (266071)，如图 5-2-4 所示，检出 1 079 篇论文，但会把中国海洋大学（前身青岛海洋大学）、青岛科技大学等驻青高校发表的论文也一同检出，且还会遗漏掉青岛大学东部新校区（青岛市崂山区松岭路中段，邮编 266061）发表的论文。所以此题最好使用专家检索，专家检索可以弥补高级检索字段受限之不足，另外把青岛大学作为一个短语看待，有利于屏蔽中国海洋大学（前身青岛海洋大学）的文章，考虑到青岛科技大学东部校区与青岛大学东部新校区的邮编一样，因此使用专家检索的表达式：347 articles found for: pub-date > 1999 and pub-date < 2012 and AFFILIATION ("QINGDAO univ *") and AFFILIATION (266071 OR 266061) and NOT AFFILIATION ("Sci * and Tech *")，如图 5-2-5 所示，其命中结果 347 篇，如图 5-2-6 所示，其中一篇的详细著录格式如图 5-2-7 所示。

5.3 SpringerLink 电子期刊数据库

Springer 是德国施普林格（Springer-Verlag）的缩写，现为世界上著名的 3 大科技出版集团之一，该集团通过 SpringerLink 系统提供学术期刊、丛书、图书、参考工具书和出版物等的在线服务。

5.3.1 数据库简介

目前国内用户可通过 SpringerLink 系统主站（http：//www. springerlink. com）和清华大学图书馆镜像站（http：//springer. lib. tsinghua. edu. cn）免费浏览、检索文献的题录和文摘信息，但阅读全文必须为 SpringerLink 的团购用户，采用 IP 地址控制使用权限。我国工程文献信息中心从 2002 年开始组织全国数百家高校及科研单位，联合购买了 SpringerLink 电子期刊的使用权，服务方式采用镜像服务，凡订购的单位用户既可通过“校园网图书馆”中的相应链接进入，也可直接访问镜像服务器的 IP 地址获取全文，如图 5-3-1 所示。

SpringerLink 当前所提供的电子期刊 2 700 余种，涵盖有建筑和设计，行为科学，生物医学和生命科学，商业和经济，化学和材料科学，计算机科学，地球和环境科学，工程学，人文、社科和法律，数学和统计学，医学，物理和天文学，计算机职业技术与专业计算机应用 13 个学科。涉及的文献来源形式有：期刊、图书、丛书、参考工具书、实验室指南。此外，还提供了中国和俄罗斯两个在线科学图书馆检索。

5.3.2 检索语言

检索语言是数据库的灵魂，是标引人员与检索用户共同遵守的约定。表 5-3-1所示为 SpringerLink 检索语言一览表。

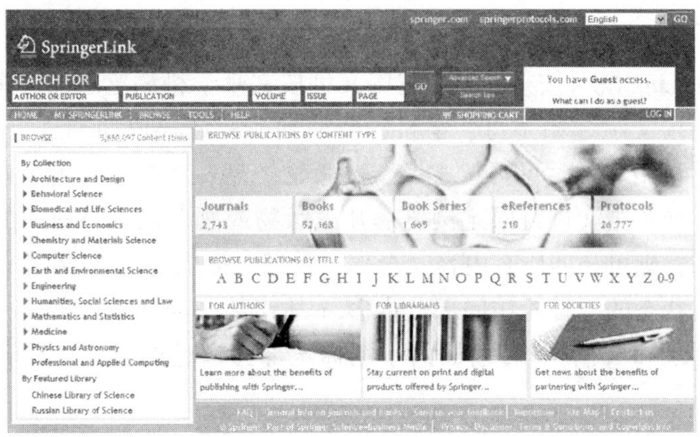

图 5-3-1　SpringerLink 主页

表 5-3-1　SpringerLink 检索语言一览表

算符名称		算符代码	含　义
逻辑检索	逻辑与	AND	多个检索词必须在文献中同时出现
	逻辑或	OR	检索词中的任意一个或多个出现在文献中均可
	逻辑非	NOT	NOT 算符前面的词出现在文献中，后面所跟的词不出现在文献中
优先级检索		( )	括号里的表达式优先执行
短语检索（精确检索）		" "	作为词组看待，但标点符号、连字符等会忽略不计
字段限制检索		ti:，ad:，su:，au:，pub:，issn:，isbn:，doi:	分别代表在标题、摘要、作者、出版物、ISSN、ISBN、DOI 字段检索

5.3.3　检索方式

SpringerLink 的用户可以在印刷版期刊出版之前就访问该种期刊的电子版，在每种电子期刊中，用户既可以浏览又可以检索。并可定制喜爱的期刊、接受期刊目次表通知服务等个性化服务。检索分简单检索和高级检索两种。

1. 浏览

SpringerLink 既可按文献类型浏览又可按文献学科浏览。凡按文献类型浏览的，可再按文献起始字母、学科、新期刊或开放存取期刊进行限定浏览；凡按文献学科浏览的，可再按主题、出版物类型、在线优先出版期刊、开放存取期刊、样本全文进行限定浏览。凡出版物或题名或栏目前面的小图标全部为绿色的，则可访问所有内容（全部文献都可提供全文）；若前面的小图标是半绿半白状态的，只能访问部分内容（某年某一期文献可提供全文，其余只能看到题录和文摘）；若前面的小图标全部为白色的，则只能看到题录和文摘。

案例分析

浏览 SpringerLink 数据库中所收录的教育期刊

解析：此题既可按文献类型浏览又可按文献学科浏览。

(1) 按文献类型浏览步骤：

在主页内容类型下选择“期刊”；在左栏的“学科”下选择人文、社科和法律；

在“人文、社科和法律”类期刊下进一步选择“Education”浏览；

(2) 按文献学科分类浏览步骤如下，如图 5-3-2 所示。

在主页学科分类下选择“人文、社科和法律”；

在左栏的“主题”下选择“Education”；再在左栏的“出版物类型”下选择“期刊”。

2. 简单检索

简单检索界面位于 SpringerLink 主页的最上方，既可以在全文、著者或编辑、出版物、卷、期、页字段中进行单一词检索，也可以使用字段和算符进行多词组合检索。此外，还可以对检索结果进行二次限定检索，如图 5-3-3 所示。

重要提示

检索词与逻辑算符之间要空一格；表达式的符号要在半角（英文）状态

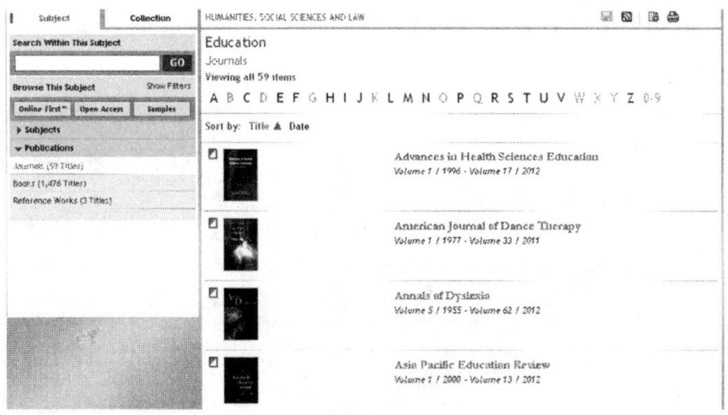

图 5-3-2　按文献学科浏览界面

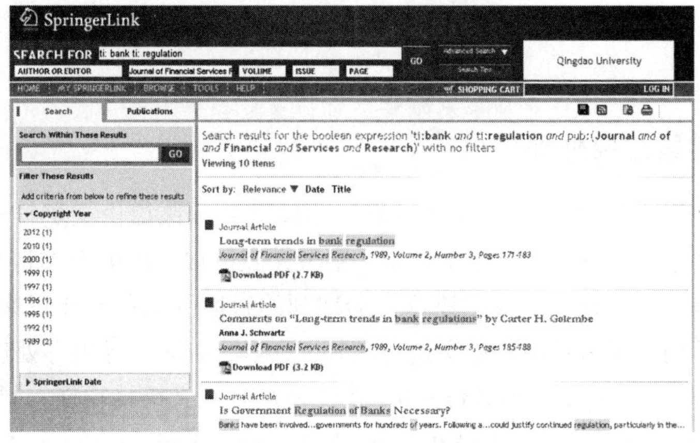

图 5-3-3　SpringerLink 简单检索

下输入，如小括号、双引号等；高级检索切记不要再输入字段代码。

3. 高级检索

单击主页上方右侧的高级检索，即可进入高级检索界面，如图 5-3-4 所示。高级检索只要在相应的字段中填词即可，可分别在内容要点（Content）、出版物（Citation）、数字对象唯一标识符（DOI）、著者、编辑、卷、期、页字段中检索，并且可以对文献类型、检索日期和结果排序进行限定。其中内容要点可限定在全文、标题和摘要及标题中进行检索，出版物可以在出版物名称、DOI、ISSN、ISBN 中进行检索，文献类型设有所有文献、期刊、图书、实验室指南几种。

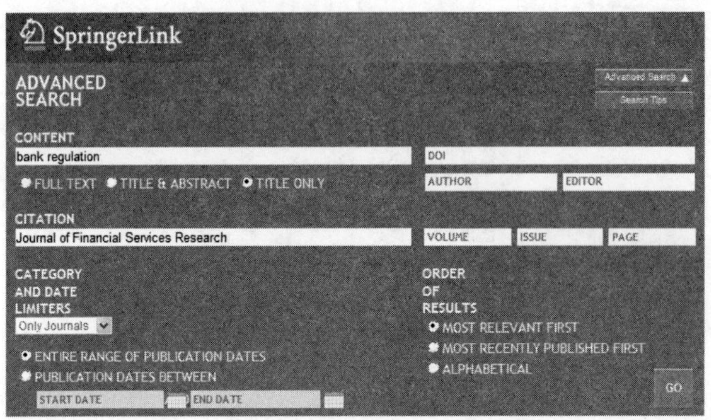

图 5-3-4　SpringerLink 高级检索界面

5.3.4　检索结果处理

单击如图 5-3-3 所示的论文标题，不仅可显示该篇论文更详细的信息，如文摘、关键词、分类号、全文预览、参考文献链接、PDF 全文链接、HTML 全文链接等，还可查看登载该篇论文的期刊的封面及从创刊年以来的全部文章。此外，用户还可对该篇论文进行电邮、存盘、打印、导出等处理。

特别值得一提的是，SpringerLink 系统还设有引文链接功能。只要单击图 5-3-5 中的参考文献链接，就可显示诸如 SpringerLink-Springer 本身链接标记、cross ref-相关参考文献链接标记、MATH（Zentralblatt MATH）-德国数学文摘链接标记)、MathSciNet-美国数学学会（AMS）链接标记、ChemPort-美国化学学会（CAS）链接标记、PubMed-美国国立医学图书馆（MEDLINE）链接标记等，如图 5-3-6 所示。

小常识

DOI（Digital Object Identifer），数字对象标识符，是一套识别数位资源的机制，包括的对象有视频、报告或书籍等。它既有一套为资源命名的机制，也有一套将识别号解析为具体位置的协定。

一个 DOI 识别号经过解析后，可以连至一个或更多的资料。DOI 实际应用上大多是透过网站解析，例如连接网址 http：//dx. doi. org/10. 1007/s00223

-003-007-0，就能看到对应识别号 10.1007/s00223-003-0070-0 的论文资讯或全文。

图 5-3-5　SpringerLink 检索结果界面

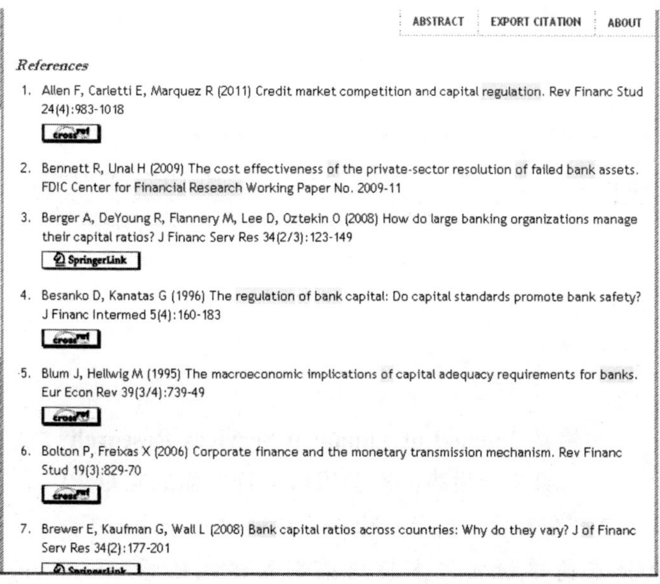

图 5-3-6　SpringerLink 二次检索结果界面

重要提示

① 在线优先出版期刊（Online First），可以提供在出版印刷之前经过同行评议的文章。此举不仅加速了研究成果的传播，缩短了论文出版时滞，同时也可以加强社会监督，及时发现论文中可能存在的问题。

② 开放存取期刊（Open Access，简称 OA），是一种依托网络技术，采用“发表付费，使用免费或收取少量费用，作者个人版权”的新型出版模式。

SpringerLink 全文显示格式有 PDF 和 HTML 两种，其 PDF 格式转换成文本格式相当方便，图 5-3-7 所示为 HTML 全文显示格式。

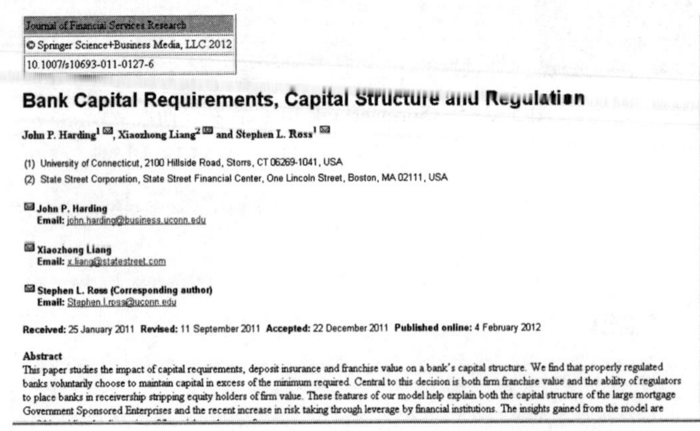

Journal of Financial Services Research
© Springer Science+Business Media, LLC 2012
10.1007/s10693-011-0127-6

Bank Capital Requirements, Capital Structure and Regulation

John P. Harding[1], Xiaozhong Liang[2] and Stephen L. Ross[1]

(1) University of Connecticut, 2100 Hillside Road, Storrs, CT 06269-1041, USA
(2) State Street Corporation, State Street Financial Center, One Lincoln Street, Boston, MA 02111, USA

John P. Harding
Email: john.harding@business.uconn.edu

Xiaozhong Liang
Email: x.liang@statestreet.com

Stephen L. Ross (Corresponding author)
Email: Stephen.l.ross@uconn.edu

Received: 25 January 2011 **Revised:** 11 September 2011 **Accepted:** 22 December 2011 **Published online:** 4 February 2012

Abstract
This paper studies the impact of capital requirements, deposit insurance and franchise value on a bank's capital structure. We find that properly regulated banks voluntarily choose to maintain capital in excess of the minimum required. Central to this decision is both firm franchise value and the ability of regulators to place banks in receivership stripping equity holders of firm value. These features of our model help explain both the capital structure of the large mortgage Government Sponsored Enterprises and the recent increase in risk taking through leverage by financial institutions. The insights gained from the model are

图 5-3-7　SpringerLinkHTML 全文显示界面

案例分析

检索 Journal of Financial Services Research 杂志上发表的有关银行监管方面的文献

解析：此题可分别使用简单检索和高级检索，方法如下。

(1) 直接在简单检索文本框内编制表达式检索：bank regulation AND Journal of Financial Services Research，命中 211 篇；若用字段代码限定检索：ti：bank ti：regulation AND Journal of Financial Services Research，命中 10 篇，如图 5-3-3 所示。

(2) 高级检索如图 5-3-4 所示，检索结果与简单检索的第二种情况相同，如图 5-3-3 所示。

高级检索与简单检索的主要区别是有文献类型限定检索，可准确确定文献类型。

由此看来，使用高级检索或简单检索的第二种方法，检索出的文献更准确，也更符合课题要求。

小　结

本章重点讲述了 3 个外文数据库的检索语言、检索方式、检索结果及原文传递。这 3 个外文数据库各有特色，EBSCO 全文数据库、Elsevier 电子期刊数据库和 Springer 电子期刊数据库均为综合性数据库，其本身就是全文库，使用方便，其中 EBSCO 数据库以收录文献多著称，而 Elsevier 和 Springer 电子期刊数据库的出版商排列世界前三；此外 CASHL、CALIS 和 NSTL 网站虽本身只是一个文摘题录库，但都提供外文期刊全文的传递服务，若用户需要索取原文，可直接在文献检索的基础上请求“文献传递”或“订购全文”服务，但要收取一定的费用。

练习题

1. 熟悉一下 6 个数据库各自的检索规则。

2. 分别用 Elsevier、EBSCO 和 Springer 3 个数据库检索本专业的文献，要求写出课题名称、检索方式、检索表达式及命中篇数并浏览一下检索历史。

3. 从 SpringerLink 的高级检索入手，检索在 Journal of Financial Services Research 杂志上发表的有关银行监管方面的文献。

4. 请叙述在图 5-4 中查找 Harvard Business Review 期刊的具体步骤。

第 6 章　特种文献检索

特种文献是介于图书与期刊之间的一种出版形式比较特殊的科技文献，如会议文献、学位论文、专利文献、标准文献、档案及政府出版物等，其内容广泛新颖、类型复杂多样，且涉及科学技术、生产生活的各大领域。

6.1　会议论文检索

会议文献是指在国内外各个科学技术学会、协会及有关主管部门召开的学术会议或专业会议上提交、宣读、讨论或交流等形式所形成的一系列资料及出版物的总称。包括会议论文、会议决议、会议报告、讨论记录等。其中，会议论文是最主要的会议文献，本节将介绍一些国内外有影响的会议论文数据库。

6.1.1　会议文献概述

会议文献与其他文献相比，具有专业性鲜明、针对性强、内容新颖、学术争鸣、反映水平、出版发行迅速多样等特点。因此，会议文献往往代表着一门学科或专业的最新研究成果，反映着时代的发展水平或动态，是科研人员了解世界各国科技发展和动向的重要信息媒体之一。

1. 会议文献的类型

会议文献按出版时间的先后顺序，可分为会前、会间和会后 3 种文献类型。

（1）会前文献。会前文献即在会议召开之前预先印发给与会代表的会议论文预印本、会议论文摘要或论文目录。由于一些会议并不出版会议录，因此预印本将会是会议重要的保留资料。

（2）会间文献。会间文献大都是些行政事务性和情况报道性文献。如会议期间的开幕词、贺词、报告、讲演词、闭幕词、讨论记录、会议决议等，一般学术参考价值不大。但有时会议期间请专家做的学术报告，还是很值得期待的会议文献。

（3）会后文献。会后文献是指会议结束后正式出版的会议论文，它是会议文献中的核心部分。由于会后文献是在会议讨论、争鸣的基础上，又经作者的修改、补充，因此会后文献比会前文献更加准确和成熟。会后文献形式多样、名称各异，常见的有：会议录（Proceeding）、会议论文集（Symposium）、学术讲座论文集（Colloquium Papers）、会议论文汇编（Transactions）、会议记录（Records）、会议报告（Reports）、会议文集（Papers）、会议出版物（Publications）、会议辑要（Digest）等。

2. 会议文献的出版形式

会议文献的出版形式很多，在此只按传统的出版形式划分。

（1）图书。以图书形式出版的会议文献，大多称为会议录（Proceeding），会后文献一般采用该种形式出版。会议文献著录的主要特征是：会名、会址和会期。

（2）期刊。会议文献还常常以专刊、特辑的形式发表在期刊上，多数刊载于主办学术会议的学会和协会的会刊中，如美国电气与电子工程师学会（IEEE）、国际商业机器公司（IBM）主办的各种会刊等。

（3）科技报告。有些会议文献还会以科技报告的形式出版，如在著名的美国四大科技报告中就有会议文献的踪影。

随着社会的发展，人们对信息的需求日新月异，因此会议文献的出版形式也灵活多样，不仅仅限于印刷版中，还有相应的光盘版、网络版及会议录音、录像等视听资料。

6.1.2　万方数据资源系统会议论文

1. 数据库简介

中国科技信息研究所万方数据资源系统（http://www.wanfangdata.com.cn）是一个集万方各种数据资源于一体的知识服务平台，不仅可进行单库检索，还可实现跨库检索，如图 6-1-1 所示。万方的会议数据库是国内最具权威性的学术会议论文全文数据库，收录了 1983 年至今世界主要学会和协会主办的会议论文，以一级以上学会和协会主办的高质量会议论文为主。内容涵盖了自然科学、工程技术、农林、医学等领域。分为中文版和英文版两个版本，中文版所收会议论文内容是中文，英文版主要收录在中国召开的国际会议的论文，论文内容多为西文。万方的会议数据库每年涉及上千个重要的学术会议，现有202万余篇论文，且每年增加约20万篇，每月更新。

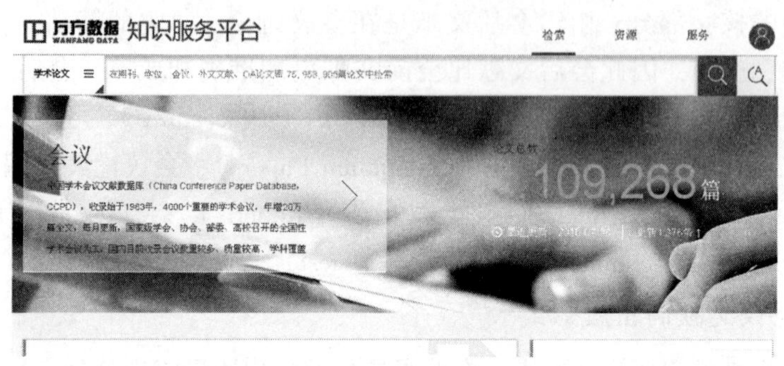

图6-1-1 万方数据资源系统主页

万方数据除了下载全文外，对全部用户都可通过万方数据资源系统的网站免费检索。而高校团购用户则可下载全文，既可通过校园网内的相应链接进入，也可直接输入本校网上包库的IP地址或本校镜像服务器的IP地址进行访问。

2. *检索方式*

万方会议数据界面如图6-1-1所示，检索方式灵活多样，可满足读者多途径的检索要求。该库不仅能提供简单检索、高级检索、经典高级检索，还可进行专业检索和分类检索，无论何种检索方式，均可进行二次检索。

(1) 简单检索。万方会议数据库的默认首页是其相应的简单检索页面(见图6-1-1)，首先选中会议选项。简单检索只提供一行文本输入框，且要用户自己输入检索字段和检索词。在万方知识服务平台中，简单检索（首页）、检索结果等页面的检索文本框默认接受的检索语言为PairQuery，也就是PQ表达式。万方会议资源简单检索所提供的检索字段为：标题、作者、会议名称、关键词、摘要等检索项。

阅读材料

PQ 表达式的基本用法

每个 PQ 表达式由多个空格分隔的部分组成，每个部分称为一个 Pair，每个 Pair 由冒号分隔符“:”分隔为左右两部分，冒号左侧为限定的检索字段，右侧为要检索的词或短语，即“左（检索字段）：右（检索词）”。

PQ 表达式还支持精确匹配，检索时，在检索词部分使用引号“”或书名号《》括起来，表示精确匹配。例如作者：“张凡”，表示作者字段中含有并且只含有“张凡”的结果。

PQ 表达式对检索日期检索采用“Date：起始年代-结束年代”的形式，“-”前后分别代表限定的年度上下限，上限和下限可以省略一个，代表没有上限或下限，但“-”不可省略。

（2）经典高级检索。单击会议主页右上方的高级检索，可见到高级检索、经典高级检索和专业检索 3 种检索方式。

经典高级检索由检索项（检索字段）和检索词（5 行）两栏组成，用户检索时，只要从每个检索项中提供的 8 个字段（标题、作者、会议名称、主办单位、中图分类、关键词、摘要、全文）中单击、输入检索词即可。这样一次最多可进行 5 个检索词的组配检索，如图 6-1-2 所示。

（3）高级检索。高级检索也由检索项（检索字段）和检索词（8 行）两栏组成，只是检索项中的字段有所不同且每项检索项中的字段是固定的，这样一次最多可进行 8 个检索词的组配检索。所提供的 8 个字段分别为：标题、作者、关键词、摘要、全文、会议名称、主办单位、会议时间。此外还提供有无全文和排序的选择，如图 6-1-3 所示。

（4）专业检索。当用户查找比较复杂的内容时，使用以上几种检索就难于一次检索成功，而专业检索则不受此限制，可在一个大的文本输入框中随心所欲地构造检索表达式，完成此任。在高级检索页面单击“专业检索”，即可进入其检索页面，如图 6-1-4 所示。但专业检索使用的是 CQL（常用提问语言）检索。

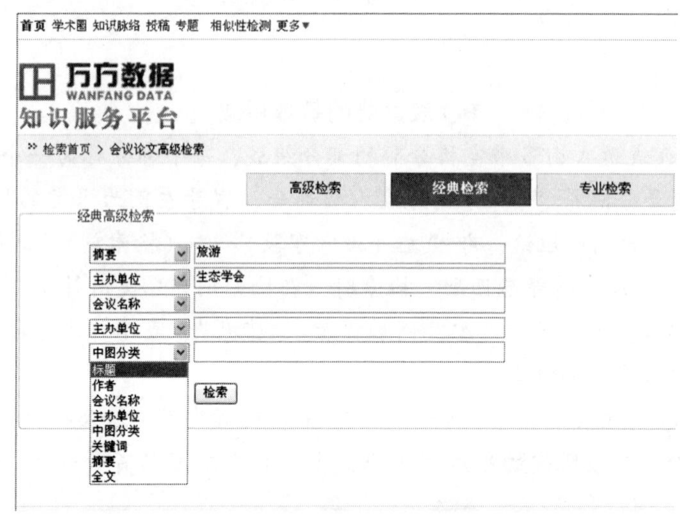

图 6-1-2 经典高级检索界面

图 6-1-3 高级检索界面

阅读材料

CQL（常用提问语言）的基本用法

CQL 支持简单词的检索，如：旅游；

CQL 用“=”表示关系表达式即相当于模糊匹配，用于查找匹配一定条件的记录，如：convener=生态学会 and Abstract=旅游，如图 6-1-4 所示；用 exact 表示精确匹配检索，例如：Creator exact“王红”，是指查找作者是王红的记录；

all 表示检索词中包含有多重分类时，它们可分别被扩展成布尔运算符

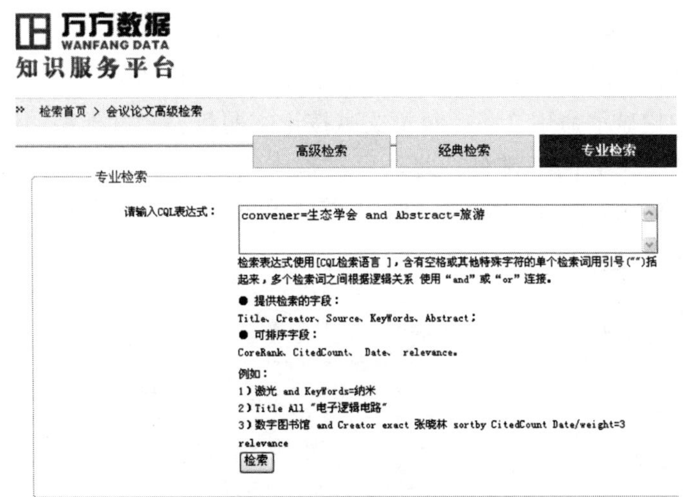

图 6-1-4　专业检索界面

"and" 的表达式。例如：Title all "酒店旅游"；

any 表示检索词中包含有多重分类时，它们分别可被扩展成布尔运算符"or" 的表达式，例如：Abstract Any "度假旅游"；

CQL 还支持布尔表达式运算。

重要提示

① 专业检索中检索字段只能用英文；② 专业检索中表达式中的小括号、引号等必须为半角（英文）状态下输入的符号；③ 专业检索中逻辑算符与检索项和检索词之间要空一格。

（5）分类检索。如果读者想了解某一专业或某一学科都召开过什么样的会议或某一类会议主办单位举办过什么样的会议，根据分类检索应为首选。按分类检索必须熟悉各种分类体系。

万方会议主页给出两个检索界面：简单检索和分类检索。万方会议分类既可按学术会议分类检索，也可按会议主办单位分类检索，如图 6-1-1 所示。学术会议分类检索将会议划分为 20 个学科进行浏览，而每个学科之下又按会议年份和会名浏览，并可对其进行检索。

3. 检索结果

万方会议资源的检索结果如图6-1-5所示，左栏和上栏可对文献进行二次检索，中栏显示命中文献，每篇文献按论文题目、文献类型、作者、会议名称、摘要、关键词等排列，此外可对检索结果按参考文献、NoteExpress、RefWorks、NoteFirst、EndNote、自定义格式和查新7种格式导出文献，如图6-1-6所示。

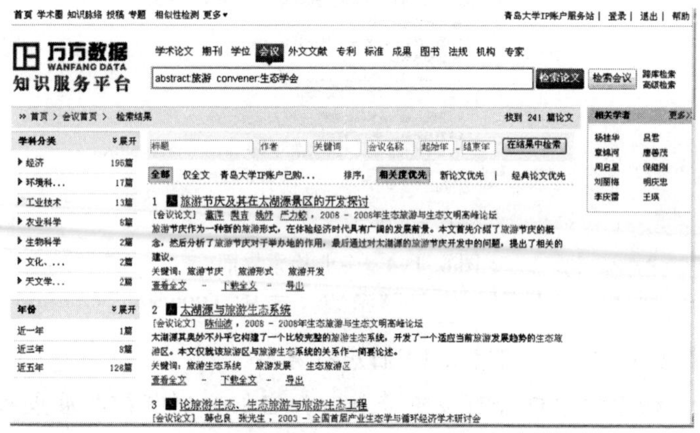

图6-1-5 检索结果界面

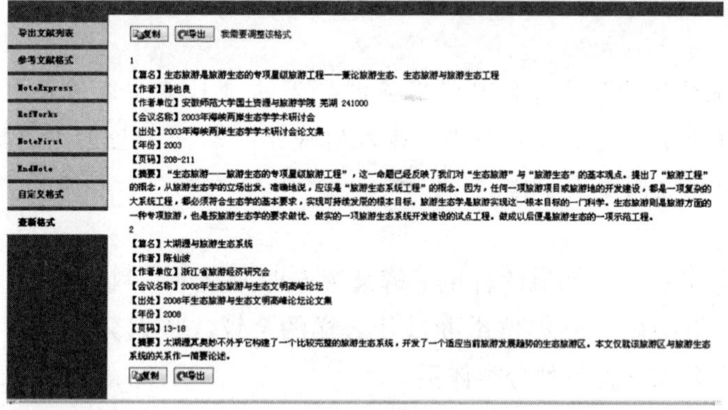

图6-1-6 导出文献界面

案例分析

检索会议主办单位中含有生态学会，且会议摘要中含有旅游的文献

解析：根据课题的要求，万方会议资源所提供的几种检索方式均可使用，如图 6-1-2、图 6-1-3 和图 6-1-4 所示，图 6-1-5 所示为检索结果界面。

6.1.3　ISI Proceedings

1. 数据库简介

《科学技术会议录索引》（Index to Scientific and Technical Proceedings, ISTP）和《社会科学与人文会议录索引》（Index to Social Sciences & Humanities Proceedings, ISSHP）是查找全世界会议文献最具权威的检索工具，均由美国科学情报研究所（Institute for Scientific Information, ISI）编辑出版，它们不仅有印刷版、光盘版，还有网络版。美国 Thomson Scientific 公司在 ISI Web of Knowledge 平台上，将 ISTP 和 ISSHP 两大会议录索引集成为 ISI Proceedings，提供网络版的会议论文文摘和全文检索。ISI Proceedings 是覆盖学科范围广、收录文献水准高、提供信息全面的学术会议录数据库，是查找国外会议文献的首选数据库之一。目前，该库已收录 1990 年以来超过 6 万个会议的 410 多万条记录，并每年收录 12 000 多个会议，年新增 20 余万条记录，数据每周更新。所收录的会议有一般性会议、座谈会、研究会、专题讨论会等，其数据库内容的 65%是以图书形式出版的会议录或丛书，其余来源于期刊。

ISI Proceedings 数据库采用 IP 控制使用权限，凡属于 IP 地址订购单位范围内的用户具有访问权，既可通过校园网内的相应链接进入，也可直接输 IP 地址：www. isiknowledge. com 进行访问。

2. 检索语言

ISI Proceedings 与 SCI 网络版同为一个检索平台，故其检索语言相同。表 6-1-1 所示为 ISI Proceedings 检索语言一览表。

表 6-1-1 ISI Proceedings 检索语言一览表

算符名称		算符代号	举 例	注 释
逻辑检索	逻辑与	AND	A AND B	两词同时出现在文献中
	逻辑或	OR	A OR B	两词任意一词出现在文献中或两词同时出现在文献中
	逻辑非	NOT	A NOT B	在文献中出现 A，但排除 B
优先级检索		（ ）	（A AND B）NOT C	括号里的运算优先执行
截词检索		*	comput *	可代替任意一个字母
精确检索		?	wom? n	精确地代替一个字符
		$	Car $	可取代 0 或一个字符
		“”	“A B”	作为词组看待，但标点符号、连字符等会忽略不计
位置检索		Same	A Same B	A、B 两词只要出现在同一句子中（指两个句号之间的字符串）即可

3. 检索方式

ISI Proceedings 与 SCI 网络版的检索方法相似。ISI Proceedings 只提供基本检索和高级检索两种检索方式。

（1）基本检索。数据库的默认页面就是基本检索界面（见图 6-1-7），该界面提供 3 个文本检索框，可通过点选字段、年限限定、逻辑算符及其他的检索语言输词检索。若文本检索框不够，可单击“添加另一字段”链接，增加文本框，或单击“清除”按钮删除文本框。基本检索共提供 16 个检索字段：主题、标题、作者、ResearcherID、团体作者、编者、出版物名称、DOI、出版年、地址、会议、语种、文献类型、基金资助机构、授权号和入藏号。

基本检索在出版物名称和作者两个字段之后设有访问检索辅助工具图标链接，单击该链接可以使用相应的出版物名称索引或作者索引，从而帮助用户准确地确定出版物名称或作者，并能将所选标题传输至“基本检索”页面上的“出版物名称”或“作者”字段。图 6-1-8、图 6-1-9 和图 6-1-10 所示即为在出版物名称索引中输入 Intercultural 进行查找，然后确定 INTERNATIONAL JOURNAL OF INTERCULTURAL RELATIONS 和 LANGUAGE AND INTERCULTURAL COMMUNICATION 两个出版物名称，并将所选的出版物名

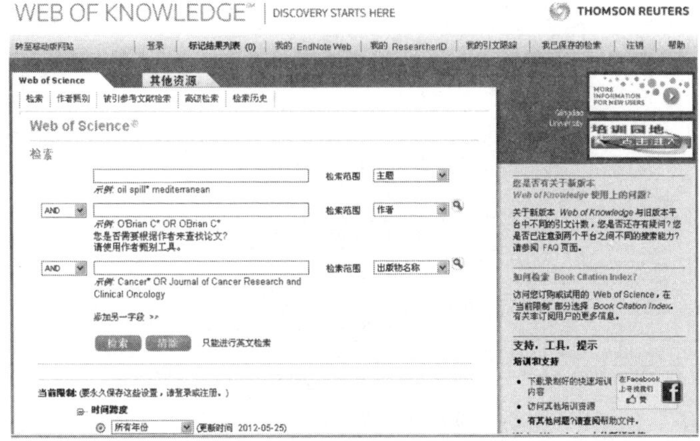

图 6-1-7　基本检索界面

称添加至“基本检索”页面上的“出版物名称”字段的 3 个过程。

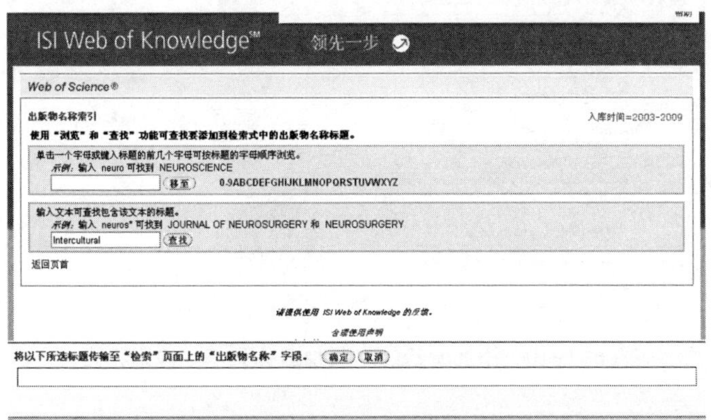

图 6-1-8　出版物名称检索辅助工具界面

重要提示

（1）对于姓氏不详的著者可用缩写 anon 进行检索。

（2）会议字段包括会议名称、会议地址、会议组办者及会议日期。通常，为了查找某一特定的会议，可用到两个词进行 AND 组配检索。

（3）只能在主书名或主刊名中检索，不包括丛书名和子刊名。

输入文本可查找包含该文本的标题。
示例：输入 neuros* 可找到 JOURNAL OF NEUROSURGERY 和 NEUROSURGERY
Intercultural 查找

"结果"页面 1(标题 1-6，共 6 条记录)

添加到检索式 | 来源出版物
添加 INTERCULTURAL AESTHETICS A WORLDVIEW PERSPECTIVE
添加 INTERCULTURAL COLLABORATION
添加 INTERCULTURAL PRAGMATICS
添加 INTERNATIONAL JOURNAL OF INTERCULTURAL RELATIONS
添加 LANGUAGE AND INTERCULTURAL COMMUNICATION
添加 PHILOSOPHY AND INTERCULTURAL UNDERSTANDING

"结果"页面 1(标题 1-6，共 6 条记录)

将以下所选标题传输至"检索"页面上的"出版物名称"字段。 确定 取消
INTERNATIONAL JOURNAL OF INTERCULTURAL RELATIONS OR LANGUAGE "AND" INTERCULTURAL COMMUNICATION

图 6-1-9 出版物名称查找结果界面

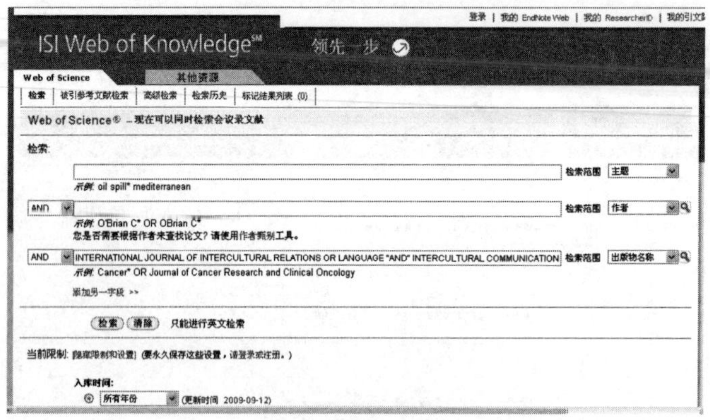

图 6-1-10 添加所选的出版物名称到基本检索界面

（2）高级检索。高级检索只设一个文本检索框，是一种比较适合专业人员的复杂检索方式。检索时必须使用两字代码的字段标识、等号、检索语言或集合号创建检索表达式，并有检索文种、文献类型的检索限定，如图 6-1-11 所示。该检索共提供 25 个字段标识，如表 6-1-2 或图 6-1-11 所示。

表 6-1-2 ISI Proceedings 高级检索字段标识一览表

字段标识	字段标识	字段标识
TS=主题，TI=标题	CF=会议	PS=省/州
AU=作者	AD=地址	CU=国家/地区
RID=ResearcherID	OG=组织	ZP=邮政编码

续表

字段标识	字段标识	字段标识
GP＝团体作者	SG＝下属组织	FO＝基金资助机构
ED＝编者	SA＝街道地址，CI＝城市	FG＝授权号
SO＝出版物名称，DO＝DOI	IS＝ISSN/ISBN	FT＝基金资助信息
PY＝出版年	WC＝Web of Science 分类	SU＝学科分类，UT＝入藏号

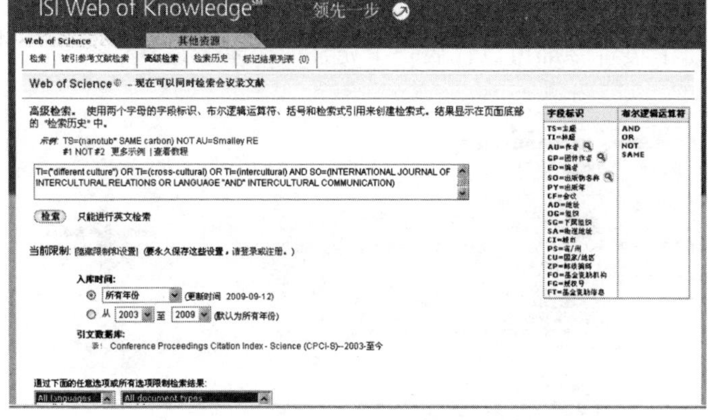

图 6-1-11　高级检索界面

重要提示

(1) 高级检索中同一字段的多词在构造检索式时应用括号将其括起，如 SO＝（Political Behavior OR Political Communication）。

(2) 高级检索中无论是同一字段还是不同字段，都可用 OR、AND 和 NOT 算符书写表达式检索，但 SAME 只能在同一字段中使用。

(3) 高级检索中，在同一检索式中不能同时使用集合号与字段标识组配检索。

4. 检索结果

检索结果分 3 栏显示，如图 6-1-13 所示。上栏显示检索表达式、检索命中数量；左栏用于缩小检索范围，可在学科类别、文献类型、作者、来源出版物、出版年、会议标题、机构、语种、国家/地区等检索项中进行精炼检索，图 6-1-14 和图 6-1-15 所示即为在学科类别中进行精炼检索界面和新的检索结果；右栏以“标题、作者、会议信息、来源出版物、页、出版年、被引频次、全文”形式显示检索结果。

高级检索的检索结果先在其页面底部的“检索历史”中出现，如图 6-1-12 所示，单击检索结果链接后，可查看到检索结果的详细信息，如图 6-1-13 所示。另在高级检索中还可以使用集合号进行组配检索。所谓集合号就是在检索过程中系统自动生成的检索步骤号，如#1，可以参见图 6-1-12 中的“检索历史”，每个集合号都可以代表一个完整的检索表达式。

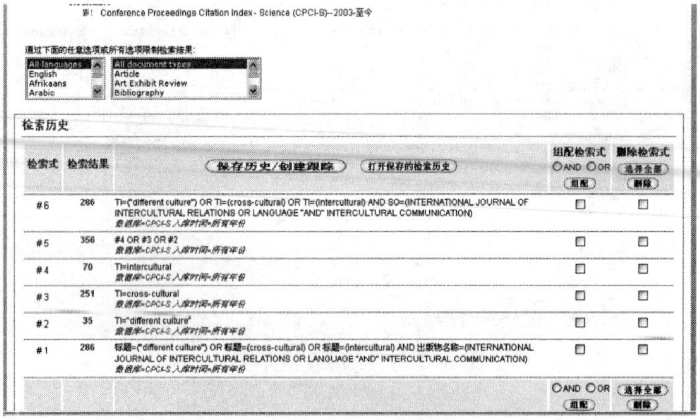

图 6-1-12　高级检索历史界面

系统对于检索结果可以打印、电邮、保存。保存格式有 EndNote、RefMan、ProCite、BibTeX、HTML、纯文本等形式。

ISI Proceedings 基于一个以知识为基础的学术信息资源整合平台—ISI web of Knowledge，不仅具有检索功能，还兼具知识的提取、管理、分析与评价等诸多其他功能。如独特的被引参考文献检索功能，以及与其他出版公司的数据库、原始文献、图书馆馆藏等建立了强大的链接功能等。

案例分析

检索有关异文化交流方面的会议文献

解析：

（1）根据课题的要求，选择 3 个同义词：different culture、cross-cultural、

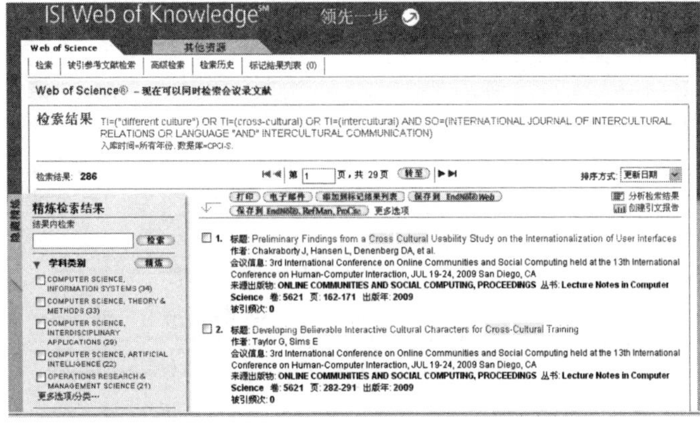

图 6-1-13　检索结果界面

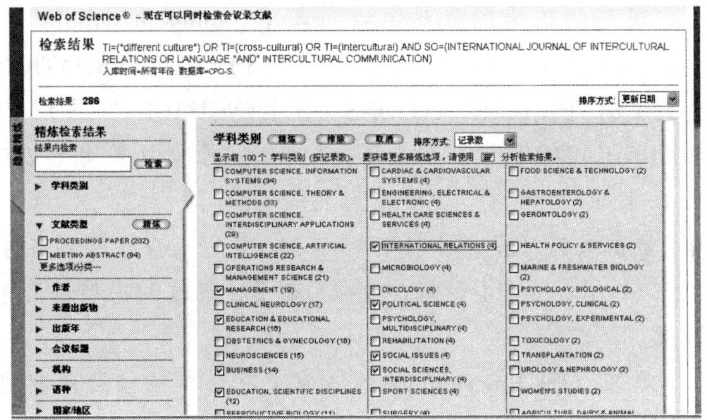

图 6-1-14　选择学科类别界面

intercultural。该题既可使用基本检索，又可使用高级检索。使用高级检索，3 个同义词既可单独检索也可一次性检索，结果检出 356 篇，如图 6-1-12 中所示的检索式#2、#3、#4、#5。

（2）由于检出文献较多，所以可对（1）进行精炼检索，首先通过出版物名称所设的检索辅助工具图标，将其限定在 INTERNATIONAL JOURNAL OF INTERCULTURAL RELATIONS 和 LANGUAGE “AND” INTERCULTURAL COMMUNICATION 两个出版物中检索，如图 6-8、图 6-9 和图 6-10 所示。

（3）该题也可一次性进行检索，用基本检索的情况如图 6-1-12 所示中

图 6-1-15 精炼检索结果界面

的检索式#1；用高级检索的表达式：TI =（“different culture”）OR TI =（cross-cultural）OR TI =（intercultural）AND SO =（INTERNATIONAL JOURNAL OF INTERCULTURAL RELATIONS OR LANGUAGE “AND” INTERCULTURAL COMMUNICATION），如图 6-1-11 所示；检索结果均为 286 篇，如图 6-1-12 和图 6-1-13 所示。

（4）由于检出文献还是不少，可对（3）中的检索结果再在学科类别中进行精炼检索，如图 6-1-14 和图 6-1-15 所示，经过两次精炼检索以后，命中结果是 59 篇。

（5）索取原文。ISI Proceedings 数据库中有全文链接的可直接下载、阅读；无全文链接的可通过其他途径，如原文传送等。

6.2 学位论文检索

学位论文是高等学校或研究机构的毕业生作为评定各级学位而撰写的论文。目前多数国家的学位分为学士、硕士和博士三级，但通常所称的学位论文一般仅指硕士和博士学位论文，如中国优秀博硕士学位论文全文数据库、中国学位论文全文数据库、CALIS 高校学位论文数据库及 PQDD，这些学位论文数据库均指硕士和博士学位论文。本节就介绍两个国内外有影响的学位论文数据库。

6.2.1　学位论文概述

学位论文一般可分为两大类。一类是综述型的，该类论文作者主要是以前人有关某一领域的大量翔实的参考资料为依据，通过分析、综合、概括和总结，提出本人的独特见解。另一类是研究型的，此类论文作者是在前人提出的论点和结论的基础上，再经过大量的实验和研究，提出进一步的新论点和新假说。

由于学位论文都是在导师或研究员的亲自指导下完成的，所以学位论文一般学术性强、内容比较专一，引用文献全面、阐述详细。特别是博士论文都要经过该领域著名学者的严格审查，因此具有一定的独创性、新颖性，专业水准高、参考价值大。

学位论文除少数通过其他媒体发表或出版外，多数不公开发行。为挖掘学位论文的潜力，一些国家的图书馆将其编成目录、索引，制成缩微胶卷，随着光盘网络的出现，各国又都出版了学位论文数据库。

目前索取学位论文，除了向有关收藏单位借阅或复制外，使用最多的是网络版学位论文。

6.2.2　中国学位论文全文数据库

1. 数据库简介

中国学位论文全文数据库资源由国家法定学位论文收藏机构中国科技信息研究所提供，并委托万方数据加工建库，该库精选了相关单位自 1980 年以来我国自然科学领域博士、博士后及硕士研究生论文，涵盖自然科学、数理化、天文、地球、生物、医药、卫生、工业技术、航空、环境、社会科学、人文地理等各学科领域。现已收录 221 余万篇论文，每年稳定新增 30 余万篇，是我国收录数量最多的学位论文全文库。

万方学位论文数据除了下载全文外，对全部用户都可通过万方数据资源系统（http：//www. wanfangdata. com. cn）的网站免费检索，如图 6-2-1 所示。万方数据资源的本地镜像和远程访问检索系统一样，凡高校团购用户既可通过校园网内的相应链接进入，也可直接输入本校网上包库的 IP 地址或本校镜像服务器的 IP 地址进行访问。

2. 检索方式

万方数据集各种文献资源于同一平台，因此无论是会议文献，还是学位论文、专利、标准文献等都提供5种检索方式：简单检索、高级检索、经典高级检索、专业检索和分类检索。所不同的是检索字段会有异同，但无论何种检索方式，均可进行二次检索。可参考6.1.2节相关内容的讲解。

（1）简单检索。在万方数据知识服务平台中，首先选中学位论文选项，即为简单检索和分类导航检索界面，如图6-2-1所示。简单检索只提供一行文本输入框，用户在此既可输入单一检索词检索，又可进行布尔逻辑（AND、OR、NOT）检索，此外还支持PairQuery检索语言，也就是PQ表达式，可参考6.1.2节中的阅读材料“PQ表达式的基本用法”。

（2）分类检索。如果读者想了解某一专业或某一学科都有什么样的学位论文，根据分类检索应为首选。学位论文的主页即为简单检索和分类导航检索界面，如图6-2-1所示。万方学位论文分类既可按学科、专业目录分类浏览检索，也可按学校所在地进行分类浏览检索。学科、专业目录学位论文分类检索将学位论文划分为12个大类，若干个小类进行浏览检索，而学校所在地可按31个学校所在省市地进行分类浏览，并可对其进行检索。

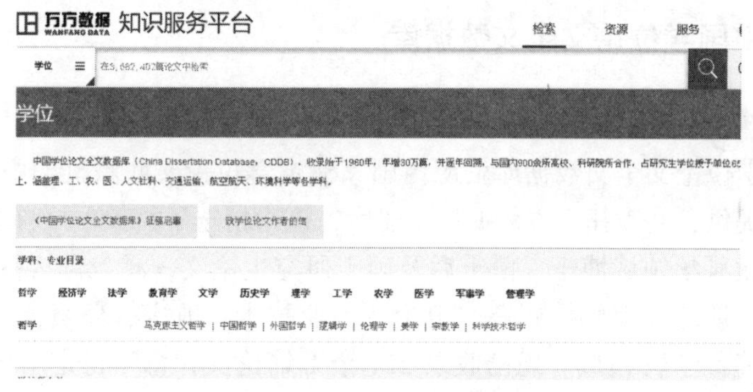

图6-2-1 万方学位论文数据界面

（3）高级检索。万方学位论文的高级检索由检索项（检索字段）和检索词（9行）两栏组成，所提供的9个字段分别为：标题中包含、作者中包含、导师中包含、关键词中包含、摘要中包含、全文、学校、专业、发表日期。此外还提供有无全文、论文类型和排序等的选择。

高级检索的每个检索框中既可输入单一检索词检索，又可进行布尔逻辑

(AND、OR、NOT) 检索。

(4) 经典高级检索。经典高级检索也由检索项（检索字段）和检索词（5 行）两栏组成，只是检索项中的字段有所不同且每项检索项中的字段是可选的，用户检索时，只要从每个检索项中提供的 9 个字段中单击、输入检索词即可，如图 6-2-2 所示。

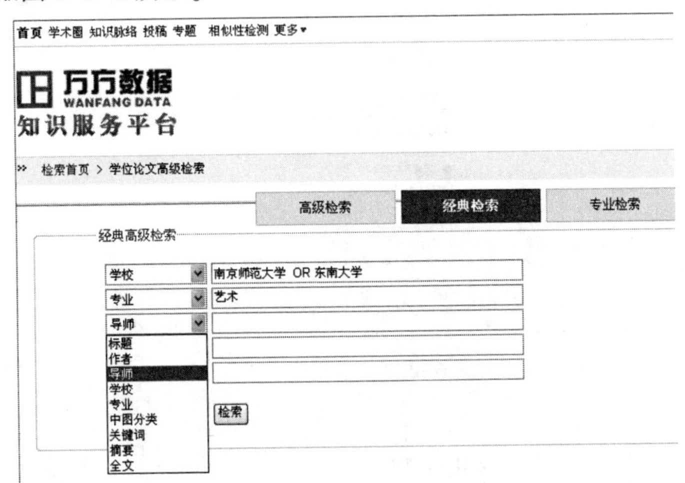

图 6-2-2　经典高级检索界面

(5) 专业检索。专业检索使用的是 CQL（常用提问语言）检索语言，可参考 6.1.2 节中的阅读材料"CQL（常用提问语言）的基本用法"，所提供的检索字段如图 6-2-3 所示。

重要提示

由于受到各自数据库出版发行版权的限制，各不同学位论文数据库所收藏的学位论文来源单位会有差异，如在万方学位论文数据库中就无法检索到清华大学的学位论文。使用作者专业字段检索时，一定要掌握准确，如有的学校称艺术设计学，而有的学校称设计艺术学。

3. 检索结果

万方学位论文资源的检索结果如图 6-2-4 所示，上栏显示检索表达式、命中文献数量，下栏显示命中结果。每篇文献按论文序号、全文图标、论文

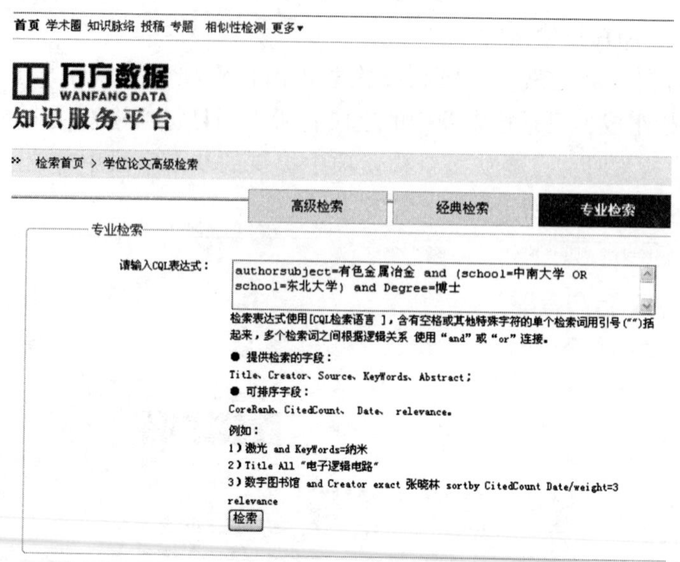

图 6-2-3 专业检索界面

标题、文献类型、作者、授予学位时间、授予学位单位、专业等信息依次排列。

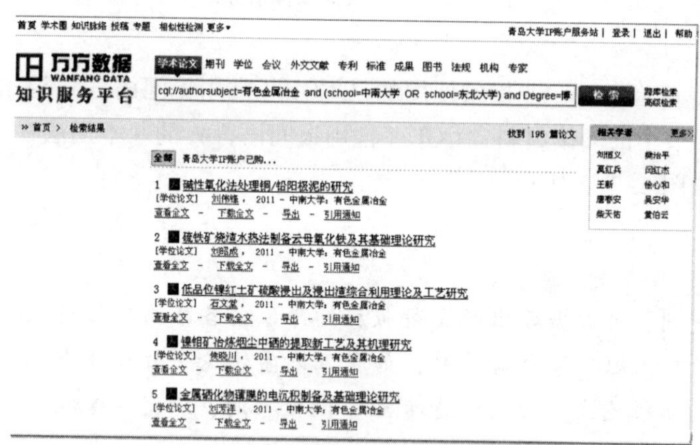

图 6-2-4 检索结果界面

单击论文标题，可显示该篇论文更详细的题录信息，如图 6-2-5 所示；单击全文图标、查看全文或下载全文链接，均可显示全文格式，如图 6-2-6

所示。

此外对检索结果能按参考文献、NoteExpress、RefWorks、NoteFirst、EndNote、自定义格式和查新 7 种格式导出文献。

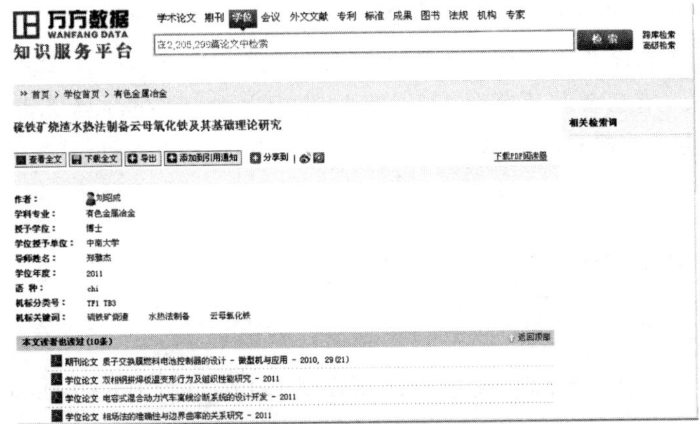

图 6-2-5　某篇论文的检索结果界面

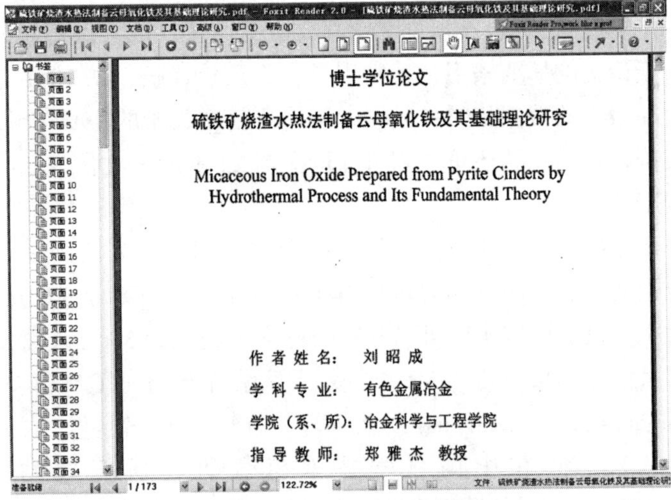

图 6-2-6　全文显示界面

案例分析

检索专业学位论文

检索中南大学和东北大学在有色金属冶金专业发表的博士论文。

解析：根据课题的要求，该题最好使用专业检索方式，其检索表达式为：authorsubject=有色金属冶金 and（school=中南大学 OR school=东北大学）and Degree=博士，如图 6-2-3 所示；检索结果如图 6-2-4 至图 6-2-6 所示。

6.2.3 PQDD 博硕士论文

1. 数据库简介

PQDD 是世界著名的博硕学位论文数据库 ProQuest Digital Dissertations 的简称，其对应的印刷版刊物有：Dissertation Abstracts International（DAI），American Doctoral Dissertations，Comprehensive Dissertation Index（CDI），Masters Abstracts International。

PQDD 收录欧美 2 000 余所知名大学文、理、工、农、医等领域的 200 万篇优秀博硕士论文的摘要索引。其特点是：收录年代长，从 1861 年开始，迄今已有近 150 多年的数据积累；数据库每周更新；收录的 1997 年以来的论文不仅能看文摘题录信息，还可看到每篇论文前 24 页的全文信息，同时提供网上全文订购服务。

ProQuest 是对应 PQDD 中部分记录的全文数据库，为使读者方便、快捷地使用学位论文，北大图书馆与国内其他高校馆联合订购了 PQDD 中部分学位论文的全文。目前中国集团可以共享的论文已经达到 35 万余篇，并且还将逐年增加。目前 ProQuest 学位论文全文检索系统开通了 CALIS 本地镜像站（http://proquest.calis.edu.cn）、上海交通大学镜像站（http://202.120.13.45/umi）和中国科学技术信息研究所镜像站（http://168.160.16.198/umi），以供购买学位论文全文使用权的单位直接阅读全文。

PQDD 数据库采用 IP 控制使用权限，凡属于 IP 地址订购单位范围内的用户具有访问权，既可通过校园网内的相应链接进入，也可直接输 IP 地址：proquest.calis.edu.cn 进行访问。

2. 检索语言及字段代码

（1）检索语言。PQDD 检索语言丰富，如表 6-2-1 所示。

表 6-2-1　PQDD 检索语言一览表

算符名称		算符代号	举　例	注　释
逻辑检索	逻辑与	AND	A and B	A、B 两词必须在文献中同时出现
	逻辑或	OR	A or B	A、B 两词中的任意一个或两个同时出现在文献中均可
	逻辑非	AND NOT	A and not B	AND NOT 算符前面的 A 词出现在文献中，后面所跟的 B 词不出现在文献中
优先级检索		（ ）	（A or B） not C	括号里的运算优先执行
截词检索		*	comput *	可代替任意个字母
		?	wom? n	精确地代替一个字符
位置检索		W/#	A W/3 B	A、B 两词相隔不超过 3 个词，前后词序不定
		PRE/#	A PRE/1 B	A、B 两词相隔不超过 1 个词，前后词序一定
		W/PARA	A W/PARA B	A、B 两词出现在同一字段内
		W/DOC	A W/DOC B	
		NOT W/#	A NOT W/2 B	A、B 两词在文献中出现，但不能在相隔 2 个以内的词中出现，A、B 两词前后词序不定
短语检索		“ ”	“A B”	精确短语检索

重要提示

ProQuest 系统在检索过程中，对诸如一些连词、介词、冠词、代词、系动词、情态动词等作为禁用词，会自动忽略并用空格取代进行检索。若要将它们用作检索短语的一部分，可用引号引起来。如“the sound and the fury”。

（2）字段代码。PQDD 可在 18 个字段中进行检索，特别是在基本检索中，为了提高检准率，常常需要使用字段代码加以限定，如表 6-2-2 所示。

表 6-2-2　PQDD 字段代码一览表

字段名称	字段代码及全称	举例备注
引文和摘要	Citation and abstract	是指在“作者、人名、摘要、产品名称、文章篇名、学科术语、公司名称、来源（出版物名称）、地理名称”字段中检索
摘要	AB=Abstract	
导师	ADV=Adviser	
作者	AU=Author	
委员会成员	CMT	指已由特定委员会成员评议过的论文
学位	DA=Degree	
教育机构中的系部	DEP	
文档 ID	UMI Number：3351514	在 ProQuest 中检索文章和文档的唯一性数据库 ID
文档语言	LA=LN=Language	
文档正文	TEXT	
文档标题	TI=Title	
索引短语（关键字）	IF	
国际标准书号	ISBN	
出版物/订单编号	DISPUB	
学校名/代码	SCH=School	
学科名/代码	SUB=Subject	
卷/期	DVI=DISVOL	

3. 检索方式

PQDD 提供基本检索和高级检索两种检索方式。

（1）基本检索。基本检索界面如图 6-2-7 所示，也是数据库的默认页面。

（2）高级检索。PQDD 高级检索中包含高级检索、命令行、以引文查找全文和讣告检索 4 种形式。在命令行检索中，用户既可参见 PQDD 检索语言（见表 6-2-1）和字段代码表（见表 6-2-2），自己构造表达式，也可通过单击“运算符”和“检索字段”中的项目，添加到表格中进行“检索”，如图 6-2-8所示。

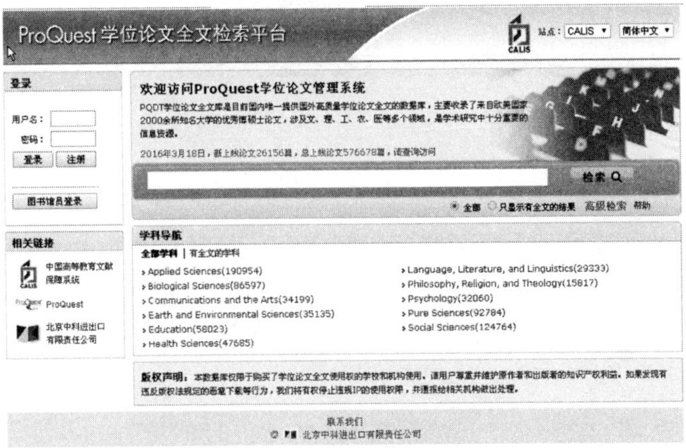

图 6-2-7　基本检索界面

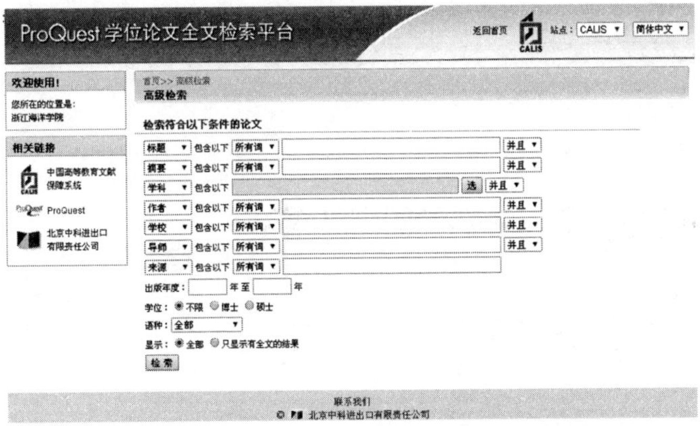

图 6-2-8　高级检索-命令行检索界面

4. 检索结果

PQDD 的检索结果分 3 栏显示，如图 6-2-9 所示，上方显示命中文献数量、检索表达式；右栏可通过限定条件，进一步缩小检索范围；左栏以篇为单位，显示全部结果，每篇文献按论文序号、来源类型、论文标题、作者、授予学位的大学、年份、出版物/订购编号、参考文献、引文/摘要、预览、定购等信息依次显示。若想看文摘、前 24 页的原文预览、定购原文或创建引文，则可单击图中相应的超链接图标，如图 6-2-10、图 6-2-11、图 6-2-12

和图 6-2-13 所示。

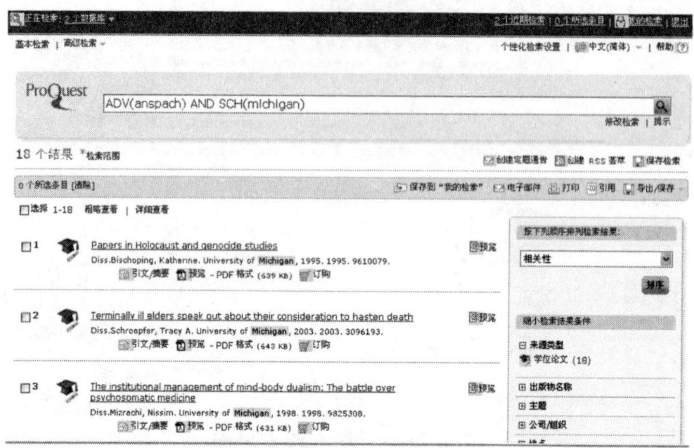

图 6-2-9 检索结果界面

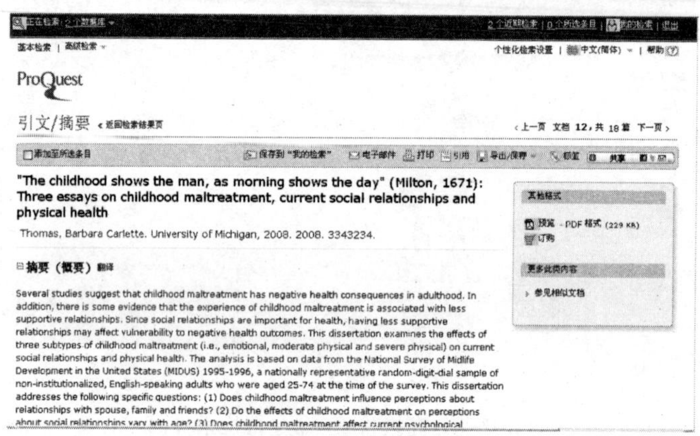

图 6-2-10 摘要显示界面

另外还可对文献进行打印、电邮、保存、创建定题通告、创建 RSS 等服务。

案例分析

检索密歇根大学 Anspach 教授所指导的论文

解析：该题的已知条件是密歇根大学 michigan 和 Anspach 教授。

根据课题的要求，该题既可使用基本检索，又可使用高级检索。使用基

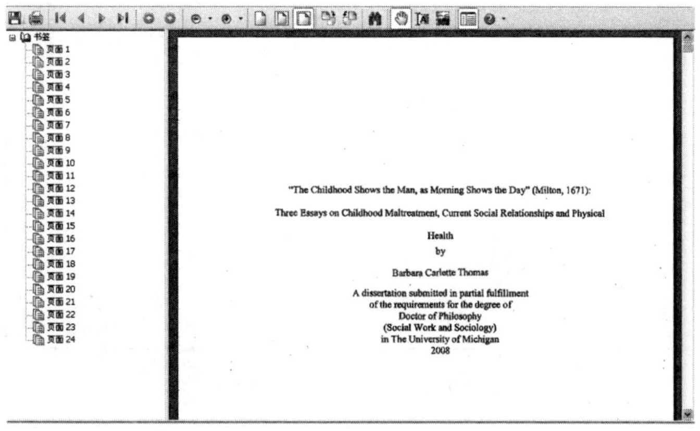

图 6-2-11　预览结果界面

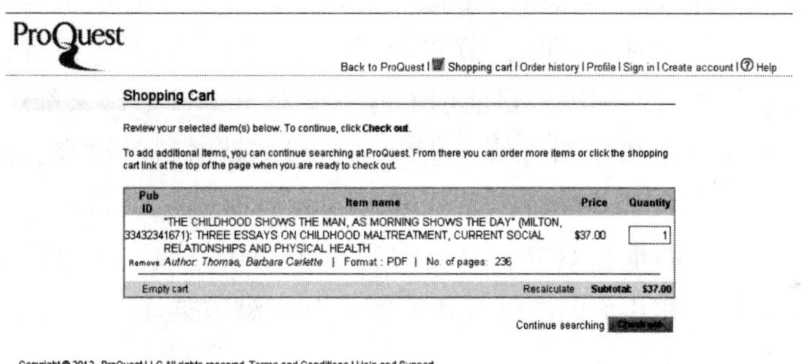

图 6-2-12　全文订购界面

本检索，表达式：anspach and michigan，如图 6-2-7 所示；使用高级检索——命令行检索，表达式如图 6-2-8 所示。检索结果如图 6-2-9 所示，其中一篇论文的摘要显示界面如图 6-2-10 所示，而该论文前 24 页的全文信息则以 PDF 格式显示，如图 6-2-11 所示，图 6-2-12 所示为全文订购界面界面。

6.3　专利文献检索

专利文献报道内容新颖、详尽、图文并茂、出版迅速，涉猎应用领域广

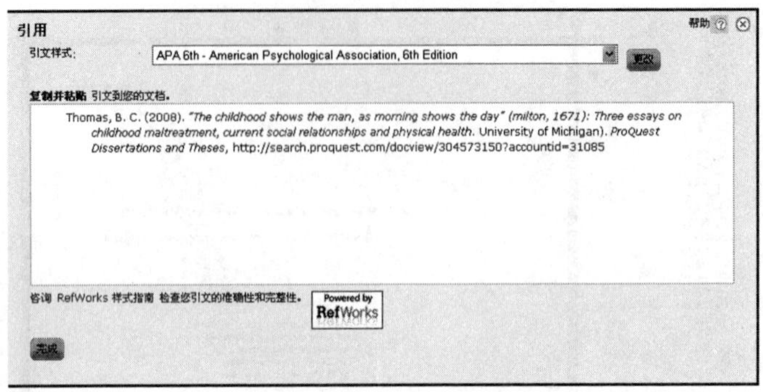

图 6-2-13 创建引文界面

阔、重复出版量大。因此，专利文献是反映最新的科学技术发明，是最可靠的技术情报。世界知识产权组织曾做过这样的统计：在科研工作中，查阅专利文献可以缩短研究时间 60%，节省研究费用 40%。同时经济界认为，专利是衡量公司企业兴衰的标志。目前网上专利文献资源多数国家都可免费检索，具有极大的开发潜力和使用价值。所以，专利文献对科学研究、制定发展规划、市场预测、技术引进、新产品开发等方面具有前瞻性指导作用，它既可避免工作中不必要的重复研究，又可取得事半功倍之效。本节将介绍有关专利的一些基本知识和几个国内外有影响的专利文献数据库。

6.3.1 专利概述

1. 专利及专利文献

专利是专利权的简称，是指国家专利机关依专利法授予发明人或设计人在一定的时间、地域范围内，对其发明创造享有独占性的制造、使用和销售的专有权。专利有三层含义：一是指专利权，二是指取得专利权的发明创造，三是指专利文献。我们通常所说的专利主要是指专利权。

专利文献是指专利申请文件经国家主管专利的机关依法受理、审查合格后，定期出版的各种官方出版物的总称。我国的专利文献，从狭义上讲是指由国务院专利行政部门公布的专利说明书和权利要求书；从广义上讲专利文献还包括说明书摘要、专利公报以及各种检索工具书、与专利有关的法律文件等。专利文献主要有以下四个方面的特点。

（1）数量巨大、内容广博

目前，世界上约有 90 个国家、地区、国际性专利组织用大约 30 种官方文字出版专利文献，其数量占世界每年 400 万件科技出版物的 1/4，而且，每年仍以 100 多万件的速度递增。专利文献几乎涵盖人类生产的全部技术领域。

（2）集技术、法律、经济等信息于一体

专利文献记载技术解决方案，确定专利权保护范围，披露专利权人、注册证书所有人权利变更等法律信息。同时，依据专利申请、授权的地域分布，可分析专利技术销售规模、潜在市场、经济效益及国与国之间的竞争范围。

（3）技术新颖

首先、大多数国家专利局采用先申请制原则，促使申请人会在发明完成之后尽快提交申请，以防他人捷足先登；其次，由于新颖性是授予专利权的首要条件，因此，技术新颖的发明创造多以专利文献而非其他科技文献形式公布于众。

（4）格式统一、形式规范

各国出版的专利说明书文件结构大致相同，均包括扉页、权利要求、说明书、附图等内容。专利文献均采用或标注国际专利分类（IPC）划分发明所属技术领域，从而使各国的发明创造融为一体，成为便于检索的、系统化的科技信息资源。

2. 专利权的特征

专利的第一层含义是从法律角度出发，指受专利法保护的权利，也像其他知识产权一样，具有 3 个主要特性。

（1）垄断性。垄断性，也称独占性或专有性。是指国家授予同一内容的发明创造只有一次，被授予专利权的人独享专有，即专利权人对其发明创造享有独占性的制造、使用、销售和进出口的权利，具有排他性。按照专利法的规定，未经专利权人许可，任何单位和个人不得实施其专利，若有他人实施该专利，必须与专利权人订立许可合同，支付专利使用费。

（2）地域性。根据巴黎公约规定的专利独立原则，专利权的地域性是指一个国家依照其本国专利法授予的权利，仅在该国法律管辖的范围内有效，对其他国家没有任何约束力，外国对其专利权不承担保护的义务。如果认为有必要在本国以外的地方获得专利保护，那就必须同时向国外申请专利。

（3）时间性。时间性是指专利权人对其发明创造所拥有法律赋予的专有权只在法律规定的时间内有效，期限到期后，专利权人对其发明创造就不再享有独自制造、使用、销售等的专有权。到此，原来受法律保护的发明创造就成了社会的公共财富，任何单位或个人都可以无偿地使用。也就是说专利权只在专利法规定的一定期限内有效，即专利权的有效期限。

对于专利的这一期限，世界各国的规定是不一致的。绝大多数国家都规定为 10 年至 20 年不等。总的来看，工业发达国家保护专利权的有效期限趋向于长一些，发展中国家则普遍地倾向于短些。

我国专利法从 1993 年 1 月 1 日起施行新的专利法规定：发明专利权的期限为自申请日起 20 年，实用新型和外观设计专利权的期限为 10 年，在此期间可以转让，也可以有继承权。

3. 专利类型

专利类型是指受专利法保护的发明。按国家划分，各国（地区）根据其专利内容可划分为不同的类型，例如中国、日本、德国、意大利等国的专利可分为发明、实用新型及外观设计 3 种，而英国专利仅有发明专利 1 种，美国专利则分为发明、植物、外观设计等各种不同专利。若就专利的地域性，同一项发明可向不同国家（地区）申请专利，按其产生专利文献的先后顺序不同，又可划分为基本专利、相同专利、同族专利及非法定专利 4 种。

（1）发明专利。发明专利是指具有较高技术水平的发明创造。一般都经过专利局较严格的“三性”审查。我国专利法实施细则第二条指出：“专利法所称的发明是指对产品、方法或者其改进所提出的新的技术方案。”因此发明专利包括两种情况：一是产品发明，如机器、设备工具等物品以及某些无固定形状的非自然存在的人造物质；二是方法发明，如某种制造工艺、加工方法、测量方法、化验方法、通信方法等。

（2）实用新型专利。实用新型专利是指技术水平较低的“小发明”。即指机器、设备、装置、用具或器件的产品形状、构造或其结合提出的新方案，新方案能够在工业上制造具有实用价值或实际用途的产品。

实用新型与发明专利相比有两个主要的区别：一是就技术水平，实用新型略低于发明；二是就各自涉及的范围，实用新型比发明要窄得多，发明不仅包括产品，而且包括各种方法，而实用新型专利仅适用于产品，不适用于工艺方法。

（3）外观设计专利。外观设计专利是指对产品的形状、图案、色彩或其结合作出的富于美感、并适于工业上应用的新设计。这种新设计可以是产品的二维平面设计，也可以是产品的三维立体造型。外观设计专利与以上两种专利完全不同，即外观设计专利不是技术方案。因此申请外观设计专利，需要指明该设计用于何种产品。外观设计还必须是只对产品的外表设计。此外，外观设计专利必须是能在工业上批量生产，即用于工业品，而不是用于艺术品。

实用新型与外观设计都提到形状，其区别在于，前者主要涉及产品的功能，后者一般只设计产品的外观。

4. 专利条件

专利的第二层含义是从技术角度出发，指受专利法保护的发明即专利技术。一项发明创造要获得专利权，其一要按照专利法规定，向专利局提出专利申请；其二应属于专利法规定的授予专利权的发明创造范围。除此而外，还应具备新颖性、创造性和实用性，即通常称之为专利的“三性”，这是授予专利权的实质性审查条件。

（1）新颖性。新颖性是指一项发明是前所未有的，即指一项发明或实用新型在申请日以前未被公开发表过或未被公知公用。目前各国专利法都把新颖性作为获得专利权的首要条件。

世界上绝大多数国家以专利申请日或优先权日作为确定新颖性的时间界限，一项发明或实用新型在申请日或优先权日之前没有与其相同的发明创造被公开发表或被公知公用，就认为该发明或实用新型具备新颖性。但少数国家，如美国、加拿大等，以发明日作为确定新颖性的时间界限。

（2）创造性。发明的创造性在有些国家也叫“先进性”或“非显而易见性”。我国《专利法》第 22 条规定，创造性“是指同申请日以前已有的技术相比，该发明有突出的实质性特点和显著的进步。”《专利法》中所规定的创造性标准很清楚，只有当发明的技术特征与已有技术相比，具有本质上的差异，这种差异对于所属技术领域内的中等水平专业人员来说，是非显而易见性的。

（3）实用性。发明的实用性也称工业实用性，或工业再现性。实用性就是能够在产业上制造或使用。也就是指能在工农业等各种产业中应用，凡不能在产业上应用的发明，就不具备实用性。我国《专利法》第 22 条规定：“实用性，是指该发明或者实用新型能制造或者使用，并且能够产生积极效果。”

5. 专利说明书组成

专利的第三层含义是从文献角度出发，指专利文献。从广义上讲，专利文献是指与工业产权有关的所有专利资料，即有关的专利组织在审批专利过程中所产生的各种文件，如申请专利时提交的权利要求书、各种类型的专利说明书，还包括有关部门在处理专利诉讼时的法律性文件以及专利公报、专利索引等出版物。狭义地讲，专利文献就是指专利说明书，它是专利文献的主体。因此专利文献是一种集技术与法律于一体的实用性很强的文献信息媒体。通常一件专利说明书由其专利文献的著录项目、摘要、说明书正文、附图和权力要求书等部分组成。

(1) 著录项目。专利说明书的著录项目很多，通常都刊登在专利文献的扉页上，包含着丰富的情报事项，这是区别任何其他文献的显著标志之一。它包括发明的名称、国际专利分类号、申请人、发明人、受让人、申请号、优先权申请号、优先权申请日期、优先权申请国家、PCT 的指定国等项。而在专利文献中均以带有方括号的数字表示之，这是按照国际统一格式印刷出版所采用统一的国际标准代码（INID）进行著录的标识。

① 申请（专利）号。我国专利号沿用申请号，采用 9-13 位数字，第三或第五位数表示专利类型，如 92228729.5，200510028479.0，也有的专利文献在专利号前冠以国别代码 CN 表示之。

② 公开号、授权公告号。我国的公开号、授权公告号由国别代码、7-9 位数字和专利法律状态符号组成。其中第一位数字用来区分 3 种不同类型的专利，如 CN1050324A、CN1473987B，编号后标有字母进一步区分其法律状态：标有 A，表示发明专利申请公开，CN 1776068A；标有 B，表示发明专利申请审定公告。

③ 国际专利分类号。国际专利分类法（International Patent Classification，IPC）是专门适用于专利文献的分类法，IPC 采用“混合式分类”原则，即“功能分类和应用分类相结合”的原则。目前，主要工业发达国家除美国、英国外，日本、德国、俄罗斯、法国、意大利等国全部采用国际专利分类法作为本国专利文献的分类体系。我国发明、实用新型两种专利也是直接使用国际专利分类法。

《国际专利分类表》（International Patent Classification，IPC）1968 年正式

出版并使用，每五年修订一次，以适应新技术发展的需要。目前已普及至 50 多个国家和专利组织。在使用《国际专利分类表》时，要用与所查专利年代相应的分类表版本。如检索 1993 年的专利文献要使用第五版分类表。《国际专利分类表》被简写成“Int. c1”，并且将它加在所有的根据分类表分类的专利文献的分类号前面。IPC 采用功能（发明的基本作用）利应用（发明的用途）相结合，以功能为主的分类原则。

IPC 以等级的形式，将技术内容按部（Section）、分部（Subsection）、类（Class）、小类（Subclass）、主组（Maingroup）、分组（Subgroup）逐级分类，IPC 类号采用字母数字混合编排方式。

IPC 共 8 个部，8 个部分别用 A 至 H 8 个大写字母表示。部下的分部没有类号标识，共 20 个，如表 6-3-1 所示。

表 6-3-1　IPC 的部与分部

部	部　名	分　部　名
A	人类生活必需（农、轻、医）	农业；食品与烟草；保健与娱乐；个人与家用物品
B	作业、运输	分离、混合；成型；印刷；交通运输
C	化学	化学；冶金
D	纺织、造纸	纺织；造纸
E	固定建筑物	建筑；掘井、采矿
F	机械工程	发动机或泵；一般工程；照明、加热；武器、爆破
G	物理	仪器；核子学
H	电学	

大类 130 余个，由所属部的符号加上两位阿拉伯数字组成；小类 600 多个，由大类类号加上一个大写字母（第一版 IPC 中则用小写英文字母）组成。

主组与分组都用数字表示，之间用“/”分隔。主组号由小类号加上 1~3 个三位数字，而后在斜线“/”后加上两个零；分组号为主组号除两个零之外的数字。分组又可细分出一级分组、二级分组等，IPC 最多可分至八级。分组的等级关系由类目前面的错位及“·”的数目表示。例如：

A	人类生活需要	部
	食品与烟草	分部
A21		大类

A21B		小类
A21B1/00	食品烤炉	主组
A21B1/02	·以加热装置为特征的	一级分组
A21B1/04	··在焙烤前只用火加热的烤炉	二级分组
A21B1/06	··用辐射器加热的烤炉	二级分组
A21B1/08	···用蒸汽加热的辐射器	三级分组

斜线后的数字在分类表中不表示任何进一步细分类的等级关系，即1/06并不是1/04的细分类，而1/08后的三个圆点决定了它是1/06的细分类，即是离它最近的少一个圆点类号的细分类。

而我国外观设计专利采用的是国际外观设计分类，即洛迦诺分类。该分类表依据产品的用途，采用大类和小类两级分类制。大类号和小类号分别用两位阿拉伯数字表示，不足两位数的，在数字1~9之前加0，目前共分为31个大类和217个小类，包括7 000多个产品系列。此外，还设有第99类，将各个大类和小类中未包括的产品划归到第99类中。例如：

19类　文具用品、办公设备、艺术家用材料及教学材料

19-01　书写纸、明信片和通知卡

19-02　办公设备

19-03　年历、日历

19-04　书本及其他与其外观相似物品

19-05　空白

19-06　用于写字、绘图、绘画、雕刻、雕塑和其他工艺技术的材料和器械

19-07　教学材料

19-08　其他印刷品

19-99　其他杂项

④ 优先权项。优先权项一般包括优先权申请号、优先权申请日期和优先权申请国。

优先权是专利制度的一种特殊规定，它是1883年3月10日在巴黎签订的《保护工业产权巴黎公约》规定的一种为巴黎公约缔约国之间共同遵守、相互承认的优惠权利。

优先权是指任一个缔约国的申请人就同一发明先在一个成员国申请专利，

只要时间间隔不超过一定期限（发明与实用新型为 12 个月，外观设计、商标为 6 个月），则后来向其他成员国的申请日期均按最早的那次申请日期算起。因此，一项发明创造的第一次提出专利申请日期既称为申请日，也称为优先权日。按照巴黎公约有关优先权的规定，一项发明创造在一个成员国提出专利申请之后，虽然内容公开了，但只要在法定的期限内向其他成员国提出专利申请，完全不影响后面申请案的新颖性。

⑤ PCT（专利合作条约）。如果要向许多国家申请专利可以使用 PCT。PCT 是专利领域的一项国际合作条约，是一个非开放性公约，只对巴黎公约成员国开放，目前成员国有 140 余个，我国是 1994 年加入的。PCT 的宗旨是简化国际间专利申请手续和程序，从而节省时间和开支。

PCT 的主要特点是建立一种国际体系，申请人只要用一种语言，向一个受理局（PCT 成员国的本国专利局）提出一件专利申请（国际申请），通过一次检索（国际检索），就能在申请人要求指定的每一个 PCT 成员国都有效，而不必分别到各国提出申请、检索。我们通常所说的国际专利（WO）指的是按照 PCT 规定提出的专利申请案。但 PCT 不对国际专利授权，至于是否授予专利权的任务和责任仍然由申请案提交时的指定国专利局行使起职权。

（2）摘要。专利说明书摘要是对该发明创造的技术内容所作的简明描述，一般紧接在专利说明书的有关著录项目之后。

（3）说明书正文。专利说明书正文是申请人向专利局申请专利权时必交的文件之一。在说明书中，申请人详尽地叙述了发明创造名称、发明的目的、发明的技术背景、发明的详细内容及发明创造的效果等。

（4）附图。可更好地阐明发明创造内容，尤其对一些涉及设备电路和具体产品的发明创造，一般都用附图加以补充说明。

（5）权力要求书。权力要求书可提供专利申请人请求法律保护的范围，它是专利局判定是否侵权的依据。权力要求书必须以说明书的内容为依据，不能超出说明书范围。

6. 专利检索依据

可用作专利检索依据的专利信息很多。一般情况下，所有专利文献著录项目都可以作为专利信息检索依据。主要可归纳为以下 3 种情况。

（1）主题检索。主题检索分为：分类检索（IPC、ECLA、US 分类号等）和关键词检索（发明名称、摘要）。

（2）名字检索。名字检索：申请人（专利权人、专利受让人）、代理人、发明人（设计人）、代理机构。

（3）号码检索。号码检索：申请日、公开（公告）日、公布（批准）日、申请号、专利号、优先权项。

6.3.2 中国专利检索

网上能提供中国专利数据库的网站很多，主要网站如下。

（1）中国专利信息网（http：//www. patent. com. cn）。

（2）中华人民共和国国家知识产权局网（http：//www. sipo. gov. cn）。

（3）中国发明专利技术信息网（http：//www. 1st. com. cn）。

（4）中国知识产权网（http：//www. cnipr. com）。

（5）中国专利项目网（http：//www. hgptpc. cn）。

这些网站中多数只能阅读到题录文摘信息，在此仅介绍中华人民共和国国家知识产权局网的专利检索（http：//www. sipo. gov. cn）部分。该网是我国诸多专利网中能免费检索中国专利全文的网站之一，并且能检索发明、实用新型和外观设计专利，还可以浏览到各种说明书全文及外观设计图形。国家知识产权局网可提供快捷检索、高级检索和 IPC 分类检索 3 种方式。

1. 快捷检索

快捷检索位于国家知识产权局网主页右侧的中部（见图 6-3-1），只能在申请（专利）号、申请日、公开（公告）号、公开（公告）日、申请（专利权）人、发明（设计）人、名称、摘要、主分类号九个检索字段中进行检索。快捷检索只支持模糊检索。其中，用“?”代表 1 个字符，用“%”代表 0~n 个字符，且模糊算符在末尾时可省略。如在申请（专利）号字段输入：95?03417，在名称字段输入：防菌%口罩，另系统本身有自动截词功能。

2. 高级检索

单击中华人民共和国国家知识产权局网页中的“高级搜索”即可进入高级检索界面。高级检索实为菜单检索，共提供了 16 个检索字段输入框，既可进行组配检索又可进行单一检索，各字段间的关系为逻辑与。高级检索具有检索语言提示功能，用户检索时，只要把鼠标放在某一字段输入框上，就会显示检索提示功能。其中在专利名称、摘要字段，既可实现模糊检索也可用逻辑与（AND）、或（OR）、非（NOT）组配检索，如图 6-3-2 所示。

图 6-3-1　基本检索界面

图 6-3-2　高级检索界面

重要提示

（1）高级检索中，构造检索表达式时，检索词与算符之间要空一格。

（2）国家知识产权局网的说明书为 TIF 格式文件，在线浏览说明书全文必须安装本网站提供的专用浏览器。

3. IPC 分类检索

单击高级检索界面右侧的“IPC 分类检索”则可进入分类检索界面，该界面可通过 IPC 的 8 个大部逐级选择类目层层逼近检索，如图 6-3-3 所示，当然该系统还可在有关类目下，进一步输入关键词进行限定检索，如图 6-3-4 所示。

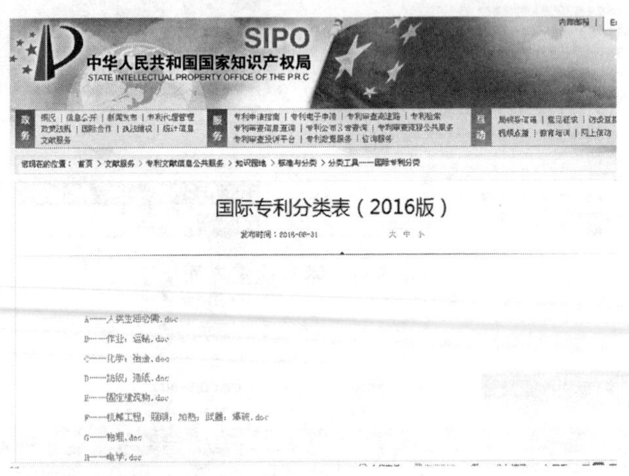

图 6-3-3　IPC 分类检索界面

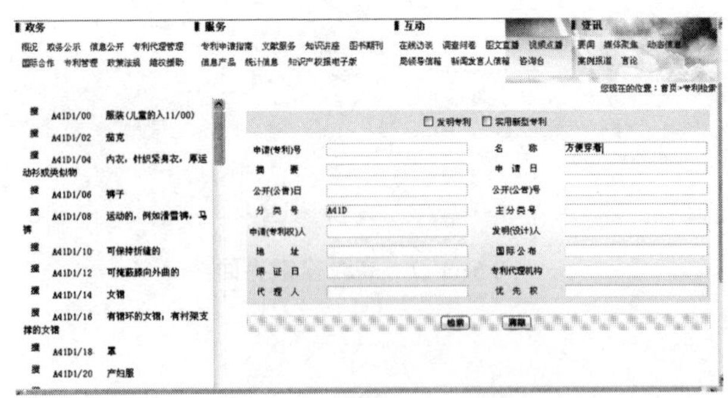

图 6-3-4　IPC 分类检索界面

4. 检索结果

国家知识产权局网的专利检索结果如图 6-3-5 和图 6-3-7 所示，最上方显示专利类型及命中专利数量，而最为显著的位置则按篇罗列专利文献，每篇专利以“序号、申请号和专利名称”依次显示。对于外观设计专利，单击图 6-3-5 中的申请号或专利名称，就可看到专利的全部著录项目和专利全文（见图 6-3-6），在外观设计专利中，所谓的全文就是由若干幅图所组成。对于发明和实用新型两种专利，单击图 6-3-7 中的申请号或专利名称，可看到专利文摘等信息（见图 6-3-8），若想看专利全文，则可单击图 6-3-8 最上方的“实用新型说明书（4）页”超链接，如图 6-3-9 所示。

专利申请指南　申请　审查　授权　前　中　后

专利检索　申请（专利）号　搜索　高级搜索

其他检索　集成电路布图设计检索　国外及港澳台专利检索　专题数据库检索

法律状态查询　收费信息查询　代理机构查询　专利证书发文信息查询

专利检索　您现在的位置：首页>专利检索

外观设计专利（366）

序号	申请号	专利名称
1	02324159.4	标贴（日历-18）
2	02324162.4	标贴（日历-3）
3	02324163.2	标贴（日历-1）
4	02356826.7	标贴（日历-波）
5	02356830.5	标贴（日历-图3）
6	02356836.4	标贴（日历-圆）
7	02356825.9	标贴（日历-椭圆）
8	02356827.5	标贴（日历-方）
9	02356828.3	标贴（日历-双羊）
10	02356832.1	标贴（日历-图6）
11	02356833.X	标贴（日历-图7）
12	02356835.6	标贴（日历-28）
13	02357541.7	标帖（日历-云）
14	02327723.8	玩具齿轮绘画板
15	02357542.5	标帖（日历-7）

图 6-3-5　检索结果界面

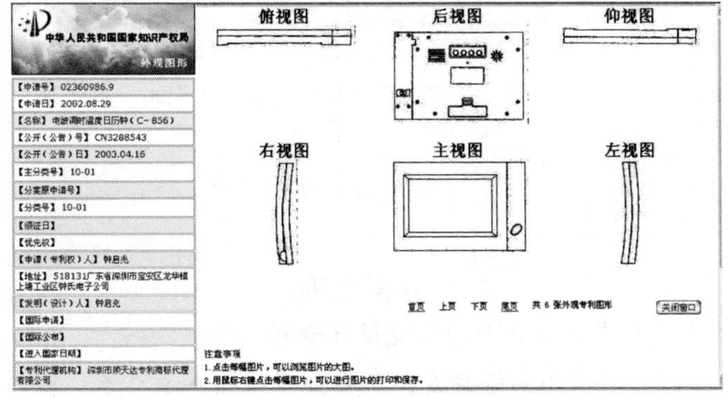

图 6-3-6　外观设计专利检索结果界面

图 6-3-7　检索结果界面

▪ 实用新型说明书（4）页

申　请　号：	200820098329.6	申　请　日：	2008.05.19
名　　称：	可方便穿着的组合裤		
公开（公告）号：	CN201199943	公开(公告)日：	2009.03.04
主 分 类 号：	A41D1/06(2006.01)I	分案原申请号：	
分　类　号：	A41D1/06(2006.01)I;A41D13/12(2006.01)I		
颁　证　日：		优　先　权：	
申请(专利权)人：	许重宁		
地　　址：	400030重庆市沙坪坝区沙坪坝正街72号附1号7-1		
发 明 (设计)人：	许重宁	国 际 申 请：	
国 际 公 布：		进入国家日期：	
专利代理机构：		代　理　人：	

摘要

可方便穿着的组合裤，涉及一种裤，特别是一种可方便穿着的组合裤。所要解决的技术 问题是提供一种可方便穿着的组合裤。解决其技术问题的技术方案，包含后裤片、左前裤片、 右前裤片、裤脚及连接装置；后裤片与左前裤片、右前裤片连接为一体；上段连接装置装在 左前裤片、右前裤片侧边上段连接左前裤片与右前裤片上段，中段连接装置装在后裤片下段 开岔处和左前裤片、右前裤片侧边下段连接左前裤片、右前裤片侧边下段与后裤片开岔处，裤脚连接装置装在后裤片、左前裤片、右前裤片下边缘和裤脚上边缘连接裤脚与后裤片、左 前裤片、右前裤

图 6-3-8　实用新型专利检索结果界面

案例分析

检索专利

（1）检索绘画或日历方面的外观设计专利。

解析：该题最好使用高级检索，在名称字段输入表达式：绘画 OR 日历，如图 6-3-2 所示，检索结果如图 6-3-5 和图 6-3-6 所示。

（2）查找可方便穿着的衣服方面的专利。

解析：该题使用国家知识产权局网的 3 种检索方式皆可。在此从 IPC 分

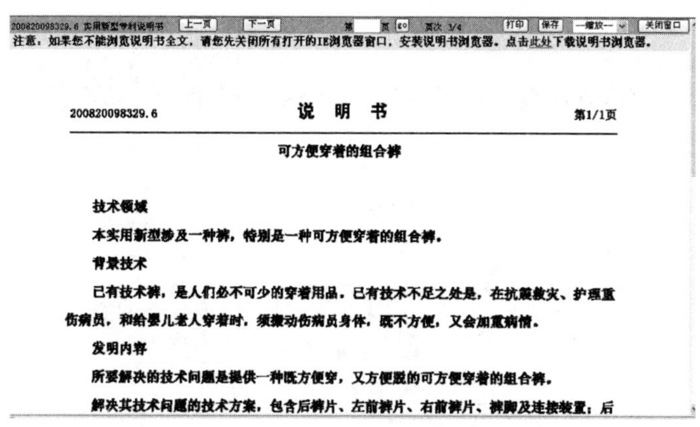
200820098329.6 实用新型专利说明书
注意，如果您不能浏览说明书全文，请您先关闭所有打开的IE浏览器窗口，安装说明书浏览器。点击此处下载说明书浏览器。

200820098329.6　说　明　书　第1/1页

可方便穿着的组合裤

技术领域

本实用新型涉及一种裤，特别是一种可方便穿着的组合裤。

背景技术

已有技术裤，是人们必不可少的穿着用品。已有技术不足之处是，在抗震救灾、护理重伤病员，和给婴儿老人穿着时，须挪动伤病员身体，既不方便，又会加重病情。

发明内容

所要解决的技术问题是提供一种既方便穿，又方便脱的可方便穿着的组合裤。

解决其技术问题的技术方案，包含后裤片、左前裤片、右前裤片、裤脚及连接装置；后

图6-3-9　专利全文显示界面

类检索入手，首先选：A 生活必需；然后在其下单击 A41 服装；再单击 A41D 外衣、防护服、衣饰配件；当然还可在有关类目下，进一步输入关键词进行限定检索，如在名称框中输“方便穿着”，则可进一步缩小检索范围（如图6-3-3和图6-3-4所示）。检索结果如图6-3-7和图6-3-8所示，专利全文如图6-3-9所示。

6.3.3　美国专利检索

1. USPTO 简介

在 Internet 上，有数家机构的 Web 服务器提供美国专利数据库检索。其中，美国专利与商标局（United States Patent and Trademark Office，USPTO）的服务器可免费获取美国专利全文信息，其网址为：http：//patft. uspto. gov。

USPTO 数据库收录了1976年以来的所有美国专利全文信息，并有扫描图像原始全文专利说明书的超链接，数据库每周二更新一次。其专利检索主页如图6-3-10所示，主页左栏为已公布的专利，右栏为申请专利，中栏为通知和政策及帮助事项。

2. 检索语言

检索语言是数据库检索的核心技术，即通常所说的各种检索算符，USPTO 的常用检索语言如表6-3-2所示。

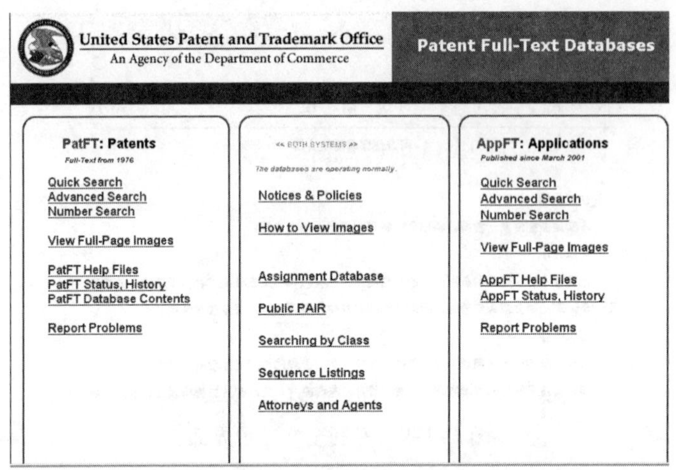

图 6-3-10 USPTO 主页

表 6-3-2 USPTO 常用检索语言

算符名称	使用符号	实　例	注　释
逻辑与	AND	A AND B	A、B 两词同时出现在文献记录中
逻辑或	OR	A OR B	A、B 两词任意一词或同时出现在文献记录中
逻辑非	AND NOT	A AND NOT B	A 词出现在文献记录中，但 B 词不出现
优先级	( )	(A or B) and C	优先执行括号中的表达式
截词符	$	plant $	可检出与 plant 词干相同，而其词尾字母不限的所有词
短语检索	“ ”	“A B”	精确短语检索

3. 检索方式

USPTO 专利库提供 3 种检索模式，即“Quick Search”（快速检索）、Advanced Search（高级检索）和 Patent Number Search（专利号检索）。

（1）快速检索。单击 USPTO 主页中的“Quick Search”或其他页面中的 Quick 链接，都可进入快速检索界面，图 6-3-11 所示为在题名字段查找网球拍的实例。

快速检索只提供两个文本查询框，用户可选择检索字段、逻辑算符及检索年代，并输入检索词进行检索。

快速检索可选择的字段包括题名、文摘、专利号、发明人等 30 多个字

USPTO PATENT FULL-TEXT AND IMAGE DATABASE

Home | Quick | Advanced | Pat Num | Help

View Cart

Data current through September 15, 2009.

Query [Help]

Term 1: tennis in Field 1: Title

AND

Term 2: racquet$ in Field 2: Title

Select years [Help]

1976 to present [full-text]

Search

Patents from 1790 through 1975 are searchable only by Issue Date, Patent Number, and Current US Classification.
When searching for specific numbers in the Patent Number field, patent numbers must be seven characters in length, excluding commas, which are optional.

图 6-3-11　快速检索界面

段，默认状态下为所有字段。该检索界面简单直观，易于初学者掌握。

重要提示

快速检索只适用两个及以下检索词或短语的检索，每个文本框中只允许输入一个检索词或短语，对于两个以上的检索词或短语的检索必须用高级检索进行。

（2）高级检索。单击 USPTO 主页中的"Advanced Search"或其他页面中的 Advanced 链接，都可进入高级检索界面，如图 6-3-12 所示。

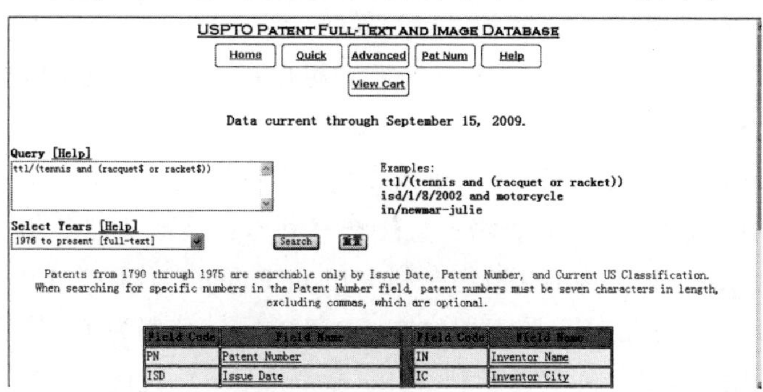

图 6-3-12　高级检索界面

在高级检索界面中，用户可根据需要，用表 6-3-2 检索语言和表 6-3-3 检索字段代码，在 Query 文本查询框内一次性输入检索表达式。另检索字段代码与检索词之间要用符号"/"加以限定。

表 6-3-3 USPTO 检索字段代码

代　码	字段名称	代　码	字段名称
PN(专利号)	Patent Number	IN(发明人名称)	Inventor Name
ISD(公布日期)	Issue Date	IC(发明人所在城市)	Inventor City
TTL(题名)	Title	IS(发明人所在州)	Inventor State
ABST(文摘)	Abstract	ICN(发明人所在国家)	Inventor Country
ACLM(权利要求)	Claim(s)	LREP(律师或代理人)	Attorney or Agent
SPEC(说明书)	Description/Specification	AN(专利权人名称)	Assignee Name
CCL(最新美国专利分类号)	Current US Classification	AC(专利权人所在城市)	Assignee City
ICL(国际专利分类号)	International Classification	AS(专利权人所在州)	Assignee State
APN(申请号)	Application Serial Number	ACN(专利权人所在国家)	Assignee Country
APD(申请日期)	Application Date	EXP(主审人)	Primary Examiner
PARN(原始案例信息)	Parent Case Information	EXA(助理审查人)	Assistant Examiner
RLAP(相关 US 申请日期)	Related US App. Data	REF(引用文献)	Referenced By
REIS(再公告日期)	Reissue Data	FREF(国外参考文献)	Foreign References
PRIR(外国优先权)	Foreign Priority	OREF(其他参考文献)	Other References
PCT(专利合作条约信息)	PCT Information	GOVT(政府股份)	Government Interest
APT(申请类型)	Application Type		

（3）专利号检索。单击 USPTO 主页中的“Number Search”或其他页面中的 Pat Num 链接，都可进入专利号检索界面。

专利号检索只提供一个文本查询框，用户在此只能对专利号行使检索，如图 6-3-13 所示。

由于美国专利的种类较多，在输专利号时应注意它的格式：发明专利（Utility）代码为 A，输入时省略，直接输专利号；其他 7 种专利，如外观设计专利（Design）代码为 D、植物专利（Plant Patent）代码为 PP、再公告专利（Reissue）代码为 RE、防卫性公告（Def. Pub.）代码为 T、依法登记的发明（SIR）代码为 H、再审查专利（Re-examination）代码为 RX、补充专利（Additional Improvement）代码为 AI，在检索框中除了输入专利号外，还要在专利号之前冠以专利代码符号。

4. 检索结果

在上述 3 种检索模式中，单击“Search”按钮后，系统执行检索并将匹配的记录输出到屏幕上，其显示内容有检索表达式、命中条数、专利题录等信

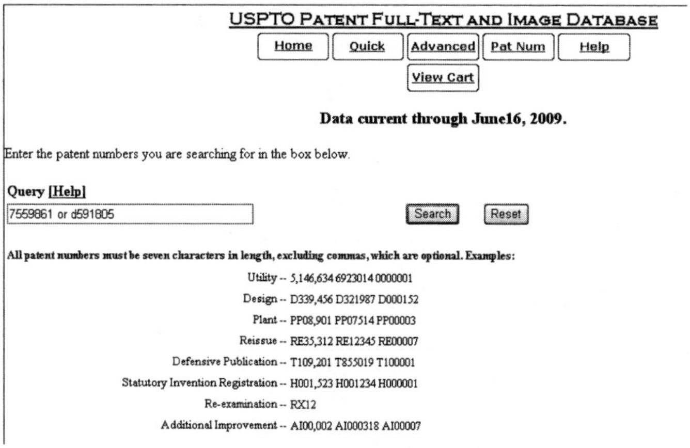

USPTO PATENT FULL-TEXT AND IMAGE DATABASE

Home | Quick | Advanced | Pat Num | Help

View Cart

Data current through June16, 2009.

Enter the patent numbers you are searching for in the box below.

Query [Help]

7559861 or d591805　　Search　Reset

All patent numbers must be seven characters in length, excluding commas, which are optional. Examples:

Utility -- 5,146,634 6923014 0000001
Design -- D339,456 D321987 D000152
Plant -- PP08,901 PP07514 PP00003
Reissue -- RE35,312 RE12345 RE00007
Defensive Publication -- T109,201 T855019 T100001
Statutory Invention Registration -- H001,523 H001234 H000001
Re-examination -- RX12
Additional Improvement -- AI00,002 AI000318 AI00007

图 6-3-13　专利号检索界面

息，专利题录按专利号大小倒叙排列，包括记录顺序号、专利号和发明名称，显示结果如图 6-3-14 所示。单击图中的专利号或题名，可看到除附图之外的专利说明书的所有内容，包括各种专利著录项目、摘要、说明书和权项等更详细的信息，如图 6-3-15 所示。若要浏览专利说明书图形，可单击专利页面上部的“Images”按钮。

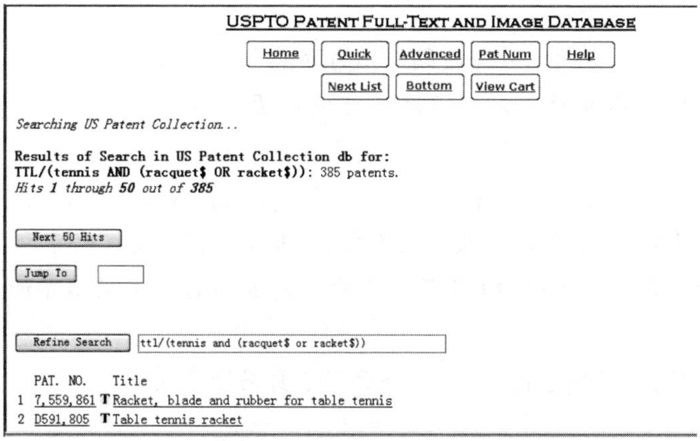

USPTO PATENT FULL-TEXT AND IMAGE DATABASE

Home | Quick | Advanced | Pat Num | Help

Next List | Bottom | View Cart

Searching US Patent Collection...

Results of Search in US Patent Collection db for:
TTL/(tennis AND (racquet$ OR racket$)): 385 patents.
Hits 1 through 50 out of 385

Next 50 Hits

Jump To

Refine Search　ttl/(tennis and (racquet$ or racket$))

PAT. NO.　Title
1 7,559,861 **T** Racket, blade and rubber for table tennis
2 D591,805 **T** Table tennis racket

图 6-3-14　检索结果界面

检索结果可以保存和打印，但一次只能保存和打印一条全记录。

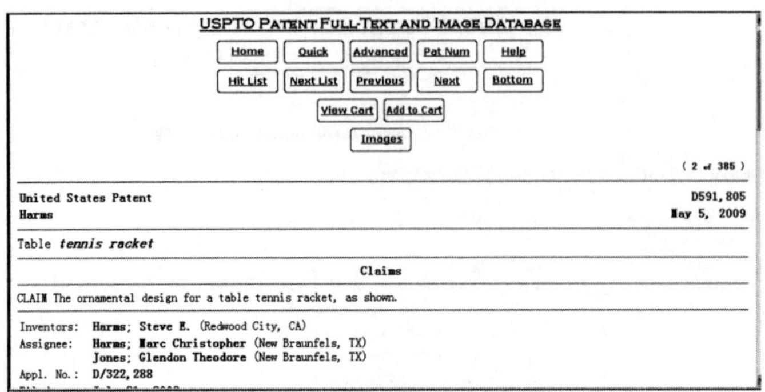
USPTO PATENT FULL-TEXT AND IMAGE DATABASE

Home | Quick | Advanced | Pat Num | Help
Hit List | Next List | Previous | Next | Bottom
View Cart | Add to Cart
Images

(2 of 385)

United States Patent D591,805
Harms May 5, 2009

Table tennis racket

Claims

CLAIM The ornamental design for a table tennis racket, as shown.

Inventors: Harms; Steve E. (Redwood City, CA)
Assignee: Harms; Marc Christopher (New Braunfels, TX)
Jones; Glendon Theodore (New Braunfels, TX)
Appl. No.: D/322,288

图 6-3-15　专利全文显示界面

重要提示

(1) 高级检索中有关申请日及发明日等涉及日期的字段，要留心输入格式，如申请日为 March 25 1996，则输入格式：apd/3 - 25 - 1996 或 apd/3/25/1996。

(2) 用专利号检索，包括代码在内，不能超过 7 位数字。

案例分析

查找网球拍方面的专利

解析：根据课题的要求，该题既可使用快速检索，又可使用高级检索。使用快速检索，限定在题名字段，表达式为：tennis and racquet $，如图 6-3-11 所示；使用高级检索，表达式为：ttl/（tennis and（racquet $ or racket $）），如图 6-3-12 所示。快速检索命中 91 篇专利；高级检索命中 385 篇专利，其检索结果如图 6-3-14 所示，其中一篇专利的全文显示界面如图 6-3-15 所示。

由此可见，该题使用高级检索全面、不易漏检。

6.3.4 欧洲专利局网站检索

1. 检索特点

欧洲专利局网站（worldwide. espacenet. com）建于 1998 年，其标志为 esp

@ cenet，他是欧洲专利局、欧洲专利组织成员国及欧洲委员会联手在 Internet 上打造的最早的免费专利检索网站之一。现在可以用英、德、法 3 种文字检索，此外还可提供日文检索界面。综观欧洲专利局网站，具有这样几大特点。

（1）掌握单一检索体系，检索多国专利。自 Internet 诞生以来，各国专利网站都是自成体系，如采用本国语言、使用本国专利分类法、检索本国专利。而欧洲专利网站的出现，只需用户掌握单一检索体系，熟悉一种语言（英语）就可检索各国专利，该网站所收录的专利国家（地区）现已达到 90 多个，是目前涵盖世界各国专利最多的网站，也可以说是世界主要专利国家大汇总，我们经常使用的各国专利在此均能找到他的踪迹。

（2）报道快速、形式多样。欧洲专利局网站的报道速度同样不同寻常。对大多数国家（地区）的专利库每周更新一次，对欧洲成员国专利库更新几乎与新专利出版日期同步。欧洲专利局网站的报道形式也是丰富多彩。虽可报道 90 多个国家（地区）的专利，但报道的内容范围因国家（地区）差异很大，一般对欧洲专利（EP）、世界知识产权组织专利（WO）、英国、法国、德国、瑞士和美国等专利既可检索到题录数据、文摘，又可检索到文本及扫描图像说明书；而对中国、中国台湾、日本和韩国专利多数只能检索到题录数据及文摘；其他 80 多个国家（地区）的专利一般仅提供题录数据形式，有的甚至连题名也没有。另报道时间范围也有所区别，大多数国家可回溯到 1970 年，但对特别重要的国家可回溯到 1920 年，如奥地利、巴西、英国、德国等，而对美国专利书目数据和图像甚至可追溯到 1790 年。

（3）检索界面、输入字段标准化。欧洲专利局网站为世界各国专利资源共享开创了先河，这不仅体现在能用统一的语言检索上，还体现在检索界面、输入字段的统一标准上。虽对于不同的检索界面则有不同的检索字段，但检索字段共设有题名关键词、题名或文摘中的关键词、公开号（专利号）、申请号、优先权号、公开日期、申请人姓名、发明人、欧洲专利分类号和国际专利分类号 10 个字段可供选择。虽对不同国家的数据库，字段略有增减，但他们所输入的形式和表示的含义都是一致的。

（4）检索语言及显示结果固定统一。欧洲专利局网站对所有的检索部分均使用统一固定的检索语言，如表 6-3-4 所示。

表 6-3-4 欧洲专利局网站检索语言一览表

算符名称		使用符号	举例	注释
逻辑算符	逻辑与	AND	A AND B	A、B 两词同时出现在文献记录中
	逻辑或	OR	A OR B	A、B 两词任意一词或同时出现在文献记录中
	逻辑非	NOT	A NOT B	A 词出现在文献记录中，但 B 词不出现
优先级		( )	(A OR B) AND C	优先执行括号中的表达式
短语标识符		“”	“A B”	精确地检出用双引号引起的短语部分
截词标识符		*	book *	可取代任意长度的字符串
		?	book?	取代零或一个字符
		#	book #	精确地代替一个字符

同样该网的显示结果及显示窗口细阅区的格式也大致相同。

2. 检索方式

欧洲专利局专利网站共提供快速检索、高级检索、专利号检索和分类检索 4 种检索方式，其专利检索入口界面见该网站主页的左上方图示（见图 6-3-16）。esp@ cenet 数据库由 3 部分构成。

世界专利数据库（worldwide）：收录 90 多个国家（地区）的专利著录项目。

WIPO（World Intellectual Property Organization，世界知识产权组织）数据库：收录最近 24 个月公布的 PCT 申请的著录数据。

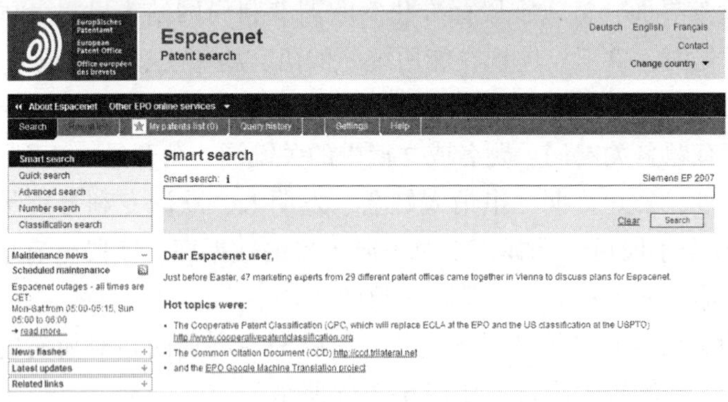

图 6-3-16 欧洲专利局网站主页

EP 数据库：收录最近 24 个月公布的欧洲专利申请的著录数据。

(1) 快速检索（Quick Search）。单击欧洲专利局专利网站左上方的 Quick Search 链接，即可进入快速检索界面。快速检索界面包括以下 3 部分内容。

① 选库：可通过下拉菜单选择 worldwide、WIPO、EP 3 个数据库，系统默认数据库为 worldwide。

② 选择检索字段：快速检索只提供两种类型的检索字段：一是选取发明名称或摘要中的关键词字段进行检索，二是选取发明人或申请人的名字字段进行检索。

③ 输入检索词：快速检索只提供一个文本输词框，可以依据表 6-8 的检索语言构造检索表达式，如图 6-3-17 所示。

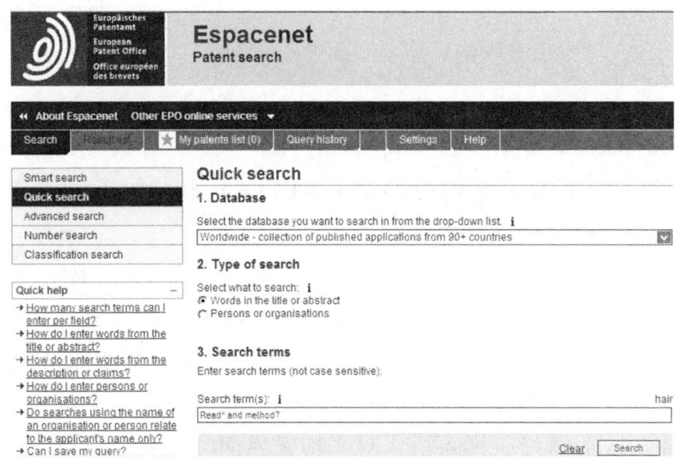

图 6-3-17　快速检索界面

(2) 高级检索（Advanced Search）。单击欧洲专利局专利网站左上方的 Advanced Search 链接，即可进入高级检索界面（见图 6-3-18）。高级检索界面包括以下两部分内容。

① 选库：高级检索选库同快速检索。

② 输入检索词：高级检索共提供 10 个检索字段，它们分别是：题目当中的关键词 [Keyword (s) in title]、题目或文摘中的关键词 [Keyword (s) in title or abstract]、公开（公告）号（Publication Number）、申请号（Application Number）、优先权申请号（Priority Number）、公开日期（出版日

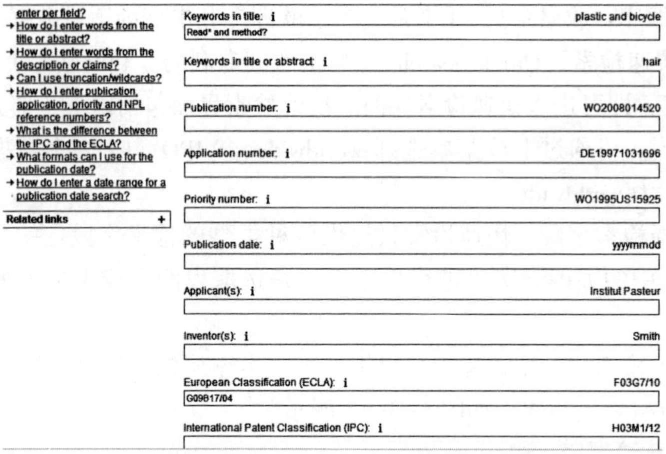

enter per field?
→ How do I enter words from the title or abstract?
→ How do I enter words from the description or claims?
→ Can I use truncation/wildcards?
→ How do I enter publication, application, priority and NPL reference numbers?
→ What is the difference between the IPC and the ECLA?
→ What formats can I use for the publication date?
→ How do I enter a date range for a publication date search?

Related links +

Keywords in title: i plastic and bicycle
Read* and method?
Keywords in title or abstract: i hair
Publication number: i WO2008014520
Application number: i DE19971031696
Priority number: i WO1995US15925
Publication date: i yyyymmdd
Applicant(s): i Institut Pasteur
Inventor(s): i Smith
European Classification (ECLA): i F03G7/10
G09B17/04
International Patent Classification (IPC): i H03M1/12

图 6-3-18 高级检索界面

期 Publication Date）、申请人［Applicant（s）］、发明人［Inventor（s）］、欧洲专利分类号（European Classification = ECLA）和国际专利分类号（International Patent Classification = IPC）。

每个字段的输入规则可参考检索字段后面的“i”图标提示及右侧样例，如果同时在多个字段中检索，其字段之间的逻辑关系为逻辑与，即满足所有条件的专利才被检索出来。输入检索内容后单击 Search 按钮即可执行检索。

（3）（专利）号码检索（Number Search）。单击欧洲专利局专利网站左上方的 Number Search 链接，即可进入号码检索界面。号码检索既可使用专利公开号（公告号），又可使用申请号或优先权申请号检索，但号码前一定要加二字国别代码，如图 6-3-19 所示。

（4）分类检索（Classification Search）。欧洲专利局网站的分类检索是指使用欧洲分类法（ECLA）检索专利。单击欧洲专利局专利网站左上方的 Classification Search 链接，即可进入分类检索界面。

分类检索实际上是为了配合高级检索来确定欧洲专利分类（ECLA）使用的一种辅助途径。ECLA 系统的分类原则是以国际专利分类（IPC）为基础，在 IPC 8 个部的基础上，又多加了 1 个部，分类位置的编排设置与 IPC 基本相同，其类名、类号、参见、附注、分类原则、分类方法等都可引用 IPC 的相关定义，只是主组以后的分类号更加细化。在分类检索中，既可按欧洲专利分类号的 9 个部（前 8 个部与 IPC 相同）逐级浏览，又可按关键词或具体的分类号检索（见图 6-3-20）。但无论哪种方式，只要选中界面右侧分类号的复选框，分类号即被复制到下部的“Copy to search form”框中，然后单击右侧的“Copy”按钮，该分类号就可添加到高级检索界面中的 ECLA 输入框，这样即可准确地确定 ECLA，进而进行高级检索。因此在分类检索界面无法看到专利题目、文摘及全文等详细信息。

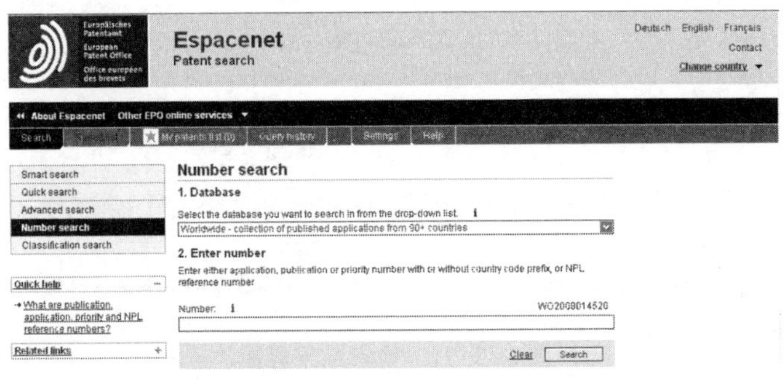

图 6-3-19　（专利）号码检索界面

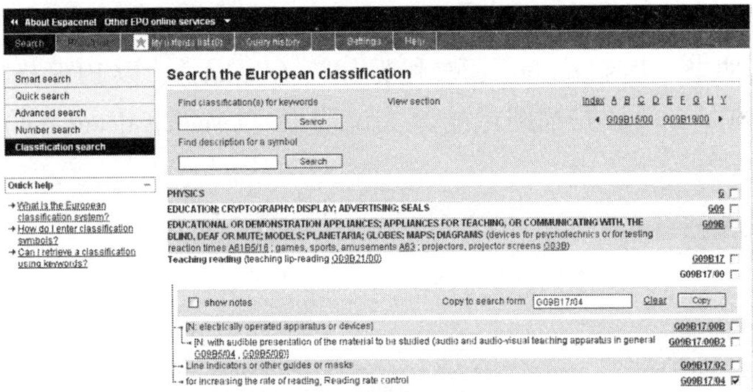

图 6-3-20　分类检索界面

3. 检索结果

检索完毕，系统在窗口显示的检索结果主要有：查到的匹配文献数量；输入的检索表达式；及序号、题目（链接）、发明人、申请人、EC（欧洲专利分类号）、IPC（国际专利分类号）、公开信息、优先权日期形式显示的检索结果列表。

一屏一般只显示 15 篇文献，当然也可选中“紧凑型”复选框，则只以序号、专利题目和公开信息的形式显示30篇文献，可使用翻屏查看其他页。检索结果列表按数据库上载的日期排序，且仅显示前500篇专利，如图6-3-21所示。

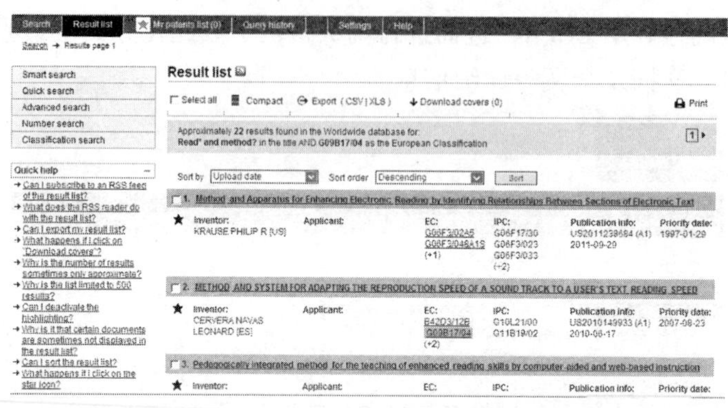

图6-3-21 检索结果界面

从检索结果列表中选取任一篇专利文献题目可进入该专利文献的细阅区，在此可看到系统默认的题录数据（含文摘），当然还可通过左上方的链接到文本形式的说明书（Description）、权利要求书（Claims）、以PDF格式显示的说明书附图（Mosaics）、扫描图像的原文说明书（Original document）等，如图6-3-22所示。

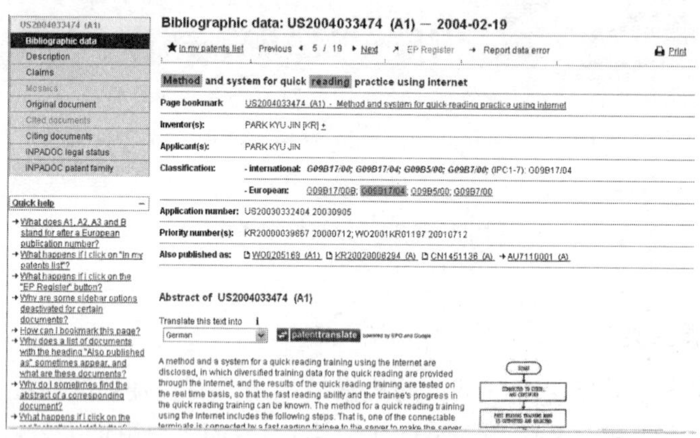

图6-3-22 检索结果界面

在图6-3-22的专利文献细阅区中，单击文献显示窗口左上方的

“Original document”，可查看图像格式的专利全文（见图 6-3-23），并能进行专利全文说明书的下载和打印；单击“Cited documents”项，可以查看该专利的参考专利；单击“Citing documents”项，可以查看该专利的引用情况；单击“INPADOC legal status”项，即可获得该专利的法律状态信息列表；单击“INPADOC patent family”项，可获得该专利（包括该专利在内）的所有同族专利。

除此而外，还可通过单击其中部“Also published as”的专利文献链接，显示该专利申请的相同专利。另 esp@ cenet 数据检索系统还可以在专利列表中存储文献，只要选中图 6-3-21、图 6-3-22 中的五星图标，专利文献即被存储在“In my patents list”中。

重要提示

（1）系统的 3 种截词字符只能在专利题目、题目和文摘、发明者及申请者（专利权人）字段使用。

（2）在截词算符后不允许再有字母，如 colo? r 输入错误。

（3）检索过程中，各种算符要在半角（英文）状态下输入，如小括号、? 等。

案例分析

查找有关阅读方法方面的专利

解析：根据课题的要求，该题既可使用快速检索，又可使用高级检索。在快速检索中，只能限定在题名或文摘字段中，表达式为：Read * and method?，如图 6-3-17 所示；使用高级检索，可分别使用题名和 ELLA 字段，如图 6-3-18 所示，而图 6-3-20 所示为用分类检索确定高级检索中 ELLA 字段的具体分类号的辅助过程。快速检索命中大于 100 000 篇专利；高级检索命中 22 篇专利，其检索结果如图 6-3-21 所示，其中一篇专利的题录数据和说明书全文显示界面如图 6-3-22 和图 6-3-23 所示。由此可见，该题使用高级检索更灵活、更准确。

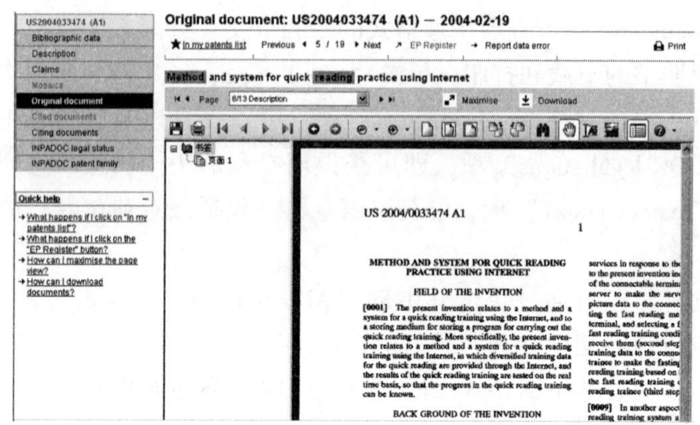

图 6-3-23 说明书全文显示界面

6.4 标准文献检索

6.4.1 标准概述

标准一般以科学、技术和经验的综合成果为基础，以促进最佳社会效益为目的。它不仅是从事生产、建设工作的共同依据，而且是国际贸易合作、商品品质检验的依据。

现代标准文献产生于20世纪初，1901年英国成立了第一个全国性标准化机构，同年世界上第一批国家标准问世。此后，美、法、德、日等国相继建立全国性标准化机构，出版各自的标准。中国于1957年成立国家标准局，次年颁布第一批国家标准（GB）。

国际标准化机构中最重要、影响最大的是1947年成立的国际标准化组织（ISO）和1906年成立的国际电工委员会（IEC），它们制定或批准的标准具有广泛的国际影响。

标准是在一定地域或行业内统一的技术要求。标准不仅适用于企业，也适用于旅游、金融、科技服务、机关、教育及社会公益事业等行业，因此标准文献应用广泛。

6.4.2　中国标准检索

1. 国家标准概念

所谓标准文献是指在有关方面的通力合作下，按照规定程序编制并经主管机关批准，以特定形式发布，为在一定的范围内获得最佳秩序，对活动或其结果规定共同的和重复使用的规则、导则、定额或要求的文件。标准一般以科学、技术和经验的综合成果为基础，以促进最佳社会效益为目的。

国家标准是指对需要在全国范围内统一的技术要求的文件。国家标准由国家标准化管理委员会编制计划、审批、编号、发布。国家标准代号为 GB 和 GB/T，其含义分别为强制性国家标准和推荐性国家标准，由国家标准汉语拼音字头缩写 GB 打头，后跟序号和年份，如 GB 9353-88、GB/T 9353-1998。

从狭义上讲，标准是指按规定程序制定，经公认权威机构（主管机关）批准的一整套在特定范围内必须执行的规格、规则、技术要求等规范性文献；从广义上讲，标准是指与标准化工作有关的一切文献，包括标准形成过程中的各种档案，宣传推广标准的手册及其他出版物，揭示报道标准文献信息的目录、索引等。总言之，标准是技术标准、技术规范和技术法规的总称。

2. 标准文献的特点

（1）具有法律效力

我国《标准化法》规定，强制性标准必须执行，不符合强制性标准的产品禁止生产、销售和进口。推荐性标准鼓励企业自愿采用，但一经采用就应严格执行，不得随意改动。所以说，标准文献具有一定的法律属性，使产品生产、工程建设、组织管理等有据可依。

（2）有很强的时效性

标准实施后，根据科技发展和经济建设需要，由标准的主管部门组织有关单位适时进行复审，复审周期一般不超过 5 年。

（3）标准文献自成体系

标准文献无论是从体裁格式、描述内容、遣词用字上，还是在审批程序、管理办法以及使用范围等方面都有别于其他文献。同时标准文献还具有特有的标志，即标准号，一件标准对应一个标准号，一件标准只解决一个问题。

（4）标准文献交叉重复、相互引用

许多国家的国家标准是由有代表性的行业标准或企业标准转化而来的，

所以在内容上有许多重复交叉的现象，且各国之间直接相互引用有关标准也屡见不鲜。故判断标准的水平不能简单地以使用范围来评价，而应以具体的技术参数和具体内容为依据。

3. 标准文献的作用

标准化的目的是对在经济、技术、科学管理等实践中重复事情和概念通过制定、发布和实施标准，达到统一，以获得最佳秩序和社会效益。在依赖技术的现代经济中，标准构成了重要的技术基础，对经济有着重大而复杂的影响，标准文献主要有以下几个方面的作用：

（1）可了解各国经济政策、技术政策、生产水平、资源状况和标准水平。

（2）在科研、工程设计、工业生产、技术转让等中使用，有助于克服技术交流的障碍。

（3）国内外先进的标准可用于推广研究、改进新产品、提高新工艺和技术水平。

（4）是鉴定工程质量、校验产品、控制指标和统一试验方法的技术依据。

（5）可以简化设计、保证质量、缩短时间、节省人力、减少不必要的试验及计算。

（6）进口设备可按标准文献进行装备、维修、配制某些零件。

（7）有利于企业或生产机构经营管理活动的统一化、制度化、科学化和文明化。

4. 标准分类

（1）按使用范围划分

①国际标准：指国际间通用的标准，主要有 ISO 标准、IEC 标准等。

②区域标准；指世界某一区域通用的标准，如“欧洲标准”等。

③国家标准：由国家标准化机构颁布的标准，如我国国家标准（GB）

④行业标准：是对没有国家标准而又需要在全国某个行业范围内统一的技术要求所制定的标准。

⑤地方标准：省（市、自治区）级标准为地方标准。在没有国家标准和行业标准而又需要在省（市、自治区）范围内统一工业产品的安全、卫生等要求所制定的标准。

⑥企业标准：对企业的生产和管理具有重要意义而又需要在企业范围内协调统一的事物所制定的标准。

（2）按内容及性质划分

①技术标准：包括基础标准、产品标准、方法标准等。

②管理标准：包括技术管理标准、生产组织标准、经济管理标准、工作标准等。

（3）按标准的成熟度划分

①强制标准：是国家要求必须强制执行的标准，即标准所规定的内容必须执行，不允许以任何理由或方式加以违反、变更。

②推荐标准：是国家鼓励自愿采用的，具有指导作用而又不宜强制执行的标准。

5. 标准文献分类法

（1）中国标准文献分类法

我国的标准文献分类，使用《中国标准文献分类法》（CCS）。CCS 原则上把标准文献细分到二级类目。一级类目共设 24 个大类，用英文大写字母 A-Z（除 I 和 O）表示，如表 6-4-1 所示。二级类目用两位阿拉伯数字表示。例如，M 通信、广播（一级类目）、M72 音响、电声设备（二级类目）。

表 6-4-1　《中国标准文献分类法》一级类目

一级类目分类号及类目名称		
A 综合	J 机械	S 铁路
B 农业、林业	K 电工	T 车辆
C 医药、卫生、劳动保护	L 电子元器件与信息技术	U 船舶
D 矿业	M 通信、广播	V 航空、航天
E 石油	N 仪器、仪表	W 纺织
F 能源、核技术	P 工程建设	X 食品
G 化工	Q 建材	Y 轻工、文化与生活用品
H 冶金	R 公路、水路运输	Z 环境保护

（2）国际标准文献分类法

《国际标准分类法》（International C1assication for Standards，ICS）是国际、区域性、国家以及其他标准文献分类的依据。

国际标准化组织（ISO）发布的标准，1994 年以前使用《国际十进分类法》（UDC），1994 年以后改用 ICS 分类。ICS 分类法由三级类构成。一级类包含标准化领域的40个大类，每一大类号以两位数字表示。如01、03、07。二级类号由一级类号和一个被全隔开的三位数字组成。全部40个大类分为335个二级类，335个二级类中的124个被进一步分成三级类。三级类的类号由二级类的类号和一个被点隔开的两位数组成。表6-4-2为ICS一级类目表。

表6-4-2 ICS一级类目表

01 综合、术语学，标准化，文献	35 信息技术，办公机械设备	73 采矿和矿产品
03 社会学、服务、公司（企业）		
的组织和管理、行政、运输	37 成像技术	75 石油及相关技术
07 数学，自然科学	39 精密机械，珠宝	77 冶金
11 医药，卫生技术	43 道路车辆工程	79 木材技术
13 环保、保健与安全	45 铁路工程	81 玻璃和陶瓷工业
17 计量学和测量，物理现象	47 造船和海上建筑物	83 橡胶和塑料工业
19 试验	49 航空器与航天器工程	85 造纸技术
21 机械系统和通用件	53 材料储运设备	87 涂料和颜料工业
23 流体系统和通用件	55 货物的包装和调运	91 建筑材料和建筑物
25 制造工程	59 纺织和皮革技术	93 土木工程
27 能源和传热工程	61 服装工业	95 军事工程
29 电气工程	65 农业	97 家用和商用设备，文娱，体育
31 电子学	67 食品技术	
33 电信音频和视频技术	71 化工技术	

6. 国家标准检索工具

一般来说，标准文献主要使用标准号、标准名称（关键词）和标准分类号三种检索方法，其中使用标准号检索是最常用的方法，但需要预先知道标准号，而我们在检索标准文献时一般并不知道明确的标准号，只知道一个名称，这样就需要用其他方法，如使用标准名称（关键词）进行检索，标准名称（关键词）检索有一个明显的优势，即只要输入标准名称中的任意有关词，就可以找到所需的标准，但前提是检索词要规范，否则就要使用标准分类号进行检索。

（1）中国标准文献数据库

中国标准文献数据库（万方数据）如图6-4-1所示，收录了国内外的大量标准，包括：中国发布的全部标准（提供标准原文）、某些行业的行业标准、电气和电子工程师技术标准；国际标准数据库、美英德等的国家标准，以及国际电工标准；某些国家的行业标准，如美国保险商实验所数据库、美国专业协会标准数据库、美国材料实验协会数据库、日本工业标准数据库等。

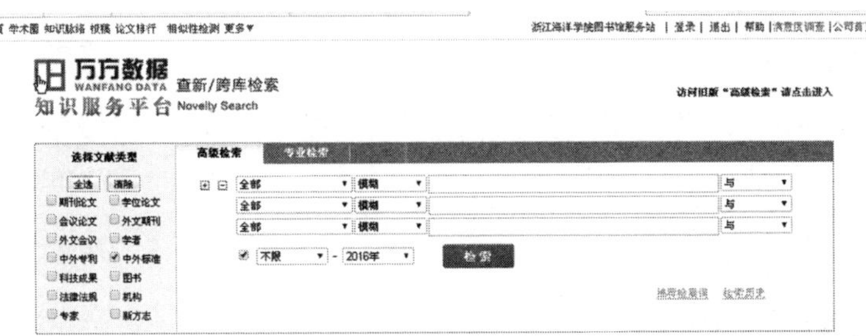

图 6-4-1　万方数据库标准库

（2）国家标准化管理委员会网

国家标准化管理委员会网（http：//www. sac. gov. cn）如图 6-4-2 所示，它提供中英文两个版本的国家标准检索，并有 ISO、IEC 国际标准化组织的超链接。从页面导航栏中选择“国家标准目录”，即可进入标准检索界面，检索字段包括标准号、中文标题、英文标题、中国标准分类号、国际标准分类号、采用关系、被代替国标号等组成。

图 6-4-2　国家标准化管理委员会网站首页

(3) 标准网

标准网（http：//www. standardcn. com）是由国家发展和改革委员会产业协调司主管，机械科学研究总院中机生产力促进中心维护的我国工业行业的标准化门户网站，如图 6-4-3 所示。

图 6-4-3 标准网首页

6.4.3 国际标准检索

(1) 国际标准化组织

国际标准化组织（ISO）（http：//www. iso. org/iso/home. htm），是一个全球性的非政府组织，是国际标准化领域中一个十分重要的组织，是目前世界上最大、最有权威性的国际标准化专门机构。ISO 的任务是促进全球范围内的标准化及其有关活动，以利于国际产品与服务的交流，以及在知识、科学、技术和经济活动中发展国际间的相互合作。国际标准化组织网站如图 6-4-4 所示。

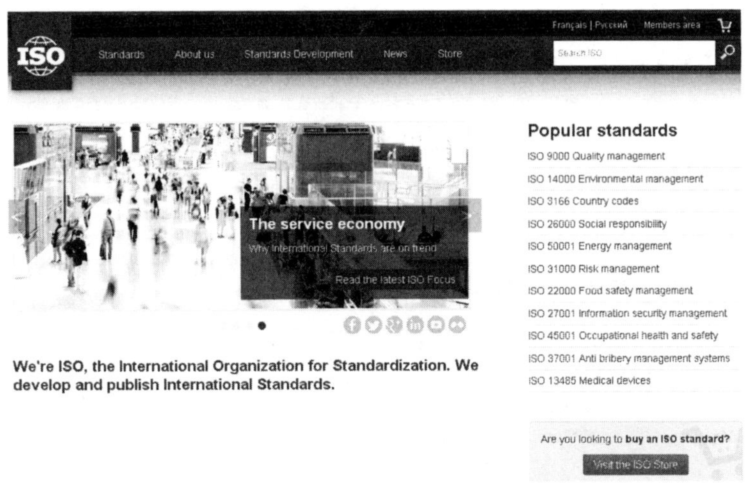

图 6-4-4　国际标准化组织网站首页

(2) 国际电工委员会

国际电工委员会（International Electrotechnical Commission，IEC）(http://www.iec.cn)，成立于 1906 年，至今已有 100 多年的历史。它是世界上成立最早的国际性电工标准化机构，负责有关电气工程和电子工程领域中的国际标准化工作，如图 6-4-5 所示。

图 6-4-5　国际电工委员会网站首页

例 1　检索有关"对虾保鲜"方面的标准，如图 6-4-6

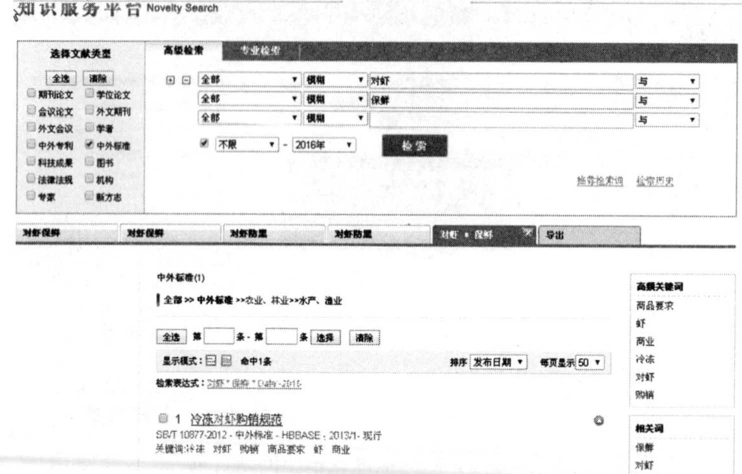

图 6-4-6　检索结果

例 2 检索"移动通信"方面的国际标准，如图 6-4-7

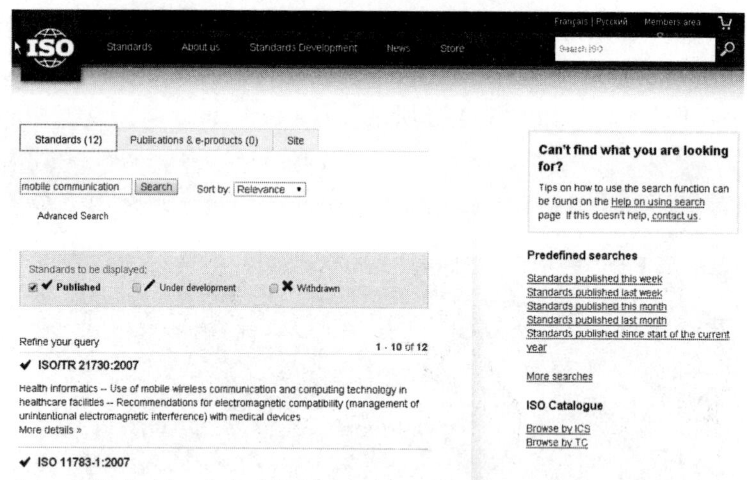

图 6-4-7　ISO 的检索界面

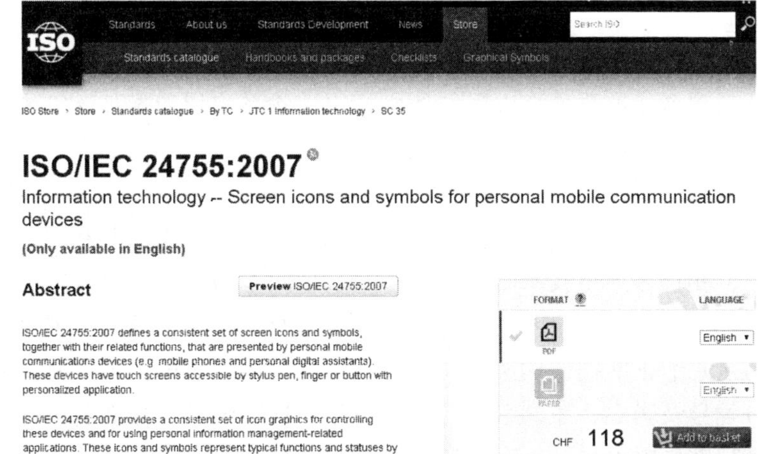

图 6-4-8　检索结果

6.4.4　印刷型国家标准检索

印刷型国家标准检索工具即指各单位收藏的纸本式标准汇编、标准目录等，这些检索工具提供的检索途径主要有标准号、分类和主题等几种。

目前能检索我国国家标准文献的手工检索工具主要有以下几种。

(1)《中国国家标准汇编》。《中国国家标准汇编》由中国标准出版社出版，收录了我国公开发行的全部国家标准全文。该汇编自 1983 年起按国家标准顺序号由小到大汇编成册、陆续出版，至今已出版了 370 多个分册。若知道标准号，则可很快用这种汇编标准查到所需的标准原文。

(2)《中国国家标准汇编》修订本。《中国国家标准汇编》修订本由于标准的动态性，每年都有相当数量的国家标准被修订。对修订的国家标准，原标准顺序号不变，只是把年号改为修订的年。为此我国从 1995 年起又新增出版被修订的国家标准汇编本。修订的国家标准汇编本的正书名、版本形式、装帧形式与已出版的《中国国家标准汇编》相同，不占总的分册号，仅在封面和书脊上注明“××××年修订-×”等字样，作为对《中国国家标准汇编》的补充。修订的国家标准汇编本按年分册出版，其中的标准仍按顺序号由小到大排列，但不连续。

重要提示

查我国国家标准原文应从两方面入手：① 按《中国国家标准汇编》分册号查；② 按《中国国家标准汇编》修订本查。

(3)《中华人民共和国国家标准目录总汇》。《中华人民共和国国家标准目录总汇》由国家质量技术监督局编辑，责成中国标准出版社每年出版一次。每年上半年出版新版，载入截止到上一年度批准发布的全部现行国家标准信息。该目录总汇正文按中国标准文献分类法（CCS）编排，每一大类列出二级类目分类号及类名，正文著录包括分类号、标准编号、标准名称、采标情况、代替标准 5 项内容，书后附有国家标准顺序号索引。

(4)《中华人民共和国国家标准目录及信息总汇》。《中华人民共和国国家标准目录及信息总汇》由国家标准化管理委员会编辑，中国标准出版社出版。每年上半年出版新版，载入截止到上一年度批准发布的全部现行国家标准信息，同时补充载入被代替、被废止国家标准目录及国家标准修改、更正、勘误通知等相关信息。该目录及信息总汇包括 4 部分内容：国家标准专业分类目录，被废止的标准，国家标准修改、更正、勘误通知信息及索引。其正文著录格式与《中华人民共和国国家标准目录总汇》相同。

重要提示

在使用“目录”式检索工具时要注意，某年的标准目录只收录到上年年底前所有的现行标准，如《中华人民共和国国家标准目录及信息总汇 2005》只汇集了截至 2004 年年底以前我国公开发布的国家标准及有关信息，实际上它是上一年前的累积标准目录。因此检索时最好选择最新版本的标准目录。

(5)《标准文献主题词表与分类法对照索引》。《标准文献主题词表与分类法对照索引》由中国技术监督情报研究所与上海市技术监督情报研究所编辑、中国标准出版社出版，该对照索引是标准文献检索语言的综合性对照索引，它将《标准文献主题词表》、《国际标准分类法》和《中国标准文献分类法》进行分析对照，形成了标准文献主题检索语言和分类检索语言统一的对照索引。利用该对照索引可以实现 3 种检索语言的相互对照转换。该对照索引实际上是从标准文献主题词入手，查找国际标准分类号和中图标准文献分类法的一种索引。

案例分析

检索国家标准中面制食品中铝的限量标准

近来媒体中报道面制食品中铝超标的信息不少，请用有关的国家标准确认一下面制食品中铝的限量标准应该是多少？

解析：此题既可用分类途径也可用主题途径检索。

用主题途径检索的具体步骤如下。

(1) 使用《标准文献主题词表与分类法对照索引》，据题意按主题字顺选：

食品检验

67.020 食品工艺

C53 食品卫生

其中食品检验为主题词，67.020 食品工艺为《国际标准分类法》的分类号及类名，C53 食品卫生为《中国标准文献分类法》的分类号及类名。

(2) 使用 2006 年的《中华人民共和国国家标准目录及信息总汇》，按分类号 C53 进行浏览：C53，GB 2762-2005，食品中污染物限量，代替 GB 2762-1994，GB4809-1984 等。

(3) 由以上信息可知，“食品中污染物限量”这件标准最新修订版是 2005 年，因此要使用《中国国家标准汇编》修订本，按修订年份和标准顺序号确定该标准的准确位置（2005 年修订-2，437 页），阅读原文，知道面制食品中铝限量指标为 100 mg/kg。

用分类途径检索的步骤比主题途径检索少一步，即与后两步相同。

小　结

本章内容较杂，分别介绍了会议论文、学位论文、专利文献、标准文献的检索，重点讲述了特种文献的特点及检索方式方法。

练习题

1. 用《中国学位论文库》查任两所大学在本专业授予的学位论文，要求写出检索方式、表达式及命中篇数。

2. 用 PQDD 查一下有关评论“法国作家福楼拜所写的《包法利夫人》小说”这方面的学位论文。

3. 使用《中国学术会议论文库》查找感兴趣的篇章，要求写出检索题目、检索方式、表达式及命中篇数。

4. 检索一下本校最近一年被 ISI Proceedings 收录的论文情况。

5. 用 ISI Proceedings 判断以下写法是否正确？

① TS=quark * OR TS=lepton * ② TS=（quark * OR lepton * ）

③ TS=（quark * SAME polariz * ） ④ TS=addict * AND AU=Poser

⑤ TS=addict * SAME AU=Poser⑥ #5 AND SO=Journal of Psychology

⑦（#1 OR #5） NOT #3

6. 查一下张悉妮发明的专利，要求写出网址、检索方式、检索入口词并写出与该件专利说明书相匹配的专利特征标记。

7. 使用欧洲专利网站查一件感兴趣的专利，要求写出检索方式、检索入口词。

第 7 章　网络信息检索

电子图书、中外文期刊数据库，着重报道的是学术研究方面的信息资料，比较准确可靠，是从事科学研究和论文写作的重要检索源。但有关产品信息、统计资料、公司、外商投资、新闻稿、常用软件、名人名言、医疗健康、政策法规、股票、邮编、天气预报及求购等零散的信息情报在以上各种数据库中很难见到，一般都不收集、报道，那么如何来收集这类信息呢?

7.1　Internet 应用基础

Internet 就是收集各类信息的那个“网”。那么这张“网”到底是怎样运作的？在这张“网”上呈现的丰富多彩的文字、图像、视频以及许多好玩儿的或是有用的信息是谁提供的，又是如何传输到用户的电脑里的呢？在这一节里，将给读者介绍相关的知识。

7.1.1　网络信息资源的特点

网络信息资源也称虚拟信息资源、数字化信息、电子资源，它是以数字化形式记录、以多媒体形式表达，存储在网络计算机磁介质、光介质以及各类通信介质上，并通过计算机网络通信方式进行传递的信息内容集合。简言之，网络信息资源就是通过计算机网络可以利用的各种信息资源的总和。目前网络信息资源以 Internet 信息资源为主，同时也包括其他没有在 Internet 上呈现，但是可以通过 Internet 传输的信息资源，如 FTP、电子邮件等。

网络信息资源经过十几年的发展，主要有以下几个特点。

1. 以数字化形式存储，占用空间少

信息资源由纸张上的文字转变为数字化信息存储在磁性介质或者光介质上，使信息的存储、传递和查询更加方便，而且所存储的信息密度高、容量大，可以无损耗地被重复使用。以数字化形式存在的信息，既可以在计算机内高速处理，又可以通过信息网络进行远距离传送。

2. 信息丰富，种类多样

传统信息资源主要是以文字或数字形式表现出来的信息。而网络信息资源则可以是文本、图像、音频、视频、软件、数据库等多种形式存在的，堪称多媒体、多语言、多类型的信息混合体。涉及领域从经济、科研、教育、艺术到生活中的方方面面，包含的文献类型从电子报刊、电子工具书、商业信息、新闻报道、书目数据库、文献信息索引到统计数据、图表、电子地图等。

3. 数量巨大，增长迅速

据 ReadWriteWeb（http：//www. readwriteweb. com）网站报道，2008 年 7 月 25 日 Google 宣布，它的索引系统已经收录了 1 万亿网页信息，并且还在每天以数十亿的数量增长，尽管 Google 每天还在删除大量的死链接，但这也足以说明网上的信息量的庞大。中文网上信息的数量发展也很迅速，到 2009 年 7 月，中文最大的搜索引擎百度收录的网页数量已达 20 亿页。而据 CNNIC 于 2009 年 1 月发布的第 23 次《中国互联网络发展状况统计报告》报道，截至 2008 年年底，我国网页总数超过 160 亿个，较 2007 年增长 90%。比 2002 年的 1. 6 亿个增长了 100 倍。

4. 传播方式的动态性、时效性

网络环境下，信息的传递和反馈快速灵敏，具有动态性和实时性等特点。信息在网络中的流动非常迅速，电子流取代了纸张和邮政的物流，加上无线电和卫星通信技术的充分运用，上传到网上的任何信息资源，都只需要短短的数秒钟就能传递到世界各地的每一个角落。

5. 信息源复杂，内容不一

由于 Internet 是开放的、共享共建的，所以人人都可以在 Internet 上存取信息。尤其是 Web2. 0 技术的推广，提供了很多的网络出版平台，使得网络出版与网上创作更加容易，但由于没有质量控制和管理机制，有些信息没有经过严格编辑和整理，良莠不齐，各种不良和无用的信息大量充斥在网络上，给用户选择和利用网络信息带来了障碍。

6. 发布自由，分散无序

由于 Internet 是开放的，没有管理机构，网络信息的发布自由随意。任何组织和个人都可以将自己拥有的且愿意让他人共享的信息在网上发布。海量的信息和快捷的传播使得网络信息呈无序状态，许多信息资源缺乏加工和组织，只是时间序列的“堆砌”。

根据网络信息资源的这些特点，我们在使用网络资源的时候，对于有明确的出版人或发布人的网站信息，如一些电子资源提供商网站、政府企业、媒体等，可以认为是可用的无需再求证其准确性的信息，而一些由网民自由发布的信息，在使用时一定要验证是否准确，以免使用了错误的信息。

7.2　网络信息检索工具及其使用

参考工具书始终是人们学习和生活中随时查阅解决问题的最好工具，随着网络的普及，一些著名的参考工具书纷纷推出了网络版，大大提高了用户的查阅效率，而网络资源的独特性使网络版的参考工具书更具可看性和全面性。

7.2.1　网络免费信息资源概述

对于馆藏文献资源建设而言，无论是公共或高校图书馆，也无论是大型或小型图书馆，同样都面临着有偿数据库难以满足读者各方面需求的窘境。而网络免费信息资源散见于国内外数不胜数的各类网站上，如加以搜索、鉴别、存储、整序、开发和利用、可以形成规模利用效应。

网络免费信息资源是指在互联网上可以免费获得的具有学术研究价值的社会科学或自然科学领域的信息资源。

网络免费信息资源可以从专业搜索引擎、网络资源导航、专业信息机构、FTP 信息资源学术专业论坛、专家个人网页或 BLOG、邮件列表和新闻组等选径获取。下面介绍获取网络免费信息资源的三种主要途径。

（1）从专业搜索引擎获取

①Scirus

Scirus（http：//www. scirus. com）由荷兰 Elsevier Science 出版商研究开发而成，是目前互联网上内容最全面、综合性最强的科技文献门户网站之一，专为搜索高度相关的科学信息而设计，能够高效查找到普通搜索引擎搜索不到的免费或者访问受阻的科学信息资源。

Scirus覆盖的学科范围广泛，涉及天文学、生物科学、计算机科学、社会学、工程、法学、能源与技术、经济等几十个学科领域。其40%的信息来源于网络（网络资源主要有大学问站、科学家主页、会议信息、专利信息、公司主页、产品信息等），60%的信息来源于期刊数据库（期刊资源包括MEDI-JNE、ScienceDirect、USPTO、Beilstein、ArXiv. org、NASA等）。

②Google scho1ar

Google Scholar（http：//scholar. google. cn）是Google于2004年底推出的专门面向学术资源的免费搜索工具，能够帮助用户查找包括期刊论文、学位论文、书籍、预印本、文摘和技术报告在内助学术文献，内容涵盖自然科学、人文科学、社会科学等多种学科。

（2）从网络资源导航获取

学科导航类信息是以学科为单元，提供网络学术资源分类浏览和检索的导航系统，目前国内外许多高校图书馆或联合或分别建立了学科导航系统。

① CALIS重点学科网络资源导航库

中国高等教育文献保障系统（China Academic Library & Information System，CALIS）管理中心在“十五”期间继续组织全国高校共同建设以高等教育数字图书馆为核心的文献保障体系，开展各个省级文献服务中心和高校数字图书馆基地的建设。重点学科网络资源导航库（http：//202. 117. 24. 168/cm/main. jsp）是CALIS“十五”重点建设项目之一。它以教育部正式颁布的学科分类系统作为学科分类基础，构建了一个集中服务的全球网络导航数据库，为高校师生提供重要学术网站的导航和免费学术资源的导航。

② 国家科技图书文献中心

NSTL是国家科技图书文献中心（National Science and Technology Library）（http：//www. nstl. gov. cn）是根据国务院领导的批示于2000年6月正式组建的一个虚拟的科技文献信息服务机构，成员单位由中国科学院文献情报中心、中国科学技术信息研究所、机械工业信息研究院、冶金工业信息标准研究院、中国化工信息中心、中国农科院农业信息研究所、中国医科院医学信息研究所、中国标准化研究院标准馆和中国计量科学研究院文献馆组成。

（3）利用专业信息机构获取

访问专业信息机构的网络数据库。国内外许多专业信息机构和组织都不同程度地提供一些免费的网络数据库。

① 中国科学院科学数据库

中国科学院科学数据库（http：//www. cas. cn/ky/kycc/kxsjk/）的内容涵盖了化学、生物、天文、材料、腐蚀、光学机械、自然资源、能源、生态环境、湖泊、冰川、大气、动物、水生生物、遥感等多个领域。科学数据库基于中国科技网对国内外用户提供服务，在中国科技网上已建立了集中与分布的 Web 站点 19 个，上网专业数据库 153 个，由中心站点和分布在网上本地的相互独立的若干个专业库子站点组成了网上科技信息服务体系。

② HighWire Press

HighWire Press（http：//highwire. stanford. edu）是提供免费全文的、全球最大的学术文献出版商之一，于 1995 年由美国斯坦福大学创立，目前已收录电子期刊 1100 多种，文章总数已达 502 万篇，这些数据仍在不断增加。在线期刊覆盖生命科学、医学、物理学、社会科学等学科，可免费获得全文。

7.2.2　字典、词典

字典、词典统称辞书，是人们最普遍、最熟悉也最常用的工具书之一，例如人们熟悉的《新华字典》，几乎每一个受过小学教育的人都要学会使用，而且是真正可以用一辈子的工具书。字典和词典是汇集语言和事物名称，按一定次序编排，并一一给以解释的工具书。网络版字典、词典以语义性字、词典为主，也有一些专业词典；有纸质版著名字词典推出的网络版，也有直接在网络上出版的电子词典。

1. 新华字典

新华字典有下载安装版、网络版、手机版。下载安装版是由澄海夫子工作室开发的，它全面收集最新版本的新华字典 16 159 条汉字、新华词典 371 834条词语、现代成语词典 31 847 条成语、现代歇后语辞典 14 028 条歇后语、大英汉辞典 36 672 条语词翻译、古今名人 12 992 条名言录。每个汉字款目包括汉字拼音、笔画、部首、检字法、五笔编码，字源、组词、举例、意思等。成语词典包括拼音、出处、举例等。歇后语典包括前部分及后部分。新华字典、成语词典、歇后语典都包括模糊检索功能。

网络版新华字典有多个版本，笔者认为比较好的两个网站是在线新华字典（http：//xh. 5156edu. com）和金山词霸公司推出的爱词霸（iCIBA）汉语词典版，这两个网站不只提供新华字典的检索，同时还提供成语词典、反义语词典、古今典籍等汉语知识学习的一些常用工具。

在线新华字典查询方法如下：

(1) 汉字检索法。在线新华字典提供了汉字、部首和拼音 3 种查询方法，3 种方法相互补充，供不同需要的用户使用。网站的默认检索页面是“汉字检索”页面，如果知道字的读音和写法就直接输入到检索框内然后查字义就可以了。例如查“顶”字，将顶字输入到检索框中，并单击“检索”按钮，如图 7-2-1 所示。

图 7-2-1 在线新华字典汉字检索

图 7-2-2 所示为检索结果显示页面，包括基本解释、详细解释、相关词语和相关成语四个栏目内容。基本解释中的内容基本与印刷版相同，详细解释中不仅融汇的多本词典的内容还加入了英语翻译。

(2) 部首检索法。单击主页的“按部首检索”进入部首显示页面。如图 7-2-3 所示，单击用户想查的部首，如“氵”，就可以进入该词典收录的所有含“氵”的汉字页面，在这里可浏览查字，也可以按字的笔画数查到你想要查的字，如图 7-2-4 所示。

(3) 拼音检索法

“按拼音检索”和部首检索法相同，读者可自己参阅相关章节的讲解。

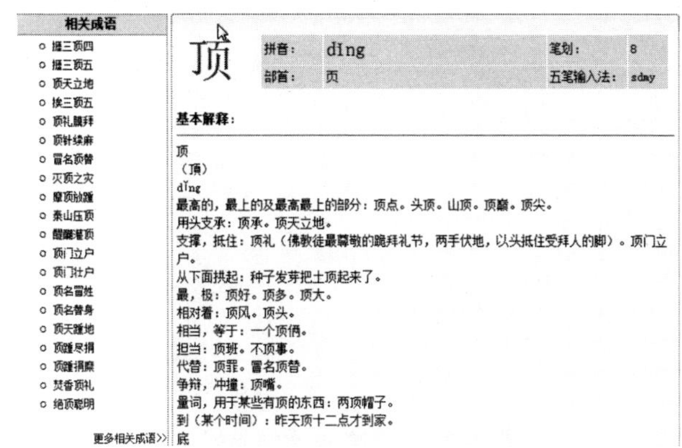

图 7-2-2　在线新华字典检索结果

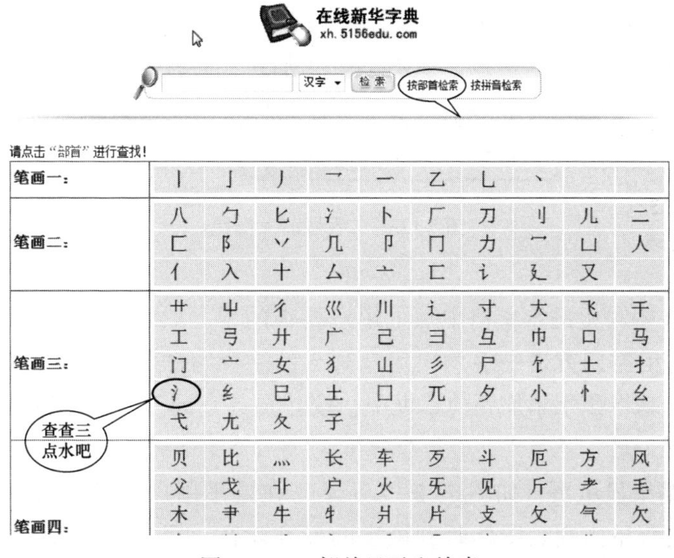

图 7-2-3　部首显示和检索

2. 爱词霸汉语词典（iCIBA）（http：//hanyu. iciba. com）

爱词霸汉语词典提供两种检索方法：汉字直接输入检索和手写输入法，比较有特点的是手写输入，当用户只会用拼音输入法打字，可又不知道某个字的读音和该字的哪一部分是部首时，用户该如何用网络字典查字呢？如最近在网上风靡一时的“烎”字，爱词霸的手写输入就解决了这个问题，而且

查找部首"氵"找到 1036 个字,点击要查看的汉字，显示注释!

笔划	汉字	拼音	笔划	汉字	拼音
3	氵	shuǐ,	5	汈	diāo,
5	氾	fàn,	5	氿	guǐ, jiǔ,
5	汉	hàn,	5	汇	huì,
5	汃	pà, pā,	5	汀	tīng,
5	汁	zhī,	5	氻	lè,
5	汅	miǎn,	5	氼	zè,
6	汊	chà,	6	池	chí,
6	汏	dà, tài,	6	汗	hán, hàn,
6	汲	jí,	6	江	jiāng,
6	汔	qì,	6	汝	rǔ,

图 7-2-4 部首查字结果列表

它设置的手写板直接在网页上就可以手写，无需用户添加设备或启用本地程序。手写输入法使用步骤如下。

（1）单击手写输入链接，如图 7-2-5 所示，打开手写板。

图 7-2-5 手写输入链接

（2）在手写板的米字格中写上用户要查的字，如“烎”，如图 7-2-6 所示，在右边的空白方格中显示出用户写入的字和写法相近的字，单击要查的字，系统自动将该字添加到检索框中，按“词霸查词”，就可以看到用户想知道的内容了。

（3）结果显示页，如图 7-2-7 所示。在这里用户可以看到该字的注音、释义，并可以单击喇叭图标听到该字的标准读音，用户也可以继续检索这个字在《康熙字典》中的解释，提交该字的更多知识。

重要提示

网上词典有很多的版本，同学在使用时一定要选一个正规的网站，免得被误导，或学到错误的知识。

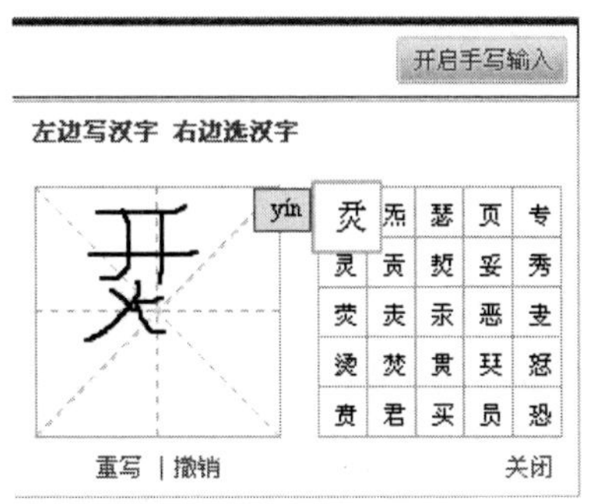

图 7-2-6　在手写板上写字并选字

图 7-2-7　iCIBA 汉语结果显示页

3. 韦氏大学词典（Merriam-Webster Collegiate Dictionary）

韦氏大学词典是由美国权威的辞书出版机构—梅里亚姆-韦伯斯特公司（Merriam-Webster，也译作“梅里厄姆-韦伯斯特”）出版的著名英语词典。目前有印刷版、电子版、网络版 3 种版本。韦氏大学词典（Merriam-Webster Collegiate Dictionary）深得美国人青睐，主要因为它具有 150 年历史，数代美国人在它的哺育下长大，它在美国的地位相当于中国的《新华字典》。曾经有人这么评论过：“韦氏词典是划时代的，它的出现标志着美语体系的独立”。至今该词典已出版了第 11 版，收录 16.5 万个词条，她不仅是美国人学习英语的常用工具书，也是非英语国家的学生学习英语可以使用的重要英文原版词典。

韦氏词典对单词的英文解释可以帮助学生理解单词的精确含义，同时避免受一些中文释义的误导。

网络版韦氏大学词典，也可称韦氏在线词典，是基于印刷版韦氏大学词典（Merriam-Webster's Collegiate ® Dictionary）第 11 版开发的网上英语词典。韦氏在线词典包括韦氏大学词典的正文内容，以及缩略语、外来词和词组，还收录人名、地名附录。包括 1 000 幅插图和 25 个表格。在印刷版大学词典里的标志和符号部分，在线韦氏大词典没有收录，因为它们包含的特殊字符和符号，还不能用 HTML 语言描述。

网络版韦氏大学词典英文名为“Merriam - Webster Online”，网址：http：//www. merriam-webster. com/。

网络版韦氏词典的使用方法如下。

（1）网络版韦氏词典的组成。网络版韦氏词典由 4 个参考部分组成，即 Dictionary（字典）、Thesaurus（同义词词典）、Spanish-English（西班牙式英语）和 Medical（医学），如图 7-2-8 所示。所以我们在使用时首先要“SELECT A REFERENCE”，就是要确定你想查的词要得到什么样的结果，如你想知道一个词的具体解释、惯用法以及词源你就要选择 Dictionary，如要查某个词的同义词有哪些就要选 Thesaurus。

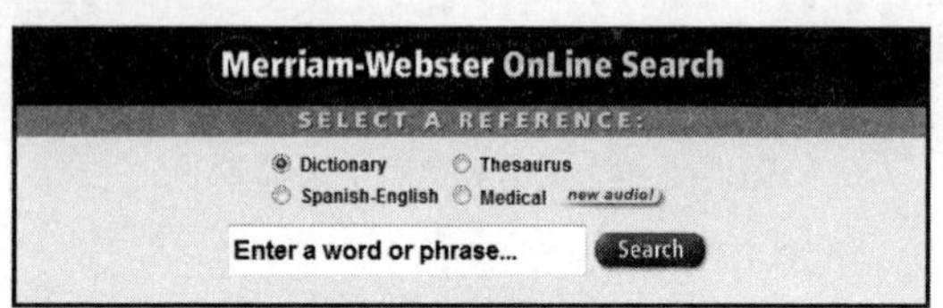

图 7-2-8　韦氏词典词典选择

（2）网络版韦氏词典的检索方法。免费网络版韦氏词典检索方法较简单，只提供一种简单检索方法，检索词的字段限定为“Main Entry”，即检索的词是出现在字典正文的“Main Entry”字段中。如我们要检索“history”这个词在韦氏词典中的释义，我们在检索框中输入该词，如图 7-2-9 所示，然后按“search”按钮，进入检索结果页面，如图 7-2-10 所示。

在检索结果页面词典还设置了重新定义检索的链接，如图 7-2-11 所示，

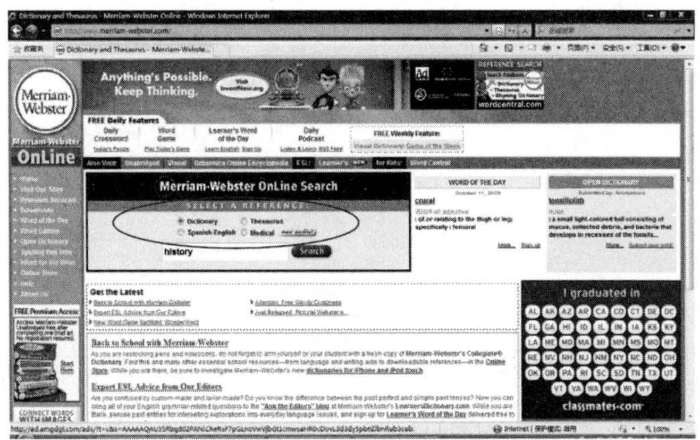

图 7-2-9　韦氏词典查词首页

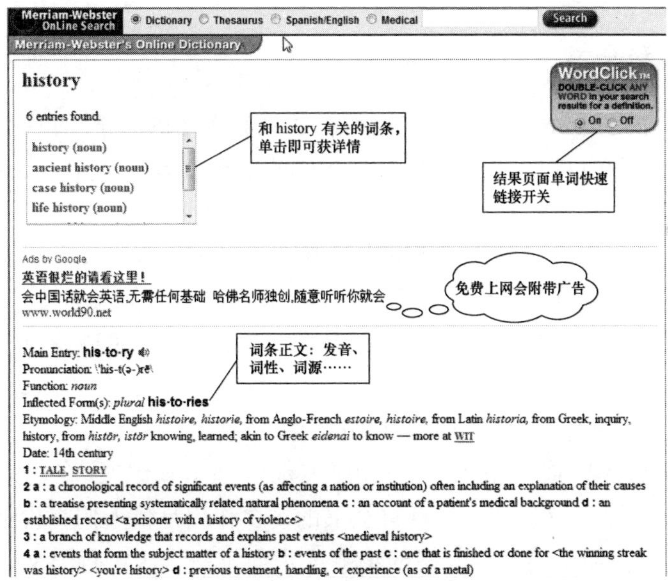

图 7-2-10　韦氏词典检索结果页

使用这个链接，我们可以不用再输入检索词，就可以在其他 4 个部分检索。

网站不仅免费提供韦氏大词典的查询，还提供超强的链接功能，可以将用户所查找的词，直接扩展到大英百科全书、Google 检索，还可以共享到 MySpace 空间等。还提供了音标表，供我们随时查音标。另外，网站为了吸引青少年使用，还设置了一些有趣的栏目，有学单词的“Word of the Day”，有练习单词的“Word Games”，有练习听力阅读的“Word for the Wise”，有练习拼写的“Spelling Bee Hive”，还提供了编制用户自己的词典的“Open Dictionary”的功能。

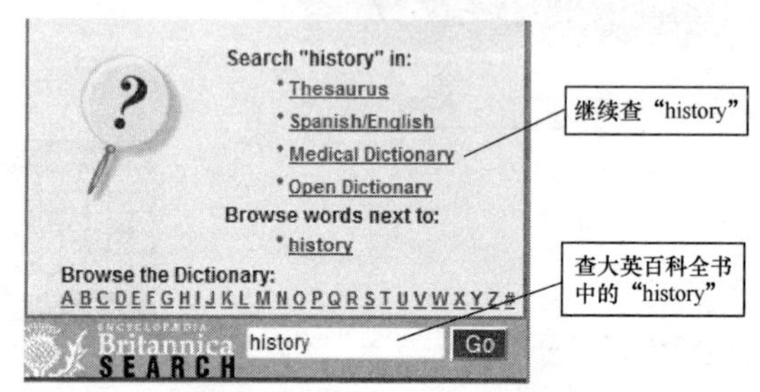

图 7-2-11 重新定义检索

7.2.3 百科全书

百科全书是 Internet 出现以前被称作“没有围墙的大学”的一种工具书，虽然 Internct 现在可以为我们提供各种各样的信息，但是百科全书至今仍然是人们学习和工作的重要参考工具。上海辞书出版社 1979 年版《辞海》给百科全书的定义是“以辞典形式编排的大型参考工具书。收集社会科学和自然科学各科专门术语、重要名词（人名、地名、事件名称、物品名称等），分列条目，加以详细的叙述和说明并附有参考书目”。百科全书的英文名 Encyclopedia 源于古希腊文 enkyklios（各方面的）和 paedeia（教育）合为“全面教育”的意思。如果把这个词分解为三部分，en 表示“在……之中”，cycle 表示“圆圈”或“范围”，paedia 表示“基本学识”，合起来的意思就是：“基本的学问尽在其中。”百科全书的主要作用是供人们查检必要的知识和事实资料，高质量的百科全书的编纂成为衡量一个国家科学文化发展水平的标志之一。

百科全书通常分为综合性百科全书和专业性百科全书，综合性百科全书是指概括人类一切知识门类的工具书。18 世纪 ~20 世纪，英、德、法、意、苏、日等国相继编纂出版了一批权威性的百科全书，如《不列颠百科全书》、《美国百科全书》、《苏联大百科全书》、《世界大百科事典》等，其中比较著名的英语百科全书 ABC，即《大英百科全书》（或称《不列颠百科全书》Encyclopedia Britannica)、《美国百科全书》(Encyclopedia American)、科利尔百科全书(Collier' Encyclopedia)。明代编纂的《永乐大典》是我国古代最大的百科全书。我国自 1978 年起开始编辑出版的《中国大百科全书》，总计 74 卷，历时 15 年，于 1993 年 8 月全部出齐，现今已出第 2 版。

近年来随着 Web 2.0 技术的应用，不仅传统的印刷版百科全书纷纷推出了网络版，还出现了纯电子版的百科全书，如微软公司推出的 Microsoft Encarta。最令人振奋的是出现了开放式的网络百科全书，如维基百科、百度百科等。在本节重点介绍几个网络版百科全书使用方法。

1. 中国大百科全书

《中国大百科全书》是中国第一部大型综合性百科全书，也是世界上规模较大的百科全书之一。从 1978 年到 1993 年，中国大百科全书总编辑委员会和中国大百科全书出版社先后组织了 2 万余名专家学者，取精用弘，历时十五载编纂而成。《中国大百科全书》网络版以《中国大百科全书》和中国百科术语数据库为基础，是我国最权威、最专业、影响力最高的百科全书，总共收录 7.9 万个条目，计 1.35 亿字，图表 5 万余幅，内容涵盖了哲学、社会科学、文学艺术、文化教育、自然科学、工程技术等 66 个学科领域。该书网络版提供多卷检索、条目顺序检索、条目分类检索、全文检索、逻辑组配检索等功能，可以打印、下载、复制以方便用户。该书网络版目前无免费使用版，只有订购的学校在 IP 控制范围内才可以使用。主页如图 7-2-12 所示。

2004 年，《中国大百科全书》的网络版数据库问世，正式订购的用户可通过以下网址访问：http：//www.cndbk.com。从中国大百科全书出版社的网页（http：//www.ecph.com.cn）中的“数字出版”栏目，也可以访问该数据库。

2. 大英百科全书

网址：http：//www.britannica.com

诞生于 1768 年的《大英百科全书》　（又称《不列颠百科全书》，Encyclopædia Britannica)，最初在英国爱丁堡出版，历经两百多年修订、再版的发展与完善，形成享有盛誉的 32 卷册百科全书。被认为是当今世界上最知名、最具权威的百科全书，大英百科全书的条目均由世界各国著名的学者、各个领域的专家撰写，对主要学科、重要人物事件都有详尽介绍和叙述，其学术性和权威性已为世人所公认。1994 年正式发布的《大英百科全书网络

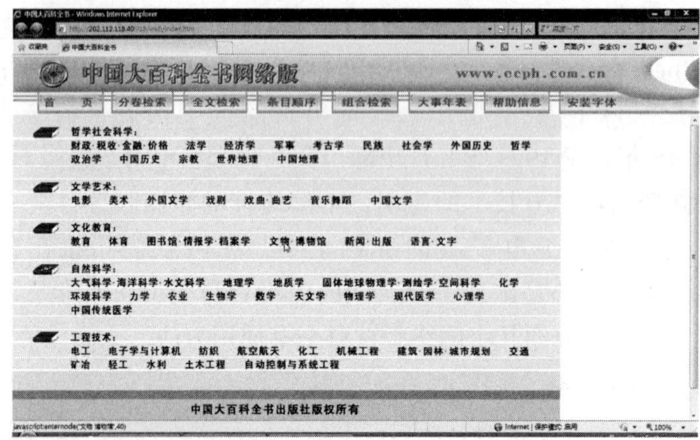

图 7-2-12　中国大百科全书网络版

版》—Encyclopedia Britannica Online，作为 Internet 上第一部百科全书，网络版除包括印刷本内容外，还包括最新的修改和大量印刷本中没有的文章，可检索词条达到 98 000 个。收录了 322 幅手绘线条图、9 811 幅照片、193 幅国旗、337 幅地图、204 段动画影像、714 张表格等丰富内容。

大英百科全书的使用方法很简单，只要在它的“search”框中输入你想要查找的词，然后单击“go”按钮就可以了。如要查找关于金融危机的资料，输入“financial crisis”，页面上弹出与输入词相关的所有词条选择窗口，如图 7-2-13 所示。

单击所选词条，在词条列表窗口的右半部分即出现该词条的摘要内容，单击“Go To Topic”按钮就可以看到详细内容，如图 7-2-14 所示。

我们所查到的内容体现了网络版百科全书的优点，资料更新速度远远快于印刷本，而且还有相关视频可以观看。

重要提示

网络版大英百科全书注册后有 14 天试用期，可以看到全部内容，之后需要付费才能看到全部内容，如果不注册只能查阅部分内容。

3. 百度百科

网址：http：//baike. baidu. com

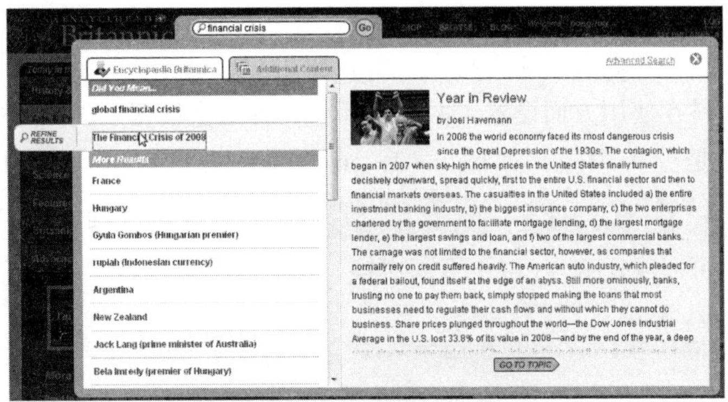

图 7-2-13　大英百科全书检索词条列表

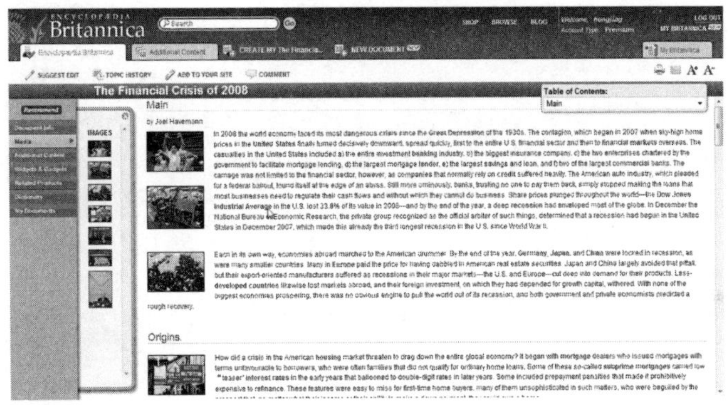

图 7-2-14　大英百科全书检索结果显示页

百度百科是一部内容开放、自由的网络百科全书，旨在创造一个涵盖所有领域知识、服务所有 Internet 用户的中文知识性百科全书。百度百科始建于 2006 年 4 月，本着平等、协作、分享、自由的 Internet 精神，提倡网络面前人人平等，所有人共同协作编写百科全书，让知识在一定的技术规则和文化脉络下得以不断组合和拓展。至今已有 14 477 794 个词条（至 2017 年 6 月 14 日），百度百科为用户提供一个创造性的网络平台，强调用户的参与和奉献精神，充分调动 Internet 所有用户的力量，积极进行交流和分享。用户使用百度百科，可以进行自主学习增长见识，也可以参与编写分享智慧，将头脑中的隐性知识重新组织，不断累积成全人类共同的开放知识库。但是百度百科毕竟是开放式的网络作品，虽然百度有审查制度，但百密难免有一疏，用户在使用时最好与正规版本的百科全书对比使用。有能力的用户也可以积极地参与编写词条，为开放式中文百科全书添砖加瓦。

百度百科在使用方面设置了两种途径：一种是直接搜索，如图 7-2-15 所示。另一种是分类浏览，如图 7-2-16 所示。为参与编写的用户设置了 编辑试验 、 创建词条 、 完善词条 ，由于是中文界面，用户只需按照页面提示即可完成任务。(以下页面更换)

图 7-2-15 百度百科主页

人物：政治人物 话题人物 历史人物 文化人物 虚拟人物 经济人物

自然：动物 植物 自然灾害 自然资源 自然现象

文化：美术 书画 戏剧 建筑 舞蹈 语言 摄影 曲艺

体育：体育组织 体育奖项 体育设施 体育项目

社会：组织机构 交通 政治 经济 军事 法律 民族

历史：各国历史 历史事件 历史著作 文物考古

地理：行政区划 地形地貌

科技：科研机构 互联网 航空航天 医学 电子产品

娱乐：动漫 演出 电影 电视剧 小说 电视节目

生活：美容 时尚 旅游

图 7-2-16 百度百科分类目录

4. 维基百科

网址：http：//www.wikipedia.org（全球）http：//zh.wikipedia.org（中文）

维基百科（Wikipedia）全书是一部用不同语言写成的百科全书。英文维基百科开始于 2001 年 1 月，现在已有超过 3 971 219 个条目（2012 年 6 月 13 日）。维基百科全书还有其他多国语言的版本，维基百科采用了 Wiki 技术，任何人都可以对条目进行编辑，并且这些修改都会得到完整的记录。中文维基百科的运作开始于 2002 年 10 月，目前已有 477 760 个条目（2012 年 6 月 13 日），并且还在不断增加。维基百科的内容可以被复制、修改和再发布，只要新的版本也同样遵循 wikipedia 的许可，并且注明来自于维基百科。维基百科上的文章以此来始终保持自由。

截至 2012 年 6 月 13 日，维基百科条目数第一的是英文维基百科，所有 255 种语言的版本共突破 1 000 万个条目，总登记用户也超越 1 000 多万人，大部分页面都可以由任何人使用浏览器进行阅览和修改，英语维基百科的普及也促成了其他计划，例如维基新闻、维基教科书等计划的产生，虽然也造成对这些所有人都可以编辑的内容准确性的争议，但如果所列出的来源可以被审察及确认，则其内容也会受到一定的肯定。

维基百科也提供了两种检索方式，一种输入检索词检索所需词条，另一种是使用分类索引浏览检索，维基分类更加详细，共分 10 个大类若干个小类。图 7-2-17 所示是中文维基的分类索引页面。

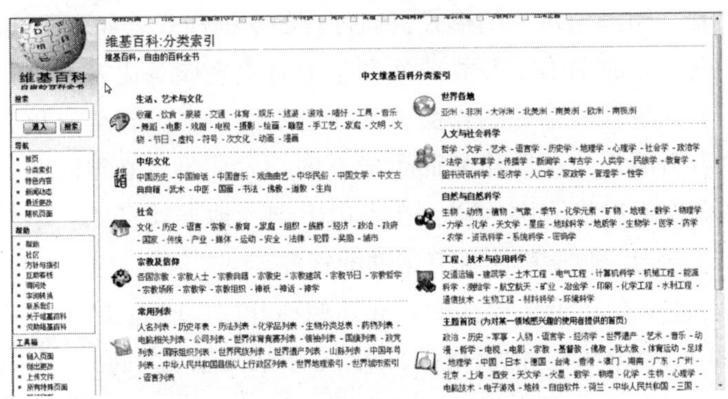

图 7-2-17 中文维基百科分类页面

维基除拥有百科以外，还相继开发了数个多语言、内容开放的项目，亦称为“姊妹项目”，如图 7-2-18 所示。

重要提示

知识链接：Wiki 一词来源于夏威夷语的“wee kee wee kee”，原本是“快点快点”的意思。

图 7-2-18 维基百科的姊妹项目

7.2.4 开放存取资源

开放存取（Open Access，OA），是20世纪90年代在国外发展起来的一种新的出版模式，旨在促进学术交流，扫除学术障碍。它依托网络技术，采用“发表付费，阅读免费”的形式，通过自归文档和开放存取期刊两种途径，实现开放期刊、开放图书、开放课件和学习对象仓储等内容的知识共享。根据有关规定，凡是开放存取的作品，其作者不能再向编辑部投稿，否则将受到处罚；读者引用开放存取作品而生成新的学术成果，必须注明其来源。这部分资源的获取不以校园网为限，在可以上网的地方就可以获取。是一种对科研、工作、学习、教学都非常有帮助的资源。

OA的兴起开始于2001年底的“布达佩斯开放存取倡议”（Budapest Open Access Initiative，BOAI）。倡议指出，OA是指某文献在Internet公共领域里可以被免费获取，允许任何用户阅过、下载、拷贝、传递、打印、检索、超链接该文献，用户在使用该文献时不受财力、法律或技术的限制，只需在存取时保持文献的完整性和作品被确认接受和引用。

OA的出版形式主要有OA期刊（open Access Journal，OAJ）和开放存取仓储（Open Access Repositories and Receives，OARR）。

OA资源：

1. 国内OA资源

(1) 中国教育图书进出口公司的Socolar网站

网址：http：//www.socolar.com

基于用户的信息需求和信息检索角度考虑，中国教育图书进出口公司认为一方面有必要对世界上重要的 OA 期刊和 OA 仓储资源进行全面的收集和整理，另一方面也有必要支持对重要 OA 期刊和 OA 仓储资源进行统一检索，所以启动了“OA 资源一站式检索服务平台（Socolar）”项目，旨在为用户提供 OA 资源的一站式检索服务。

（2）中图链接服务

网址：http：//cnplinker. cnpeak. edu. cn

中图进出口公司的“中图链接服务”提供了一万多种开放存取（Open Access）外文期刊，可访问全文，收藏的期刊有的是 OA 刊，有的不是，需要自己筛选，另外，有些刊部分卷期 OA 了，当年刊没有 OA。

（3）中国科技论文在线（hup：//www. paper. edu. cn）。中国科技论文在线经教育部批准，由教育部科技发展中心主办。

（4）开放阅读期刊联盟（http：//www. oajs. org/）。由中国高校自然科学学报研究会发起，期刊出版后，在网站上提供全文免费供读者阅读。

（5）厦门大学学术典藏库（http：//dspace. xmu. edu. cn/dspace/）。主要用来存储厦门大学教学和科研人员的具有较高学术价值的学术著作、期刊论文、工作文稿、会议论文、科研数据资料，以及重要学术活动的演示文镐等。

2. 国外 OA 资源

（1）Highwire（http：//highwire. stanford. edu/）。HighWire Press 是提供免费全文的、全球最大的学术文献出版商之一。

（2）Open J-Gate（http：//www. openj-gate. com/）。Open J-Gate 是世界最大的 Open Access 英文期刊入口网站，可链接到百万余篇全文。

（3）Public library of Science（http：//www. plos. org/）。它使全球范围科技和医学领域文献成为可免费获取约公共资源，对所有在线读者免费。

（4）DOAJ（Directory of Open Access Journals）（httP：//www. doaj. org）DOAJ 是由瑞典 Lund University 图书馆创建和维护的开放存取期刊资源。

（5）OAIster（http：//www. oaister. org）。提供电子图书、电子期刊、录音、图片及电影等数字化资料“一站式”检索的门户网站，被美国图书馆协会评为 2003 年度最佳免费参考网站。

（6）FreeFullText. Com（http：//frcefulltext. com）。该网站维护了一个超过 7 000 种的提供免费阅读全文的网络学术期刊资源列表。

3. 电子印本系统

(1) 中国科技论文在线

中国科技论文在线可检索首发论文、优秀学者论文、自荐学者论文及期刊论文，均可免费下载全文。内容涵盖的学科专业领域分为数学；信息科学与系统科学；力学物理学；化学；天文学；地球科学；生物学；农学；林学；畜牧、兽医科学；水产学；基础医学；临床医学；预防医学与卫生学；军事医学与特种医学；药学；中医学与中药学；工程与技术科学基础；测绘科学技术；材料科学；矿山工程技术；冶金工程技术；机械工程；动力与电气工程；能源科学技术；核科学技术；电子、通信与自动控制；计算机科学技术；化学工程；纺织科学技术；食品科学技术；土木建筑工；水利工程；交通运输工程；航空航天科学技术；环境科学技术；安全科学技术；管理学；经济学；图书馆；情报与文献；教育学；体育科学和交叉学科。网址：http：//www. paper. edu. cn。如图 7-2-19。

(2) 中国预印本服务系统

中国预印本服务系统分为国内预印本服务子系统和国外预印本门户（SINDAP）子系统。国内预印本服务子系统收录国内科技工作者提交的学术性论文，实现了作者自由提交、检索、浏览预印本论文全文、发表评论等功能。作者可注册后直接提交自己论文的电子文稿，系统只对作者提交的论文进行是否遵守国家政策法规、是否符合系统格式、是否属于学术论文进行简单审核，具有发布时差短的特点。论文内容涵盖自然科学、医药科学、人文与社会科学、工程与技术科学和农业科学五大类，各类下面又划分为若干个二级类。网址：http：//prep. istic. ac. cn。如图 7-2-20。

① arXiv. org 与 viXra. org

arXiv. org 是世界上最大的电子预印本库，现由美国康奈尔大学图书馆（Cornell University Library）进行维护和管理，收录的论文须符合康奈尔大学的学术标准，数据库内容涵盖物理、数学、非线性科学、计算机科学、定量生物学、定量金融学和统计学 7 个学科。如图 7-2-22。

② viXra. org（http：//vixra. org）

因 arXiv 预印本库上传的论文越来越多，arXiv 为了保证质量，采取审核机制，符合康奈尔大学学术标准的论文才能投稿上传。viXra. org 是一个新的预印本库，由康奈尔大学图书馆进行维护和管理，对新的科学论文不审核，

图 7-2-19　中国科技论文在线主页

图 7-2-20　中国预印本服务系统主页

采取完全开放方式，倡导作者将文稿上传至数据库，可免费下载全文，内容涵盖物理、数学、生物、化学及人文科学等学科。viXra. org 主页如图 7-2-23。

7. 2. 5　年鉴

年鉴是以全面、系统、准确地记述上年度事物运动、发展状况为主要内

首页 OALib 期刊 OALib 预印 快速投稿通道 Search 4,216,518 Articles 我的图书馆 常见问题 关于我们 关注我们

OALib 预印 预印 - OALib 预印本无需同行审议

Search

Page 1 /1 Go

Mar 03, 2016 Open Access Preprint

A Method of Luminiferous Ether Registration

The paper draws attention to the importance of the notion "luminiferous ether" in physics. There is a proposed method to register its flows generated by natural cosmic movements or created artificially. The work presents the results of ether wind searching with a prototype of the proposed installation located at the altitude of <30 m above sea level. Ether flows with speeds > 20 km/s are not found, which is consistent with the results of previous experiments.

图 7-2-21 OALib 预印平台

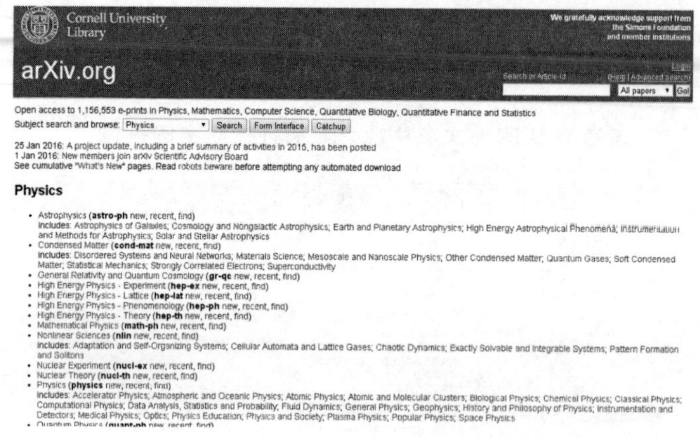

图 7-2-22 arXiv. org 主页

容。汇集一年内的重要时事、文献和统计资料，按年度连续出版的工具书。它博采众长，集辞典、手册、年表、图录、书目、索引、文摘、表谱、统计资料、指南、便览于一身，具有资料权威、反应及时、连续出版、功能齐全的特点。年鉴大体可分为综合性年鉴和专业性年鉴两大类，前者如百科年鉴、统计年鉴等；后者如经济年鉴、历史年鉴、文艺年鉴、出版年鉴等。

目前国内在网上可以检索的年鉴数据库是中国知网平台上的中国年鉴网络出版总库，该数据库是目前国内最大的连续更新的动态年鉴资源全文数据库，内容覆盖基本国情、地理历史、政治军事外交、法律、经济、科学技术、

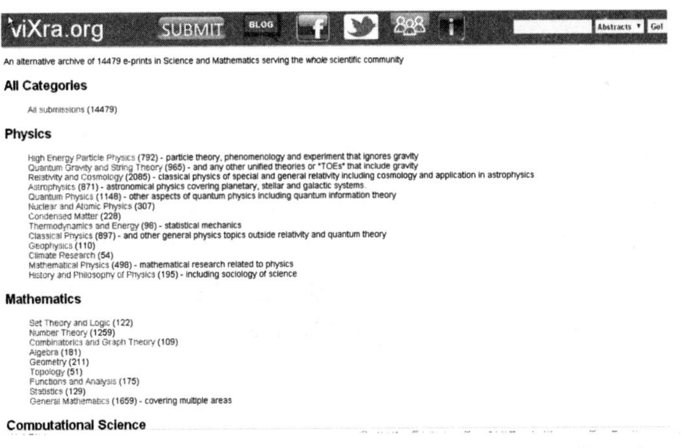

图 7-2-23　viXra. org 主页

教育、文化体育事业、医疗卫生、社会生活、人物、统计资料、文件标准与法律法规等各个领域。收录中国国内的中央、地方、行业和企业等各类年鉴的全文文献，收录年限自 1912 年至今。该数据库属于收费数据库，免费提供目录索引。至 2012 年 6 月已收录年鉴总计 2 378 种，18 333 本，15 488 244 篇。该库提供了年鉴整刊导航、初级检索和高级检索方法，在检索时可以单独使用一种检索方法，也可以将整刊导航和高级检索一起使用，因为中国知网检索平台已将检索区和导航栏整合到了一个页面上，如图 7-2-24 所示。

图 7-2-24　中国年鉴网络出版总库分类及检索

7.3 网络搜索引擎

Internet 诞生不久便面临着查询难的问题，随着连入的计算机数量的增加，网上的信息量也在不断增加，信息的增加也意味着查询越来越困难，于是就有了 Internet 初期的查询工具 Archie（为 FTP 站点建立的索引）、WAIS（广域网信息服务）和 Gopher（一个被称为地鼠的菜单式检索系统），而真正具有搜索引擎意义的检索工具则是随着万维网（World Wide Web）的出现而诞生并迅速发展起来的，从 1994 年到 2009 年搜索引擎经历了飞跃性的发展。

7.3.1 搜索引擎概述

搜索引擎，英文为 Search Engine，是利用软件自动搜索网上的所有信息，组建成自己的索引数据库，供人们检索网上信息的检索系统。每一个搜索引擎也是一个万维网网站，与普通网站不同的是，搜索引擎网站的主要资源是它的索引数据库，而非它的网页信息，因此它的主要功能是为人们搜索 Internet 上信息并提供获得所需信息的途径。简单地说搜索引擎就像图书馆的目录卡片，它能告诉你图书馆里共有多少馆藏，有多少种文献类型，你要的文献在图书馆的什么位置。搜索引擎的索引数据库搜索的信息资源以万维网资源为主，是人们通向 Internet 世界的大门，因此，在我国最开始的几个综合性搜索引擎也被称为门户网站，如搜狐、新浪、Yahoo 等。

一个完整的搜索引擎主要包括 4 个部分。

1. 搜索引擎的搜索程序

搜索程序又称“采集器”和“搜索器”，用于搜索和寻找网站和网页。搜索引擎网站采用两种方式进行数据收集：人工方式是由专门的工作人员跟踪和选择有用的 Web 站点和网页，根据站点内容对其进行规范化的分类标引，建立索引数据库；自动收集数据的方式是搜索引擎网站使用 ROBOT（也称 Crawler、Spider）自动跟踪索引搜索程序，沿着万维网的超文本链接，在网上搜索新的网页信息，分析新的链接点，并建立、维护和更新索引数据库，从而保证了对网络资源的跟踪与检索的有效性和及时性。

2. 标引程序

标引程序用于标引数据库中的内容，实际上标引程序并不是一个单独的程序，而是 ROBOT 的一部分功能，ROBOT 在执行完收集任务后会根据分析结果，对采集到的信息进行自动标引。ROBOT 对网页进行标引的方法是根据网页中的词频高低进行选词，即在略去只起语法作用的共用词后，一个词在文献中出现的频率越高，说明它代表该文件主题的程度越高，从而作为标引词的准确性也越高。ROBOT 进行标引时，还利用网页的 HTML 标签中的词，如网页名称标签<title> </title>，标题标签<head> </head>，链接点标签<a> </a>，网页中开始几段文字<body> </body>，robot 会根据这些标签中的词来帮助选词，确定标引词。ROBOT 对网页内容是进行全文标引，分析整个网页所有词汇，依据其在网页中出现的位置和频率来确定权重。

3. 索引数据库

搜索引擎对信息的组织，是利用数据库管理系统（DBMS）对所采集标引的网页信息进行组织，从中抽取出索引项，形成索引数据库。数据库中的索引项基本上对应一个网页，一般包括关键词、标题、摘要、URL、更新时间等信息。由于各个搜索引擎的标引方式不同，针对同一网页，索引记录的内容可能相差很大。如我们分别在百度和 Google 检索“北京大学”所得到的检索结果中的第一条都是北京大学主页的链接，但记录的内容却相差很大，如图 7-3-1 和图 7-3-2 所示。

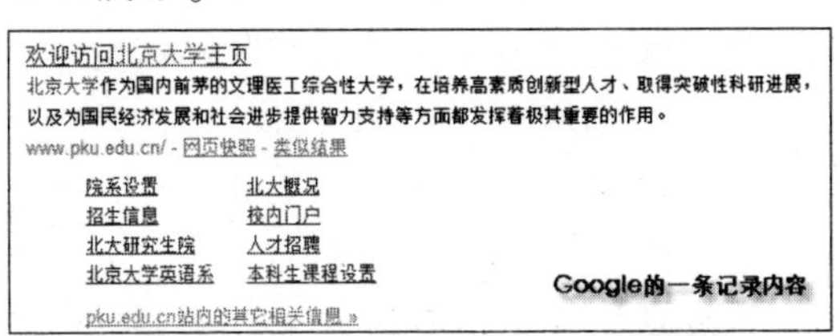

图 7-3-1　Google 的一条记录内容

数据库靠信息搜集模块和信息标引模块共同进行动态维护，网络处于多变的环境下，网页内容会不断地更新，网页地址会发生变化，所以，robot 要对索引数据库进行及时更新、添加和删除，以保证索引数据库的准确性。

4. 检索程序

即接到提问要求后，从索引、数据库中检索资料的算法和相关程序。一般搜索引擎的检索程序部分包括检索界面子模块、检索策略子模块、检索执行子模块和检索结果子模块，用户通过检索界面将检索提问式输入给计算机，

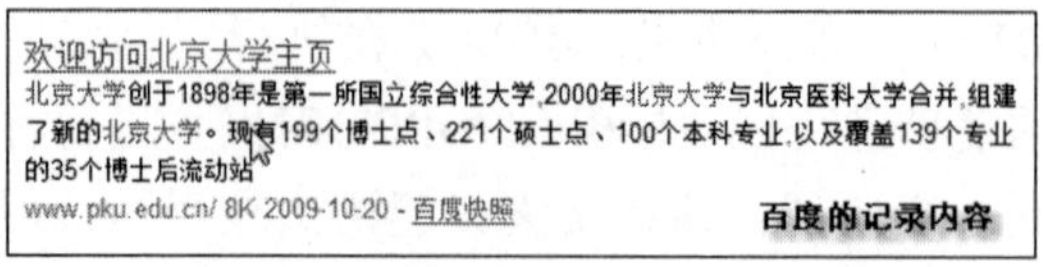

欢迎访问北京大学主页
北京大学创于1898年是第一所国立综合性大学,2000年北京大学与北京医科大学合并,组建了新的北京大学。现有199个博士点、221个硕士点、100个本科专业,以及覆盖139个专业的35个博士后流动站
www.pku.edu.cn/ 8K 2009-10-20 - 百度快照
百度的记录内容

图 7-3-2　百度的一条记录内容

然后检索策略模块将用户的请求编织成规范化的检索式，执行模块利用检索式检索索引数据库，最后由检索结果组织模块将与检索提问式相匹配的信息进行整理组织，并反馈给用户。

Internet 搜索引擎经过几年的发展，现在已有数千个，很多网站都发展成了综合性网站，提供的检索内容也越来越丰富，检索功能也越来越与专业文献检索系统相近，搜索引擎从基于关键词检索技术发展到基于超链分析技术，已经从根本上提高了搜索引擎的功能，也为用户提供了更准确的检索结果，从而节省了用户的时间。

7.3.2　百度

百度搜索引擎是目前全球最大的中文搜索引擎。它使用了高性能的“网络蜘蛛”程序自动在 Internet 中搜索信息。可定制、高扩展性的调度算法使得搜索器能在极短的时间内收集到最大数量的互联网信息。百度在中国各地和美国均设有服务器，搜索范围涵盖了中国大陆、中国香港、中国台湾、中国澳门、新加坡等华语地区以及北美、欧洲的部分站点。百度搜索引擎拥有目前世界上最大的中文信息库，总量超过 20 亿页以上，并且还在以每天几十万页的速度快速增长。百度采用的超链分析技术就是通过分析链接网站的多少来评价被链接的网站质量，这保证了用户在百度搜索时，越受用户欢迎的内容排名越靠前。

百度目前提供网页搜索、MP3 搜索、图片搜索、新闻搜索、百度贴吧、百度知道、搜索风云榜、硬盘搜索、百度百科等主要产品和服务，同时也提供多项满足用户更加细分需求的搜索服务，如地图搜索、地区搜索、国学搜索、黄页搜索、文档搜索、邮编搜索、政府网站搜索、教育网站搜索、邮件新闻订阅、WAP 贴吧等服务。百度还在个人服务领域提供了包括百度影视、百度传情、手机娱乐等服务。

1. 百度提供的检索方式

百度提供简单检索和高级检索两种检索方式。百度的默认主页就是简单检索界面，如图 7-3-3 所示。百度提供的简单检索方式又包括新闻、网页、贴吧、MP3、图片、视频等多种检索页面，每种检索页面各有特点。我们可以在检索框中直接输入检索词，也可以在框中输入组合好的带有字段限定名称和算符代码的检索式进行检索。单击页面上的“更多>>”进入列出了所有百度产品或者说百度提供给用户的所有服务的栏目列表。

高级检索页面（http：//www. baidu. com/gaoji/advanced. html）如图 7-3-4 所示：百度的高级检索界面提供了关键词的布尔逻辑、时间、显示结果、语言、文档格式、关键词位置和网站域名限定项。在这里特别要指出的是文件格式限定，用户可以通过此项限定，准确地查找到网上的特定类型的文件，如 . doc . ppt . pdf 等 5 种格式的文件，而不必在检索结果中再大海捞针似的查找。如果用户要检索医学文献检索课的课件做参考，可以在高级检索界面进行如图 7-3-4 所示的检索词输入与限定，执行检索后得到满意的检索结果如图 7-3-5 所示。

图 7-3-3　百度主页

2. 基本检索技术

（1）“与”运算。缩小搜索范围。运算符为“空格”或“+”。在使用时可以将两个检索词（或检索式）用一个空格隔开，表示进行与运算，也可以

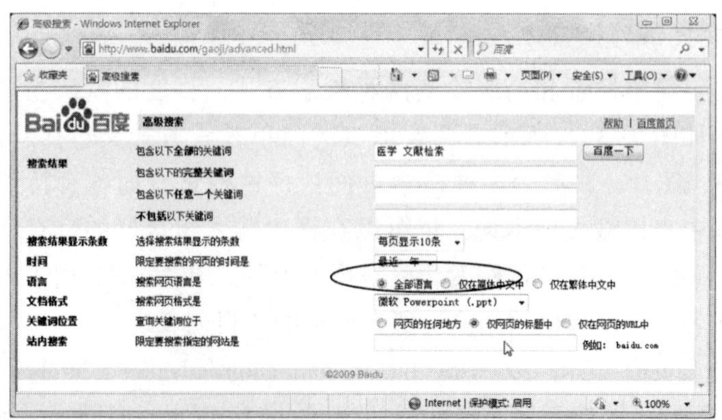

图 7-3-4　百度高级检索页

使用“+”将两个检索式连接起来进行运算，但需要注意的是用“+”时，“+”的前后必须留出一个半角空格，否则检索程序在运行检索式时会将“+”作为检索词来处理。

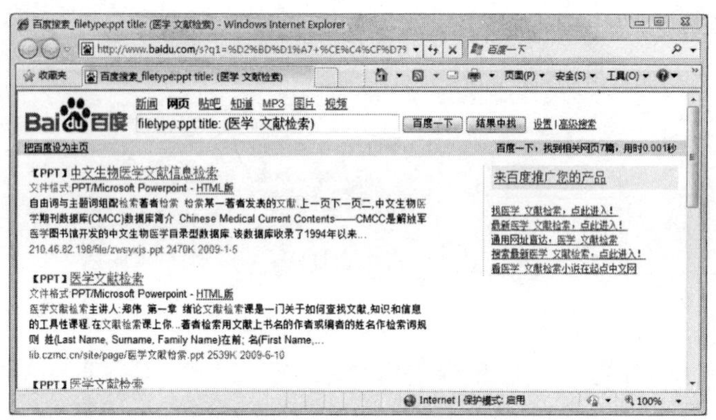

图 7-3-5　百度检索结果页

例如，要搜索关于神舟八号飞船与天宫一号对接的信息，可使用如下查询：神八飞船 天宫一号，如图 7-3-6 所示：

(2)“非”运算。去除特定的不需要的资料。运算符为“-”。减号前后必须留一半角空格，语法是“A-B”。有时候，排除含有某些词语的资料有利于缩小查询范围。例如，要搜寻关于“武侠小说”，但不含“古龙”的资料，可使用如下查询：武侠小说-古龙，查到的资料就是指定检索项中不含“古

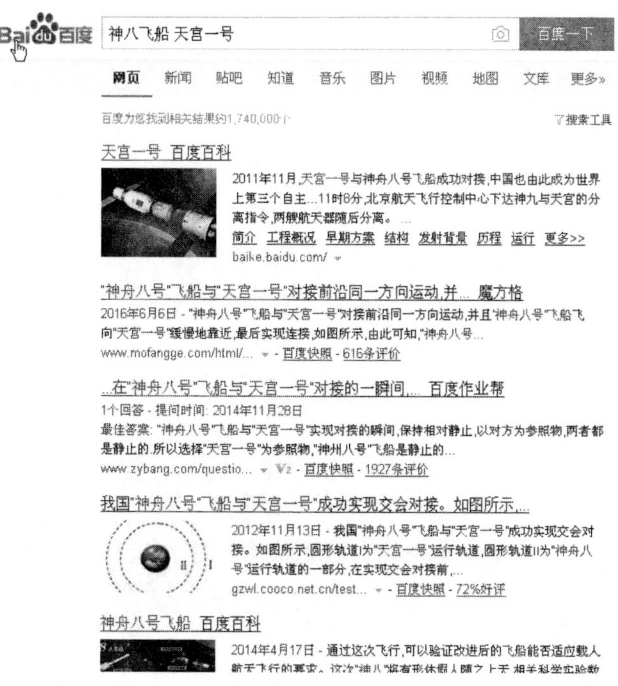

图 7-3-6　检索示例

龙”信息的资料。如图 7-3-7

（3）“或”运算。并列搜索。运算符为“|”。使用“A | B”来搜索得到的检索结果或者包含关键词 A，或者包含关键词 B，或者包含 A、B 的网页。例如：您要查询“图片”或“写真”相关资料，无须分两次查询，只要输入图片 | 写真搜索即可。百度会提供跟“|”前后任何关键词相关的网站和资料。假如你是周杰伦和陶喆的歌迷，现在要查找所有关于周杰伦和陶喆的中文网页，无须分两次查询，只需输入：周杰伦 | 陶喆，如图 7-3-8 所示。百度会提供跟“|”前后任何关键词相关的网站和资料。

（4）使用双引号或书名号进行精确搜索

引号必须是英文双引号。这尤其适合输入关键字中包含空格的情况，如“古龙”，由于网站收录其作品时会在其名字中加上一个汉字的空格，百度就会认为这是两个关键字，如“内蒙古龙首山大峡谷别有天地”、“对付古墓2代恶龙的绝招”之类的信息都会出现在结果中。为了避免这种结果，不妨用英文双引号将其括起来，即“古龙”，告诉搜索引擎这是一个词而不是两个

图 7-3-7　检索示例

关键字，则结果会更加准确。用双引号可以进行整句话的精确搜索。如，用户想在网上查一下“什么是搜索引擎”，检索程序就会把关键字确定为“搜索引擎”，那么得到的结果会将包括搜索引擎的各类信息都检索出来，数量达到123 万篇。但是如果用“‘什么是搜索引擎’”，结果就大不一样了，只有29 400篇。

在百度检索中，中文书名号是作为检索词被查询的。加上书名号的查询词，有两层特殊功能，一是书名号会出现在搜索结果中；二是被书名号括起来的内容，不会被拆分。书名号在某些情况下特别有效果，例如，查名字很通俗和常用的那些电影或者小说。比如，查小说《办公室主任》，电影“手机”等，检索词前后用不用书名号，结果就大不一样了。

（5）字段限定检索

①搜索范围限定在网页标题中（intitle）

Title 是网页的标题，intitle 指所有搜索结果的网页标题中都要包含关键词。例如，搜索标题中包含“北京大学图书馆”的网页结果，可以输入“in-

图 7-3-8　检索示例

title：北京大学图书馆"，如图 7-3-9 所示，注意冒号后面不要有空格。

②搜索特定格式的文档（filetype）

网上存在多种格式的资料，除了常见的网页外，还有 Word、PowerPoint、PDF 等格式。百度支持对 Office 文档（包括 Word、Excel、Powerpoint）、Adobe PDF 文档、RTF 文档等多种格式的全文搜索。只需在查询词后面，如加上"filetype："文档类型限定。"Filetype："后面可跟 DOC、XLS、PDF、RTF、ALL 等多种文件格式。其中，ALL 表示搜索所有这些文件类型。例如，输入"个人年终总结 filetype：doc"，就可搜索关于个人年终总结的 Word 文件，如图 7-3-10 所示。

③ 搜索范围限定在特定站点中（site）

若是确定某个站点中有自己所需信息，可把搜索范围限定在这个站点中，以便于提高查询效率。例如，输入"金庸 古龙 site：sina. com. cn"，可搜索在新浪网站上包含"金庸"和"古龙"的页面，如图 7-3-11 所示。

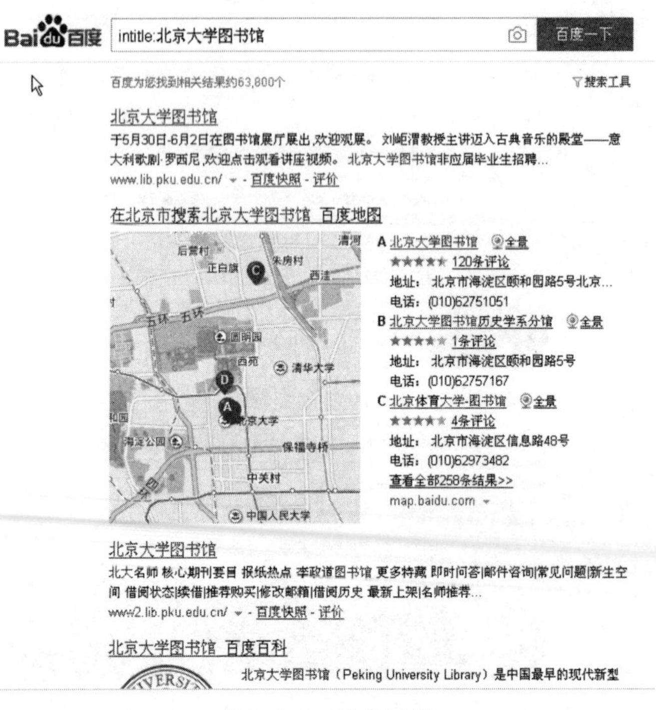

图 7-3-9 检索示例

④ 把搜索范围限定在 url 链接中（inurl）

若是限定搜索结果的 url，经常可以获得某种有价值的信息。"inurl" 后面紧跟的关键词会出现在网页 URL 中，而其他关键字可以出现在网页的任何位置。这种搜索通常能提供非常精确的专题资料，实现的方式，是用 "inurl:"，后跟需要在 url 中出现的关键词。例如，查找关于 photoshop 的使用技巧，可以输入：photoshop inurl：jiqiao，如图 7-3-12 所示。"photoshop" 可以出现在网页的任何位置，而 "jiqiao" 则必须出现在网页 url 中。

另外，还有一些其他限定检索，如限定网页链接（link）、限定相似网页（related）以及限定相关网页（info）等。

3. 特色功能

(1) 百度快照

每个被合法收录的网页，在百度上都会自动生成临时缓存页面，它们被称为"百度快照"。如果无法打开某个搜索结果，或者打开速度特别慢，可使

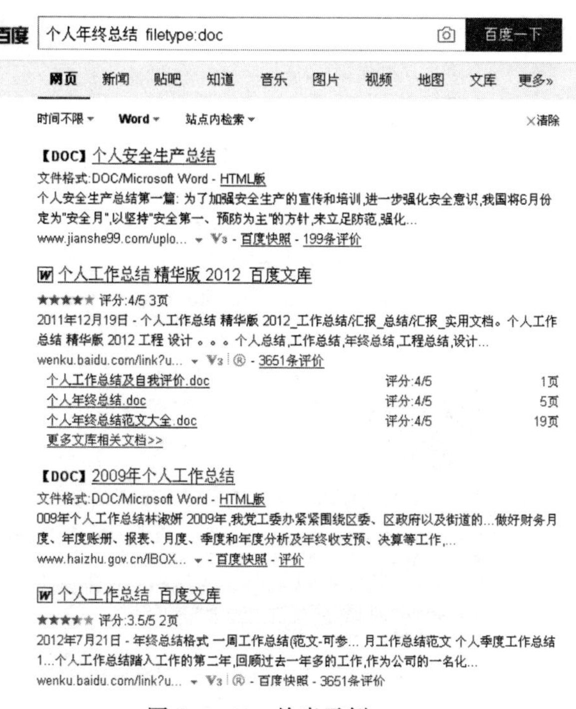

图 7-3-10 检索示例

用“百度快照”功能，快速打开该网页的文本内容。百度不仅下载速度快，而且将用户查询的字串用不同颜色在网页中进行了标记。

(2) 相关搜索

百度的“相关搜索”可以为关键词的选择提供参考。输入一个检索词时，百度会提供与搜索很相似的一系列查询词。百度相关搜索排布在搜索结果页的下方，按搜索热门度排序。下面是对关键词“信息”的相关搜索。单击这些词，可以直接获得对它们的搜索结果。如图 7-3-13。

(3) 百度百科

百度百科是一部内容开放、自由的网络百科全书，旨在创造一个涵盖所有领域知识、服务所有互联网用户的中文知识性百科全书。它是由网友共同编写的，知识量较大，完全免费，并且是完全开放式（任何人都可以添加或修改）。

图 7-3-11 检索示例

7.3.3 Google

可以肯定地说，创建于 1998 年 7 月的 Google，发展到今天已经成为互联网上最大、服务最全面的搜索引擎，Google 以其搜索迅速、准确、容易使用等特点，被公认为是“世界最佳搜索引擎”。由于使用了 PageRank① 技术，Google 在网络访问的广度和信息有效性方面，是其他任何一种搜索引擎都望尘莫及的。2006 年，公司正式启用“谷歌”为中文名，但在真正使用时人们还是更喜欢说 Google。

Google 可以有 100 多种语言用来自定义界面，在我国用户面较广的是 Google 中文版和英文版。谷歌中国提供了 32 种服务，常用的有网页搜索、学术搜索、图书搜索等。Google 所提供的分类搜索服务有以下几个方面。

---

① PageRank：Google 衡量网页重要性的工具，测量值范围从 1 至 10 分别表示某网页的重要性。

图 7-3-12　检索示例

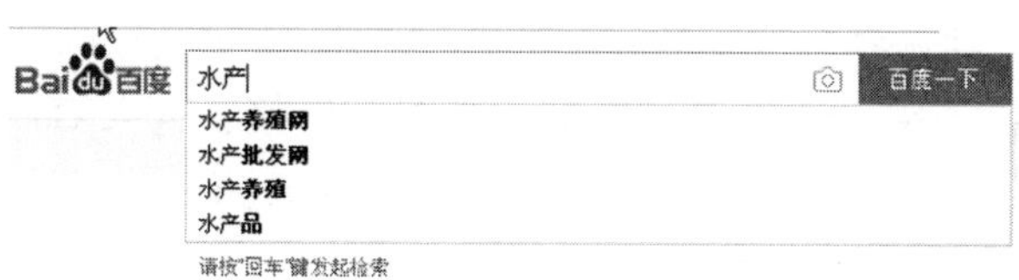

如图 7-3-13　检索示例

（1）iGoogle 个性化首页：自订新闻、财经、天气以及更多常用小工具到你的谷歌个性化首页。

（2）博客搜索：从博客文章中查找您感兴趣的主题。

（3）财经：商业信息、财经新闻、实时股价和动态图表。

（4）265 导航：实用网址大全，便捷直达常用网站。

（5）地图：查询地址、搜索周边和规划路线。

（6）工具栏：为您的浏览器配置搜索框，随时 Google 一下。

（7）购物搜索：搜索商品和购物信息。

（8）快讯：定制实时新闻，直接发至邮箱。

（9）谷歌浏览器：更快速、稳定、安全的浏览器。

（10）热榜：众多热门榜单，最新流行尽在掌握。

（11）生活搜索：您身边的分类生活信息，例如：房屋、餐饮、工作、车票……

（12）视频：搜索网络视频。

（13）图片：超过几十亿张图片。

（14）图书：图书全文，并发现新书。

（15）网页搜索：全球上百亿网页资料库。

（16）网页搜索特色：特色计算器、天气查询、股票查询等搜索小窍门。

（17）学术搜索：搜索学术文章。

（18）音乐：搜索并发现音乐。

（19）字典：查找多种语言词典、网络新词。

（20）资讯：阅读、搜索新闻资讯。

1. Google 的检索方法

Google 提供了分类和检索词相结合的检索方法，检索界面有简单检索和高级检索两种。默认界面为简单检索如图 7-3-14 所示，默认页面上设置了音乐、地图、图片等快速链接点，单击“更多”链接，进入 Google 大全页面。单击主页右上角的图标，在下拉菜单中选择“高级”链接，就可以直接进入高级检索界面，如图 7-3-15 所示。

2. Google 的检索技术

Google 搜索引擎也采用了布尔算符、精确检索算符英文双引号" " 等几乎与科技文献数据库接近的检索技术。由于 Google 已经是一个全方位的搜索引擎，所以它除了采用一些常规检索技术外，还使用了一些它独有的检索限制算符和限定方法。

（1）独特的“+”。Google 会忽略 where、the、how 等常用字词和字符，以及不能改善结果的数字和字母。它会在结果页中的搜索框下方显示详细信息，以指出是否排除了某一字词。如果必须要使用某一常见字词才能获得需要的结果，我们可以在该字词前面放一个“+”号，从而将其包含在查询字词

图 7-3-14　中文 Google 主页

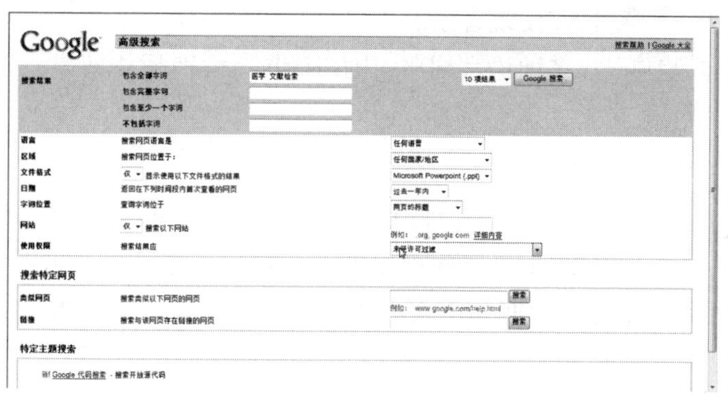

图 7-3-15　Google 高级检索页

中。（请确保在“+”号前留一空格）。例如，要确保 Google 将“I”纳入对“星球大战前传 I”的搜索中，可以采用以下方法：星球大战前传+I。

（2）“OR”搜索。要查找包含两个字词之一即可的网页，请在字词之间添加大写“OR”。

（3）数字范围搜索。用户通过数字范围可以搜索包含指定范围内的数字的结果。只需在搜索框内向搜索字词后面添加两个数字，并将其用两个英文句号分开（中间无空格）即可。用户可以使用“数字范围”设置从日期（Willie Mays 1950～1960）到重量（5 000～10 000 kg 卡车）的各种范围。不过，请务必指定度量单位或其他一些说明数字范围含义的指示符。

（4）同义词搜索。如果用户并不仅仅想搜索单个字词，而是想一并搜索其同义词，则在搜索字词前加上一个代字符（~）即可。

（5）字典定义。要查看某个字词或词组的定义，在此字词或词组前加上“define:”即可。请注意，搜索结果会提供整个词组的定义。

（6）填空。有时，最好的提问方式是让 Google “填空”：只需在 Google 搜索框中键入句子的一部分，然后加星号（*）即可。

（7）减少字义。如果用户的搜索字词具有多种含义（例如，bass 可以指鱼或乐器），可以进行集中搜索，方法是在与用户希望排除的含义相关字词前添加一个减号（“-”）。例如，如果用户要查找大量鲈鱼的湖泊而不是偏重低音的音乐，可以采用以下方法：bass - music（注意，在搜索中包含要减少的词时，请务必在减号前添加一个空格）。

（8）词组搜索（双引号的功能）。有时，您仅需要包含某个完整词组的结果。在这种情况下，只需用引号将用户的搜索字词括住即可。记得一定要用英文双引号。

3. Google 学术搜索

Google Scholar 是 Google 公司将 Google 网页搜索中的学术资源部分改进了排序和呈现方法，于 2004 年年底推出的专门面向学术资源的免费搜索工具，它能够帮助用户查找包括期刊论文、学位论文、书籍、预印本、文摘和技术报告在内的学术文献，内容涵盖自然科学、人文科学、社会科学等多种学科。Google Scholar 的资料来源主要是网络免费的学术资源、开放获取的期刊网站、付费电子资源提供商、图书馆链接等 4 个部分。Google Scholar 已经和多家电子资源提供商进行了合作，一些国内高校订购的数据库基本上都被 Google Scholar 收录，中文的有万方、中国知网和维普数据，外文的 ScienceDirect、JSTORE、IEL 等数据库，在 Google Scholar 中检索的文章，如果学校订购了收录该文章的数据库，就可以直接单击相关链接，就会打开该文章所在数据库的索引页面，用户就可以看到该文章的详细内容了。Google Scholar 最大特点在于它不仅能够给用户找到某篇文章，还能把用户的问题放到世界学术领域的索引中比较、检验并过滤出最相关的文章，帮用户找出在该领域最相关、最有价值的文章。虽然有些文章用户需要付费才能看到全部内容，但至少能通过学术搜索的“被引用次数”让用户知道哪些文章是最有价值的。

由于检索的是学术出版物，所以 Google Scholar 的高级检索设置了特定的搜索限定项。

（1）作者限定搜索。根据作者信息查找到特定文章最有效的方式之一。如果知道要查找的文章作者，您只需将其姓氏添加到搜索字词中就可以检索该作者的文献，但有时作者名字和普通名词相同，在高级检索中直接使用作者检索框就可以限定，在简单检索的搜索框中需要用作者字段限定，使用方法是“作者：xxx”。

（2）出版机构或出版物限制搜索。可检索某个出版机构出版的跟检索词相匹配的学术文献，也可将检索词限定在某种出版物范围内检索。如我们搜索 2009 年诺贝尔经济学得主之一 Oliver E. Williamson 在 Elsevier 出版社出版的出版物中发表的文章情况时，我们既要用作者限定，也要用出版物限定，检索页面如图 7-3-16 所示，图 7-3-17 所示为检索结果。在这个检索中，如果我们要全面了解该作者的文章，我们只能进行作者限定，结果我们搜到了1 670条相关信息。如果用英文 Google Scholar 则会得到更准确更全面的结果。

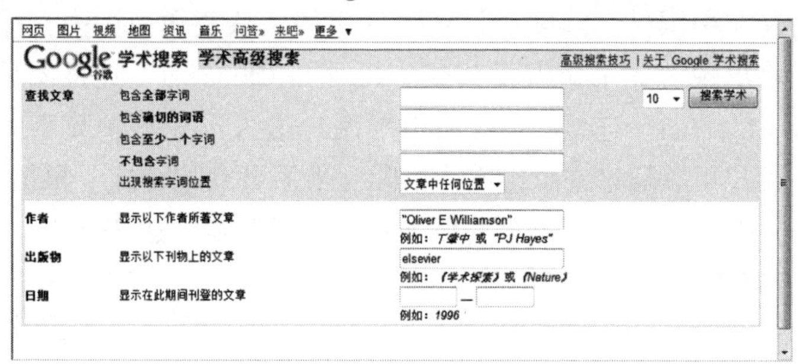

图 7-3-16　中文 Google Scholar 高级检索

（3）英文 Google Scholar 的学科主题限定。当你进入英文 Google Scholar 的高级检索界面后你会发现，该界面比中文高级检索界面多了“Subject Areas”，即学科主题领域，在这里提供了 7 个学科主题范围的限定，可以使我们的检索结果限定某个学科领域范围内。所以上面的检索例题，如果用英文 Google Scholar 检索我们将得到更满意的结果，如图 7-3-18 和图 7-3-19 所示。

Google Scholar 与中国科学院联合目录数据库服务系统合作，为中国用户提供了了解国内图书馆文献收藏和获取全文的通道。2006 年 4 月 21 日，中国科学院联合服务系统图书与 Google Scholar 连接成功，面向中国科学院和全国

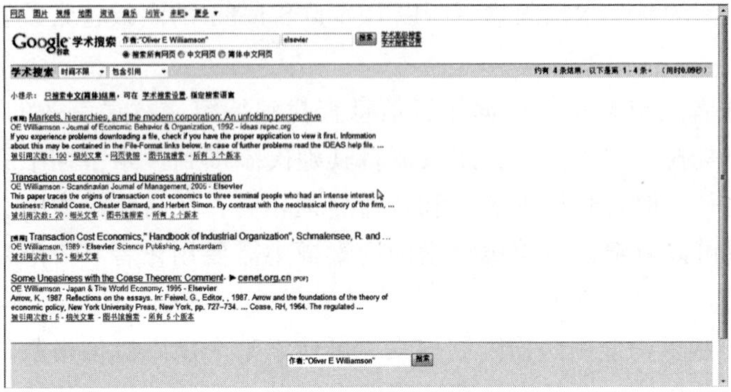

图 7-3-17 中文 Google Scholar 检索结果

的科研工作者开放 40 万条学术信息资源。2006 年 11 月又实现了期刊与 Google Scholar 的连接。用户通过 Google Scholar 进行学术文献查询，Google Scholar 能够根据 IP 地址判断是否是中国用户，如果是中国用户，所查询的学术文献同时又在中国科学院联合目录数据库的馆藏资源范围内，那么在检索结果页面上将出现“图书馆搜索”或“Find in ChinaCat”连接图标，用户单击“Find in ChinaCat”连接，系统将引导用户进入国家科学数字图书馆联合服务系统，用户可以通过文献传递或馆际互借服务获取全文。根据抽样统计，Google Scholar 检索文献结果被联合服务系统收录覆盖率达 73%。

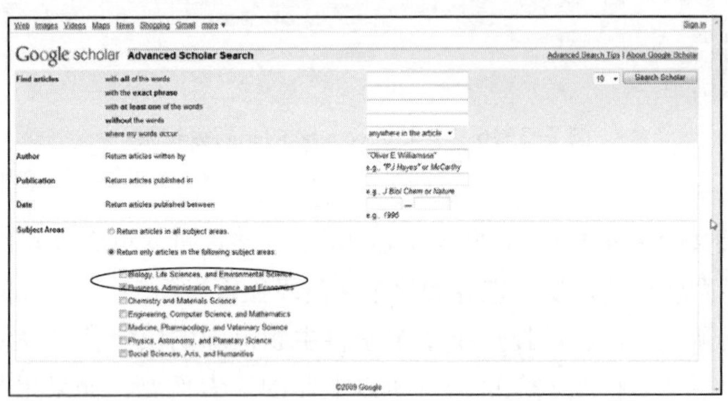

图 7-3-18 Google Scholar 的学科主题限定

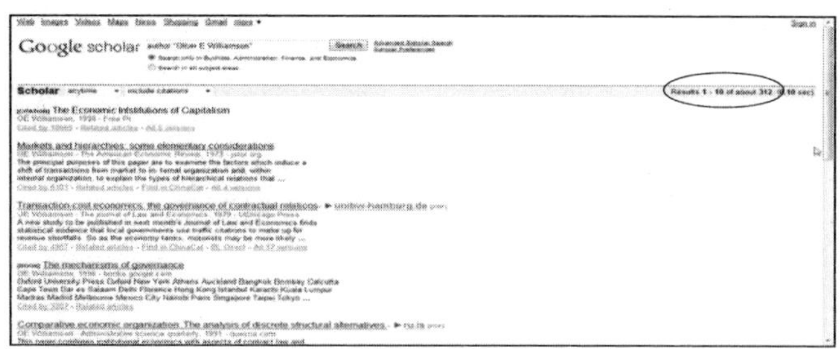

图 7-3-19　GoogleScholar 的学科主题限定后的检索结果

阅读材料

Google 的含义

“Googol”是一个数学术语，表示 1 后面带有 100 个零。Google 公司对这个词作了微小改变，借以反映公司的使命，意在组织网上无边无际的信息资源。该词现在已被韦氏词典收录，可以用作动词，例如“google 某物”的意思是在 google 搜索引擎上搜索“某物”这个关键词！

7.3.4　其他搜索引荐

1. Yahoo！（http：//cn. yahoo. com/）

Yahoo！由斯坦福大学博士杨致远和 David Filo 于 1994 年 4 月共同创办，提供一个专家筛选加工而成的主题分类索引体系。目前，Yahoo！面向全世界提供 30 多个地区、13 种语言版本，为全球用户提供网页、图片、音频、新闻、类目搜索、本地搜索等多种服务。1999 年 9 月，Yahoo！开通中文网站——雅虎中国。其主页如图 7-3-20 所示。

雅虎搜索是一个以分类目录、网站检索为主，附带网页全文检索的搜索引擎。雅虎有包括中文、英文在内的 10 余种语言版本，各版本的内容互不相同，每个不同的版本都是一个不同的、相对独立的搜索引擎。中文雅虎主要收录全球各地的中文网站，包括简体、繁体和图形中文网站。

Yahoo！支持布尔逻辑检索、字段限制检索、短语检索、二次检索和雅虎统计等。其检索结果按相关度排序，并实现网页、图片、博客等多资源的整

图 7-3-20　中国雅虎主页界面

合检索。在同类搜索引擎中，雅虎界面简洁、分类目录准确、合理、数据量大，内容丰富、反应速度快、查准率高、功能齐全。

2. 必应（http：//cn. bing. com/）

必应搜索引擎是微软公司于 2009 年 6 月推出的最新搜索引擎，中文名称定为“必应” （Bing），取“有求必应”之含义。它是原来微软公司 MSN Search 搜索引擎的基础上产生的。其主页如图 7-3-21 所示。

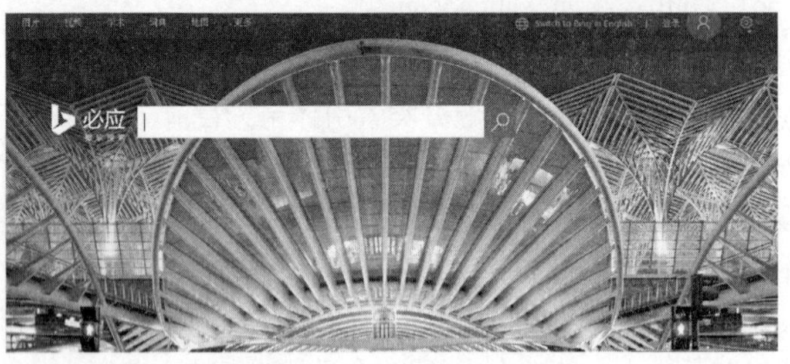

图 7-3-21　必应搜索主页界面

必应的搜索包括了“网页、图片、视频、地图、词典、人气榜及翻译通”功能，结果页面与谷歌布局较为接近。必应搜索深度整合了 Powerset 语义搜索功能。此外，其搜索历史不仅能够永久保存至 SkyDrive 或本地文件夹，还能够通过 Windows Live Messenger、Facebook 或 E-mail 分享。

精美的首页图片是必应搜索引擎的特色之一，另外，网站直通车让用户更快速地查找到所需要的信息；网页 MSN 和邮箱 Hotmail 放在首页上，更便于用户的登录和链接。

3. 搜狗（http：//www.sogou.com/）

搜狗是搜狐公司于 2004 年 8 月 3 日推出的全球首个第三代互动式中文搜索引擎，其主页如图 7-3-22 所示

图 7-3-22　搜狗主页界面

搜狗包括网页应用和桌面应用两大部分。网页应用以网页搜索为核心，在音乐、图片、新闻、地图领域提供垂直搜索服务，通过说吧建立用户提问的搜索型社区。桌面应用则旨在提升用户的使用体验，搜狗工具条帮助用户快速启动搜索，拼音输入法帮助用户更快速地输入，PXP 加速引擎帮助用户更流畅地享受在线直播、点播服务。

4. 搜搜（http：//www.soso.com）

搜搜是腾讯旗下的搜索网站，于 2006 年 3 月正式发布并开始运营，搜搜

目前主要包括网页搜索、综合搜索、图片搜索、音乐搜索、论坛搜索、搜吧等16项产品，通过互联网信息的及时获取和主动呈现，为广大用户提供实用和便利的搜索服务。用户既可以使用网页、音乐、图片等搜索功能寻找海量的内容信息，也可以通过搜吧、论坛等产品表达及交流思想。搜搜旗下的问问产品能为用户提供广阔的信息及知识分享平台，还可以询问在线专家，咨询更方便。

5. 有道（http：//www. youdao. com/）

有道搜索是网易自主研发的搜索引擎，于2006年12月推出，目前包括网页搜索、博客搜索、图片搜索、新闻搜索、海量词典、桌面词典、工具栏等，其主页如图7-3-23所示。

图7-3-23 有道主页界面

6. Ask. com（http：//ask. com/）

Ask. com搜索引擎源自于AskJeeves公司。目前，除Yahoo！搜索集团和google外，Ask. com成为硕果仅存的、拥有自主技术的独立一线全文搜索引擎。Ask. com的搜索界面如图7-3-24所示

7. Scirus（http：//www. scirus. com）

Scirus是目互联网上最全面、综合性最强的科技搜索引擎之一。由Elsevier科学出版社开发，用于搜索期刊和专利，效果很不错！覆盖的学科范围包括：农业与生物学，天文学，生物化学，科学和化工，计算机科学，地球与行星科学，经济，金融与管理科学，工程，能源与技术，环境科学，语言学，法学，生命科学，材料科学，数学，医学，神经系统科学，药理学，

图 7-3-24 Ask. com 搜索引擎主页界面

物理学，心理学，社会与行为学，社会学等。

8. BASE（http：//www. base-search. net）

BASE 是德国比勒费尔德（Bielefeld）大学图书馆开发的一个多学科的学术搜索引擎，提供对全球异构学术资源的集成检索服务。它整合了德国比勒费尔德大学图书馆的图书馆目录和大约 160 个开放资源（超过 200 万个文档）的数据。

9. Vascoda（http：//www. cascoda. de）

Vascoda 是一个交叉学科门户网站的原型，它注重特定的主题的聚合，集成了图书馆的收藏、文献数据库的物附加的学术内容。

小 结

本章系统地介绍了 Internet 信息资源的服务形式、网上的各种免费检索工具及其使用，并重点讲述了两种搜索引擎的检索方式及其使用。

练习题

1. 分别用百度和 Google 搜索引擎查找 2008 年以后发布文献检索课的课件，不包括医学文献检索的课件。

2. 查找 Google 一词在韦氏大学词典中的解释，以及该词出现的时间。

3. 利用 Google 地图查找青岛奥帆中心的坐标值。
4. 查找 Internet 在大英百科全书和维基百科中的条目内容。
5. 查找本专业相关的开放存取期刊，并列出部分目录。

第8章　电子图书及其检索

电子图书是数字图书馆建设的核心电子资源之一，目前电子图书产品已得到迅速发展，出现了一些专门的中外文电子图书数据库。本章重点介绍国内电子图书数据库及其检索。

8.1　电子图书概述

电子图书（electronic book）是相对于传统的纸质图书而言的，是一种崭新的文献资料出版形式，它是以电子数据的方式将图片、文字、声音、影像等文献信息存储在磁、光、电介质上，通过计算机或具有类似功能的交互设备予以阅读的图书。电子图书具有制作简便、使用便捷、海量存储、节省空间以及下载方便、价格便宜等特点。

8.1.1　电子图书的类型

1. 封装型电子图书

封装型电子图书也称光盘电子图书，是以CD—ROM为存储介质，只能在计算机上单机阅读的图书。

2. 网络型电子图书

网络型电子图书是指以互联网为媒介，以电子文档方式发行、传播和阅读的电子图书。网络电子图书可以跨越时空和国界，为全球读者提供全天候服务。网络电子图书主要有免费的网络电子图书和收费的网络电子图书系统两种类型。免费的网络电子图书网站大体可分为公益网站、商业网站和个人网站，其中较具代表性的有中国青少年新世纪读书网（http://www.cnread.net）、黄金书屋（http：wenxue.lycos.com.cn）等。需付费的网络电子图书系统的代表有超星、书生之家、方正APabi和中国数字图书馆等。

3. 便携式电子图书

便携式电子图书介于封装型及网络型电子图书之间，是特指一种存贮了电子图书内存的电子阅读器，人们可以在这种电子阅读器的显示屏上阅读存放在其中的各种图书。一个电子阅读器中可存放成千上万页的图书内容，并且图书内容可不断购买增加。

8.1.2　中文电子图书全文数据库

中文电子图书全文数据库诞生于20世纪90年代末，目前国内主要有超星、书生之家、方正Apabi和中国数字图书馆四大中文电子图书全文数据库。其中超星、书生之家和方正Apabi三种电子图书系统经过技术处理，可与图书馆集成管理系统的OPAC链接，读者在检索OPAC印刷型图书时可检索到相关的电子图书，并可直接在线阅读或下载阅读，极大地方便了读者对图书馆印刷型图书和电子图书的综合利用。上述三大电子图书系统均提供中心网站和镜像站点两种服务方式。前者针对个人用户发行读书卡，用户通过因特网登录中心网站检索阅读电子图书；后者针对集体用户建立电子图书镜像站点，用户通过有IP地址权限的计算机登录镜像站点服务器检索阅读电子图书。

读者首次阅读电子图书时必须先在本地计算机上下载安装备电子图书数据库专门配备的全文阅读器。

1. 超星电子图书

超星电子图书（http：//www. ssreader. com）是北京超星公司于2000年推出的一种图像格式的电子图书系统，主要以旧书回溯为主，一般不收录近两年内出版的新书。全库收录电子图书30多万种，涉及政治、经济、文学、艺术、工业技术、生物科学、医学等20多个大类。任何用户均可在任何地点通过网络登录超星网站，通过分类找到图书，免费阅读每本图书的前17页。超星电子图书首页如图8-1-1所示，系统提供了快速检索、高级检索和图书分类浏览三种检索方式。

2. 书生之家电子图书

书生之家电子图书（http：//www. 21dmedia. com）是北京书生公司于2000年推出的一种图像格式的电子图书。书生之家电子图书一般要比同种印刷型图书滞后1~2年出版发行，目前全库收录电子图书12万余种，内容涉及

图 8-1-1　超星电子图书首页

文学、艺术、经济管理、教材教参、农业、教育、工业技术、计算机、语言文字、建筑等各大学科类别。

书生之家提供中心网站和镜像站点两种服务方式，用户购买服务卡后可在任何地点通过网络登录中心网站借阅所需图书。书生之家电子图书首页如图 8-1-2 所示，系统提供了基本检索、高级检索和图书分类浏览三种检索方式。

3. 方正 APabi 电子图书

方正 APabi 电子图书（http：//www. apabi. com）是北京方正电子有限公司于 2001 年推出的电子图书数据库，目前已经与高等教育出版社、电子工业出版社、清华大学出版社、北京大学出版社、人民邮电出版社等 400 余家出版社正式合作。目前全库收录 2000 年以后出版的图书 15 万多种，主要涉及计算机、外语、经济管理、文学、传记、文化艺术、工具书、CALIS 教学参考书以及考试用书等综合类图书。

方正 Apabi 电子图书提供中心网站和镜像站点两种服务方式，方正 Apabi 电子图书首页如图 8-1-3 所示，系统提供了快速查询、高级检索和图书分类浏览三种检索方式。

4. 中国数字图书馆

中国数字图书馆（http：//www. d-library. com. cn）是中国数字图书馆有

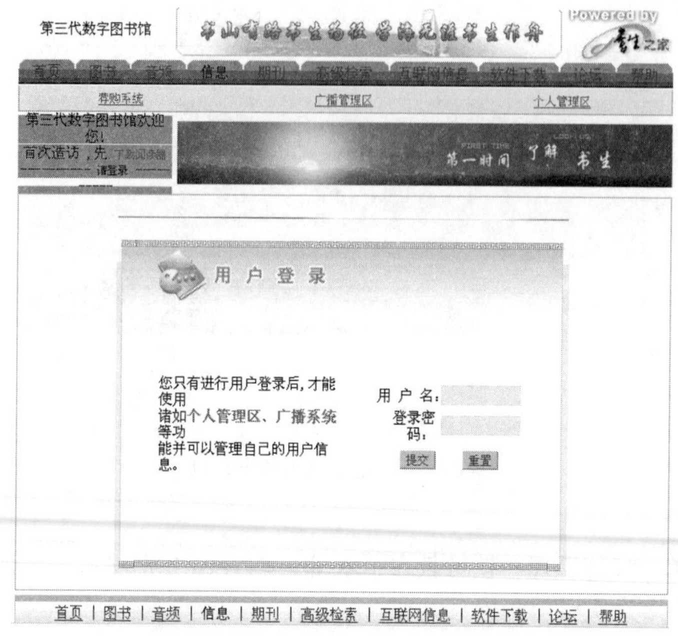

图 8-1-2 书生之家电子图书首页

限责任公司于2000年推出的一个大型中文多媒体数字信息资源平台，其中以中国国家图书馆馆藏资源为依托的电子图书是其重要的数字资源之一。中国数字图书馆目前已在网上推出了一个包括文化旅游、名家讲坛、法律园地、科普园地、医药卫生、民族文化和影视文化等在内的综合数字图书馆，其首页如图 8-1-4 所示。

5. Wisebook 外文电子图书

(1) 概述

Wisebook 外文电子图书（优阅数字图书馆）是由来自美国麻省理工学院的德诺美集团对中国教育行业需求引入的一款高端全文数据库。该产品主要服务于学术研究者和高校学生等，是大学图书馆、科研院所不可或缺的参考工具。该数据库涵盖了 Ingram Lyrary. com、TIT Press、Cisco Press 等近百家出版机构丰富的外文电子图书，覆盖计算机、通信、工业工程、生物科技、经济管理等权威领域，包含各个学科大量的经典著作，如 50 多位诺贝尔奖获得者的百余部著作，以及数学领域的“诺贝尔奖”——菲尔兹奖获得者的各类

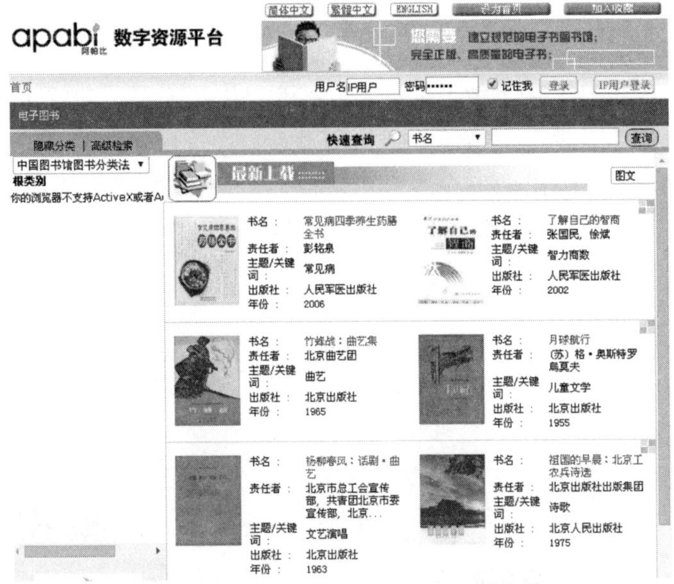

图 8-1-3　方正 Apabi 电子图书首页

图 8-1-4　中国数字图书馆首页

著作等。

(2) 使用方法和步骤

①进入镜像站点。

在 IE 地址栏中输入本地镜像站点网址，进入系统检索首页，如图 8-1-5

所示。

②下载安装浏览器

在 Wisebook 数字图书馆主页右下角提供“优阅读书”阅览器的下载。单击“客户端软件下载”，在弹出的文件下载窗口中选择“在当前位置进行该程序”然后确定；在弹出“安全警告对话框”中选择“是”，系统会提示您是否继续安装，请选择“是”，这时会出现“优阅读书”阅览器安装向导，请根据向导安装阅览器。

(3) 检索方式

Wisebook 外文电子图书提供分类浏览、快速检索和高级检索 3 种检索方式。

图 8-1-5 Wisebook 外文电子图书

6. 美星外文数字图书馆

(1) 概述

美星外文数字图书馆（ASDL）是迄今为止中国第一家原版引进外文图书的数字图书馆。美星数字图书馆借其集团优势同国外各高校建立了良好的合作关系，这些高校包括席勒大学、渥太华大学、南斯特大学、南阿尔巴马州立大学、格林尼治大学、伦敦商务计算机学校、奥克兰教育学院等。由此不难看出，美星外文数字图书馆有着得天独厚的条件，可在第一时间内将原版的外文教科书引进国内高等院校，达到与世界同步。美星数字图书馆以“服务于教育，服务于高校”为宗旨，贴切、细致地为高校及其师生提供“人性化”服务。

首次阅读美星外文数字图书馆以前，必须先下载安装 Acrobat 阅读器，其位置在美星外文数字图书馆主页面上方，下载安装一次即可。以后打开图书时，会自动启动阅读器。

（2）检索方式

进入美星外文数字图书馆主页面后，不用登录，直接检索即可。

数据库提供两种浏览方式：Catalogue（外文图书分类浏览）和 Book Search（图书检索）。

①Catalogue 将外文分为：World Literature Classics（世界经典文学）、Finance（财政金融）、History（世界史）、Computer（计算机）、Economics（经济学）、Biography（人物传记）、Philosophy（哲学）、MARKETING（市场营销）、Law & Politics（法律政治）、Information Science（信息科学）、Tourism（旅游）、Environment Protection（环境保护）十二大类。单击书名，然后再单击全文阅读，即可看到图书的全文。

②Book Search

Book Search 提供图书书名、出版机构、作者和提要 4 种检索方式，选中某一种检索方式，同时在检索框内输入检索词，即可进行检索，如图 8-1-6 所示。

8.2　电子图书检索方法

电子图书一般有书名、作者（著作或责任者）、主题、出版机构、IBN 号和丛书名称等检索字段供读者检索。国内几家电子图书系统的检索方法大同小异，本节将以超星电子图书为例，详细讲解电子图书数据库的检索方法。

1. 快速检索

快速检索是超星电子图书系统默认的检索，如图 8-1-1 所示，首先在输入框中输入要检索的内容，然后点击选择检索字段。系统提供了三个可供选择的检索字段：书名、作者和主题词，其中书名是系统的默认字段。只要选择检索字段，输入查询内容，点击“检索”按钮就可以查询了。

2. 图书分类浏览

图书分类浏览功能主要是针对超星的电子图书而言的。超星电子图书的

图 8-1-6　美星外文数字图书馆

分类是多层次多级别的、51 个大类之下还有二级、三级类目，浏览图书时可根据要查询图书的学科内容一级一级地点击，到最后一级就可看到具体的书名、作者、页数等信息，点击书名即可阅读或下载该本图书。

3. 高级检索

点击“高级检索”按钮，进入高级检索界面，如图 8-2-1 所示。检索时读者可选择书名、作者、主题词三个不同的检索宁段，并输入相应的检索词，再确定各检索词之间的逻辑关系，最后点击“检索”按钮，即可完成检索。

高级检索功能还提供了出版年限限制、按出版日期或书名排序、选择检索范围等精确检索的功能。

8.3　读秀学术搜索

超星数字图书馆是业界图书检索的品牌，读秀学术搜索不仅超越了超星数字图书馆的诸多功能，还突破了文献类型、文种的束缚，开创了集各种文献资源于同一平台下实现统一检索管理的先河，本节重点介绍读秀学术搜索

图 8-2-1　超星电子图书系统本地镜像检索

的检索方式、获取全文的途径及超星阅读器的功能。

8.3.1　读秀学术搜索库

读秀学术搜索库以超星数字图书馆 200 万种图书（8 亿页中文资料）为基础，不仅扩展了超星数字图书馆的许多功能，还把视角延伸到图书以外的多维信息资源中。其特色功能可概括为如下几个方面。

（1）整合各种文献资源于同一平台，实现统一检索管理。

（2）检索图书深入到章节和全文，实现基于内容的检索。

（3）可为读者整合各种获取资源的途径，并提供多种阅读方式。

（4）提供个性化服务，可定制流量统计系统、图书推荐系统和图书共享系统等特色功能，满足用户的管理需求和读者的阅读需求。

8.3.2　检索方式

读秀学术搜索与超星数字图书馆一样，提供远程包库、本地镜像和读书卡 3 种专业服务平台。远程包库、本地镜像方式主要适用于团体单位用户购买超星的数字资源。读书卡方式主要面向个人用户，可在超星公司的主页进行注册、充值使用。采用远程包库或本地镜像的高校用户，通过 IP 地址控制使用权限，凡隶属 IP 范围内的用户，既可通过“校园网图书馆”中的相应链接进入，也可直接输入其 IP 地址（http：//edu. duxiu. com）进入。

读秀学术搜索读书卡用户与远程包库、本地镜像用户的检索方式基本相同，均提供基本搜索、高级搜索和专业搜索三种检索方式［，目前读秀学术搜索只支持逻辑与运算，算符用 AND 或空格表示］，在此主要以图书为例加以说明其使用。

1. 基本搜索

基本搜索就是读秀学术搜索主页上的默认检索界面，只有一个检索框，只要在检索框内输入要查找的关键词，轻松单击，即可在读秀提供的知识、图书、期刊、报纸、学位论文、会议论文、文档、电子书、更多等多维检索频道中任意搜索。例如，查有关“著作权法”方面的信息，系统默认状态下是在知识频道中搜索，读者也可根据需要选定在单一频道中搜索。基本搜索界面如图 8-3-1 所示。

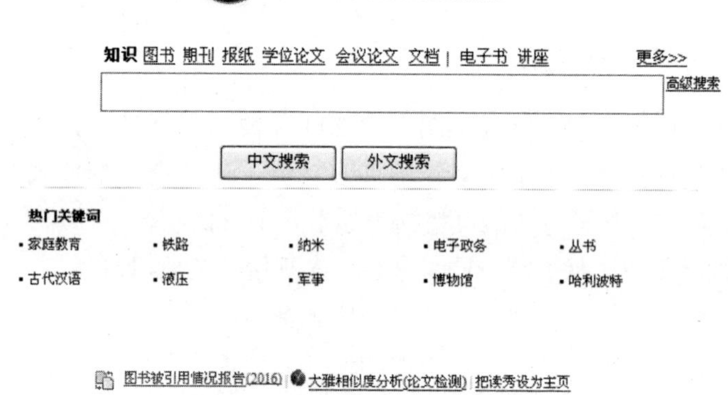

图 8-3-1 读秀学术基本搜索界面

2. 高级搜索

读秀的“高级搜索”按钮隐含在图书的搜索结果中，在主页中不出现。高级搜索设有更多的搜索框，如图书频道中设有书名、作者、主题词、出版社、ISBN、中图分类号 6 个搜索框，另有图书分类和出版年代的选项。因此，利用高级搜索比基本搜索的目的性更强，能一下满足读者的多条件搜索。例如：要查询李响编著的有关“零售经营”方面的图书，见图 8-3-2。

3. 专业搜索

专业检索只提供一个大检索框，用户在此可使用读秀所给的字段，灵活地运用逻辑与（＊）、或（｜）、非（－）、小括号（）构造检索表达式，从而使检索摆脱基本搜索和高级搜索的束缚。例如，查找由人民邮电出版社或机械工业出版社出版的书名或关键词中含有“项目控制”或“项目管理”，且要 2009 年以后出版的图书，其表达式如图 8-3-3 所示。

中文图书高级搜索　切换至专业搜索

书名：包含　零销经营　要搜索的图书书名
作者：李响　要搜索的图书作者
主题词：　要搜索的图书主题词
出版社：　要搜索的图书出版社
ISBN：　要搜索的图书ISBN，最少匹配长度为10
分类：全部分类　要搜索的图书分类
中图分类号：　要搜索的图书的中图分类号
年代：请选择　至　请先选择开始年代　要搜索的图书出版年代
搜索结果显示条数：每页显示10条　选择搜索结果显示的条数
高级搜索

图 8-3-2　高级搜索界面

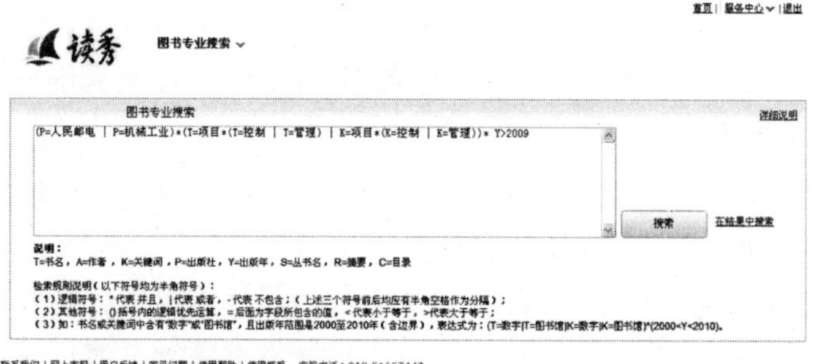

图 8-3-3　专业搜索界面

8.3.3 检索结果处理

1. 结果显示

检索结果以列表的形式显示，最多有 3 栏列表。图 8-3-4 中栏为锁定在图书频道中的题录信息，可把与检索词相关的图书全部列出，使用左栏资源列表可进一步“缩小检索范围”，利用右栏资源列表则可“扩大检索范围”，实现知识点多角度检索，把与检索词相关的词条、人物、（图书）期刊、报纸、学位论文、会议文献、专利、标准、网页等多维信息全面地展现出来。

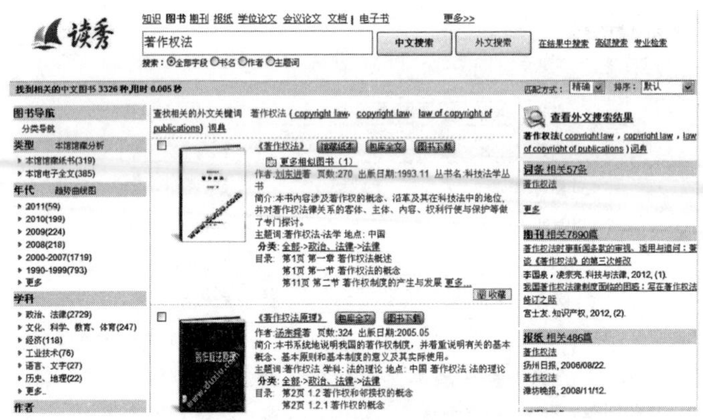

图 8-3-4 检索结果显示界面

2. 查看图书详细信息

单击检索结果显示界面中栏的某本图书封面或书名可进入图书详细信息页面（见图 8-3-5），图书的封面、作者、内容提要、主题词等信息将被全面展示，并可以实现以下功能。

（1）图书试读。单击“在线阅读”下方的不同选项，可对图书版权页、前言页、目录页、正文部分页进行试读。

（2）查看馆藏信息。搜索结果页面右侧将显示本馆中的纸质图书和电子图书的馆藏信息。单击进入，读者可以直接查看馆藏纸书信息或者阅读本馆订购的电子图书全文，从而实现了电子图书与纸质图书的整合。

（3）多种获取途径。不仅能阅读本馆包库的电子图书全文、借阅本馆纸质图书，还能通过图书馆文献传递中心以及其他图书馆的馆藏信息、文献互

图 8-3-5　图书详细信息界面

助等途径获取图书全文。

（4）图书馆文献传递中心。如果在本馆无法解决所要的书，可以启用读秀的图书馆文献传递功能，该功能就相当于为读者建立了一个在线馆际互借平台，读者只要提交咨询申请表，立刻就可到自己的邮箱中获取所需要的图书资料，及时便捷、无需等待，因为读秀的文献传递是通过机器自动进行。

重要提示

读秀以图书为主，对于图书既可检索又可阅读、试读全文或链接到本馆纸质图书借阅。而对其他类型的文献，可免费检索，但能否阅读全文，要根据你所在图书馆的权限和 Internet 开放程度而定。尽管读秀可对其他类型的文献进行检索，但检索效果可能与单一文献类型的数据库不可同日而语。

3. 浩瀚阅读器

超星提供两种阅读图书的方式，一种是使用专用阅读器阅读，必须事先下载超星的浩瀚阅读器（SSReader），才能进行阅读图书全文。另一种是基于 IE 浏览的在线阅读，无需下载阅读器。

超星公司自主研发的浩瀚阅览器 5.4 是国内目前技术最成熟、创新点最多、使用群最广、下载率最高的专业阅览器，是专门针对数字图书的阅览、下载、打印、版权保护研究开发的，在超星公司的相关网站上均可免费下载。SSReader 界面由菜单栏、功能选项卡和工具栏等组成（见图 8-3-6），使用 SSReader5.4 可以实现以下功能。

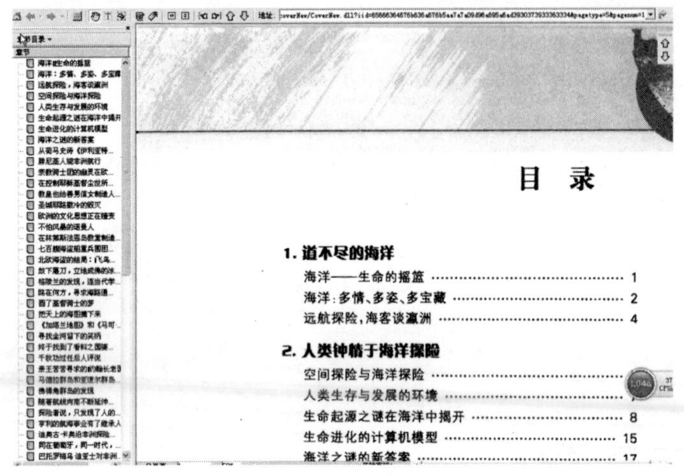

图 8-3-6　超星阅览器界面

（1）阅读书籍。阅读时，可利用图书左栏的章节导航选择阅读，单击上下箭头按钮或使用滚屏功能，可完成翻页操作。单击工具栏上的“缩放”按钮，可以调整字体大小，方便阅读。阅览器还支持多文档同时阅读。

（2）下载图书。在线阅读有时会受网络速度的牵制，不如把需要的图书先“下载”到机器上，以备过后脱机阅读，可单击鼠标右键选择“下载”功能。

（3）版权加密技术。浩瀚阅读器采用先进的数字版权保护技术，限制打印、摘取文本、传播和永久下载。但考虑到当前 Internet 带宽问题，允许读者下载到本地阅读，但下载到本地硬盘的资料是加密资料，只能读者本人在下载机器上阅读，不能传播。

重要提示

使用超星阅读器下载资料和图书馆文献传递功能下载和传递的图书全文，在单位取消订购（个人读书卡过期）或指定时间后自动失效，相当于传统图书馆的借阅和归还，读者对资料不拥有永久所有权。

（4）主要图标。超星阅读器工具栏上有几个重要图标，需要重点介绍一下。

① 手形图标：阅读器的默认图标，可上下快速移动鼠标光标。

② 选取文字图标（大 T 图标）：用于摘取文本。读秀学术搜索库中有图像图书和文本图书两种格式，大 T 图标按行方式选取文字。对于图像图书，使用时，选中大 T 图标后，超星阅读器就自动启动 OCR 识别文字插件程序，将选中文字识别后在一新框中显示，可根据需要保存到某一文件中进行编辑。对于文本图书，使用时，选中 T 图标，拖动光标选中的文字会变蓝色，单击鼠标右键在弹出的快捷菜单中选择“复制”命令，就可摘取到你所要的文本加以保存编辑即可。

③ 选取文字图标（小 T 图标）：按区域摘取文本时用，尤其适用图片采集，用法同大 T 图标。图 8-3-6 所示为按区域摘取文本图书的示例。

④ 刷子头图标：属于图像快照式的摘取文本。对选择的区域，可按原样保存，但不能进行编辑。

⑤ 图书标注图标：只适用图像图书，文本图书暂时不支持标注功能。如《海洋探险纪实》这本书。标注功能有阅读、批注、随意画线、画圈、高亮、链接等（见图 8-3-7）。

⑥ 书签图标：读者利用添加书签可以方便地管理图书、网页。

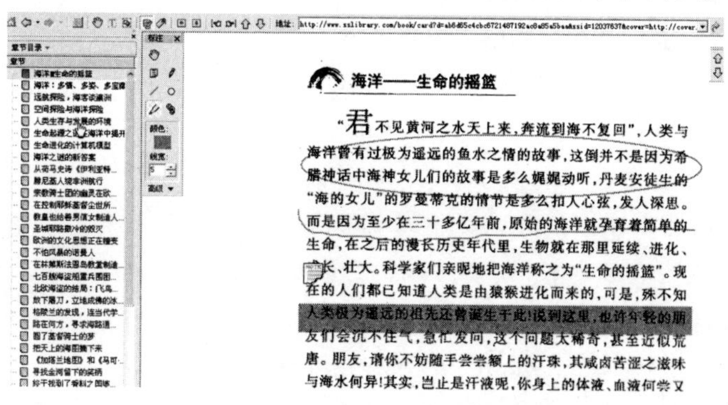

图 8-3-7　超星阅览器图书标注界面

案例分析

查一下"孔子登东山而小鲁"的出处

使用读秀的知识检索频道，找到相关的条目约 1 902 条，有相关词条、图书、视频、网页及更多相关信息。读秀全面、发散式的搜索是一大创新，不仅能围绕单一文献的关键词检索，还能把与关键词相关的各类文献中所包含的同一内容知识检索出来，从而为研究型读者提供了便捷的知识获取通道。打开主栏目中的"本页阅读"链接可看到更详细的信息，如"孔子登东山而小鲁"的后半句话、注解、译文及本页来源出处等，实现了古人集千书于一书的梦想，使得任何一句诗词、一句古文、一句名言，均可在读秀中找到出处、前后语，使用起来得心应手。

8.4 网络免费电子图书

1. 番薯网：http：//www. fanshu. com/
2. 黄金书屋：http：//www. lycos. com. cn/
3. 榕树下：http：//www. rongshuxia. com/
4. 新浪读书：http：//book. sina. com. cn/
5. 凤凰读书：http：//book. ifeng. com/
6. 腾讯读书：http：//book. qq. com/
7. 天涯在线书库：http：//www. tianyabook. com/
8. 国学网：http：//www. guoxue. com/
9. 中古儒学网：http：//www. www. uoxue. com
10. 白鹿书院：http：//www. oklink. net/
11. 亦凡公益图书馆：http：//www. shuku. net/
12. 书路文学网：http：//www. shulu. net/
13. 幻剑书盟：http：//www. hjsm. net/
14. 起点中文网：http：//www. qidian. com/

小　结

本章分别讲解了电子图书的类型及中外文数字图书馆。其中国内电子图书数据库及数字图书馆分别介绍了超星电子图书、方正 Apabi 电子图书、书生之家及中国数字图书馆。读秀学术搜索是以超星数字图书为基础，集各种文献资源，如相关的词条、人物、图书、期刊、报纸、学位论文、网页等同一平台，实现统一检索管理。国外介绍了 Wisebook 电子图书和美星外文数字图书馆。最后介绍了电子图书的检索方法。

练习题

1. 简述电子图书的种类。
2. 简述我国主要的电子图书系统。
3. 简述方正 Apabi 电子图书收藏资源的特点。
4. 简述超星电子图书系统的检索和使用方法。
5. 在方正教参电子图书数据库中，查找一本与你专业相关的图书，写出书名、责任者、出版社、出版地、出版日期、纸质版本价格、中图法分类号和国际标准书号（ISBN）。
6. 使用读秀学术搜索（超星图书馆）查本专业具有 2 种格式的书籍各一种，其中对 PDG 格式的图书练习做下划线、高亮、圈注、批注等练习；对另一种格式图书中的某一片段，试着练习转换成文本格式；并就本馆没订购的某本图书进行图书馆文献传递，要求写出书名及命中情况。
7. 用读秀学术搜索查一下“众里寻他千百度”的出处。
8. 使用读秀学术搜索查找由科学或冶金工业出版社出版的书名或关键词中含有“有色金属”或“冶金机械”，且要 1995 年以后出版的图书，要求写出表达式及命中情况。

第9章 信息的综合利用

获取学术信息的最终目的是通过对所得信息的整理、分析、归纳和总结，根据自己学习、研究过程中的需要，将各种信息进行重组，创造出新的知识和信息，从而达到信息激活和增值的目的。本章将分别讲解信息收集、网上论坛、新闻组的使用、信息调研与分析、科研的选题、科研论文的写作以及与知识产权相关的法律法规。

9.1 信息收集

信息收集，是指利用各种不同的渠道、方法收集特定信息的过程。在科学研究活动中，从科研选题，到科学实验以及科研成果的鉴定，都离不开对信息知识的收集和利用，文献信息的收集作为一项基础性的工作，是科学研究的重要环节。快速、准确、全面地收集相关信息，并通过对信息的综合、分析，从中选出自己所需要的信息，从而指导自己的日常工作，科学研究以及论文写作，是科学研究工作者应该具备的一项基本技能。

9.1.1 信息收集方法

1. 科研信息的收集原则

(1) 针对性。信息的收集必须以用户及其特定的信息需求为基础，要针对研究课题和信息分析的目标进行有计划地搜集和整理信息。如政府的规划、计划、决策，科研机构的课题攻关、课题研究、成果评价、科研管理，企业的产品研制、技术开发、项目评估，甚至是个人的学习、生活规划等。

(2) 新颖性。信息的利用价值取决于该信息能否及时获取，只有新颖及时的信息才有助于准确把握科学研究的方向。因此，要以课题为中心，及时搜集和选择能够反映科学研究领域中最新研究成果的资料，以确保所收集的信息能够反映学科的研究现状和发展水平。

（3）系统性。只有系统、全面地搜集信息，才能完整地反映科学研究活动的全貌，为决策的科学性提供保障，也是能否顺利进行课题研究，得出正确研究结论的一个重要保证。所以获取资料应尽可能做到系统、全面，切忌片面、零散，否则会导致得出错误的结论，影响信息分析成果的质量和水平。

（4）准确性。准确性是信息收集工作的最基本的要求。在信息收集中，要充分考虑文献信息的真实性、准确性和权威性，以保证研究建立在比较客观、正确的基础上。因此，在注重文献信息收集的系统和全面的同时，要注意信息收集对象的权威性和真实性，如提供信息的机构性质，数据库、网站权威性等，对收集到的信息要反复核实，不断检验，力求把误差减少到最低限度。

2. 信息收集方式

科技信息的收集可通过非文献资料形式和文献资料的形式获取，即非正式渠道的信息收集和正式渠道的信息收集。

（1）非正式渠道的信息收集。非正式渠道的信息收集，即非文献形式的信息直接收集过程。常见的方法有同行间实地调查和交流，参加学术会议，实物解剖等形式。同行间实地调查，包括实地了解研究进展、参观生产试验装置等，也可以通过信函或交流形式进行。参加学术会议及相关展览会的方式非常有助于了解课题已经取得的成果、发展前景及存在的问题。解剖实物，是指对实物进行解剖和分析，从中获取有关信息。

（2）正式渠道的信息收集。正式渠道的信息收集，即通过专门的工具和途径，从浩瀚的文献信息中系统地检索相关文献信息的方法，是科研信息收集主要途径。然而，依据信息收集的内容、性质及目的的不同，所采取信息搜集的对象方法也会不同。例如，以了解具体事件，数值和知识等为目的信息收集，应该首先选择利用具有参考工具书性质的三次文献获取，如百科全书、年鉴、手册、设计手册、学术机构指南、名人录等工具实现；若要快速了解特定学科领域的研究动态，则应以综述性文献为主要检索对象；而对于一个科研课题，则应根据课题研究的目标要求，以一次文献作为主要的检索目标，利用二次文献或者全文数据库，尽可能全地检索相关文献。

除此之外，还可以根据信息搜集的具体内容和要求，采用更为针对性的技术和方法。例如，技术攻关性质的课题，文献收集的重点通常是科技报告、专利、会议文献和期刊论文；仿制性质的课题，收集文献的重点首先是同类的产品说明书、专利说明书和标准资料，其次是科技报告和期刊等；综述性质的课题，文献收集的重点通常是近期发表的一次和三次文献；对于科研成果水平鉴定及专利信息检索，应以相关的科技成果公报类期刊、专业期刊、专利和专业会议文献为收集重点。信息搜集的同时要对检索文献进行分析，找出与课题相关的核心分类号、主题词、重要的具有领先性质的作者、重要的期刊或会议等，利用这些线索再次进行检索或复查，以求尽可能全地获得相关信息。此外，还要注意收集相关公司企业的信息，必要时直接向他们索取产品样本、说明书等。

3. 在信息收集过程中需要注意以下问题

（1）文献信息的收集兼顾国内外。收集文献要对国内、国外资料同样重视，不能偏废，尤其注意那些具有独创性的文献。国际资料有助于了解国际研究动态，开拓思路，但首先要注意了解国内本专业研究动态。如果不了解国情，盲目性地模仿国外的做法，必然会走弯路，更不可能得到具有领先水平或突破性的科研成果。

（2）系统检索与最新文献信息相结合。运用系统的检索工具，可以较全面地收集到所需文献，在检索工具的选择中，应根据实际需要，在多种检索数据库和工具中检索，避免单一检索系统报道文献的局限性，提高查全率。此外，还要注意与课题相关的最新文献信息的收集。对于那些尚未收入到检索工具的最新文献，应随时到图书馆新到期刊中浏览。

（3）重视核心期刊。期刊是重要的信息源，核心期刊是在专业范围内，刊载文献数量较多、引文率、文摘率、利用率较高，文献寿命长，专家学者推崇的期刊。在日常工作中，应精心选择几种中外文核心期刊，浏览和阅读。科研人员如果能结合自己专业的特点，精选和熟悉本专业的核心期刊，可以在最少的时间和精力范围内，掌握最重要的和最新的信息。

（4）研究论文与综述文献相结合。研究论文，特别是具有先进性、新颖性、独创性的论文，是科学研究有所发展的标志。但我们同样不能忽视综述评论性文献的收集，这类文献往往能反映学科发展的概况和动态，对专题发展的历史、争论的焦点、研究课题之间内在的科学关系等问题，进行了综合性评述，具有较高的参考价值。

（5）重视非文献形式信息的收集。重视非文献形式信息的收集，也称非正式交流的信息，如口头交流、报告、讲座、参观同行实验室、展览等，都可以获得重要的信息。此外，应学会利用 Internet 等各类网络电子论坛（BBS）、聊天工具或通过 E-mail 等，与同行专家对一些研究工作中出现的问题随时进行探讨和研究，交流信息。也可以利用 Internet 上专业的搜索引擎、相关网址中的 News、Newsgroup、What′s New、Today’s News、Latest News 等来获取热点信息。

9.1.2　信息整理方法

1. 信息的组织

根据课题的需要，按照一定的方法，对收集的文献信息进行分类整序，以方便对所需信息的选择和利用。常见的信息组织方式如下。

（1）按内容组织信息：包括按主题内容组织信息和按学科分类组织信息两大类。只有同类或同一主题内容的文献集中，才有可能对相同的研究内容和观点进行分析比较，得出正确的结论。

（2）按地区组织信息：根据课题要求，按国家和地区的不同对信息进行分类方法。

（3）按时间组织信息：依据时间顺序划分信息。

2. 文献信息的阅读

阅读文献是科研工作者的基本功。明确阅读目的，掌握科学的阅读方法，有助于提高阅读效率，达到事半功倍的效果。

阅读文献的目的有多种多样，一般可归纳为：科研选题、科研课题设计和课题总结；解决教学、科研、工作中具体的疑难问题；系统掌握、扩充专业知识；分析和研究某些文献资料；以及其他一些特殊目的。

科学阅读文献的方法比较可行的有以下几种。

（1）先浏览，后粗读，再精读。在短时间内以较快的速度阅读查到的文献及专著的大致内容即为浏览，其方法是一看题目，二看关键词，三看摘要，四看前言，五看结论。阅读文献时，往往要浏览、粗读、精读互相配合，做到粗中有细，精中有粗，区别情况，恰当应用。

（2）先国内后国外。对于查到的中、外文文献，要按文献涉及的内容，先读主题内容相同的中文文献，后读外文文献。中文文献没有语言障碍，有助于理解文章的内容，从而可以提高阅读外文文献的速度。另外，国内文献后面所附的参考文献，许多是国外资料，可进一步扩大查阅外文文献的线索。

(3) 先近后远。对于检索到的年代较长的文献，应先阅读近期发表的，再追溯阅读以往发表的，这样可以迅速掌握当前有关专业或学科的最新研究成果及其发展动态、趋势。若已满足研究需要，可停止阅读既往年代的文献，节约阅读时间。

(4) 先文摘、后原文。根据文摘提供的信息，决定是否需要阅读原始文献，减少阅读全文的时间。

(5) 先三次文献，后一次文献。若收集的文献包括综述和科研论文等一次文献，应先阅读综述，以便对有关课题的现状、发展趋势有一个全面的了解，在此基础上，根据需要阅读有关期刊论文、会议资料等。

(6) 重点阅读。有说服力的数据、启发性的观点、严谨的推理，作为重点来阅读。

3. 文献信息的鉴别

根据信息的可靠性、针对性和先进性的原则，对收集的文献进行鉴别和筛选。

(1) 可靠性。可靠性表现在文献所包含的技术内容的科学、精确、完整与成熟的程度上。立论科学、数据精确、逻辑严谨、阐述完整、技术成熟的文献资料具有较高的可靠性。可以通过了解文献中涉及的研究方法，提出的基本观点、论点论据、主要结论、成熟程度来衡量，文献被利用率也是判断文献可靠性的重要指标。此外，还可以通过信息来源进行鉴别，例如研究机构是否是发达国家的著名学术机构，或国内权威机构，著者是否是该领域的权威学者或后起之秀，所刊登的期刊是否是该领域的核心期刊或重点期刊等。

(2) 针对性。针对性即文献所涉及的技术内容，是否与所从事的课题相关或密切相关。只有适合课题研究需要的文献，才是最有价值的信息。

(3) 先进性。先进性即指文献技术内容的新颖性。凡新理论、新技术、新工艺、新应用都具有一定的先进性。

4. 文献信息的积累和管理

文献的积累，首先要通过检索、筛选、收集所需文献信息；其次要对收集到的文献进行阅读、分析，滤出所需的论点、论据、方法、技巧；还要定期整理滤出的零散资料，使其系统化。

积累文献资料的方法很多，但常用的主要有以下几种。

(1) 做文献资料卡。将收集到的文献资料制作成题录式资料卡或文摘式资料卡。资料卡上的内容可以输入计算机进行保存和管理。

（2）做读书笔记。读书笔记大致有摘录式和摘评式两类。摘录式笔记：原封不动地摘录文中的重要观点、论证和结论；摘评式笔记：既摘录原文某些内容，又有自己的体会，可以是对原文的评价、质疑，也可以是在原文启示下产生的新构思。摘录式笔记包括提纲式笔记、提要式笔记、读书心得和批注式笔记。

（3）做剪报。剪报就是将自己认为有参考价值的文章或片段资料，裁剪或复印下来，注明出处，然后像资料卡片一样，按分类或主题等方法归档，天长日久就积累出一批有关某一专题的资料。

（4）资料管理软件的类型。计算机的应用为文献信息的积累与管理带来了极大的便利。使用者可以根据自己的需要及习惯设计合理简便的数据库，也可以购买商业化的建库软件，这些管理软件一般包含在线检索文献，建立文献和图片库管理文献以及利用文稿模板进行科技论文写作等功能。例如目前较为流行的单机版软件有美国 Thomson（Corporation）Scientific 公司的下属机构 Thomson ResearchSoft 开发的《EndNote、Reference Manager、ProCite，文献管理软件，其中用于桌面和网络管理书目参考文献工具的是《Reference Manager》；北京爱琴海软件公司的《NoteExpress》作为国内一款较为专业的文献检索与管理系统，完全支持中英文，设计追求人性化，容易学习和掌握；《PowerRef 参考文献管理系统》（PowerReference）是一个科研参考文献管理与自动化输出处理系统，利用计算机信息网络技术，实现了对引用、注释和参考文献的自动化处理和规范化管理，是一套适合于本科生、研究生、教师以及各级各类科研人员的集成式软件工具；《“医学文献王”》是国内研发成功的第一款文献管理软件，其界面友好，含有中华医学会大部分杂志的文献格式。而典型的网络版软件则有美国 ProQuest Information and Learning 公司的 RefWorks，清华同方的个人数字图书馆系统。

使用数据库管理资料，要注意对数据进行反复仔细的审核，确保资料数据的准确性、完整性。要对资料逐级进行细分，使数据库的结构体现科学性和系统性。

（5）建立自己的网络导航。随着 Internet 的日益普及，网上的资料越来越丰富，可以结合自己的专业需要，将网上的资料进行收集，编制成网页，建立自己专业网络导航。如常用的能够在网上看到全文的电子期刊、经常要使用的专业网站、网上免费获取资料的网站、专业数据库、常用工具书网站等信息，都可以作为自己网页的收集内容。

5. 原始文献的获取

如果检索到的信息不是全文，仅仅是文献线索—题录或文摘，那么就需要根据文献线索索取原文。索取原始文献时要掌握就近索取、方便快捷的原则。以下介绍一些常用的方法。

(1) 利用本单位或本地图书馆馆藏目录和全文数据库。根据检索工具提供的期刊刊名或图书的书名等线索，利用图书馆的馆藏目录来查找一次文献(原文)。

(2) 利用联合目录。联合目录是提供多个图书馆图书或期刊收藏情况的目录。目前联合目录有两种形式，一是印刷型的联合目录，二是网络版联合目录。根据联合目录提供的原文收藏地点，利用可行的方法去索取，如利用信件、E-mail 联系收藏地点的工作人员，或通过当地的同学、朋友帮助复印。

(3) 与著作者直接联系。有的一次文献中提供了著者联系方式，如通信地址、E-mail 等，可以据此直接与著者联系，获取原始文献。

(4) 图书馆之间的馆际互借（Interlibrary Loan）服务。馆际互借是现代图书馆最重要和最发达的一项服务职能。世界上任何图书馆都不能做到大而全，为了满足读者的需要，图书馆不仅要依靠本馆资源，更要依靠国内或国际其他馆的文献资源。文献资源的互借利用，在图书馆之间已达成共识。

(5) 互联网上的原文搜寻。Internet 上含有大量的科技文献信息，其中也不乏原始文献。如图书、期刊论文、专利文献、学位论文、会议论文等。不过大部分的网上文献需要收取一定的费用，但也有许多文献是免费的。

9.2 信息调研与分析

信息调研与分析是科研人员围绕特定地区、特定范围、特定环境或特定课题的科学研究需要，在广泛收集文献信息和实际调查的基础上，对所获得的信息采用科学方法，进行整理、分析、判断、综合，而得出的科学研究动态的评价性报告，包括既往研究状况的总结和未来研究。

9.2.1 信息调研

1. 信息调研的意义

（1）信息调研的目标和作用。信息调研的基本目标首先是对无序、零乱的信息，经过分析、归纳，从中筛选与提炼有用、有效的信息；其次是从局部、不完整的信息入手，通过科学的方法，推理、演绎出事物发展的具体状况和事物发展变化的规律；最后依据以掌握的过去及目前发展状况的信息，科学地预测有关课题的未来发展趋势。

信息调研工作对于及时了解国内外科学发展动态，分析国内外科学研究环境、制定科研发展规划、计划和科研立题，都有着重大的意义。

（2）信息调研的决策和指导作用。信息调研在科研规划和计划管理中，对于确定研究方向和选题起指导作用。

首先，信息调研是通过对文献资料进行分析，以及对实际情况进行调查，为领导决策，为科学研究服务的一项复杂的劳动。为领导决策服务，是一种战略性信息，如科研管理部门每年科研课题招标工作的实施和招标项目的确定，需要在广泛收集、分析国内外大量相关文献的基础上，确定国家近年主要的研究方向和应解决的问题，从而确保研究项目能符合科学发展规律和国家建设的需求。

其次，科研人员选择某一课题时，通过信息调研可以明确该课题的研究背景，国内外的研究历史和现状，了解该课题的研究动态：他人做了些什么，已经取得了哪些成果？有哪些经验教训？哪些问题尚需解决等一系列问题。在大量的信息调研工作的基础上，确定自己选题依据和研究方向，并对课题的必要性、可行性做出正确的分析和评估，制定出完善的计划，采取合理的技术路线，最终确定课题的主攻方向，取得研究的成功。同时科研人员还必须经常关注与课题相关的最新信息，借鉴别人的经验和教训，不断完善课题研究，以保证科研方向明确，少走弯路。

（3）信息调研与科研成果鉴定。信息调研可以起到成果评价与信息反馈的作用。课题完成后，要通过信息调研，对课题进行评估，确定课题的研究水平，帮助专家减少对其水平鉴定的偏差。通过调研了解本课题与国内外相关研究的异同，在与国内外相关研究的科学性、新颖性、先进性和实用性进行比较后，并找出本课题的创新点。撰写研究报告或研究论文时，通过信息调研，对研究成果给予理论解释和评价。成果推广应用时，信息调研的结果有助于市场的发展前景，减少盲目性。

总之，从科研选题，到取得成果直至成果的推广应用，每一环节无不以信息调研为先导，信息调研贯穿于科学研究的始终。科研人员信息调研水平的高低，直接影响着科研工作的顺利进行。科研部门通过信息调研，可以科学地规划和管理科研工作，提高科研管理工作的效率。

2. 信息调研的内容

信息调研的内容大体上可归纳为以下 8 个方面。

（1）科学情报调研。科学情报调研包括两个方面的内容：一是基础科技信息调研；二是科技政策、科研方法和科研组织管理的信息调研。

（2）技术信息调研。技术信息调研包括某种技术的沿革和技术原理；某种技术国内与国外先进水平的差距；本地区与国内先进水平的差距；本部门与国内同行业先进水平的差距；技术应用的条件和范畴；技术推广情况及实验手段等。

（3）技术经济信息调研。科学技术的推广和应用，首先要考虑其经济效益和社会效益。技术经济信息调研的核心是对一项技术决策进行经济评价，包括技术上的可行性、先进性以及经济上的合理性。技术经济信息调研包括经济效果评价和社会效果评价两个方面。

（4）产品信息调研。产品的发展方向，直接关系到企业的前途与命运，因此产品信息调研是一个企业要面临的重要课题。产品信息调研包括国家的技术、经济政策，市场情况的调查和预测，原材料供应情况的调查，同行企业技术水平和研制能力的分析调研等。

（5）市场信息调研。随时掌握市场行情的变化和价格的涨落，并且通过分析调研以预测未来的动态，不断改进产品性能或开发新产品，适应市场的变化，是企业立于不败之地之本。市场信息调研的内容广泛，如市场动态，产品生命周期，本企业产品市场占有率调研，产品销售地点，产品用户心理，产品广告设计，市场的多样化、季节性和稳定性的调研等。

（6）管理信息调研。管理信息调研包括微观管理信息调研和宏观管理信息调研。前者主要是与科研机构、生产企业的管理工作有关的信息调研；后者主要是与国民经济发展的目标、计划、方针政策有关的信息调研。

（7）政策和法规信息调研。关于科技、经济总体政策；能源、环保、卫生、安全、金融、进出口贸易等方面的政策法规等的信息调研。

（8）预测性信息调研。预测性信息调研主要是探讨某项产品、某项技术、某个问题的发展趋势和发展规律，预测今后一个时期内的发展动向，并给予评价和作出预测性的结论，包括发展规律、影响发展的因素以及各环节之间的关系变化等。

3. 信息调研的基本程序

信息调研同其他科学研究的课题实施步骤一样，都要经过立题、制定调研规划、收集所需资料、资料价值的判断整理和综合分析、撰写调研报告等步骤。

（1）信息调研课题的确立。确立信息调研课题，即确定科学研究的对象、中心内容和目的。这是研究工作的起点，是关系到课题成功与否的关键。在课题的选择过程中，需要遵循科学性、实用性、可行性、效益性、计划性、先进性等原则。

情报调研的题目一般来自以下几个方面：指令选题：国家及各级科研管理决策部门下达的全局性信息调研。委托选题：主管部门提出调研课题，或者某些单位委托信息部门完成的科研立题查新、专利查询、科技成果鉴定评奖、开发新技术或新产品的专题研究等。自选选题：科研人员在长期的实践和知识积累的基础上，提出和主动选择的一种课题。

（2）制定课题调研计划。课题确立后，为了保证科研课题的顺利进行，需要制定详细周密的调研计划，以了解和掌握课题研究的性质、内容、范围、主攻方向与技术路线、方法设备等。其主要内容包括如下：课题说明；拟定详细的调研大纲；人员和调研时间步骤的合理组织。

（3）信息资料的搜集。信息调研主要从科技文献入手，通过对大量文献资料的搜集以及对日常学术信息的积累，用分析判断的方法，得出相应的结论。广泛搜集课题所需的信息资源是信息调研的重要条件。搜集文献信息的方法和途径有很多，除了本章第一节提到的文献收集方法以外，还包括：实地调查和定题跟踪。

（4）信息价值的判断、整理和综合分析。获得信息资料后，通常需要对信息的价值进行可靠性、新颖性、适用性、典型性评价，以判明适用程度。

通过各种途径收集的信息，经过评价之后，还必须经过一定方式和层次的加工整理，在内容上加以集中浓缩，在形式上使之条理有序，具有系统性，然后运用逻辑思维和必要的数学方法，进行综合分析和研究。

（5）撰写信息调研报告。信息调研工作是通过对调研对象的观察、分析、判断、综合，最后提出的有事实、有分析、有观点、有建议的调研报告，即调研成果总结。信息调研成果必须以书面的形式反映出来。调研成果要依据大量的可靠数据和理论依据，采用严谨的逻辑论证方法得出。包括调研结果、结论、改进建议及科学的预测，供上级部门或科研人员参考和借鉴。调研报告反映了信息调研工作的质量。

9.2.2 信息分析

信息分析是信息调研过程中非常重要一步，是一种对信息定向选择和科学分析的研究活动，即按特定的需要有目的地对信息进行深度加工的过程。所谓信息加工的过程，就是对信息进行鉴别、评价、筛选、揭示、整序、分析、提炼、组织、综合研究，使信息从无序到有序，给信息重新定位的过程，也是创造新信息系统、赋予信息新价值的过程。通过信息分析，可以达到去伪存真、净化信息环境、排除信息干扰的目的，同时也可以集合信息、加速信息交流。

1. 信息分析的内容和分类

信息分析的目的主要是为决策服务，包括战略决策和战术技术发展。它不仅为科研服务，也可为生产、教育或其他事业服务，而且越来越成为国民经济发展决策的一个重要依据来源。总的说来，当前信息分析研究的主要任务包括以下几个方面：科技发展的动态信息的分析研究；专业、学科或单项和综合技术信息的综合分析研究；科技和经济发展决策和管理的信息的分析研究；技术经济信息的分析研究；市场信息的分析研究。

信息分析根据不同的标准，可以分为不同的类型，例如：从分析的内容出发，信息分析可以分为科学信息研究、技术情报研究、经济和市场信息研究；从研究内容的时间划分，主要可以分为历史研究（发展历程、经验教训等）、现状研究（当前水平、最新动态、基本差距、基础数据等）和未来研究（发展趋势、发展战略等）；从课题类别可将其分为科学与技术政策信息研究、水平动向研究、经验教训研究、战术技术信息研究、专业学科或专门技术发展趋势研究、工程项目的动议性信息研究、市场供求与产品结构研究、技术经济信息研究、正在进行中的科研课题的信息研究、科技管理科学化经验信息研究等。

2. 信息分析的基本方法

信息分析的方法虽然很多，但主要可以归纳为两大类，定性分析和定量分析。

定性分析是在逻辑分析、判断推理的基础上发展起来的，是传统的信息研究的主要方法。即是运用比较、分析、类比、分类和综合、归纳与演绎等逻辑学方法对信息进行分析研究，从而得出研究对象质的特征的一类方法。常用的如综合分析法、比较分析法、相关分析法、典型分析法、专家调查法。

定量分析是运用数学方法对研究对象的本质特征进行量化描述与分析的方法。量化描述主要通过数学模型来实现，所以定量分析也可以说是利用数学模型进行信息分析与研究的方法。其核心技术是数学模型的建立、求解和对模型解的评价判定。常用方法有趋势外推法、回归分析法、时间序列法、文献计量学法。

定性分析和定量分析是信息分析研究的两个方面，具体方法的运用要根据具体研究内容而定，必要时可以将两者结合运用。下面介绍几种常用的基本方法。

（1）对比分析法。对比分析法是对所收集的资料进行比较、鉴别、判断的一种方法，是信息分析中经常使用的一种方法。在信息研究中，常见的比较对象有：科学研究水平、发展特点的对比；社会发展的条件及历史背景的对比；某一学科或技术发展历史和现状的对比；技术方案和决策方案的对比；市场需求与销售情况的对比等。根据不同的标准和角度，对比法主要可归纳为纵向对比法和横向对比法。

① 纵向对比法：对同一事物不同时期的状况进行对比，认识事物的过去、现在和未来发展趋势，提示事物的发展过程。

② 横向对比法。对不同国家、地区、部门的同类事物进行对比，找出差距，判明优劣。这种方法主要用于同时期内科学研究、科学技术、管理决策等方面水平的比较。

对比分析法通常采用三种方式进行对比，即数字对比、图示对比和描述对比。应用比较分析法必须要注意在时间、空间范畴等方面的可比性，防止认识上的片面性，避免表面化。

（2）相关分析法。利用事物之间或者其内部各个成分之间的关系，如现象与本质、原因与结果、目标与途径、事物与条件等，通过对这些关系进行分析，从一种或几种已知的事物来判断或推算未知的事物，这就是相关分析法。相关分析法涉及研究对象的质和量两个方面，因此它包含定性分析和定量分析两项内容。这种分析方法的特点是由此及彼，由表及里，应用广泛，尤其适用于军事技术、专利及其他难得到的技术情况的研究。

（3）分析综合法。分析综合法是把研究对象分解，把复杂的事物分解成各种简单因素或若干阶段，分别加以研究，从而获得对事物本质的认识。在通过综合的方式，把事物的各个部分、要素进行归纳整理形成对事物整体认识的逻辑方法。

（4）文献计量法。文献计量学是从定量角度研究文献及其特征的发展规律的科学。包括文献计量法、引文分析法和词频分析法。

（5）专家调查法。专家调查法是以专家作为索取信息的对象，依靠专家的知识和经验，通过专家调查对问题作出判断、评估和预测的一种方法。专家调查法应用比较广泛，在一些数据缺乏或没有的情况下，专家的判断往往是唯一的评价根据。专家调查法又可分为专家个人调查法、专家会议调查法、头脑风暴法、德尔菲法。德尔菲法又称规定程序专家调查法，是由调查组织者拟定调查表，按照规定程序，通过函件分别向专家组成员征询调查，专家组成员之间通过组织者的反馈材料匿名地交流意见，经过反复几轮意见征询和信息反馈，使专家们的意见逐渐集中，最后得出比较一致的结论。德尔菲法是一种广为适用的研究预测方法，并逐步成为一种重要的决策工具。

（6）趋势外推法。趋势外推法就是把事物发展的已有的趋势延伸到未来，对未来做出预见的推理方法。

9.3 科研的选题

科学研究，是探求客观事物的本质和规律性的活动。它的内容是观察新的现象、发现新的规律、创造新的理论、新的发明和新的产品。而科研选题是科学研究中首先必须面临的问题，也是科学研究的关键性的一步，一个科研课题选定的恰当与否，直接关系到以后的研究成功与否。爱因斯坦说过："提出一个问题，往往比解决一个问题更重要，因为解决问题，也许仅仅是数学上或实验上的技能而已。而提出新的问题，新的可能性，从新的角度去看旧的问题，都需要有创造性的想象力，而且标志着科学的真正进步。”对于科研人员来说，一个好的科研课题的选定，需要相当的知识储备，科学素养以及丰富的想象力，同时也要懂得课题的来源，选题的方法和原则等知识。

9.3.1 科研选题的基本原则

科研选题是一个复杂和艰巨的环节，也是创造性的思维过程。科学研究的目的是探求未知现象，发现和研究事物的发展规律，促进科学技术的发展和社会的进步。所以创新性、科学性、可行性是科研选题首先应该遵循的原则，需要性原则则为科研选题实现其价值的意义所在。

1. 创新性原则

科学研究的灵魂在于创新，具有创新性的课题应该是具有新颖性和先进性的课题，即别人没有提出过、没有解决，以及没有完全解决的课题，把别人尚未解决问题作为自己研究起点，避免简单重复别人已经作过的研究。

2. 科学性原则

科学研究目的是探求客观事物的规律性，科研立题要符合自然界、社会、思维以及其他客观现实的规律和本质，选题要具有一定的科学理论根据和科学事实根据，切不可主观臆想，想当然的违背科学与实际的选题。

3. 可行性原则

选定课题要切合实际，要充分考虑研究所需的设备条件、课题组人员的科研水平与能力，以及课题是否已具备研究基础。要充分考虑研究对象和研究环境的主客观条件，在注重研究课题的创新性和科学性前提下，课题一旦实施，能否顺利完成同样不应忽略。

4. 需要性原则

选定的课题要符合社会、生产和科学发展的需要。即科研课题要具有现实的意义和价值，包括经济价值和社会价值。也就是说科研课题要符合经济发展的需要和政治、军事、文化教育等方面的需要。

9.3.2 科研选题的来源

1. 指令性课题

指上级部门下达的课题任务。国家、省市及各种学术团体会定期提出许多科研课题，如国家、部省市的重点规划课题、年度课题，这些课题一般具有较重要的理论意义、现实意义，是选题的重要来源。包括国家自然科学基金、政府管理部门科学基金、单位科学基金等。通常被称为纵向课题。

2. 委托课题

受相关部门委托而接受的课题，目的是借助受委托单位的技术和人才优势进行新产品、新技术和新方法的开发和研制。如工厂企业委托高校完成的科技攻关项目。

3. 自选课题

研究人员通过自己的科研活动和日常工作而产生和形成的研究课题。常见的选题如下。

（1）从实践中选题。人们在现实生活和社会实践工作中会遇到各种各样的问题，需要我们去研究、去探索、寻求解决问题的办法。大至世界政治、经济、文化艺术，小至日常生活中的吃穿住用行，选题的内容极为广泛，只要深入探索，就会发现有许多值得研究的课题。

（2）文献记载中选题。一些科学研究者在他们的研究过程中，会遇到或者发现理论上或者实践上的某些问题，但由于受当时的科学技术水平、理论知识，以及所处的环境、研究条件或专业知识结构的限制而无法解决；或者研究者对研究中发现的某些现象提出了一些假说，这些问题会被记载在文献中。所以科研人员可以根据文献的记载，结合自身的研究基础，选择研究课题。

（3）从学术交流和学术争鸣中选题。学术交流是指同行专家对某一特定的学术问题，在研究方法、结果和存在的问题等方面所做的探讨、交流。而研究人员对于某些学术问题会从不同的角度观察、研究和评价，从而会有不同学术观点，这些不同学术观点之间的碰撞则为学术争鸣。学术交流和学术争鸣对于科研课题的选择非常有意义，研究人员根据学术交流和学术争鸣中谈到的问题，设计的某些事实与理由，发现问题，从中选定自己的研究课题。

（4）从学科交叉、渗透中选题。学科的交叉、渗透是科学在广度、深度上发展的一种必然趋势，科学的交叉和渗透必然导致新的学科以及新的研究领域的诞生。如比较学科，边缘学科，软科学，综合学科及超科学等。

（5）从直觉思维、意外发现中选题。科研人员对研究对象富有浓厚的探索兴趣，也是科研选题的一个重要来源。大量值得研究的选题，首先表现在各种社会现象和偶然事件中。这时，选题常常得益于科研人员的想象、灵感、直觉，以及对这些直觉、现象的思维和捕捉。例如詹纳（Edward Jenner）由挤奶女工不患天花的现象，研究和发现了预防天花的牛痘疫苗。另如郭沫若在对郑成功事迹的追踪调查中，意外发现了郑成功铸造的钱币，使中国自铸钱币的历史向前推进了将近 200 年，并进一步发现了郑成功的财政政策和复国宏图，推进了晚明史的研究。

（6）课题选择和国际接轨。想在国际核心期刊发表文章，就必须了解国际研究动态，选择与国际学术研究合拍的课题。由于多方面因素的影响，我国科学研究选题与国际先进水平还有一定距离。我国一家权威科研机构不久前在国内挑选了许多前沿领域的研究课题，准备参与国际合作，但到美国后发现近三分之二的课题已经不属前沿，在美国很少有人研究。在高校，一些教师治学严谨、基础扎实，但科研成果不突出，重要原因就是不重视有关领域学术动态，不能选得合适的课题。

（7）课题要有可发展性。课题可发展性对高水平论文的持续产出具有极大作用。中国科技大学范洪义另辟蹊径，发展了诺贝尔奖得主狄拉克（Dirac）奠定的量子论的符号法，系统地建立了“有序算符内的积分理论”，1998 年有 24 篇论文被 SCI 收录。他对自己论文高产的解释是，研究“具有开创性，突破一点以后就可以向纵深发展，使研究工作自成系列、成面成片”。

（8）借助工具选题。①查阅有关领域的检索工具，这些工具各高校都有；②了解 SCI 收录期刊所反映的科技动态，ISI 期刊信息可从 http：//www. isinet. com 查获，也可从 SCI 印刷版每期 A、D 分册的来源出版物目录（Lists of Source Publications）查找，还可从 ISI 引用期刊报告（Journal Citation Reports，简称 JCR）了解期刊信息，该文献有印刷版、网络版（JCR on the Web）和光盘版（JCR on CD-ROM）；③利用 ISI 提供的选题工具帮助，例如，能对正在开展的工作进行量化分析，以保证用户科学研究同科学发展趋向一致的（Essential Science Indicators），介绍有关最杰出人物研究状况、有关领域研究热点和发展趋向的（ISI Highly Cited. com）；④利用网上数据库了解国际学术研究动态及有关资料。只要有心参与国际学术竞争，选择与国际学术研究接轨的课题并不存在难以克服的障碍。

9.4 科研论文的写作

科研论文，是科研工作者对自己开展的科学研究工作成果的论说性文章，是阐述原始研究结果并予以公开发表的文字性报告。科研论文是科学研究的手段和继续，同时也是表述科研成果、进行学术交流的一种工具。它是以科研成果为对象，采用科技语言、科学逻辑思维方式，并按照一定的写作格式撰写，经过正规严格的审查后公开发表的论文。撰写科研论文的目的是报告自己的研究成果，说明自己对某一问题的观点和看法，接受同行的评议和审查，以图在讨论和争论中接近真理，揭示自然界和社会的发展规律，推动社会的进步。

在科技发展的历史长河中，任何一项科技发明，都必须继承和借鉴前人和今人已有的研究成果。科研论文作为科研成果的一种特殊的表达方式，在促进科技信息交流，提高研究水平，减少无效劳动和推动科学技术的发展中发挥着举足轻重的作用。

9.4.1 科研论文的主要表现形式

科研论文是探讨、研究、总结科学领域中的问题，发表科研成果，进行学术交流的一种文体形式。科研论文根据其不同的属性，可划分为不同类型。按其所属的总体学科门类，可将其分为社会科学论文、自然科学论文和哲学论文等。按其论述的内容，可将其划分为研究报告、理论性研究论文、专题性研究论文和综述性论文等。按作者写作目的的不同，又可将其划分为学术论文和学位论文。

1. 学术论文

中国国家标准 GB7713-87 对学术论文的定义是："某一学术课题在实验性、理论性或观测性上具有新的科学研究成果或创新见解和知识的科学记录；或是某种已知原理应用于实际中取得新进展的科学总结，用以提供学术会议宣读、交流或讨论；或在学术刊物上发表；或作其他用途的书面文件。"从表现手法上看，科研论文是以议论和说明为主的议论文体，作者通过论文直接表达自己对客观事物的认识，推断事物的正确与错误，揭示事物的本质特征。

学术论文按其性质可以划分为学术性论文、技术性论文和综述性论文。

(1) 学术性论文。学术性论文是科研工作者在其研究领域中，通过严谨规范的科学研究而取得的研究成果，是一种原创性论文，例如新的学术观点的阐述，新的理论的论证，新的科技发明，新的科学发现以及某项重大的科学难题的突破等。这类论文以学术研究为主，其特点是具有创新要素，是科学有所前进的标志。水平较高的学术论文反映了学科领域的最新前沿水平，能够达到或代表了该学科领域国内或国际先进水平。

(2) 技术性论文。技术性论文是工程技术人员在已有的科学理论、技术成果的基础上，为解决设计、工艺、设备、材料等具体技术问题而取得的研究成果的书面总结。为应用性研究论文，内容重点在于技术上的直接应用，理论与实践的相印证。

(3) 综述性论文。综述性论文是作者针对国内外某一新的学科领域或者某一学科专题的科学研究进展和动态，在阅读大量的尽可能全的相关研究论文的基础上，经过自己深入的分析和综合，并作出有价值的总结而写成的论文。综述性论文如果包含了作者对相关内容所做的推断、评价和预测，称为述评。这类文章能使读者在短期内了解某问题的历史、现状、存在的问题、最新成果以及发展方向，可以节约科研工作者查阅专业文献的时间，了解专业动态，提供文献线索，从而帮助选择科研方向、寻找科研课题等。

2. 学位论文

学位论文是作者用以申请相应的学位而撰写的论文。国家标准 GB7713-87 对学位论文所做的定义是："学位论文是表明作者从事科学研究取得创造性成果或有新的见解，并以此为内容撰写的，作为提出申请授予相应学位的学术论文。"与一般研究论文不同，学位论文的目的是展示作者的知识水平和研究能力，论文中要求详细地介绍课题的研究历史、现状、方法和具体的实验研究过程等，注重强调论文的系统性。一般的研究论文大多开门见山，直切主题，论题的背景等相关信息往往以注解和参考文献的形式列出，更注重研究结果的展示，重视论文的学术性和应用价值。学位论文按层次又可分为学士论文、硕士论文和博士论文。

(1) 学士论文。学士论文可以是学术论文、调查报告，也可以是技术总结、技术设计等。这种论文一般只涉及不太复杂的课题，论述的范围较窄，深度也较浅。论文或设计和撰写要求能表明作者较好地掌握了本学科的基本理论、知识和技术，并具有的从事科学研究或担负专门技术国内工作的初步能力，以及科研论文写作的初步技能。学士论文一般还不能作为科技论文发表。

（2）硕士论文。合格的硕士论文应能表明作者已经掌握了扎实的学科基础理论和系统的专门知识，掌握了某一方面的研究方法和技能，并具有从事专门技术和科研工作的能力和基本的科研论文写作能力。它虽然是在导师指导下完成的，但已经具有了一定程度的创新性，论文强调和注重作者的独立思考作用。

（3）博士论文。博士论文可以是1篇论文，也可以是相互关联的若干篇论文的总和，是研究生独立撰写的比较完整、系统，具有较高的学术水平的论著。博士论文被视为重要的科技文献，因为博士论文不仅反映出作者坚实广博的基础理论知识、系统深入的专门知识、独立从事科学技术研究工作的能力，和较高的论文写作水平，而且其研究项目是该科学技术领域较为前沿的独创性成果，在学术和理论上都具有较大的科学意义，或者在实用上具有较大的社会效益和经济效益。

9.4.2 科研论文的撰写规范与要求

科研论文写作水平，往往直接影响科研工作的进展。如一篇好的科研选题报告或建设项目的可行性论证报告，可以促进一个有价值的科研项目或建设项目尽快上马；反之，一篇表达不规范、内容不准确的论文，也会使科研成果的公认受到阻碍，导致某种新理论、新方法不被人们所接受，某项先进技术难以得到迅速的推广；或者使一个具有发表价值的研究成果，由于文稿写作质量问题，不能被期刊编辑部门所接受。因此，作为科研工作者，应该掌握科研论文写作的一般方法，熟悉国家的有关标准和规定，并在写作实践中不断提高自己的写作能力，从而使自己能够得心应手地写出学术价值或实用价值高、科学性强、文字细节和技术细节表达规范的科研论文，使自己的研究成果在促进学术交流和推动科学技术及经济建设的发展中发挥应有的作用。

科研论文通常包括题目、作者、摘要、关键词、引言、正文、结论（和建议）、致谢、参考文献等部分。

1. 题目（title）

文章的标题，论文的标题有画龙点睛的作用。标题应该与文章的内容非常贴切。它是论文特定的思想内容、研究范围和深度的高度总结，是读者认识全文的窗口。标题选定应注意以下原则：

（1）简短精练。标题字数尽可能少而精。使读者印象鲜明，便于记忆和引用。在保证准确反映论文最主要的特定内容的前提下，题名字数越少越好。汉字一般在20个字以内；英文题目不超过10个实词。如果涉及内容过多时，可选择使用副标题以缩小主标题的字数。

（2）准确得当。题名应能准确地表达论文的中心内容，恰如其分地反映研究的范围和达到的深度，不能使用笼统的、泛指性很强和华而不实的词语。

（3）便于检索。题名所用词语必须有助于选定关键词和编制题录、索引等二次文献，以便为检索提供特定的实用信息。

（4）结构规范。首先一个题目只能有一个中心，不能同时有两个或两个以上无关联的内容。在一个中心的前提下，可以包括其中所含的两个问题，也可以包括与中心相关的另一个问题。其次，题目不是一个完整的句子，不能有动词出现。无论是中文还是英文，都要把动词转变为动名词。另外，题目中一般不要用标点符号，但有时可用圆括号、书名号、顿号、问号等。

2. 作者署名与作者单位

作者在自己科研论文中签署自己的名字和工作单位、联系方式。署名具有四重意义：表明论文的归属；文责自负的承诺；利于编制二次文献，建立索引和查检；便于读者与作者联系。

个人的研究成果，个人署名；集体的研究成果，集体署名（一般应署作者姓名，不宜只署课题组名称）。集体署名时，按对研究工作贡献的大小排列名次。学位论文署名，研究生在前，指导导师在后。

署名者只限于那些参与选定研究课题和制定研究方案、直接参加全部或主要部分研究工作并做出主要贡献，以及参加论文撰写并能对内容负责，同时对论文具有答辩能力的人员；仅参加部分工作的合作者、按研究计划分工负责具体小项的工作者、某一项测试任务的承担者，以及接受委托进行分析检验和观察的辅助人员等，不列入署名范围，但在“致谢”中予以说明。

在作者署名下面要用“（ ）”写明作者的单位、地址和邮政编码。

3. 摘要

摘要是对文章内容的概括。摘要应写得简练，只需说明写论文的目的、所用的方法及取得的结果即可。摘要是论文的高度浓缩。它要求准确、完整、简练地介绍研究的目的、方法、结果和结论，不加解释和评论。

摘要的作用是便于读者了解论文的基本内容；便于二次文献的摘编和索引。

目前科研论文经常使用的摘要类型有指示性摘要、报道性摘要、结构式摘要和报道-指示性摘要。指示性摘要是对论文论题的简要说明，或者概括地表述研究目的，字数一般控制在50~100字。报道性摘要反映了作者的主要研究成果，能够让读者从中了解论文的全部创新内容，和尽可能多的定量定性信息。结构式摘要是报道性摘要的另一种表现形式，按照研究论文的结构，从目的、方法、结构和结论四个方面介绍论文内容，这是目前生物医学领域期刊普遍使用的一种摘要格式。报道-指示性摘要是介于报道性摘要和指示性摘要之间的一种摘要格式，即采用报道性摘要的形式介绍文献中信息价值较高的部分，以指示性摘要的形式表述其余部分的内容。中文摘要一般不宜超过200~300字，英文文摘要不宜超过250个实词。在《文摘编写规则》（GB6447-86）中对不同类型综述的文字做了具体规定："报道性摘要和报道-指示性摘要一般以400字为宜；指示性文摘一般在200字左右为宜。"

摘要只能用文字形式表述，不能采用图表、化学结构式、数学表达式等非文字性资料，不列举例证，不分段。

科研论文的摘要一般要求采用中、英文两种形式。有的杂志中文摘要在前，英文摘要附在论文最后。也有的杂志在摘要位置同时刊有中英文两种摘要。英文摘要内容前要增加英文题目，作者和作者单位等信息。

撰写摘要应注意：力求简明易懂，逻辑清楚，不能含糊和重复；从旁观者的角度，客观反映原文信息，不能带有赞同和批评的倾向，采用第三人称书写；撰写英文摘要时，其时态与事情发生的时间相一致，叙述基本规律时用现在时，叙述研究的对象、方法、结果时用过去时；尽可能用规范术语，非公知公认的符号或者术语，第一次出现要写明全称。

4. 关键词

关键词是能够表达论文研究和讨论的主要内容的名词术语。是为了满足文献标引或检索工作的需要从论文中选取出的词或词组。

我国学术论文编写规范（GB 7713-87）中，规定学术论文中应标引3~8个关键词，并尽可能使用规范化的词表提供的规范化词，如《汉语主题词表》、《医学主题词表》（MeSH）、《美国国家航空航天局叙词表》（NASA）、

《工程与科学词汇叙词表》(TEST) 等。对那些确能反映论文的主题内容，但未被收入主题词表的词或词组可以作为自由词列出，以补充关键词个数的不足，更好地表达论文的主题内容。

为了便于国际交流，应同时标引英文关键词，置于英文摘要的下方。

5. 引言

论文引言的作用是开宗明义提出本文要解决的问题。引言应开门见山、简明扼要。引言也称前言、导言、序言等，是论文主题部分的开端。写引言的目的是交代研究的来龙去脉，使读者对论文先有一个总体的了解，起引导读者阅读的作用。

引言的内容主要包括课题的研究现状、背景，研究的思路、目的、范围以及要解决的问题，并简要说明课题研究的意义，他人已经取得的研究成果，观点以及与本课题的关系等。

引言篇幅不宜过长，写引言要注意言简意赅，重点突出，客观直接。人所共知的知识和基本理论，最好不要在引言中出现，更不要介绍基本方法和推导公式，不要与摘要雷同，也不要夸大研究的意义和水平。

引言一般与结论相呼应，在引言中提出的问题，在结论中应该有所解答，但应避免引言与结论的雷同。对于比较简短的论文，引言可只用一小段文字表达，不必用单独一节。

6. 正文

正文是论文的核心部分，是论文的主体。论文的论点、论据和论证都在这里阐述，因此它要占主要篇幅。正文中要对已获得的材料和数据进行概括、抽象、判断、归纳、综合、推理，以求从现象中揭示本质，从变化中发现规律。文字表述要有合乎逻辑、顺理成章、简明精练和通顺易读。所以文章的正文，是作者学术水平、逻辑思维与文字表达的综合产物。

由于论文涉及的学科、选题、研究对象和研究方法、工作进程、结果表达方式以及文章类型的不同，学术论文的陈述方式差异很大，所以对正文要写的内容不能作统一规定。但是，总的思路和结构安排应当符合“提出论点，通过论据［事实和（或）数据］来对论点加以论证”这一共同的要求。

比较完整的科研论文，正文部分一般包括理论分析、材料与方法、结果与分析、小结与讨论 4 个部分。

(1) 理论分析。理论分析即基本原理。是论文的立论基础和逻辑起点，包括论证的理论依据，对所作的假设及其合理性的阐述，对分析方法的说明。

(2) 材料与方法。材料是指研究中使用的实验（试验）材料、仪器、设备等。列出材料的目的是使同行科研工作者，根据作者提供的材料、仪器等能够进行重复实验（试验），便于核对论述结果的可靠性。方法是研究中采用的实验（试验）方法和操作步骤。如果采用的是别人用过的方法，只需写明是什么方法和标明文献来源。若对前人的方法有改进，则应将改进的部分叙述清楚；如果是作者自己设计和创造的新方法，则应详细介绍，使同行科研工作者在具备相同的设备和条件时能够重复实验（试验）。

(3) 结果与分析。结果与分析是论文的关键和价值所在。除了给出研究结果外，同时要对结果进行定量或定性的分析。包括以绘图和（或）列表（必要时）等手段整理实验结果；通过数理统计和误差分析说明结果的可靠性、再现性和普遍性；进行实验结果与理论计算结果的比较；说明结果的适用对象和范围；分析不符合预见的现象和数据，检验理论分析的正确性等。

研究结果的表述要层次分明，数据可靠，分析深入，结论明确，表达简明规范。

(4) 小结与讨论。对结果进行讨论，目的在于阐述结果的意义，说明与前人所得结果不同的原因，根据研究结果阐述作者自己的新见解，并以自己研究的结果、提出的观点与现有的研究结果比较，找出异同点，最主要的是突出新发现、新发明，说明研究结果的必然性或偶然性。同时可以对尚未定论之处和相反的结果进行讨论，提出研究的方向和问题，新的设想和思考，以引起同行读者在这一方面进一步去研究和探讨。

7. 结论和建议

结论又称结束语、结语。是对整个研究结果的总结性文字，它是在理论分析和实验验证的基础上，通过严密的逻辑推理而得出的富有创造性、指导性、经验性的结果描述。结论是对整篇论文的高度概括，要尽量简练、完整和准确。结论主要包含以下内容：论文研究结果说明了什么问题，得出了什么规律，解决了哪些理论和实际问题；论文对前人或他人的相关研究做了哪些检验和创新，与本文研究结果有哪些异同，作者做了哪些修改、补充和发展；论文及研究有哪些的不足之处，哪些问题有待解决，对解决这些问题有哪些设想等。

结论里应包括必要的数据，但主要是用文字表达，一般不用插图和表格。

"建议"部分可以单独用一个标题，也可以作为结论的最末一条。如果没有建议，也不要勉强杜撰。

8. 致谢

现代科学技术研究往往需要他人的合作与帮助，因此，当研究成果以论文形式发表时，作者应当对他人的劳动给以充分肯定，并对他们表示感谢。凡对本研究直接提供过资金、设备、人力，以及文献资料等支持和帮助的团体和个人均应列入致谢对象。

"致谢"可以在论文最后单列一节，也可不列标题，空一行置于"结论"段之后。

9. 参考文献

参考文献是学术论文的重要组成部分。由于科学是逐渐进步的，对于给定的研究主题，科学家的工作往往得益于其他同行以往的工作。因此，一个科学家被同行引用得越多，其工作的相关性和影响力也越高。参考文献即"文后参考文献"，是在论文撰写过程中参考和引用的信息资料。在科研论文中，凡是引用前人（包括作者自己过去）已发表的文献中的观点、数据和材料等，都要对它们在文中出现的地方予以标明，并在文末以列出参考文献的方式列出，称为参考文献著录。

（1）著录参考文献的作用。著录参考文献的作用主要体现在：①反映作者的科学态度，也反映出论文具有真实、广泛的科学依据，及论文的起点和深度；②作者在文中阐述和自己观点的同时，也使他人的成果得以展示，这不仅表明了论文作者对他人劳动的尊重，也免除了抄袭、剽窃他人成果的嫌疑；③索引作用，读者通过参考文献进行追溯检索，查找相关文献，了解论文之间的科学联系，扩大信息获取范围；④节省篇幅。论文中需要表述的内容，凡已有文献记载的只需注明文献出处。从而避免了一般性表述和资料堆积现象，精练了语言，节省了篇幅；⑤著录参考文献有助于科技情报人员开展情报研究和文献计量学分析。

（2）参考文献的著录方式。参考文献的著录方式，国际上流行的有许多种，我国国家标准《GB7714-2005 文后参考文献著录规则》中规定采用"顺序编码制"和"著者-出版年制"这两种。其中，顺序编码制为我国科学技术期刊所普遍采用。其中，参考的文献若为期刊中的析出文献，其规范格式为：序号，作者姓名，论文题目，杂志名称，出版时间，卷（期）次，页码；

若为论著，其规范格式为：序号，作者姓名，论著名称，出版地址，出版社，版次，出版年，页码。

作者向刊物投稿时，所撰写论文的参考文献有各种文献类型，其著录格式要按照规定的格式进行标注，具体标注见《GB7714-2005 中华人民共和国国家标准文后参考文献著录规则》中的规定。文献类型和标志代码如表 9-4-1 所示。

表 9-4-1 文献类型和标志代码

文献类型	标志代码	对应的英文名
专著	M	monograph
期刊	J	Journal
专利	P	patent
标准	S	standard
学位论文	D	dissertation
会议文献	C	conference
科技报告	R	report
报纸	N	newspaper
数据库	DB	database
计算机程序	CP	computer program
电子公告	EB	electronic bulletin board
联机网络	OL	online

10. 文献分类号和文献类型标识码

为了从论文的学科属性的角度进一步揭示论文内容，便于建立和编制索引，以供查检，期刊编辑部和学位论文审定单位都要求对论文按照《中国图书馆分类法》进行分类。分类后的分类号和类目名称列入关键词的下方。在列出文献分类号的同时，中国知网“中国期刊全文数据库”还要求该数据库所收录期刊，对其刊登的论文做文献类型标识码的标注，与分类号一起一并列出。文献标识码的具体含义如下。

A—理论与应用研究的学术论文（包含综述报告）。

B—实用性技术成果报道（科技）、理论学习与社会实践总结（社科）。

C—业务指导与技术管理性文章（包括领导讲话与特约评论等）。

D——一般动态性信息（通信、报道、会议活动、专访等）。

E—文件、资料（包括历史资料、统计资料、机构、人物、书刊、知识介绍等）。

9.4.3　科研论文撰写的一般程序

科研论文的写作通常分为选题、搜集和整理资料、拟定提纲、初稿及修改定稿 5 个步骤。

1. 选题

选题是科研论文写作的第一步。包括限制性选题和自由式选题。限制性选题是在自己研究课题范围内的选题，如学位论文撰写及某项研究成果的论文的撰写等，所选题目受研究内容的限制。这种情况下，所研究课题的题目即可作为论文的题目。对于一些较大的研究项目，由于研究内容分支较多，其研究成果可以撰写成多篇论文，这就需要重新选题。对于题目不够突出和新颖的研究课题，撰写论文时也需要重新构思题目。自由式选题是不受内容的限制，可根据自己的兴趣、工作中的经验、阅读中产生的新思想等，自由选择论文题目。

无论是何种类型的选题，论文选题必须遵守以下原则。

（1）新颖性。撰写论文时，要把自己的新观点、新见解和新发现尽可能在题目中点出，起到醒目的作用，以吸引更多的读者。

（2）需要性。需要性指选题要符合科学技术进步与社会发展的需要，这也是论文写作的现实意义。具体地说，就是论文选题要为科学技术发展、国民经济建设、人民生活提高等方面服务，为科学技术转化为生产力服务。

（3）可行性。实事求是，从实际出发，从自己的基础、兴趣考虑，选择自己力所能及的题目。

2. 搜集和整理资料

文献资料是形成学术论点和提炼主题的基础。只有掌握足够的资料，才能了解自己研究学科的发展阶段、发展动向、研究范围和深度、存在的问题及目前的主攻方向等，这对撰写论文是十分必要的。主要包含四个方面：理论准备和知识准备的资料；别人已有的相关论述的资料；对立的有关的资料；背景和条件的相关资料。准确而全面的资料不仅可以帮助了解某一学科领域的发展动态，同时又为自己的论文提供了有力的论据。

在材料搜集的基础上，对搜集到的资料进行比较、鉴别和整理，以认清性质，判明其真伪、估价其意义，去除那些关系较远的、重复雷同的、观点不明的、来源不清的、转手过多的材料，保留那些权威性较高、来源可靠、研究较为深入、代表性强的资料。再把提炼过的资料，顺序排在各相关标题及分标题下，这样便于撰写论文时利用。

3. 拟订提纲

即用简洁明了的语言，安排出论文的章节结构，把文章的逻辑关系展现出来。提纲是论文整体布局和层次安排的设计图，是构造论文的基本框架。

提纲通常有 3 种形式，标题式提纲、简介式提纲和混合式提纲。

4. 撰写初稿

按照写作提纲，围绕题目提出的论题中心写出论文初稿的过程。论文初稿是进行再创造的复杂思维过程，表达方式的选择与使用，段落的组织与衔接以及语言形式的运用，都是这个阶段要妥善处理的问题。初稿是论文的基础，有了这个基础，再进行修改、完善、提高就比较容易了。

初稿起笔有两种方式：从引言起笔，即按照提纲的自然顺序，先提出问题，明确基本论点，再逐步展开，论证、归纳总结，得出结论；从正文起笔，即先写正文，结论后，再写引言。

在撰写初稿时，尽可能放开思想，既要照顾到提纲的要求，又不要受原提纲的限制，将自己的分析能力、判断能力、逻辑思维能力全部发挥出来，凡思考到的观点、见解、推理、判断等都写出来，最好是一气呵成。撰写稿子时，思维高度集中，大脑的兴奋和活跃程度比较高，往往会产生出新论点、新思路，有时还会推出比原论题更深、更高的新认识和新观点。

5. 修改定稿

初稿完成后，需要再三推敲，反复修改。修改的主要任务是斟酌论点、检查论证、调整结构、推敲文字。初稿修改通常分两个阶段，前一阶段着重对论文的内容、结构和篇幅进行修改，使文章观点明确，主题突出，层次分明，字数恰当。后一阶段主要对文字进行修改，以保证论文在内容上逻辑清楚、论点明确、顺理成章，在文字上语言流畅，用词准确，合乎语法。同时还要保证论文结构、用词、图表规范合理。

9.5　知识产权相关法律法规

随着我国改革开放向更高层次的迈进，法律在为改革开放和市场经济建设服务方面的促进和保障功能日显突出。在众多的法律制度中，知识产权保护制度在鼓励和保护创新、促进经济发展、科技进步和文化繁荣等方面，其地位和作用越来越重要和突出。

9.5.1　知识产权相关法律法规举要

1. 知识产权和知识产权法

知识产权：知识产权（Intellectual Property）是一种无形财产，又称“智力财产权”，是从事智力创造性活动取得成果后依法享有的权利。即法律赋予智力劳动成果的创造人对其智力创造成果在一定时期内享有的专有权利。

知识产权法：知识产权法是为了调整智力成果的创造者在取得、使用、转让知识产权，以及在知识产权的管理和保护中所产生的各种社会关系的法律规范的总和，它是确认、使用和保护知识产权的一整套法律制度。

《世界知识产权组织公约》规定的知识产权的范围包括：文学、艺术和科学作品；表演者的表演、录音和广播；一切创造性活动领域内的发明；科学发现；工业设计；商标、服务标记，商号和商业标识；防止不正当竞争；其他一切来自工业、科学、文学、艺术领域内的智力创作活动。

WTO《与贸易有关的知识产权协定》规定的知识产权的范围有：著作权和相邻权，商标，地理标识，工业设计，专利，集成电路布图设计（拓扑图），未披露信息的保护，合同许可中反竞争行为的控制。

2. 知识产权的范围

传统的知识产权，包括专利权、商标权和著作权。前两者称工业产权，后者也称版权。随着科学技术的迅速发展，新的高新技术的智力成果不断产生，又给知识产权带来了一系列的新的保护客体，如生物技术成果和动植物品种权的保护等，所以广义的知识产权包括一切涉及人类智力成果的权利。如科学技术成果权或商业形象权等。

工业产权是知识产权的重要组成部分。这里的“工业”泛指工业、农业、交通运输业、采掘业、商业等各个产业及科学技术部门。而工业产权，是指人们在生产活动中基于智力的创造性劳动所产生的一种特殊的权利。根据《保护工业产权巴黎公约》中明文规定，工业产权内容应包括发明专利、实用新型、工业品外观设计，商标、服务标记、厂商名称、货源标记、原产地名称，制止不正当竞争的保护等。

著作权主要包括文学、艺术、美术、录音、录像、演出和广播，以及计算机软件和集成电路布图设计权等。

知识产权的范围如图 9-5-1 所示。

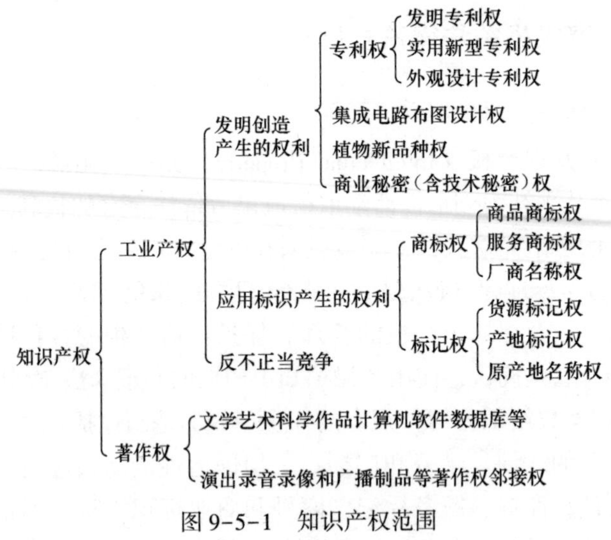

图 9-5-1　知识产权范围

我国知识产权司法保护的范围包括对专利权、商标权、著作权（版权）、邻接权，防止不正当竞争权等涉及人类智力成果的一切无形财产的财产权和人身保护权。我国法律规定的保护范围和水平基本与知识产权国际条约规定的范围和水平相同，并且将会受到《与贸易有关的知识产权协议》等国际公约的积极影响。此外，人民法院的知识产权审判庭还将有关技术转让、技术合作等各类技术合同纠纷案件作为自己的收案范围。

3. 知识产权保护的相关法律

（1）我国知识产权保护的相关法律。自改革开放以来，尤其是加入世贸组织前后，我国加快了知识产权保护制度的建设，先后制定了知识产权保护的相关法律法规，基本形成了一个较为完备的知识产权的法律保护体系。

我国颁布的知识产权法有：中华人民共和国专利法；中华人民共和国专利法实施细则；国防专利条例；集成电路布图设计保护条例；著作权集体管理条例；中华人民共和国商标法；中华人民共和国商标法实施条例；中华人民共和国著作权法；中华人民共和国著作权法实施条例；计算机软件保护条例；中华人民共和国知识产权海关保护条例；中华人民共和国海关关于知识产权保护的实施办法；奥林匹克标志保护条例；中华人民共和国合同法（节选）；中华人民共和国担保法；中华人民共和国植物新品种保护条例；中华人民共和国植物新品种保护条例实施细则（农业部分）；中华人民共和国植物新品种保护条例实施细则（林业部分）；中华人民共和国反不正当竞争法。

（2）国际知识产权保护制度的相关法律。知识产权的国际保护制度，是指以多边国际公约为基本形式，以政府间国际组织为协调机构，通过对各国国内知识产权法律进行协调并形成相对统一的国际法律制度。

为了保护智力劳动成果，促进发明创新，早在一百多年前，国际上已开始建立保护知识产权制度。它以 1883 年在巴黎签署的《保护工业产权巴黎公约》（简称《巴黎公约》），1886 在瑞士伯尔尼签署的《保护文学艺术作品伯尔尼公约》（简称《伯尔公约》）和 1994 年签署的《与贸易有关的知识产权协议》等代表性的国际公约为基本形式，以世界知识产权组织、世界贸易组织等相关国际组织为协调机构，协调各国知识产权制度，形成了一个国际性的知识产权保护的法律规则与秩序，各国独自产生的知识产权制度在知识产权国际保护的框架下，逐渐走上一体化、国际化的道路。

① 世界知识产权组织（World Intellectual Property Organization，WIPO）。为了促进全世界对知识产权的保护，加强各国和各知识产权组织间的合作，《巴黎公约》和《伯尔公约》的 51 个成员国于 1967 年 7 月 14 日在瑞典首都斯德哥尔摩共同缔约，签订了《成立世界知识产权组织公约》并成立了该组织，1974 年世界知识产权组织成为联合国的专门机构。

成立世界知识产权组织的宗旨是：通过国家之间的合作，并在适当的情况下，与其他国际组织合作，以促进在世界范围内保护知识产权，加强保护知识产权组织各联盟之间的行政合作建立了“世界知识产权组织”。

WIPO 管理的知识产权领域的条约，根据其不同作用可分为三类：第一类条约确定了各成员国进行知识产权保护的国际协定的基本标准；第二类就是人们所熟知的全球保护体系条约。以确保一项发明、商标和外观设计的国际注册或申请在任何一个缔约国内均可具有效力，建立了工业产权的多国快速保护机制；第三类为分类条约，该类条约创建了把有关发明、商标和工业品外观设计的信息编排成便于检索的索引式可管理结构，便于查询。

② 世界贸易组织及《TRIPS 协议》。世界贸易组织是在《关贸总协定》的基础上于 1995 年 1 月成立的。截至 2005 年 2 月 15 日，世贸组织的缔约方有 148 个，中国于 2001 年 12 月 11 日正式加入世界贸易组织。世贸组织取代关贸总协定后，协调管理的领域拓宽，规则更严。世贸组织的制度框架主要是以货物贸易、服务贸易以及与贸易有关的知识产权为基础构建而成，其目标是建立一个完整的包括货物、服务、与贸易有关的投资及知识产权等更具活力、更持久的多边贸易体系。多边贸易协定主要是指《货物贸易总协定》、《服务贸易总协定》和《TRIPS 协议》及其若干专门的协定。为解决有关争端，还达成了《关于争端解决规则与程序的谅解》和《贸易政策审议机制》。

《TRIPS 协议》(Agreement On Trade-related Aspects of Intellectual Property Right，TRIPS)，即《与贸易有关的知识产权（包括假冒商品贸易）协议（草案）》。它是世界上影响最大、内容最全面的知识产权国际保护多边协定。与原有的知识产权国际公约相比，《TRIPS 协议》全面规定了知识产权的保护标准，对知识产权的执法和救济提出了要求，并且为知识产权国际争端的解决提供了途径。凡参加世贸组织的成员，均要承诺遵守《TRIPS 协议》，必须使知识产权的国际保护直接与国际贸易挂钩。

③ 知识产权主要的国际保护条约。

专利权保护国际条约：专利合作条约；欧洲专利公约；国际承认用于专利程序的微生物保藏布达佩斯条约；建立外观设计国际分类条约；国际专利分类斯特拉斯条约。

商标权保护国际条约：商标国际注册马德里协定；商标注册条约；国际注册用商品与服务国际分类尼斯协定；建立商标图形国际分类维也纳协定。

著作权保护国际条约：保护文学艺术作品的伯尔尼公约；世界版权公约；世界知识产权组织版权条约；世界知识产权组织表演和录音制品公约；保护表演者、录音制品制作者和广播组织罗马公约；保护录音制品作者防止未经授权复制其录音制品日内瓦公约；关于播送由人造卫星传播载有节目的信号布鲁塞尔公约。

我国 1980 年 3 月正式加入了《世界知识产权组织公约》。我国 1984 年 12

月 19 日向世界知识产权组织递交了《保护工业产权巴黎公约》的加入书，并在 1985 年 3 月 19 日正式成为该公约的成员国。我国 1989 年 7 月 14 日向世界知识产权组织递交了加入《商标注册马德里协定》的申请，3 个月后成为该协定的成员国。我国 1989 年 5 月参加了世界知识产权组织主持制定的《关于集成电路知识产权条约的缔结工作》，并于 1990 年 5 月作为第五个签字国在该条约上签字，成为该华盛顿条约的成员国。

4. 著作权法

著作权（Copyright），是指文学、艺术和科学作品的创作者依照法律的规定对其作品所享有的一种专有权。

著作权可以分为著作精神权和著作财产权两大部分。

著作精神权是指作者对其创作的文学、艺术和科学技术等作品依法享有的与其人身密不可分而又无直接财产内容的权利，又称著作精神权利，包括了公开发表权、署名权及修改权和保护作品完整权。

著作财产权，是指作者通过使用或者许可他人使用其作品，而获得经济利益的权利，即著作经济权利。著作财产权具有时限性，在著作权的有效期限内，作者对其享有的著作财产权可以依法许可他人使用、继承和转让。

由于世界各国著作权立法上的差异和所采取的学说不同，对著作权概念的理解有广义和狭义之分。狭义的著作权仅指著作财产权，即著作权人对其作品在经济上享有的使用、收益和处分的绝对的排他的权利。广义的著作权认为著作权包括著作财产权和著作人身权两部分内容。著作财产权是可以转让的。

最广义著作权还包括著作邻接权。所谓著作邻接权，是指对作品进行表演、录音、录像、播送等使用行为所产生的权利。当今世界各国的著作权法几乎都有邻接权保护制度。我国著作权法称邻接权为“与著作权有关的权利”。

（1）著作权的主题与客体。著作权的主体即著作权人，是指依法享有文学、艺术和科学作品著作权的人。包括自然人、法人和其他组织。在一定的条件下，国家也可以成为著作权主体。著作权的客体即作品。根据《著作权法实施条例》第 2 条的规定，著作权法中所称的作品，是指文学、艺术和科学领域内，具有独创性并能以某种有形形式复制的智力创作成果。

（2）著作权的内容及保护期限。我国《著作权法》规定，著作权包括人身权和财产权，其内容涉及发表权、署名权、修改权、保护作品完整权、复制权、发行权、出租权、展览权、表演权、放映权、广播权、信息网络传播权、摄制权、改编权、翻译权、汇编权以及著作权人应当享有的其他权利，比如，转让权、许可使用权、获得报酬权等。

作者因作品创作而取得或者产生著作权，获得的著作权法的保护。著作权的取得方式，主要有自动取得和注册取得两种。

著作权的自动取得，即作者随着作品的创作完成这一法律事实的存在而自然取得，无需履行任何手续，这种著作权的获得方式标为“自动保护主义”。注册取得是指以在国家著作权管理机关登记注册作为取得著作权的条件。

我国著作权法采用了自动取得原则，同时，根据我国的实际情况，对于在我国取得著作权的作者的身份作了相应的规定。我国《著作权法》第 2 条规定：“中国公民、法人或者其他组织的作品，无论是否发表，依照本法享有著作权”。

著作权的保护期限，即著作权受法律保护的时间限制。法律只在一定的期限内对著作权给予保护，·旦超过期限，该作品就转为社会公共财富，任何人都可以无偿使用。

著作权中的署名权、修改权、保护作品完整权的保护期不受限制。在作为作者的公民死亡后或者法人、其他组织变更、终止后，其享有的署名权、修改权、保护作品完整权由作者的继承人、受遗赠人、承受权利义务的法人或者其他组织负责保护。如果无人继承和受遗赠、或者无承受权利的法人或者其他组织的，则由国家负责保护。

我国著作权法规定的著作权的保护年限为：作者为公民的作品，死亡后第 50 年的 12 月 31 日；不明身份的作品，为作品首次发表第 50 年的 12 月 31 日；法人或者其他组织的作品以及电影类作品，为作品首次发表第 50 年的 12 月 31 日，如果作品完成 50 年内未发表的，不再受著作权的保护。出版社所享有的“版式设计权”，保护年限为图书出版后第 10 年的 12 月 31 日。

（3）著作权的限制。著作权法律制度保护著作权人权利的同时，还需兼顾社会公共利益，防止由于著作权的滥用而阻碍科学技术的进步和文化的繁荣。为此，各国的著作权法无一例外地对著作财产权作出了相应的限制性规定。除了受保护时间上的限制外，著作权还受到“合理使用”、“法定许可”

以及“强制许可”等制度的限制。

合理使用也是我国《著作权法》规定的对著作权人的权利进行限制的制度之一；是指在法律规定的情况下，对于已经发表的作品不必经过著作权人许可，也不必向著作权人支付报酬就可以使用。

法定许可，是指在法定的某些情形下使用他人已经发表的作品时，可以不经著作权人的同意，但必须向其支付报酬，而且不得侵犯著作权人的其他权利的制度。

强制许可是指在一定条件下，作品的使用者基于某种正当的理由，经申请并由著作权行政管理部门授权即可使用他人已发表的作品，而无需得到著作权人的许可和同意，但应当向著作权人支付报酬。我国《著作权法》中没有规定强制许可制度，但在《伯尔尼公约》和《世界版权公约》中规定了强制许可，我国已经加入了上述两个公约。所以，我国的著作权行政管理机关和司法机关在处理著作权案件中可以适当引用《伯尔尼公约》和《世界版权公约》中有关强制许可的规定。

（4）邻接权。邻接权（Neighboring Right）是指作品的传播者在传播作品的过程中，对其创造性劳动成果而享有的权利，所以也称其为作品传播者权。邻接权不属于著作权，但与著作权相邻近或者类似。我国《著作权法》及其实施条例将这类权利称为“与著作权有关的权益”，具体包括四种类型，出版者权：出版者对其出版的图书和期刊的版式设计享有的权利；表演者权：表演者对其表演享有的权利；录制者权：录音录像制作者对其制作的录音录像制品享有的权利；广播组织者权：广播电台、电视台对其播放的广播、电视节目享有的权利。

（5）著作权的法律保护。著作权的法律保护，是著作权人在法律的范围内使自己的权利得以实现的保障，同时也是对侵犯著作权行为的约束和制裁。我国《著作权法》第46条和第47条，列举了著作权侵权行为共19项。

侵权行为人违反著作权法的规定，对他人的著作权（包括邻接权）造成侵害时，即为侵犯著作权行为，应当承担法律后果。我国《著作权法》及相关法律与大多数国家的著作权法一样，规定了侵犯著作权行为应当承担的民事责任、行政责任和刑事责任。这些法律责任规定，保护著作权人利益，对于打击违法行为，调动作者的创作积极性有重要意义。

9.5.2 信息的合理合法利用

1. 信息的合理使用

合理使用属于知识产权的范畴，是指在特定条件下允许个人和特定组织在未经版权人许可的情况下无偿使用版权作品的法律规范。合理使用一词首先出现在美国的著作权法中。现在大多数国家的著作权法都涉及合理使用，为后续作者创作新作品时利用他人作品提供了法律上的依据。

合理使用的规定实际上是著作权法为平衡著作权人的个体利益与信息传播和利用过程中的公共利益而设立的一种制度，其实质是对著作权人所享权利的一种限制。法律在保障著作权人正当权益的同时，要求著作权人为社会承担一定的义务，避免著作权的绝对垄断，以利于智力成果的广泛传播和使用。

了解文献合理使用和侵权的界限，正确合理的利用文献信息，是现时代大学生和科研工作者应该具备的基本素质。

2. 学术规范

学术规范是关于学术研究活动的主客观方面的约束。学术规范体现在整个学术活动过程中，主要表现为学术道德规范、学术法律规范、学术引文规范、写作技术规范等。

（1）学术道德规范。学术道德规范是学术规范的核心部分，是对学术工作者从思想修养和职业道德方面提出的要求。教育部《关于加强学术道德建设的若干意见》中对学术道德规范提出了基本要求：

增强献身科教、服务社会的历史使命感和社会责任感；坚持实事求是的科学精神和严谨的治学态度；树立法制观念，保护知识产权、尊重他人劳动和权益。

（2）学术法律规范。运用国家和政府相关的法律法规规范学术活动，维护学术研究的正常秩序。

学术法律规范的主要内容可以概括为：学术研究不得泄露国家秘密和单位的技术秘密；学术活动不得干涉宗教事务；学术活动应遵守著作权法、专利法；学术论文写作应遵守语言文字规范。

（3）学术引文规范。在学术论文撰写过程中，只要直接引用了一本书或一篇文章，或者在作品中采用了他人的工作成果，需要注名其来源。如果没有这样做，既可被认定为剽窃。教育部社会科学委员会于 2004 年讨论通过的《高等学校哲学社会科学研究学术规范》中，对学术引文规范作如下规定：①引文应以原始文献和第一手资料为原则。凡引用他人观点、方案、资料、数据等，无论是否发表，无论是纸质或电子版，均应详加注释；凡转引文献资料，应如实说明。②学术论著应合理使用引文。对已有学术成果的介绍、评论、引用和注释，应力求客观、公允、准确。伪注（伪造的注释），伪造、篡改文献和数据等，均属学术不端行为。

（4）写作技术规范。写作技术规范的内容主要有以下 3 方面：学术成果应观点明确，资料充分，论证严密，内容与形式应完美统一，达到观点鲜明，结构谨严，条理分明，文字通畅；学术成果的格式应符合要求；参考文献的著录应符合要求。

9.6　科技查新

科技查新是基于信息检索基础之上的高层次的情报研究工作。查新的结果是要出具查新报告。在我国查新报告具有法律效力，只有具有省级以上查新资质的业务单位才有权力出具查新报告。本节将介绍一些与查新有关的基本常识。

9.6.1　科技查新概念

1. 查新定义

查新是科技查新的简称，是指由专门的查新机构针对查新委托人所提供的科技项目内容要点，通过计算机检索和手工检索方式将其检出的文献进行综合分析对比，查证其是否具有新颖性并做出结论的过程。查新是我国科技部为了避免科研课题重复立项以及客观正确地判断科技成果的新颖性所例行的一项程序。

查新的结果是为被查课题出具一份查新报告。查新报告现已成为科研立题、成果鉴定、申请专利、产品开发、申报奖励、项目验收、博士论文等的必交材料之一（不少学校的博士论文也要出具查新报告）。其实查新报告的基础是信息检索技术，但又有情报分析的深层次研究工作，它是通过检出文献的客观事实来对项目的新颖性做出结论。因此，查新有较严格的内容、时间范围限定和查全率、查准率的程度规定，查新结论要求明确，具有客观性和鉴证性，但不能取代全面的成果评审结论。可见查新报告的地位非同一般，已成为专家鉴定评议的客观参考依据。

2. 查新机构

依据《科技查新机构管理办法》、《科技查新规范》（国科发计字［2000］544 号）中的第二条，科技查新机构（以下简称查新机构）是指具有科技查新业务资质，根据委托人提供需要查证其新颖性的科学技术内容，按照科技查新规范操作，有偿提供科技查新服务的信息咨询机构。

目前，国内科技查新机构种类繁多。若按查新系统划分，可分为全国省市级综合查新机构、各行业部委专业性查新机构和高校 3 大查新机构。若按查新级别划分，又可分为一级和二级两大查新机构。

我国查新机构的正式认定是在 1990 年，原国家科委授权了 11 家国家一级查新单位；之后原国家科委又分别在 1994 年和 1997 年批准了两批共 27 家一级查新单位，如中国科学技术信息研究所、国电信息中心等。至此，国家一级查新单位共 38 家。其间，各部委、各省科委和部分地级市情报机构还批准了一大批二级查新机构，如建设部情报所、福建省科技情报研究所、青岛市情报所等。

截止 2015 年十一月，教育部在全国各类高校中重新认定和新认定了教育部部级科技查新工作站，分七批共 103 所高校，如北京大学、上海交通大学等。

3. 查新的作用

查新以信息资源为基础，以信息检索为基本手段，以文献内容的对比分析为主要方法，以项目或成果内容的新颖性判断为核心任务，在科技资源合理配置中起着“把关人”的作用。

(1) 为科研课题选择和立项提供客观依据，避免重复研究

为全面了解拟立项目的相关研究概况，在正式立项前，首要的工作量是进行全面、准确的文献检索和分析，掌握国内外有关情报。通过查新，可以了解国内外有关科学技术的发展水平、研究开发方向，是否已研究开发或正在研究开发，研究开发的深度及广度，已解决和尚未解决的问题等等，对所选课题是否具有新颖性的判断提供客观依据。这样可以防止重复研究开发而造成人力、物力、财力的浪费和损失。

（2）为科技人员进行研究开发提供可靠信息

技术人员查阅文献所花的时间，约占其工作量的 50%。科技查新本质上是建立在文献检索基础之上的信息咨询活动；查新机构能提供从一次文献到二次文献的全面服务；科技查新在提供科研项目新颖性判断的同时，也可以为科研人员提供丰富的文献信息。

（3）为科技成果的鉴定、评估、验收、转化、奖励等提供客观依据

专家评审主观性较强，科技查新的结论可以作为评审的有益补充，为科技成果的鉴定、评估、验收、转化、奖励等提供客观的文献依据。目前，科技查新报告已经成为我国各部门进行科技成果鉴定等工作的必要材料之一。

9.7.2　查新程序

《科技查新规范》（国科发计字［2000］544 号）中明确规定了查新机构对查新业务的处理程序，大致可归纳为以下几步。

1. 查新委托

（1）确认查新课题并选好查新机构后，应由查新课题组的成员或熟悉查新课题的委托人填写“查新课题委托单”或“科技查新合同”，一般可直接到查新机构填写，也可通过 E-mail 填写电子版的委托单或查新合同。

（2）查新委托人要据实、完整、准确地填写查新委托单或试填查新合同，如表中“委托人提供的主题词”一栏，应包括关键词、同义词、近义词、缩写词、分类号、分子式、化学物质登记号等，若查新课题包含国外查新，还要选出英文的主题词，且用词要规范，最好从查新课题所在专业的文献常用词中选择。而“项目简介、科学技术要点”一栏，要填写研究课题的概要，重点表述主要技术特征、参数、指标、发明点、创新点等。“查新点或创新点”一栏，是指需要查证的内容要点，委托人要明确查新课题的查新点即课题的新颖性，新颖性是指具体的技术概念创新，在描述新颖性内容时，必须要用已有的规范技术概念表达单独的技术内容，而不是简单、笼统的有关整体特性。一般查新点只限两点，委托人为了准确确定查新点或创新点的提法，最好事先检索一下，以便做到心中有数。“用户提供的参考文献（分类号、专利号、化学物质登记号、产品名称等）”一栏，最好注明有关参考文献的分类号、专利号、化学物质登记号、产品名称等。

2. 查新受理

查新机构将根据《科技查新机构管理办法》和《科技查新规范》的有关规定，确认、判断查新委托人提交的“科技查新合同”和相关的技术资料、背景材料是否真实、完备、准确，若查新委托人与查新机构对此无异议即可订立查新合同。与此同时查新委托人可能还要向查新单位交付一定的押金。至此，查新单位即视为正式受理了查新委托人的“科技查新合同”。

3. 检索

签订好查新合同后，查新人员将按照《科技查新规范》（12.3 节“检索准备”、12.4 节“选择检索工具”、12.5 节“确定检索方法”和“途径”、12.6 节“查找”）和查新合同中的内容制定检索策略并进行检索和分析。

查新人员首先进行检索准备，分析查新项目的科学技术特点及查新项目相关的资料，与查新委托人面谈，了解查新委托人提出的查新点和查新要求，并明确检索目的；在此基础上，选择检索工具；然后确定检索词、检索策略、检索途径与方法并实施检索；得到检索结果后，对其进行研读、分析、必要时修改检索策略进一步检索；最后获取相关文献文摘、全文。

4. 撰写查新报告

（1）索取必要的原始文献和资料。

（2）将检索得到的相关文献与查新课题的技术要点逐篇进行对比分析，确定其查新课题的新颖性，最后做出查新结论。

（3）查新人员根据其检索结果和对比分析结果草拟查新报告。

（4）查新报告必须经由审核员审定，查新员和审核员签名并加盖“科技查新专用章”，才有法律效力。

5. 提交查新报告

查新机构应按查新合同规定的时间、方式和份数向查新委托人提交查新报告及其附件。同时查新委托人要按科技部的规定付清全部查新费用。

小　结

本章分别讲解了信息收集、网上论坛、新闻组的使用、信息调研与分析、科研的选题、科研论文的写作，最后为大家列出了与知识产权相关法律法规，目的是提醒大家要合理合法地利用信息，不要侵犯他人知识产权。重点讲述信息收集和科研论文的写作这两部分内容。

练习题

1. 如何进行科研信息的收集？
2. 简述科研信息的阅读方法。
3. 简述网上论坛和新闻组的学术意义。
4. 简述信息调研的内容和意义。
5. 简述科研论文的基本结构及每部分的写作特点。
6. 我国《著作权法》规定的关于智力成果合理使用的范围和侵权行为有哪些？

第 10 章　特色数据库

特色数据库，一般是指图书馆针对读者的文献信息需求，就某一特定主题收集、加工、编辑、整理各种类型的信息资源，同时按照标准和规范对其进行数字化处理，以数据库形式呈现给读者的信息资源集合。特色办学一直是国内外大学重要生存策略与发展战略。新时期调查显示，我国 80% 的高校都引进或建设了特色数据库，有些是结合自身馆藏特色，有些是结合专业学科特色，有些是结合地域特色等。本章主要介绍人物与机构、国学专题、文科各专业、中外海洋技术专业等数据库的检索。

10.1　人物与机构的检索

对于人物和机构的一些信息，常会使用“名录”进行检索。

所谓名录（directory），是系统汇集有关人名、地名和机构名录概况信息的事实类检索工具，具有简明、准确、新颖等特点。由于名录大多按某一学科、某一系统、某一专业、某一地域名称组织编排，因此是人们查找有关人物生平事迹、机构组织、行政区划沿革等信息，进行同行切磋、学术鉴定、商务贸易、谋求职业的重要索引指南。名录按收集信息的内容的不同，可分为人名录、地名录、机构名录和大学指南等。

10.1.1　人物信息检索

人名录又称“名人录”，是介绍有关人物生卒年、学历、代表作品、学术思想等方面的检索工具。

1. 中国人物库

中国人物库（China Who´s Who）是高校财经数据库的 12 个子库之一。

高校财经数据库是中国资讯行（INFOBANK）专门为中国大陆高校系统量身定制的数据事实检索库。中国资讯行（INFOBANK）于 1995 年在香港创立，是一家专门收集、处理及传播中国商业、经济信息的香港高科技企业。为确保数据的准确与权威，INFOBANK 与国家经贸委、外贸部、国家工商局、路透社等近百家中国政府部门和权威资讯机构建立了战略联盟。目前 INFOBANK 通过网络、光盘、印刷版等多种媒体向全球客户提供信息服务。

凡购买了高校财经数据库的单位，皆可通过本校校园网中的相应链接进入，也可直接输中国大陆教育网内镜像站点的 IP 地址（www.bjinfobank.com）进行访问，如图 10-1-1 所示。

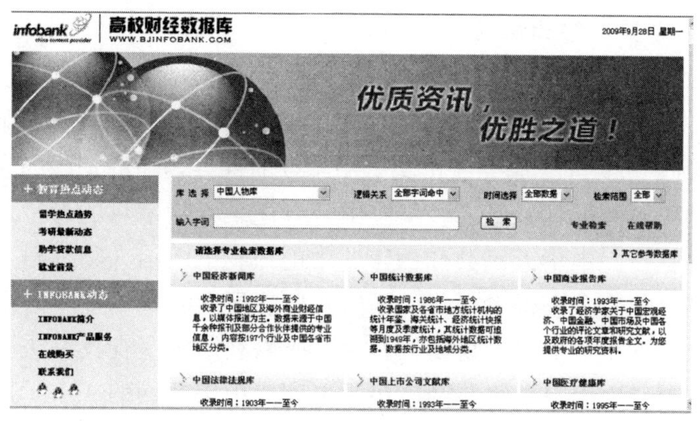

图 10-1-1　高校财经数据库主页

高校财经数据库收录了国内 1 000 多家专业媒体的公开信息，分 12 个大型专业数据库，内容涉及 19 个领域，197 个行业。

在此仅介绍中国人物库（China Who′s Who），该库提供详尽的中国主要政治人物、工业家、银行家、企业家、科学家以及其他著名人物的简历及有关的资料，其文献内容主要来源于国内 800 多种公开发行资料。

高校财经数据库的 12 个子库检索界面相同，都提供简易搜索和专业搜索两种检索方式。无论何种方式均可用全部字词命中（逻辑“与”）、任意字词命中（逻辑“或”）和全部词不出现（逻辑“非”）3 种逻辑关系进行组配检索。

简易搜索是系统的默认检索界面，对两个以上人物关键词进行检索时，只要选好逻辑关系，彼此间空一格即可。专业检索不仅可以定义要检索的人物关键词及它们之间的逻辑关系，还可以选择在人物关键词的职业分类、籍贯、检索范围（姓名、性别、正文、全部）、起始日期等字段中进行限定检索。因此，专业检索较简易搜索更准确。

重要提示

(1) 无论是简易搜索还是专业检索，首先要选库然后再检索且只能一个库一个库的检索。

(2) 中国人物库表格内容清晰，但更新速度欠佳。

2. 中国年鉴网络出版总库

中国年鉴网络出版总库（acad. cnki. net/Kns55/brief/result. aspx? dbPrefix =CYFD）收录了自1912年以来的我国国内中央、地方、行业和企业等各类年鉴2300余种。虽说年鉴是系统汇集上一年度的社会、经济发展的客观资料和数据信息的权威性工具，但一些年鉴中常有记录人物信息的专栏。如中国年鉴中的人物栏目，中华人民共和国年鉴中的人物、政治人物栏目，中国出版年鉴中的诺贝尔奖金获得者栏目，西安年鉴、河南教育年鉴中的逝世人物栏目，中国排行榜年鉴中的人物榜栏目等。所以利用年鉴查找有关名人也是一个不错的选择。由于中国年鉴网络出版总库是中国知网的一个子库，因此检索界面、检索方式与4.1节“中国学术期刊网络出版总库”一致，只是检索字段更换而已。

案例分析

查找有关袁隆平、刘翔、许振超、张五常的简介

解析：根据课题的要求，该题使用中国年鉴网络出版总库的标准检索或专业检索皆可，如图10-1-2所示为标准检索界面；检索结果如图10-1-3所示。

3. 人人网

人人网的前身是校内网，校内网（xiaonei. com）成立于2005年12月，是中国最早的校园SNS社交网站。2006年10月，千橡公司收购校内网，同年底，完成了千橡公司5Q校园网与校内网的合并，并正式命名为校内网，域名为：http：//www. xiaonei. com。2009年8月4日千橡集团召开战略发布会，宣布校内网正式更名为人人网。

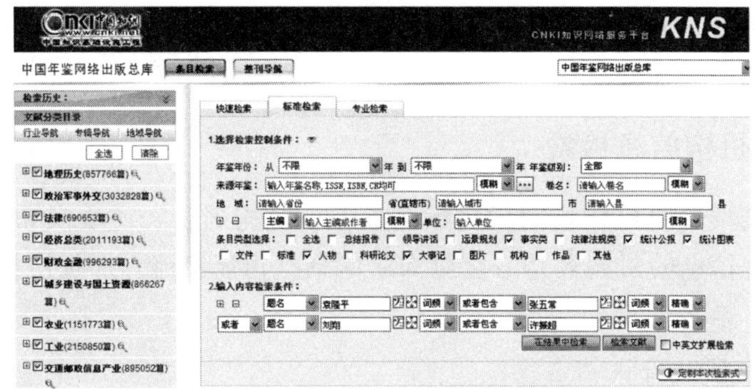

图 10-1-2　中国年鉴网络出版总库标准检索界面

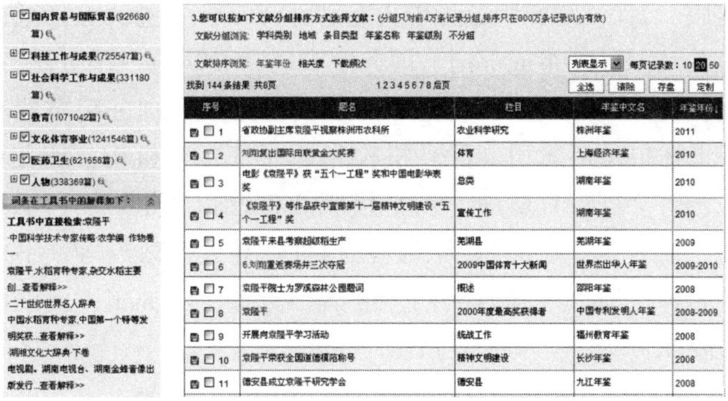

国内贸易与国际贸易(926680篇)
科技工作与成果(725547篇)
社会科学工作与成果(331180篇)
教育(1071042篇)
文化体育事业(1241546篇)
医药卫生(621656篇)
人物(338369篇)
词条在工具书中的解释如下：
工具书中直接检索:袁隆平
·中国科学技术专家传略·农学编 作物卷一
袁隆平,水稻育种专家,杂交水稻主要创...查看解释>>
·二十世纪世界名人辞典
中国水稻育种专家.中国第一个特等发明奖获...查看解释>>
·湖湘文化大辞典·下卷
电视剧。湖南电视台、湖南金蜂音像出版发行...查看解释>>

3.您可以按如下文献分组排序方式选择文献：(分组只对前4万条记录分组,排序只在800万条记录以内有效)
文献分组浏览：学科类别　地域　条目类型　年鉴名称　年鉴级别　不分组
文献排序浏览：年鉴年份　相关度　下载频次　列表显示　每页记录数：10 20 50
找到 144 条结果 共8页　1 2 3 4 5 6 7 8 后页　全选　清除　存盘　定制

序号	题名	栏目	年鉴中文名	年鉴年份
1	省政协副主席袁隆平视察株洲市农科所	农业科学研究	株洲年鉴	2011
2	刘翔复出国际田联黄金大奖赛	体育	上海经济年鉴	2010
3	电影《袁隆平》获"五个一工程"奖和中国电影华表奖	总类	湖南年鉴	2010
4	《袁隆平》等作品获中宣部第十一届精神文明建设"五个一工程"奖	宣传工作	湖南年鉴	2010
5	袁隆平来县考察超级稻生产	芜湖县	芜湖年鉴	2009
6	6.刘翔重返赛场并三次夺冠	2009中国体育十大新闻	世界杰出华人年鉴	2009-2010
7	袁隆平院士为罗溪森林公园题词	概述	邵阳年鉴	2008
8	袁隆平	2000年度最高奖获得者	中国专利发明人年鉴	2008-2009
9	开展向袁隆平学习活动	统战工作	福州教育年鉴	2008
10	袁隆平荣获全国道德模范称号	精神文明建设	长沙年鉴	2008
11	德安县成立袁隆平研究学会	德安县	九江年鉴	2008

图 10-1-3　中国年鉴网络出版总库检索结果界面

校内网的创始人是来自清华大学和天津大学的几位大学生，最初定位是为在校的大学生提供一个交流互动平台，之后几经变迁，已从具有垄断中国大学生市场地位的校园网打造成为一个社会品牌，网内不仅有大学生，还有高中、初中，直至小学同学及工作后的职员群体。目前，人人网已开通国内32 000 所大学和国外 29 个国家 1 500 所大学、56 000 所高中及 85 000 家公司。

由于该网站从创建伊始就鼓励大学生用户实名注册，上传真实照片。因此使用人人网很容易找到昔日的老同学，结交今日的新朋友；另人人网还可以通过其发布日志、照片、推荐音乐、电影视频等站内外资源，为用户提供一个展示自我的空间，并能与朋友一起分享忧愁和快乐，找到倾诉对象的平台；由于大量的第三方网络公司、编程爱好者的加盟，在人人网中还能享受大批量的网络版 Internet 小应用程序和网络版游戏，让用户在网络上体验到现实生活的乐趣。

10.1.2 机构信息检索

机构名录又叫机构指南，实际上是汇集机构名称、主要负责人、地址、联系方式等信息的机构名片。它对沟通信息、相互交流、加强协作提供了很大的便利。

1.《中国政府机构名录》

《中国政府机构名录》由该书编辑部编辑、新华出版社出版，是我国政府机构概况的大型工具书，内容充实、全面。本书 1989 年为第一版，以后不定期的更新出版。其中 2005 版分为中央卷和地方一至五卷，共六卷。中央卷收录国务院机关及国务院组成部门、国务院直属特设机构、国务院各办事机构、国务院直属机构、国务院各部委归口管理的国家局、国务院事业单位和四个直辖市，及上述单位所属司（厅）机构和处（室）等机构；地方卷收集我国省、自治区、省会城市直属厅（局）级职能单位、事业单位和下属处室以及各地区行署、地级市、自治州及下设机构直到县人民政府等。书中内容包括上述机构的名称、地址、邮政编码、电话、传真、E-mail、正副职人名，以及单位的主要职责等。

2. 万方数据中的机构检索

万方数据股份有限公司是国内以信息服务为核心的股份制高新技术企业，集各种信息资源产品为一体的大型综合信息服务商，包括期刊论文、会议论文、学位论文、专利技术、中外标准、法律法规、各类科技文献、科技机构、科技名人等近百个数据库。

万方数据中的有关机构资源的检索是一个收费数据库，凡团购的高校用户既可通过校园网内的“万方数据—机构”链接进入，也可直接输入本校网上包库的 IP 地址或本校镜像服务器的 IP 地址进行访问，如图 10-1-4 所示。万方数据中的机构资源库包含企业机构、教育机构、科研机构和信息机构4 个子库。

万方数据资源机构库同万方数据的其他库资源一样，均可提供简单检索、高级检索、经典高级检索、专业检索和分类检索，无论何种检索方式，均可进行二次检索。

（1）企业机构。企业机构库由万方数据联合国内近百家信息机构于 1988 年共同开发研制。目前收录了近百个行业 20 余万家企业详细信息，每条数据包含 30 个字段左右，对企业公司进行了全面的详细描述，此外该库信息更新及时、数据准确，提供多种形式的载体和版本。因此企业机构是汇中国企业公司与产品之大全，是国内外用户了解中国市场的一条捷径。

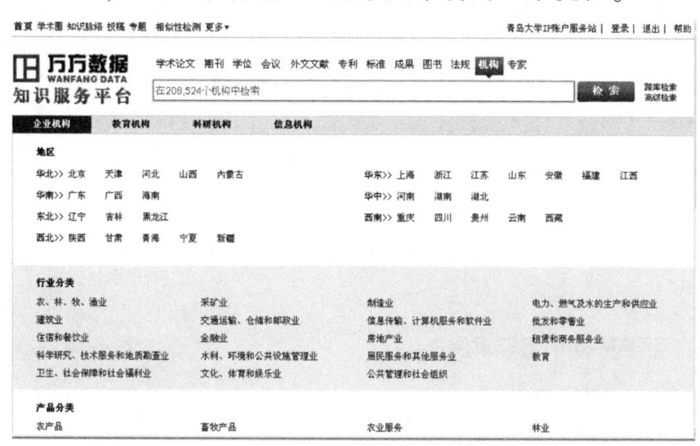

图 10-1-4　万方数据—机构检索界面

企业机构库为万方数据资源机构库的默认界面，如图 10-1-4 所示，其中分类检索不仅能按地区、行业分类进行浏览检索，还可按产品分类和企业排名进行浏览检索，图 10-1-5 所示为按行业分类—采矿业进行浏览，且限定在具有进出口权的有色金属采矿业下的 10 家企业机构的浏览界面，单击“详细信息”链接，可查阅企业更详细的基本信息、经营信息和联系信息。另在检索框下面还有注册资金、年营业额、利税额、创汇额等的限定检索。

（2）教育机构。教育机构库全面收集国家公布的有招生资格的高校信息，辅以部分中专学校。主要内容包括主管单位、通信方式、办学类型、重点学科、专职教师数量、定期出版刊物、院系设置、博士硕士本科专科专业、研究机构、校办产业、学校名人等，对高校的人才培养和学术研究等情况进行了全方位的立体描述，是学生择校和了解高校现状的重要参考工具。图 10-1-6所示为检索江苏省大学教育机构中的独立学院图示。

（3）信息机构。信息机构库是一个介绍我国各科技信息机构和高校图书情况单位业务状况的数据库。该库共收入我国各科技信息单位和高校图书情

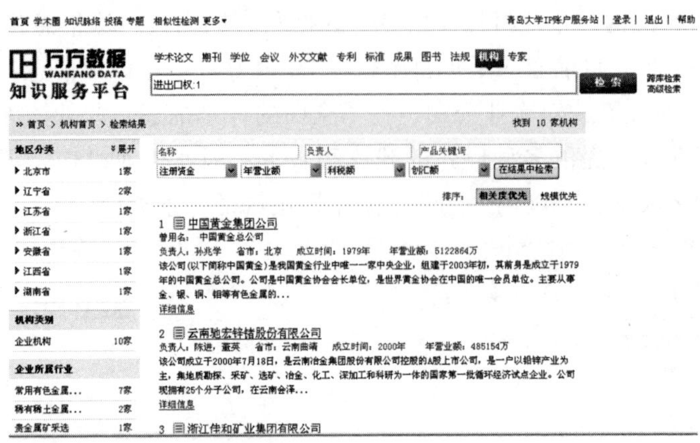

图 10-1-5　企业机构库检索结果界面

图 10-1-6　教育机构库检索结果界面

报单位 2 000 多家，著录项目包括单位标识、通信地址、邮政编码、机构所在地区、联系电话、传真、网址、电子邮件地址、机构类别、机构负责人等信息。该库是查找我国图书馆、信息事业单位的名录库。该库的检索方式与《中国科研机构数据库》相似，图 10-1-7 所示为检索浙江省图书馆的结果图示。

（4）科研机构。科研机构库收录了我国近 1 万家地、市级以上及大学所属主要科研机构的详细信息，包括机构所在地区、通信地址、邮政编码、联

图 10-1-7　信息机构库检索结果界面

系电话、传真、网址、电子邮件地址、成立年代等，是查找我国科技单位的名录库。图 10-1-8 所示为专业检索界面，其检索结果如图 10-1-9 所示。

图 10-1-8　机构库专业检索界面

案例分析

查找有关上海市人口研究所方面的信息

解析：根据课题的要求，该题可使用任何一种检索方式，图 10-1-8 所示为专业检索界面，检索结果如图 10-1-9 所示。

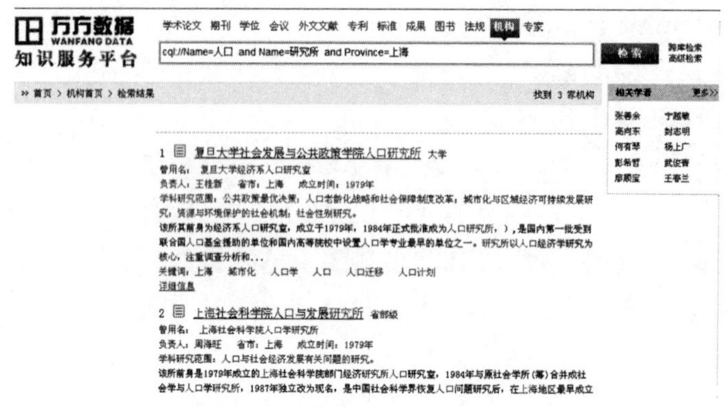

图 10-1-9 机构库检索结果界面

3. 高校财经数据库中的机构检索

高校财经数据库共设 14 个数据库，主页如图 10-1-10 所示，其中可提供有关机构检索的子库有 7 个：中国经济新闻库、中国统计数据库、中国上市公司文献数据库 、中国商业报告库、INFOBANK 环球商讯库、中国法律法规库、中国医疗健康库。

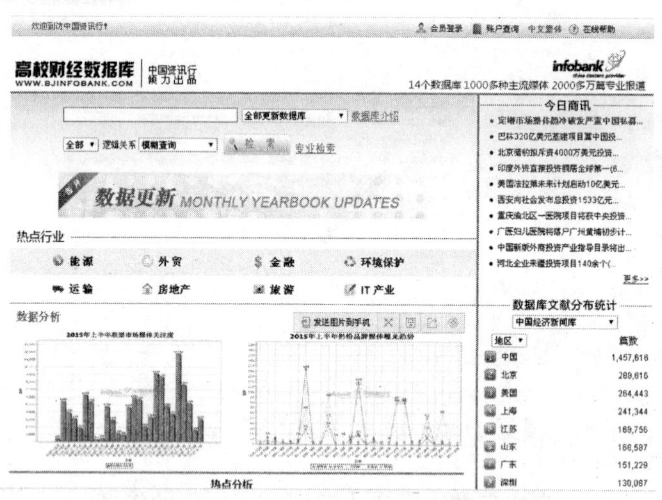

图 10-1-10 高校财经数据库主页

中国经济新闻库收录了中国范围内及相关的海外商业经济信息，以消息报导为主，数据源自中国千余种报章与期刊及部分合作伙伴提供的专业信息，按行业及地域分类，共包含 19 个领域 197 个类别。

中国统计数据库收录自 1995 年以来国家级统计年鉴、各主要行业的统计年鉴、海关统计、经济统计快报、中国统计月报、中国经济景气月报等月度及季度统计资料。

中国上市公司文献库收录了中国上市公司（包括 A 股、B 股及 H 股）的资料，内容包括在上海和深圳证券市场的上市公司，在中国证监会指定上市公司信息披露媒体上发布的各类招股书、上市公告、重要决议等文献资料，按股票简称及地域分类。

中国商业报告库收录了中国范围内及相关的海外商业经济信息，以分析综述及报告为主（包括政府部门公布的各行业公报内容），数据源自中国千余种报章与期刊及部分合作伙伴提供的专业信息，按行业及地域分类，共包含 19 个领域 197 个类别。

INFOBANK 环球商讯库本数据库保存了 China INFOBANK 网站自 1998 年以来实时播发的“环球商讯”的全部新闻文献。INFOBANK 每日对八大领域的重要资讯进行精选自主编辑，为用户提供精选资讯供参阅。（具体包括：中国要闻、国际要闻、金融要闻、商业要闻、科技要闻、社会新闻、港澳快讯、台湾新闻）。

中国法律法规库收录了本数据库收集并增补中华人民共和国自 1949 年以来的各类法律法规及条例案例全文（包括地方及行业法律法规）。数据源自中国千余种报章与期刊、部分政府官网及政府部门公报专刊，按行业及颁文机构分类，共包含 3 个领域 53 个类别。

中国医疗健康库收录了中国内地权威平面媒体和互联网网站等近千家新闻机构发布的中国医疗科研、新医药、专业医院、知名医生研究成果、病理健康资讯。并根据中国国内疾病的科室及国内常见疾病将信息分类，共包含 33 个类别。

高校财经数据库的 14 个子库检索界面相同，都提供简易搜索和专业检索两种检索方式且可用逻辑“与”、“或”、“非” 3 种逻辑检索技术构造检索表达式。

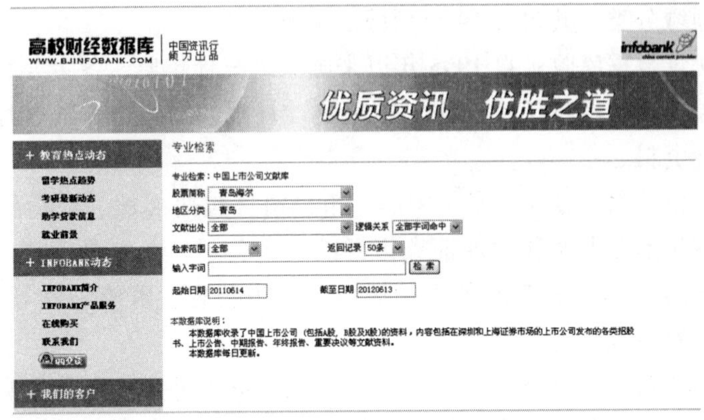

图 10-1-11　中国上市公司文献库专业检索界面

案例分析

查找有关青岛海尔上市公司方面最近一年的信息

解析：根据课题的要求，该题使用高校财经数据库的中国上市公司文献库检索，图 10-1-11 为该库的专业检索界面，检索结果如图 10-1-12 图 10-1-13 示。

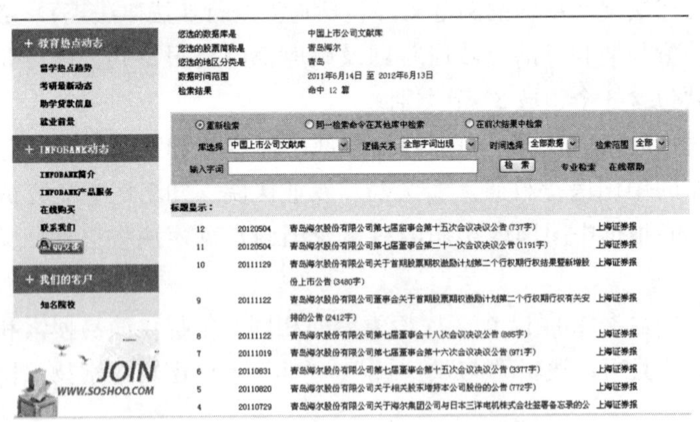

图 10-1-12　中国上市公司文献库检索结果

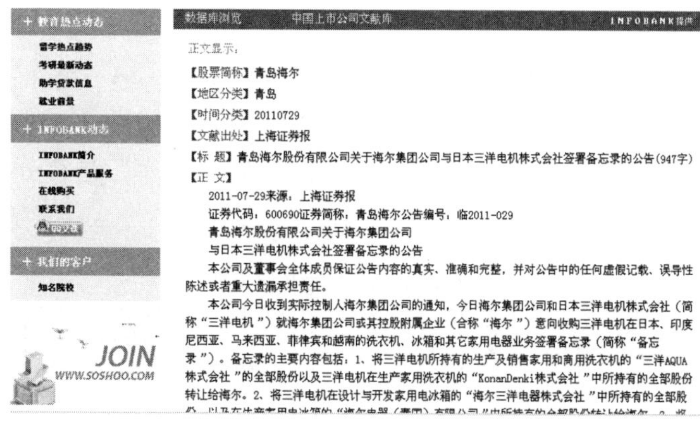

图 10-1-13　中国上市公司文献库检索结果界面

10.2　国学专题信息资源

中国古代文化源远流长，这要归功于世代相传的文献典籍。正是这些文献典籍记载了中华民族辉煌的历史，也就有了 20 世纪初所兴起的“国学”之说。本节将就“国学”概念以及按国学专题介绍一些可进行检索的中国古代典籍数据库或网站。

10.2.1　国学与分类

1. 国学

什么是国学？顾名思义，国学就是对中华民族五千年的语言文化、文学、历史和风俗习惯等诸方面研究之统称，即我们中国人自己对本国传统学术文化的简称，而在台湾地区也有称为华学，外国人多称之为汉学。

实际上有关国学的定义，截至目前，学术界还没有做出统一明确的界定。一般来说，国学是指以儒学为主体的中华传统文化与学术，当然也包括了医学、戏剧、书画、星相、数术等国学外延范畴。

国学大师季羡林先生于 2008 年 3 月接受采访时提出了“大国学”的概念，季老说：国学应该是“大国学”的范围，不是狭义的国学。国内各地域文化和 56 个民族的文化，就都包括在“国学”的范围之内。地域文化和民族文化有各种不同的表现形式，但又共同构成中国文化这一文化共同体。

2. 国学分类

国学浩如烟海，中国古代文化典籍大致可以分为：经、史、子、集、类书和丛书六类。其中“经、史、子、集”是我国古代读书人对经典的分类法。而《四库全书》就是中国古代按经、史、子、集“四库”进行分类的诠释，如表 10-2-1 所示。

表 10-2-1 四库全书分类表

经　部	史　部	子　部	集　部
易类	正史类	儒家类	楚辞类
书类	编年类	兵家类	别集类
诗类	纪事本末类	法家类	总集类
礼类	别史类	农家类	诗文评类
春秋类	杂史类	医家类	词曲类
孝经类	诏令奏议类	天文算法类	
五经总义类	传记类	释家类	
四书类	史抄类	道家类	
乐类	载记类	艺术类	
小学类	时令类	谱录类	
	目录类	杂家类	
	地理类	类书类	
	职官类	小说家类	
	政书类		

表 10-2-1 所示为据 1989 年上海古籍出版社出版的《四库全书目录索引》录入并编排。经部分为 10 类，主要辑录的是儒家经典和注释研究儒家经典的名著，有儒学十三经：《周易》、《尚书》、《周礼》、《礼记》、《仪礼》、《诗经》、《春秋左传》、《春秋公羊传》、《春秋谷梁传》、《论语》、《孝经》、《尔雅》、《孟子》；史部分为 14 类，辑录了所有的史书以及研究、评论这些经典的著作，主要的书目有：《史记》、《汉书》、《后汉书》、《三国志》、《资治通鉴》、《战国策》、《宋元明史纪事本末》等；子部分为 13 类，辑录的是儒家经典之外的兵、法、农、医、天文、算术等各家著作，主要书目有：《老子》、《墨子》、《庄子》、《荀子》、《韩非子》、《管子》、《尹文子》、《慎子》、《公

孙龙子》、《淮南子》、《抱朴子》、《列子》、《孙子》、《山海经》、《艺文类聚》、《金刚经》、《四十二章经》等；集部分为 5 类，辑录了历代作家和文学作品，主要书目有：《全唐诗》、《全宋词》、《乐府诗集》、《楚辞》、《文选》、《李太白集》、《杜工部集》、《韩昌黎集》、《柳河东集》、《白香山集》等。

10.2.2　国学专题

1. 国学网简介

国学网（www.guoxue.com）由北京国学时代文化传播有限公司于 2000 年创办，该网站坚持以优秀的中国文化为基础，以先进的科学技术为纽带，以学术研究平台为依托，借助先进的 Internet，不断创新，打造民族文化之品牌。

“国学网”（见图 10-2-1）融国学资讯、专题研究、国学工具等各项功能为一体，其中“国学论坛”是“国学网”为大家提供的一个发表、传播国学的感悟与品评的信息交流平台，是一个集聚学术人气的论坛，现已汇集了 7 大学术版区，45 个学术版块，注册会员 10 万余名。

图 10-2-1　国学网主页

2. 《国学宝典》

《国学宝典》是北京国学时代文化传播有限公司（简称国学公司），依托首都师范大学组织国内一批文史专家，经历了长达 6 年的资料搜集、电子校勘，建成的一个总字数近 10 亿字的大型古籍全文数据库，《国学宝典》为国学公司的高端核心产品，已先后开发出单机版、网络版和手机版 3 种版本。该数据库收录了中国从先秦至晚清两千多年传世古籍原典 4 000 多种，从收书种数、总字数、整理质量等诸方面均超过《四库全书》，是目前世界上最大的专业古籍数据库。

网络版《国学宝典》（www. gxbd. com）在网上可以免费检索、并查看部分书名目录和提要，有的书名甚至可阅读全文。

网络版《国学宝典》提供的检索、浏览方式丰富多彩，设有智能检索、高级检索、目录浏览、常用工具、四库大系、超清图库等（见图 10-2-2），检索简单明了，并在许多检索界面配有检索小技巧举例。

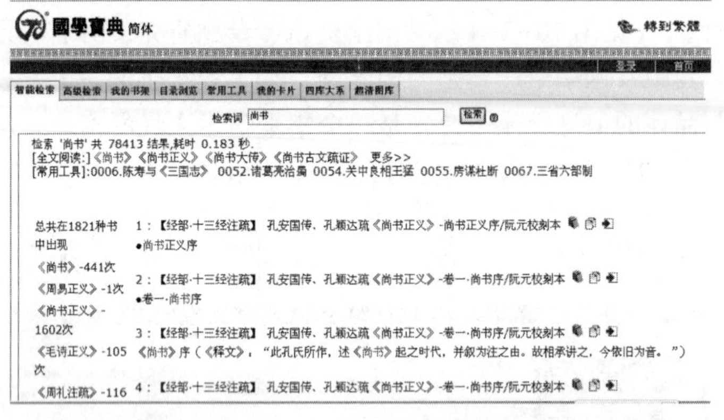

图 10-2-2　国学宝典库主页

智能检索如图 10-2-2 所示，在全文阅读中单击《尚书》即可阅读全文，如图 10-2-3 所示；高级检索实际上就是在国学宝典所设的 36 个大类中进行分类检索；而目录浏览可在国学宝典所设的 36 个大类中的二级类目中进行小类浏览，如图 10-2-4 所示；常用工具可作为用户进行检索的辅助工具使用，可限定在名人词典（生卒年，籍贯，姓氏）、国学字典、书名词典、人名词典、帝王纪年、国学千问等项目中检索；四库大系可在全部、书名、作者、版本和代码中进行检索，同时还可在续修四库、四库存目、四库未收、四库禁毁中进行限定检索；超清图库可在 12 大类若干小类中进行高清图库检索，如图 10-2-5 所示。

另外“我的书架”和“我的卡片”是网络版《国学宝典》为用户提供的

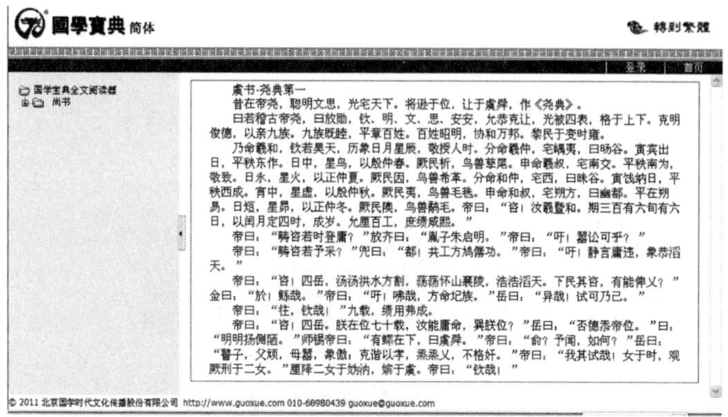

图 10-2-3　国学宝典库全文显示界面

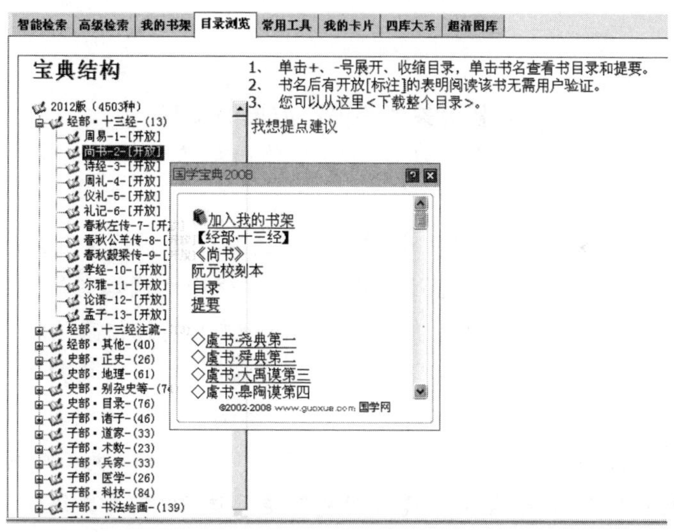

图 10-2-4　国学宝典库目录浏览界面

个性化高级检索功能服务，但必须事先进行免费注册，注册生效后即可在全文检索、书名、作者检索结果、书目浏览窗口中使用图标把当前书名加入到我的书架，从而可实现在本书或多本书中检索的功能，但最多可添加 15 本书。

图 10-2-5 国学宝典库超清图库检索界面

案例分析

查找有关“尚书”方面的文献

解析：根据课题的要求，以“尚书”作为检索线索，可采用多种检索方式。

在智能检索中，输词“尚书”进行检索，其检索界面及检索结果如图 10-2-2 所示，智能检索在其检索结果界面直接提供全文阅读的链接功能，如图 10-2-3 所示，以及与检索课题有关的一些辅助工具链接信息。

使用目录浏览的关键是要知道所查文献“尚书”的准确归类，可在国学宝典所设的 36 个大类中的二级类目中进行小类浏览，国学宝典目录按中国古代文化典籍的划分法划为：经部、史部、子部、集部、小说和其他六大部类，在此基础上展开为 36 个大类，目录浏览则是按这 36 个大类组织文献，用户只要单击 36 个大类前的+、−号就可展开、收缩目录，因“尚书”属于经部，单击［经部·十三经］－（13）前的+号就可展开二级类目“尚书−2”，如图 10-2-4 所示，单击其书名就可查看书名目录、提要，单击有的书名甚至可阅读该书全文。

3. 国学系列电子出版物

北京国学时代文化传播有限公司（简称国学公司）为了实现了高、中、低端产品衔接，还开发出了专业与普及配套的古籍系列电子产品。

（1）《中国历代基本典籍库》、《国学古籍丛书和专题系列光盘》。《中国历代基本典籍库》、《国学古籍丛书和专题系列光盘》主要是面向图书馆、文史研究机构和专业人员开发的大型古代文献系列光盘数据库，其中《中国历代基本典籍库》共分 4 卷：《先秦两汉魏晋南北朝卷》、《隋唐五代卷》、《宋辽金元卷》、《明清卷》。2003 年已正式推出《隋唐五代卷》，其余各卷正在研制中。

《国学古籍丛书和专题系列光盘》现已完成的有 8 种，分别是：《全上古三代秦汉三国六朝文》、《全唐文》、《通鉴全编》、《清稗类钞》、《十三经注疏》、《六十种曲》、《香艷丛书》、《崔东壁遗书》。

（2）国学经典文库系列光盘。这是一套适合所有中等文化程度的人学习和了解中国传统文化的大众化电子产品，全套光盘计划出版 20 种，目前已经完成了 10 种光盘的研制和生产：

国学备览、书法备览、绘画备览、蒙学备览、兵学备览、诸子备览、唐诗备览、宋词备览、元曲备览、中医备览。以上这些光盘具有全文检索、发音字典、背景音乐、自由复制打印等多项功能。

10.2.3　中国知网的《国学宝典》

1.《国学宝典》（CNKI）简介

《国学宝典》是中国知网（CNKI）的系列数据库之一，但数据库出版来源为北京国学时代文化传播有限公司。因此所收录文献的年限和内容与“10.2.2 国学专题”中的“2.《国学宝典》”一致，只是检索界面有所区别。

《国学宝典》（CNKI）收录了我国先秦至晚清上下跨越两千多年的所有用汉字作为载体的历代典籍，内容涵盖了经部、史部、子部、集部、丛书和通俗小说六大专辑，并且这些典籍内容充分吸收了清代以后至当代学人有关古籍整理的重要成果，大部分文献附有书名、作者、书目提要、朝代、版本等相关信息，现已成为专家学者研究中国古代文史的重要工具。

对于单位团购的用户可以 Web 版（网上包库）、镜像站点的方式免费下载《国学宝典》（CNKI）的全文等信息。而个人用户可以在网上免费检索《国学宝典》（CNKI）、并浏览书目提要、朝代、版本和知网节，如果需要下载全文，可注册个人账户，并通过知网卡、银行卡、神州行卡等方式进行账户充值，注意全文需以卷为单位下载并收费。

2. 检索方式

有关《国学宝典》（CNKI）库的检索方式与4.1节“中国学术期刊网络出版总库（CAJD）”大体一致，只是在4.1.2小节中使用的是CNKI的新版出版平台检索，而《国学宝典》（CNKI）库使用的是CNKI的旧版入口的检索方式。《国学宝典》（CNKI）库现设有初级检索、高级检索和专业检索3种检索方式。

（1）初级检索。初级检索是一种简单检索，主要由国学导航（左栏）、检索界面和检索结果（右栏）两栏组成。国学导航栏在缺省状态下为经部、史部、子部、集部、丛书和通俗小说六大专辑，也可根据需要选择；检索界面和检索结果栏分上下两部分。在初级检索系统中既可进行单词的简单检索，也可进行多项单词逻辑组合检索。

简单检索就是在某一检索项（字段）中输入单一检索词进行检索。检索字段共有4项：书名、著者、书目提要和全文。

多项单词逻辑组合检索中的多项是指可选择多个检索项，可通过单击“逻辑”下方的“+”增加一行检索项；而单词是指每个检索项中只可输入一个词；逻辑是指每一检索项之间可使用逻辑与（并且）、逻辑或（或者）、逻辑非（不包含）进行项间组合，其检索界面和检索结果分别如图10-2-6和图10-2-7所示。

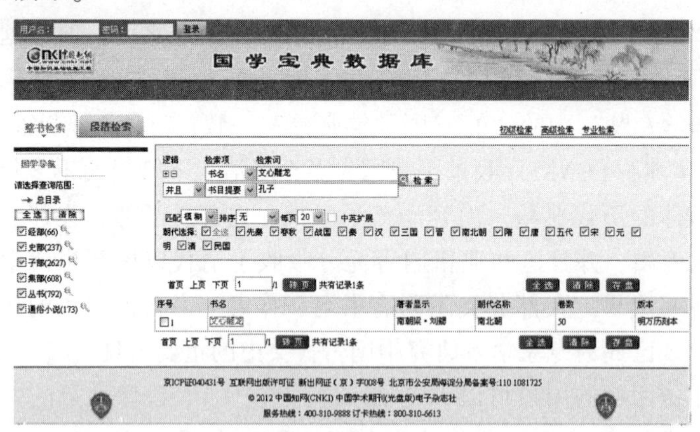

图10-2-6　国学宝典（CNKI）初级检索

（2）高级检索。高级检索是一种比初级检索要复杂一些的检索方式，它

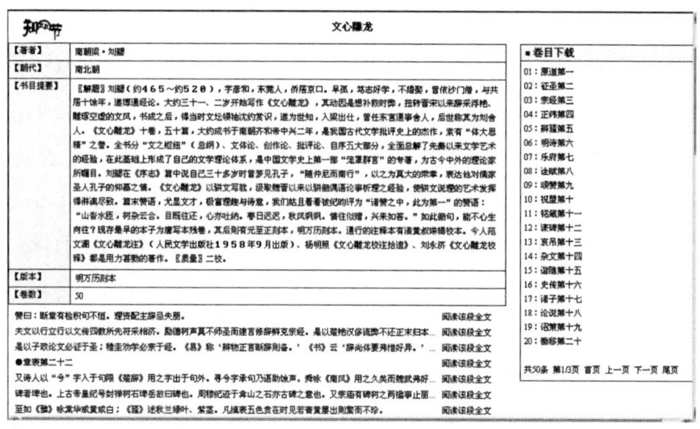

图 10-2-7　国学宝典（CNKI）检索结果

不但支持初级检索中的所有功能，还支持高级检索特有的功能：多项双词逻辑组合检索。该高级检索与 4.1.2 小节中的“标准检索”相似。多项双词逻辑组合检索：多项是指可选择多个检索项，检索项与初级检索相同。双词是指一个检索项中可输入两个检索词，每个检索项中的两个词之间可进行五种组合：并且、或者、不包含、同句、同段；逻辑是指每一检索项之间可使用逻辑与（并且）、逻辑或（或者）、逻辑非（不包含）进行项间组合。

（3）专业检索。专业检索比高级检索功能更强大，但需要检索人员根据系统的检索语法编制检索式进行检索，与 4.1.2 小节中的“专业检索”基本一致。

单击检索页面中的专业检索即可进入该页面，专业检索表达式中可用检索项名称见检索框上方的“可检索字段”，与初级检索和高级检索相同。

10.3　文科各专业专用的文献检索

本节只介绍一些文科各专业专用的文献检索数据库或网站。

10.3.1　经济类文献检索

1. 中国经济信息网

中国经济信息网（www.cei.gov.cn）简称中经网，于 1996 年 12 月 3 日正式开通，由国家信息中心组建，以提供经济信息为主要业务的专业性信息服务网络，是目前 Internet 上最大的中文经济信息库。主页如图 10-3-1 所示。

中经网以国家信息中心信息资源和人才资源为依托，借助网络这个平台，汇集、整合国内外经济金融信息，打造了综合篇、行业篇、区域篇、数据库、视频篇、ChinaEconomy 和网站篇七大栏目，并加工、组建了 8 个数据库：中经网统计数据库、中国行业年度报告、中国行业季度报告、中国地区经济发展报告、中国权威经济论文库、中国法律法规库、中国环境保护数据库和中经网产业数据库。

中经网为用户提供了分类浏览和全文检索两种方式获取高质量的专业信息，在使用时应注意，该网的信息分免费和收费两种情况，有的信息可免费阅读全文，但有的信息只能免费阅读文章题名。对于 8 个数据库也是如此，用户可与中经网公司联系办理使用事宜。

图 10-3-1 中国经济信息网主页

2. 国务院发展研究中心信息网

国务院发展研究中心信息网简称国研网（www. drcnet. com. cn），由国务院发展研究中心主管、国务院发展研究中心信息中心主办、北京国研网信息有限公司承办，创建于 1998 年 3 月，该网是集理论研究、趋势走向、形势分析、政策解读、数据发布、管理决策于一体的专业经济信息平台，是描述和研究中国经济的权威专业性网站，主页如图 10-3-2 所示。

图 10-3-2　国研网主页

国研网借助国务院发展研究中心信息资源和专家资源的优势，全面汇集、整合国内外经济金融领域的经济信息及研究成果，成功推出了国研视点、宏观经济、金融中国、行业经济、世经评论、国研网统计数据库、区域经济、企业胜经、高校参考、基础教育等 20 余个内容丰富、检索便捷、功能齐全的大型经济信息数据库集群，同时针对各种不同用户的需求特点开发了综合版、党政版、教育版、金融版、企业版及世经版六个专版产品。另外，国研网还可为中国各级政府部门、广大企事业单位和众多海内外机构提供深度的市场研究与决策咨询服务。

国研网为用户提供了分类浏览和关键字检索两种方式，对于团购用户可查看文章的标题、摘要、关键字、相关文章、直至阅读全文等内容，而对于一般用户只能免费查看文章的标题、摘要、关键字、部分相关文章等信息。

3. 高校财经数据库中的有关经济库检索

高校财经数据库共设 12 个数据库集群，主页如图 10-3-3 所示，其中可提供有关经济信息检索的子库有两个：中国经济新闻库和中国商业报告库。

中国经济新闻库（China Economic News）收录了国内及相关的海外商业财经信息，以媒体报道为主。数据来源于中国千余种报刊文章及部分合作伙伴提供的专业信息，按行业及地域分类，共包含 19 个领域 197 个类别，侧重经济新闻。该库收录了 1992 年以来的经济消息，数据库每日更新。

中国商业报告库（China Business Report）收录了经济学家及学者关于中国宏观经济、中国金融、中国市场及中国各个行业的评论文章及分析研究文献，以及政府的各项年度报告全文。主要为用户提供专业的研究资料，侧重于经济深度分析。该库收录时间为 1993 年至今的商业报告，数据库信息每日更新。

高校财经数据库的 12 个子库检索界面相同，都提供简易搜索和专业检索两种检索方式且可用逻辑“与”、“或”、“非” 3 种逻辑检索技术构造检索表达式。

案例分析

查找有关中国低碳经济方面的信息

解析：根据课题的要求，分别在两库中检索。

使用中国商业报告库的专业检索，限定在标题字段中输入：低碳 经济，限定时间范围：2011 年 6 月 14 日至 2012 年 6 月 13 日，检索命中 21 篇，检索界面如图 10-3-3 所示。

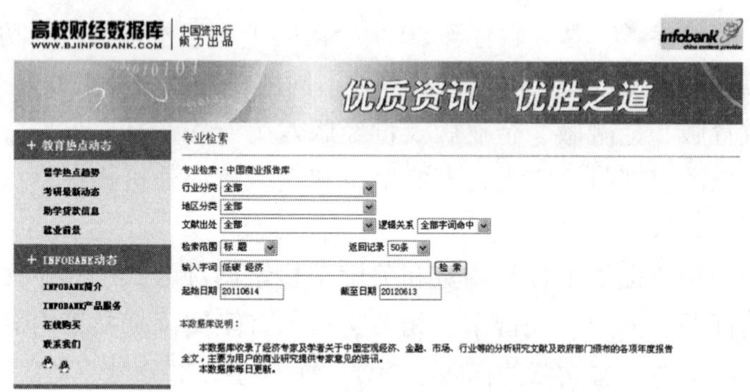

图 10-3-3 中国商业报告库检索界面

使用中国经济新闻库的专业检索，限定在标题字段中输入：低碳 经济，限定时间范围：2011 年 6 月 14 日至 2012 年 6 月 13 日，检索命中 75，检索结果如图 10-3-4 和图 10-3-5 所示。

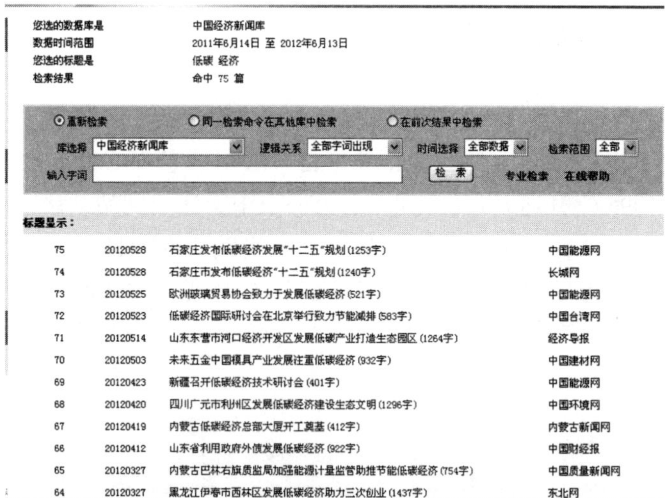

图 10-3-4　中国经济新闻库检索结果

数据库浏览　中国经济新闻库　INFOBANK提供

正文显示：

【行业分类】环境保护/能源

【地区分类】北京

【时间分类】20120523

【文献出处】中国台湾网

【标　　题】低碳经济国际研讨会在北京举行致力节能减排(583字)

【正　　文】

第15届北京科博会“低碳经济国际研讨会暨低碳技术和重大项目推介会”于23日在北京国际展览中心举行。研讨会由科博会组委会主办、北京市贸促会协办，致力于贯彻落实党中央、国务院关于大力发展循环经济，深入落实节能减排工作，全面建设节约型社会，实现绿色低碳发展的指示精神。

在国家科技部、商务部、工信部、国务院台办、国资委、国家知识产权局等有关部委的支持下，10余家科研院所和大专院校、20多个国家级行业组织和专业协会，以及国内外和京内外相关企业参加了此次研讨会，加强彼此交流合作，协同发展低碳经济，促进低碳技术推广和重大项目实施。

据了解，这次会议共推出来自北京、天津、深圳、沈阳、青岛等省市的35个低碳项目和重大合作项目，包括纯电动汽车、垃圾治理、污水过滤等。其中，台湾同胞研发的两大新型环保低碳节能专利产品及技术暨车用电动节能空调系统和低压空调节能调速机分外引人瞩目。为此，主办方也举办了台湾“节能技术 科技创新”专场说明会。

本届科博会以“凝聚创新智慧 做强实体经济”为主题，于22日在京开幕。自23日开始，科博会6000平米的展览会、8场专题论坛、10余场推介交易活动将在北京多个会展场馆全面展开。来自5个国际组织和20多个国家和地区的50多个境外代表团专程参加科博会。

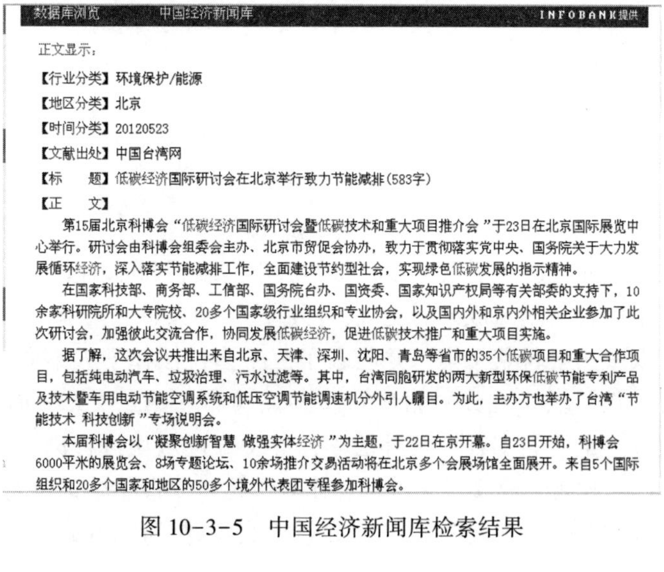

图 10-3-5　中国经济新闻库检索结果

10.3.2 法律类文献检索

1. 北大法律信息网（www.chinalawinfo.com）

北大法律信息网是北大英华公司和北大法制信息中心共同创办的法律综合型网站，1995 年开通，是 Internet 上第一个中文法律网站。该网以北大法学院的学科优势为依托，集法律知识的学术、实践、专业性、系统性、技术革新和研发之大成为一体的法律信息行业的领军网站，在网站内容的广度、深度方面颇有建树，主页如图 10-3-6 所示。该网的特色栏目主要有法学在线和北大法宝。

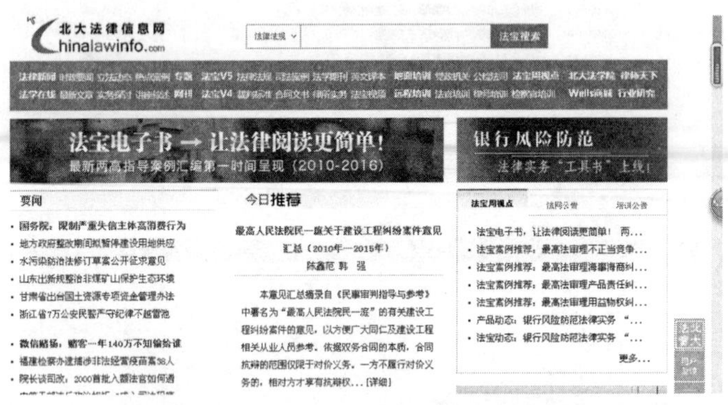

图 10-3-6 北大法律信息网主页

法学在线是北大法律信息网在原有的法学文献栏目基础上，于 2009 年全新推出的一个“促进学术成果的交流、打造法律学人思想家园”的全新栏目，该栏目拥有众多法学名家文集，并收录了三千多位法律学人不同时期的法学文章达五万余篇。法学在线栏目既可按最新文章、热点文章、时评与随笔、并购法律实务、论著与书评、域外法学、外文专区版块进行浏览，也可限定在文章的标题、作者、全文、关键词、作者单位等字段中输词进行文章检索，还可按文章分类和作者单位进行分类导航检索，并可免费阅读、下载、打印全文和评论文章。

北大法宝是由北京大学法制信息中心和北大英华联合推出的法学资料在线高端产品，是目前业内最专业、全方位呈现的法律法规数据库集群。该库内容全面、权威、检索功能强大，且在法条联想基础上，新增法律逐条释义、英华法律实务指南及法学理论教程，同时还可揭示法条历史修订情况，使法条与各种法律实务和学术信息形成完整的关联体系。北大法宝设有中国法律检索系统（法律法规）、司法案例、法学期刊、中国法律英文译本和法宝视频等多个数据库。这些数据库既可在文章的标题和全文中输词检索，也可进行各种分类导航。系统在使用标题、全文或关键词字段查询时，支持逻辑与（＊或空格）、逻辑或（+）、逻辑非（-）和优先级“（）”，并可进行二次检索。

北大法宝的司法案例库，由民事案例、刑事案例和行政案例 3 个子库组成。汇集精选了我国大陆法院的各类案例，并独家推出个案系统呈现、案例帮助系统及刑事比对功能。同时该库在法条联想的基础上，可再实现法规与案例的全方位联想功能，使用户及时地了解与本案相关的理论、法律实务方面的知识。

重要提示

使用北大法律信息网，必须先登录，否则只能查看法规的部分内容。

案例分析

查找有关著作权纠纷方面的案例

解析：根据课题的要求，使用司法案例库。

在案由分类中选择知识产权与竞争纠纷，在精选案例中选择专家推荐，在关键词中输入：著作权＊纠纷，并限定在全文字段中，检索界面如图 10-3-7 所示，检索命中 23 条，结果如图 10-3-8 所示；单击其中一条的标题，如图 10-3-9 所示，单击其摘要栏目下的“查看全文”可阅读全文；单击法条依据栏目下的“条文”可查看相关法规的法条内容，如图 10-3-10 所示。

2. 万方数据中的法规库

万方数据资源系统是一个集万方各种数据资源于一体的知识服务平台，该资源系统的有关法律法规库分免费和收费两种服务方式。

法规数据库是万方数据资源系统的一个收费子库，该库汇集了新中国成立以来国内各部门颁布的各项法律、法规、政策、规章制度、案例分析、司法解释、法律文书、裁判文书，以及国外发布的法律，国际条约与国际惯例

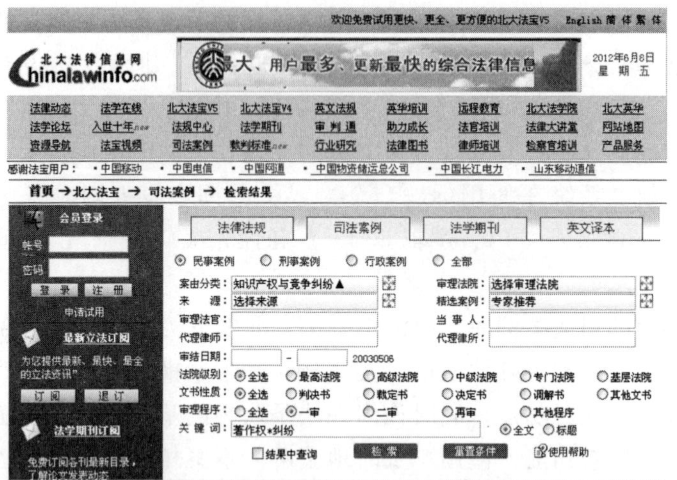

图 10-3-7　北大法宝-司法案例检索界面

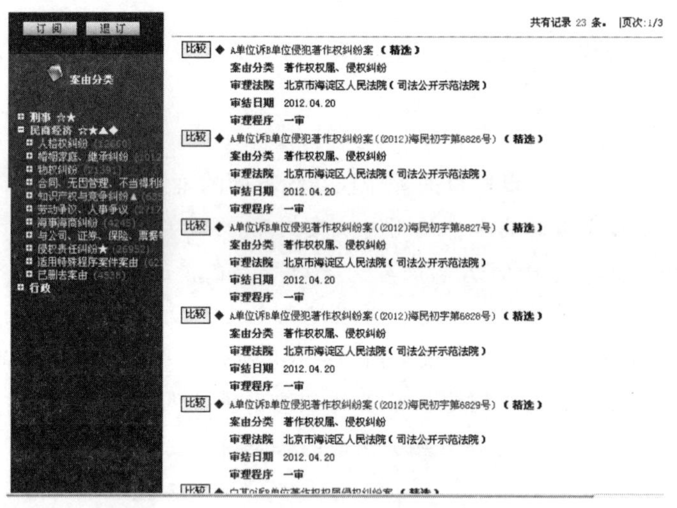

图 10-3-8　北大法宝检索结果界面

等相关信息。目前已收录了 44 万余篇记录，是比较全面、实用的法律法规全文数据库。凡高校团购用户所购买的法规数据库都可以查看包括全文在内的所有信息，既可通过校园网内的“万方数据-法规”链接进入，也可直接输本校网上包库的 IP 地址或本校镜像服务器的 IP 地址进行访问。

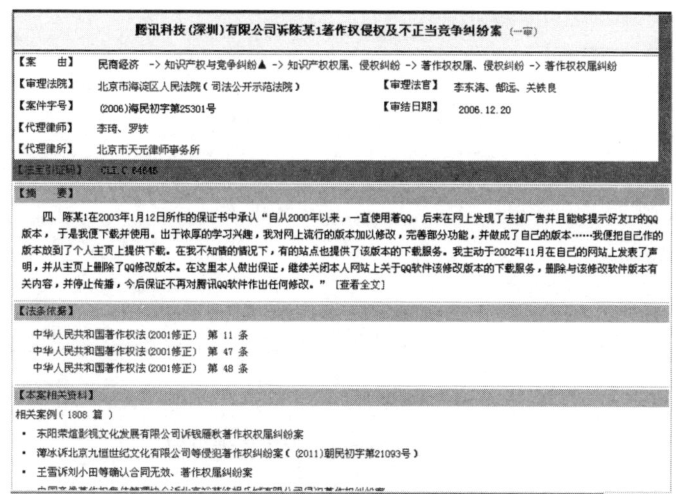

图 10-3-9　北大法宝详细检索结果界面

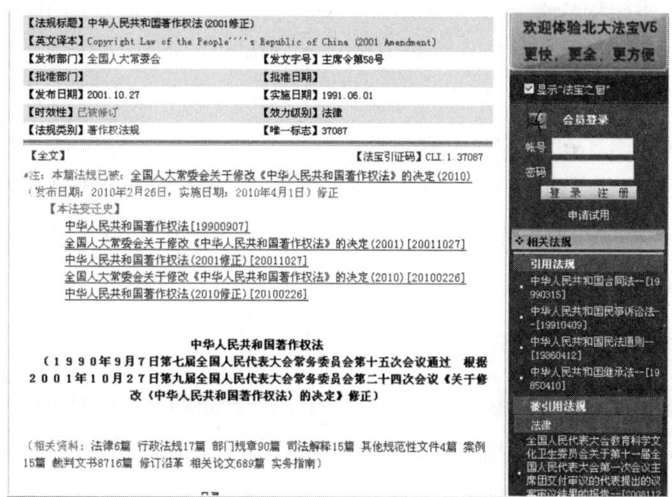

图 10-3-10　法条依据检索结果界面

万方数据资源系统网站（http：//www.wanfangdata.com.cn）除下载全文外，对所有用户都可免费进行检索，万方团购用户的法规数据库界面如图 10-3-11 所示。它与万方数据的其他资源一样，不仅能提供简单检索、高级检索、经典高级检索，还可进行专业检索和分类检索，并均能进行二次检索。

图 10-3-11　法规数据库检索界面

3. 中国法律法规库

中国法律法规库是高校财经数据库的一个子库，主页如图 10-1-10 所示，收录自 1949 年以来中华人民共和国中央及地方的各类法律法规，以及各行业有关的条例和案例全文，数据库信息每日更新。该库以中国法律法规文献为主，兼收其他国家法律法规文献。

高校财经数据库的 14 个子库检索界面相同，都提供简易搜索和专业检索两种检索方式且可用逻辑“与”、“或”、“非” 3 种逻辑检索技术构造检索表达式。

10.3.3　音乐类文献检索

库客数字音乐图书馆（www.kuke.com）于 2006 年 9 月正式建成发布，是国内唯一一家专注于传播、推广、交流非流行音乐发展的数字音乐图书馆。该音乐图书馆以 Naxos、Marco Polo、Countdown、AVC 等国际著名唱片公司的授权和中国唱片总公司等国内唱片公司的资源为依托，开创了世界古典音乐和中国、美国、西班牙、日本、瑞士、南非、伊朗等多个国家独具特色的民族风情音乐之最，同时包含爵士、电影、新世纪音乐等多种音乐类型，并且汇聚了从中世纪到现代 5 000 多位艺术家、100 多种乐器的音乐作品，总计约 30 万首曲目。

库客数字音乐图书馆在播放各种音乐唱片的同时，还配有详细的文字资料和唱片信息描述等，为音乐学习者和爱好者提供了一个图、文、声并茂的全方位立体化检索平台。

凡购买库客数字音乐图书馆的高校团购用户既可通过校园网内的相应链接进入，也可直接输本校网上包库的 IP 地址进行访问，且可以免费下载、播放 kuke 音乐，阅读辅助的歌剧故事大纲、作曲家及演奏家生平简介等信息。

库客数字音乐图书馆设有库客剧院、音乐图书馆、视频图书馆、有声读物、电子杂志、音乐空间等栏目，栏目下一般都有多级分类导航，另外各级频道页面还设有资深音乐编辑推荐的栏目，引导用户欣赏不同曲风的曲目作品，图 10-3-12 所示为按“音乐图书馆”的分类浏览界面。而对于目的性较强的用户可直接在左上方文本检索框中输词搜索，且可按曲目、专辑和音乐家进行限定检索。

图 10-3-12　库客数字音乐图书馆分类浏览界面

案例分析

查找贝多芬的有关作品

解析：根据课题的要求，最好使用库客数字音乐图书馆文本检索框查找。首先选中音乐家，然后在文本检索框中输词“贝多芬”，单击“搜索”按钮，检索界面及结果如图 10-3-13 所示，在此可以看到贝多芬的生平介绍、代表作品等信息；点击“作品名”，可以下载、播放曲目音乐，检索结果如图 10-3-14 所示，同时也可以按“同风格类专辑”进行聆听或按曲目所属分类进行欣赏“古典主义时期、古典合辑、钢琴、贝多芬”的其他作品。

图 10-3-13 库客数字音乐图书馆检索界面

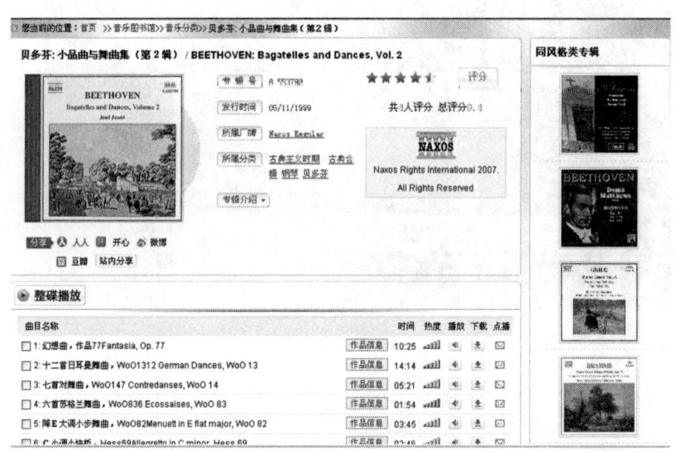

图 10-3-14 库客数字音乐图书馆播放、下载界面

10.4 中外海洋技术专业数据库检索

海洋技术领域信息是目前海洋技术学科专业重要资源之一，较其他学科相比，海洋技术领域体现出多学科、综合性的特点，覆盖的领域较多，内容

专深。而且由于当代海洋技术学科的发展明显呈现出大学科、定量化、重过程研究的特点，越来越依赖于系统的、高可信度的、长时间序列的基本科学数据及其衍生的数据产品。而且某些海洋技术领域的文献信息有些属于涉密资料，不易获取。本节只介绍一些海洋各专业专用的文献检索数据库或网站。

10.4.1　海洋教育、科技文献信息数据库

该数据库是全国高校中第一个以海洋为特色的（综合）文献资源数据，由中国海洋大学图书馆建成。该数据的内容主要包括 8 个子库即涉海中文图书数据库、涉海中文期刊数据库、涉海博硕士论文库、涉海教材教参数据库、涉海大学信息导航库、涉海科研机构信息导航库、涉海专业人才库和海洋科普大观园。

10.4.2　海洋科学数据库

该数据库是面向海洋科学研究和技术研发、为海洋科学和技术的发展提供数据支撑的数据资源平台。数据资源覆盖了我国近海和西北太平洋典型海域和断面的多学科、长时间序列数据资料。数据的获取主要通过我国近海定点观测系统、开放共享航次、项目调查航次、网络（台站）观测、卫星遥感观测、国内外交换和共享、历史数据的挖掘数据类型包括水文、地质、生物、化学、卫星遥感数据等。

10.4.3　水科学和渔业文摘数据库（Aquatic Sciences and Fisheries Abstracts，ASFA）

该数据库是目前世界上海洋和水产领域最权威的文献数据库之一，收录了世界上 5000 多种科技期刊中的论文，文献覆盖范围包括海洋、淡水和半咸水环境的生物学、生态学、生态系和渔业；物理和化学海洋学、湖沼学，海洋地球物理学和地球化学，海洋工程技术、海洋政策法规和非生物资源；水环境的污染、影响、监测及防治；水产养殖、管理和有关的社会经济问题；分子生物学和遗传学在水生生物领域的应用技术等。如图 10-4-1 所示。

10.4.4　JALIS 海洋专题数据库

该数据库是江苏省高等教育数字图书馆特色数据库项目，该数据库包括

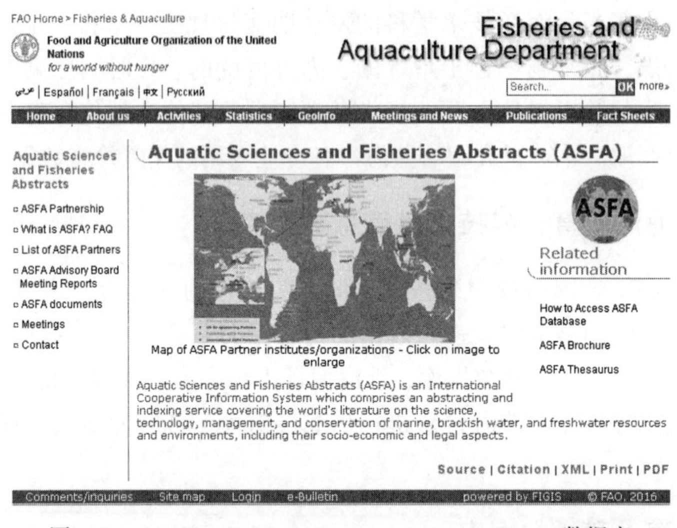

图 10-4-1 Aquatic Sciences and Fisheries Abstracts 数据库

6 个子库，即外文海洋数据库、海洋标准数据库、海洋法规数据库、中国海洋鱼类原色图库、中文海洋数据库、海洋视频数据库。

10.4.5 中国海洋文献数据库

该数据库由国家海洋信息中心海洋文献馆自建的，中国海洋文献数据库收录了国内 20 世纪 60 年代以来发表的所有海洋科技文献以及我国《海洋文摘》中的记录，收录海洋科学期刊 50 多种，收录的文献类型包括期刊论文、图书、会议论文等，累积记录数接近 70 000 条。如图 10-4-2 所示。

10.4.6 大洋矿产资源文献数据库

该数据库收录了大洋矿产资源研究开发活动所涉及的各个领域的文献，如：大洋矿区环境调查研究及基础科学、勘探和矿址选择研究等。其数据来源包括中外文期刊、图书、技术报告，论文汇编，会议文献，专利，科技成果等。

10.4.7 海洋专利数据库

该数据库主要收录国内外涉及海洋渔业、海洋调查与勘探、海洋采矿、

图 10-4-2　中国海洋文献数据库

海洋食品及生物医药、海洋化工、海水综合利用、海洋船舶工业、海洋油气业、海洋工程、海洋环保、海洋灾害、海洋电子等方面的相关专利文献信息。

10.4.8　数字地球专题文献数据库

该数据库是为服务于我国“数字海洋”工程建设而建立的专题文献数据库，其中较为系统地收集国内外海洋信息化、数字地球、数字海洋等专题文献资料，以期在制订我国“数字海洋”的战略目标和总体框架，以及我国“数字海洋”建设的各个方面提供参考。如图 10-4-3 所示。

10.4.9　国外海洋情报动态数据库

该数据库收集了国际海洋组织、海洋发达国家和周边国家海洋科技、海洋管理、海洋政策、海洋权益以及科学数据共享政策等方面的情报信息。

10.4.10　南海海洋数据库

南海海洋科学数据库的建设是基于国内外对中国南海及其邻近海域科学考察和各种观测取得的各种海洋数据，经过处理而获得的各种数据产品，采用现代数据库和网络信息技术，建立起南海海洋科学数据共享平台。如图 10-4-4所示。

图 10-4-3　数字海洋数据库

图 10-4-4　南海海洋科学数据库

10.4.11　其他海洋类专题库

1. 南海文库数字资源

《南海文库》是中国南海研究协同创新中心（高等学校创新能力提升计

划，即国家 2011 计划）围绕南海权益维护、资源能源开发、区域和平发展而在人才培养、学科建设和科学研究三个方面进行协同研究的成果之一，是南海问题话语权工程的内容之一。该文库计划出版史料/工具类（地名地图、书目索引类、机构和人物名录类、档案资料选编等）、研究/文丛/类（会议录、文集、专著等应用或基础性研究）、翻译类学术著述、教材类图书和连续出版物（通讯、集刊、专报、年报类）。

由于纸质品出版周期较长，篇幅容纳信息量有限、内容检索不便、敏感主题的出版前审查长等等原因，文库的传统出版成果难以跟上千变万化的复杂局势和研究、教学的需求，需要借助网络充分体现数字出版的及时性、广泛性、交互性和传播性。2014 年底开始实施《南海文库数字资源》（一期）的建设。因此，“南海文库数字资源”（一期）是《南海文库》整体出版项目的一部分，是中国南海研究协同创新中心五大工程之一的证据链工程之重要内容，也是支撑中心四大建设目标（学术创新体、高端智库、对话平台和人才培养基地）的基础建设工程。

按照信息留存在不同载体并被加工而形成的不同资源特点划分，我们将《南海文库数字资源》（一期）设计为五个数据库，即文献数据库、法律数据库、地图数据库、网络（动态信息）数据库和影像数据库，它们共同构成了南海问题证据链工程的信息资源基础。

链接：http：//202. 119. 47. 101/nh_ view/

2. 南海文献数据库

中国南海研究院于 1995 年开发完成南海文献数据库。该库是我国第一个面向南海研究的专题数据库，收录了上个世纪 70 年代以来国际上有关南海问题的重要英文资料，及清代以来大陆和港台地区有关南海问题的重要文献。

库内约一万三千条条目，是中国目前最大的关于南海问题专业数据库。该库提供分类检索、关键词检索以及全文检索多种检索途径。

链接：http：//121. 58. 107. 3/gotobin/select. dll

3. 东南海疆研究数据库

东南海疆区域具有典型的海洋文化特征，厦门大学图书馆着力收集以族谱、碑刻、田野调查、地方史料为主的民间资料和中外文地图资料，构建了独具特色的“东南海疆研究数据库”。

链接：http：//210. 34. 4. 13：8080/asia/

小　结

本章内容较杂，分别介绍了中外海洋技术、人物与机构、国学专题信息资源和文科各专业专用的文献检索。重点讲述了特色文献的特点及检索方式方法。

练习题

1. 使用人人网联系你的校友。
2. 用高校财经数据库查重庆市地方税务局的信息。
3. 用有关的经济信息库检索一下世界低碳经济的发展趋势。
4. 用北大法律信息网查找北京大学法学院朱苏力发表的文章。
5. 用高校财经数据库检索一下我国著作权法最早的实施日期及向报社、期刊社投稿的日期限定规定。
6. 查找东北三省有色金属企业及研究机构方面的信息。

第 11 章　检索效果评估与提高

互联网的普及，使得找到信息资源变得简单，但是找到有用的、可靠的、针对性较强的资源比较困难。有时，我们花费大量的时间、精力，而得不到自己所需要的信息。因此，我们必须花时间学习和研究检索效果的评估以及检索效果的提高。

11.1　检索效果评估

检索效果（retrieval effectiveness）是指利用检索系统（或工具）开展检索服务时所产生的有效结果，即成功度。检索是否成功可以从两个层面进行评价：是否得到了所要找的情报资料，如查到某一文献并获得原文或回答某一实际问题；所查到的情报资料是否全面准确。随着计算机和网络的推广普及，人们对网上资源的需求日益增长，网上数据越来越多，越来越大，组织大量数据已不成问题，但检索效果却成了网络信息检索发展的瓶颈。

对检索效果的评估可以从三个方面进行：质量标准、费用标准和时间标准。质量标准主要通过查全率与查准率进行评估；费用标准即检索费用，是指用户为检索课题所投入的费用；时间标准是指花费时间，包括检索准备时间、检索过程时间和获取文献时间等。查全率和查准率是判定检索效果的主要标准，而费用标准和时间标准相对来说次要些。

查全率指检出的相关文献量与系统文献库中相关文献总量的比率，它反映该系统文献库中实有的相关文献在多大程度上被检索出来。

$$查全率=\frac{检出的相关文献量}{文献库内相关文献总量}\times 100\%$$

查准率指检出的相关文献量与检出文献总量的比率，是衡量信息检索系统检出文献准确性的尺度。

$$查准率=\frac{检出的相关文献篇数}{检出的全部文献篇数}\times 100\%$$

查全率与查准率是评估检索效果的两项重要指标。查全率和查准率与信息的存储和检索两个方面是直接相关的，也就是说，与系统的收录范围、索引语言、标引工作和检索工作等有着非常密切的关系。查全率与查准率在一定程度上是成反比关系的，为了提高查全率就要以牺牲部分查准率为代价，反之亦然。在不同的情况下，对二者的要求也不同，有时文献的全面更为重要，这时就要以提高查全率为重点；有时希望找到的文献准确率更高，就以提高查准率为重点。在实际操作中，应当根据具体信息的检索需要，合理调节查全率和查准率．保证检索效果。

11.2 扩大检索与缩小检索

1. 扩大检索

一般情况下，对查全率要求较高的检索课题，可以从扩大检索入手。

（1）选用多个检索系统（工具）或同一检索系统中的多个数据库文档。因为不同的检索系统有不同的收集范围和准则，选用多个检索系统，虽然检索结果重复现象增多，但查全率也会相应提高，在检索过程中增加数据库或文档的数量无疑增加了查全率。

（2）降低检索词的专指度。尤其对于采用受控语言检索的系统，可以从系统词表（主题分类表、叙词表等）或命中文献中选一些上位词检索或者在上位类目中检索。

（3）调节检索提问表达式的网罗度，可以删除某个不重要的概念组面。例如某课题有 A、B、C、D、E 等主题概念进行逻辑与组配，如果建库人员未从原始文献中把 C 词挑选出来作为标引词，该 C 主题词则表现为零，则整个检索式等于零，此时应删除 C 主题词的概念组面。

（4）采用截词检索。截词的形式通常有前方一致、后方一致和中间一致。有的检索系统提供了截词检索功能，运用这样的检索系统从事网络信息检索时，可以采用系统规定的截词算符对某一单元词可能构成的全部复合词进行检索，这肯定有助于增加命中文献的数量。当然另一方面，采用截词检索也可能导致误检。

(5) 利用布尔逻辑"或"("OR"),连接同义词、近义词或词的不同拼写形式,即增加连接的相关检索词。在人类语言中,词的同义关系普遍存在,这些相关的检索词用逻辑"或"("OR")运算符连接,将会增加命中文献的数量。

(6) 取消某些过严的限制,适当使用关键字或词在标题、文摘、甚至全文中查找。例如 CNKI 数据库,如果使用关键字或词在关键词字段中检索,效果不理想,可以考虑使用同样的关键字或词在篇名、中文摘要,甚至全文中检索。

2. 缩小检索

一般情况下,对查准率要求较高的检索课题,可以从缩小检索入手。

(1) 提高检索词的专指度。如果说降低检索词的专指度,可以增大检全率,提高检索词的专指度,自然会提高检准率。

(2) 提高检索提问表达式的网络度。通常的做法是在检索提问表达式中增加概念组面数,这样就提高了检索提问表达式的网络度。

(3) 增加概念进行限制。用逻辑"与"("AND")连接主题词来限定主题概念的相关检索项,或者利用逻辑"非"("NOT")限制一些不相关的概念,这样的限定可以缩小检索范围。

(4) 利用某些检索系统所提供的限定检索功能。这是计算机检索系统广泛采用的一种检索方法,它可以缩小检索范围,减少无关信息的输出,从而实现缩检的目标。例如在"维普数据库"中,我们可以利用扩展检索条件,如时间条件、专业限制、期刊范围等进行限制检索。

(5) 利用某些检索系统提供的二次检索功能。二次检索指以任意一次的检索结果的范围为基础,选用新的检索词进一步缩小范围,进行逐次逼近检索。

11.3　检索词的选取规律

如今,在计算机检索系统中,检索界面友好,功能强大,简单易用,用户无需太多的培训,就能从事计算机检索。但从用户从事计算机检索的实践看,检索的效果远没有人们想象的那么有效。利用计算机检索时,检索词选取的准确与否,往往是检索成败的关键。

1. 利用主题词表获取隐性主题

所谓隐性主题，就是在题目中没有文字表达，经分析、推理得到的有检索价值的概念，又称分析主题。如课题“能取代高残杀菌剂的理想品种”，其主题似乎只有“杀菌剂、（新）品种”，它没有直接表达，但实际隐含有“高效低毒农药”的隐性主题，因此，在检索中应加上“高效低毒农药”这样的术语。隐性主题获取的方法如下。

（1）利用《汉语主题词表》查寻隐性主题。《汉语主题词表》中的主题款目包括属、分、参照项，其中属、分项可用于查寻从属隐性主题，如战斗机属军用飞机，分战斗轰炸机；参照项可用于查寻相近隐性主题，如光纤通信参照光学纤维、玻璃纤维、纤维光学。

（2）利用词族表查寻隐性主题。利用词族表按词间等级关系成族展开的特点，可将之用于查寻隐性主题。如检索课题“高温合金”，在族首词“合金”下可查到耐热合金、镍铬耐热合金、超耐热合金、镍耐热合金。

（3）利用范畴表查寻隐性主题，范畴表具有把相同专业主题词集中的特点，用于查寻隐性主题。如检索课题“飞机舱”，在“航空器”类可查得炸弹舱、座舱、增压座舱、可抛座舱、短舱、吊舱、发动机舱。

2. 运用与选定检索词概念相同或相近的词

同义词和近义词在检索中占有重要地位。同一事物有不同的名称，在汉语中有，在英语中也有。有的是习惯语，有的是科学用语，还有的是别名等。同义词、近义词等同时并存，影响了检索的效果，如“制备”、“制造”、“合成”、“生产”等，每一个关键词下均能找到文献，但若采用其中一个关键词去检索，往往只能找到其中的一部分文献，导致了漏检、误检，所以，我们必须尽一切可能把同义词和近义词找全。如；有毒（toxic、poisonous）；设备（apparatus、equipment、device）；汽车（car、automobile、vehicle）等。总之，运用的同义词、近义词越全，文献查全率越高。

3. 注意选用国外惯用的技术术语

查阅外文文献时，一些技术概念的英文词若在词表查不到，最好先阅读国外的有关文献，弄清含义。如查有关“麦饭石应用”的国外文献，如果将麦饭石直译为“wheat rice stone”，显然这不是国外的专有名词，分析实质，考虑“麦饭石”是一种石头或矿物，其功能主要是吸收水中有害物质并释放出一定量的人体必需的微量元素，从而改善了水质，所以，应选用“改善”、“水质”、“石头或矿石”这几个概念进行检索，结果从 WPI（德温特）中检出相关的专利。德温特公司把麦饭石译为“BAKUNASEKI”，这样就查出了麦饭石的英文检索词。又如查找“人造金刚石”的文献，很可能用“manmade（人造）* diamonds（金刚石）”作为检索词，但“人造”的实质是“人工合成”，检索词的范围可放宽为“synthetic”、“artificial”等词。

4. 上位词或下位词的选取

上位词、下位词的检索方法有两种，一是直接采用“扩展检索”，这种方法是考虑主题概念的上位概念词。课题“加氢裂化防污垢的开发与应用研究”，将“加氢裂化”与“防污垢”组配，结果等于零。概念向上位“石油加工与石油炼制”的概念扩大，再与“防垢剂”组配，完成了课题的要求；另一种是将其上位词、下位词并用。如检索“血细胞”的有关文献。“血细胞”是“红细胞”、“白细胞”及“血小板”的上位词，反过来“红细胞”、“白细胞”及“血小板”是“血细胞”的下位词。而“白细胞”的下位词有“粒细胞”、“单核细胞”和“淋巴细胞”，应用“血细胞”的上下位词并用，扩展检索篇数明显大于用“血细胞”检索的篇数。

5. 异称词的选取

异称即不同地区、不同时代、不同场合下对同一事物的不同的称呼，如电磁活门（electromagnetic valve）也称为螺线管活门（solenoid）或线因（coi1）。异称的常见类型有如下几种。

（1）学名与俗名。如大豆与黄豆、马铃薯与土豆、乙酰水杨酸与阿司匹林、氢氧化铵与氨水。有商品名或俗名，最好将化学物质名称与它们联合起来使用。例如检索二溴羟基苯基荧光酮的文献，该物质商品名叫做新洁尔灭，所以在检索时也要将这个名称考虑进去，用物质名称与商品名组配检索。

（2）意译与音译。如电动机与马达，逻辑代数与布尔代数，形势几何学与拓扑学，激光器与莱塞、镭射。

（3）新称与旧称。如狗与犬，杜鹃与子规、杜宇，索引与通检，气功与导引、按绕、吐纳，记者与访员。

（4）异地称。如撰稿与文案、助产妇与稳婆、官员与官位、小偷与三只手。

（5）不同领域或行业的异称。如智囊在政界多称幕僚，而在军界称参谋。

（6）小时称与大时称。如小马称驹、小牛称犊、少儿称孩。

6. 简称及全称的选取

当检索的全称词里含有简称词时，则只用简称，当简称里不含全称时，检索时必须两者均用，两者之间用逻辑运算符或（OR）连接。如“肾综合征性出血热”和“出血热”，只查“出血热”即可；而“艾滋病”和“获得性免疫缺陷综合征”，则采用“艾滋病 OR 获得性免疫缺陷综合征”进行检索。

7. 从信息反馈中获得

有的课题因检索效果不理想，需要二次、三次检索，将第一次检索结果得到的信息反馈到第二次检索中去，可获得良好的检索效果。如检索“液压油污染测量模板”。用液压油（hydraulic oil）检索，没有查到对口文献，但是发现了隐性主题——液压液体（hydraulic liquid），用液压液体检索，查得英国专利“液压液体污染等级测量仪”，该专利技术内容与检索课题很相似，满足了用户申报专利对对比文献的需要。检索者应尽可能仔细阅读检索获取的相关文献，从中得到重要线索，再进行第二次、第三次检索，往往会得到意想不到的效果。

8. 变体分析

变体分析即找出词或词组的各种变化形式，常见的变体有以下几种。

（1）拼写变体，如 center→centre. meter→metre。

（2）单数变复数，如 silicon carbide→silicon carbides。

（3）分离形式变连体形式，book case→bookcase，data base→database。

9. 少用或不用对课题检索意义不大的词

检索时避免使用无关紧要、参考价值不大、频率较低或专指性太高的词；一般不选用动词和形容词；不使用禁用词；尽量少用或不用不能表达课题实质的高频词，如“分析”、“研究”、“应用”、“利用”、“方法”、“发展”、“展望”、“趋势”、“现状”、“动态”、“影响”等词，必须用时、应与能表达主要检索特征的词一起组配，或增加一些限制条件再用。

10. 相关词的选取

相关词是指选择与检索主题相关的词。选择检索主题的相关词，要根据检索的需要，利用与检索主题彼此在概念上处于相互关联、交错、矛盾、对立，以及作为主题的工具、材料、原因、结果及用途等关系进行选词。例如

“热效率”主题概念与“热损失”概念相矛盾，如果检索主题需要，应选择“热效率”作为“热损失”的相关词。如果某一物质确实非常复杂，还可以考虑根据用途进行补充检索。例如 N-月桂酰—9—丙氨酸，它的唯一用途是生物表面活性剂，那么可以用“生物表面活性剂”作为关键词进行检索。

11.4　控制检索效果的措施

信息检索效果是评价检索系统性能优劣和检索策略高低的标准，它贯穿于信息检索的全过程。用户在进行信息检索时，总希望获得满意的检索效果，既要求有满意的查全率，又要有理想的查准率。然而，具体到每一个用户，他们对检索效果的关注点不一样，对查全率和查准率也有不同的标准，这取决于他们的检索目的，如表 11-1-1 所示。

表 11-1-1　不同检索者要求的检索效果

检索者	检索目的	关注的检索效果	首选文献类型
专科 生、本科生	了解常识	查全率	图书或者期刊
研究生	查资料写论文	查准率	期刊或者学位论文
工程师	检索同类专利、申请专利	查准率	专利
投资者	比较并选择合适的投资项目	查全率	专利

因此，不同的检索者和检索课题对文献信息的需求都不尽相同，用户应根据自身需要和课题特点，选择质量高的检索工具，适当调整查全率和查准率，并努力提高检索水平，优化检索策略，以达到最佳检索效果。

1. 选择质量较高的检索工具

评价检索工具的优劣主要看它的存储功能和检索功能，即“全”、“便”、“新”。“全”是指收录范围全面、内容丰富，文献量大，摘储率高，著录详细，这是实现检索的物质基础。“便”是便于利用，它是检索系统的必备条件，一般指编排机构是否简便易用，检索语言是否准确实用，检索途径是否完备可行等。“新”是指收录的文献内容新、时差短，以保证提供的文献新颖及时。

2. 合理提高查全率和查准率

查全率和查准率之间存在互逆关系。如果对检索系统要求较高的查全率，则查准率必然下降，反之亦然。所以，在实际检索中，欲达到较好的检索效果，必须根据课题的具体要求，合理调整查全率和查准率，使其达到一个最佳比例。

（1）跨库检索。首选综合检索工具，结合专业检索工具。例如，CNKI 的跨库检索界面、专业的数据库，如《化学文摘》数据库、《生物学文摘》数据库对于专业性文献的收录全面而准确，兼顾了查全率和查准率。

（2）分类途径和主题途径等多途径结合使用。分类途径结合主题途径兼顾查全率和查准率。

（3）尝试多次检索，在失败中调节检索策略，阅读已知的信息，增加背景知识。例如，先检索搜索引擎 Google、百科全书、词典、手册及文献综述等，寻找更多词汇；或阅读国际专利分类表，寻找专利分类号；或在维普资讯网的“分类检索”单击中国图书馆图书分类表，寻找图书和期刊论文的分类号。

3. 提高检索者的检索水平

检索者的检索水平是提高检索效果效率的核心因素。检索者应具备一定的检索语言知识，能正确理解检索课题的实质要求，选取正确的检索词，并能合理使用逻辑组配符完整地表达信息需求的主题；还要能灵活运用各种检索方法和检索途径，制订最优的检索策略，同时在检索过程中采用严谨的科学态度，耐心细致地检查检索步骤各环节，例如，检查输入内容是否与字段符合，检索式是否多了空格等，以减少人为的错检和漏检。

小 结

本章主要介绍检索效果评价。信息检索系统评价的核心是检索性能评价。检索性能评价是根据一定的评价指标对实施信息检索活动所取得的成果进行客观科学评价，以进一步完善工作的过程。评价检索效果的指标主要有：查全率、查准率、漏检率、误检率以及新颖率、检索速度等。其中主要指标是查全率和查准率。

练习题

1. 判定检索效果的主要标准有哪些项？说明这两项之间的关系。
2. 扩大检索与缩小检索分别有哪些措施？
3. 中文期刊数据库检索中有哪些常见问题？
4. 检索词的选取有哪些规律？

附　录

附录 A　现代信息资源网站推荐

国内部分高校文献检索课件网站

复旦大学图书馆文献检索课件网站：http：//202. 120. 76. 227/jiaoyanshi/dzjc/index. htm

同济大学图书馆文献检索课件网站：http：//www. lib. tongji. edu. cn

江南大学图书馆文献检索课件网站：http：//lib. sytu. edu. cn/jpkc/index. html

山东农业大学图书馆文献检索课件网站：http：//202. 194. 143. 1/new2006/du-zhe-zhi-nan/pei-xun-ke-jian. htm

浙江工业大学图书馆文献检索课件网站：http：//210. 32. 205. 63/webnew/yhpx/index. html

哈尔滨工业大学图书馆文献检索课件网站：http：//202. 118. 250. 135/zhuye/jiaoxueyd. htm

华南理工大学图书馆文献检索课件网站；http：//202. 38. 232. 210/qingbao/yhjy/jyzy. htm

广东工业大学图书馆文献检索课件网站：http：//222. 200. 98. 43/info/

华中科技大学图书馆文献检索课件网站：http：//202. 114. 9. 3/jsk/index. nsf/index? OpenForm

信息门户网站

生命科学学科信息门户：http：//biomed. csdl. ac. cn

资源环境信息门户：http：//www. resip. ac. cn

数理学科信息门户：http：//phymath. csdl. ac. cn
图书情报信息门户：http：//www. tsg. net. cn
中国法网信息门户：http：//www. cnlaw. net
中国科技论文在线：http：//www. paper. edu. cn

电子图书网站

网络新时代：http：//www. mypcera. com/
白鹿书院：http：//oklink. net/
读书网：http：//www. dushu999. com/
新浪读书频道：http：//book. sina. com. cn/

报纸网站

人民日报：http：//www. people. com. cn/
中国青年报：http：//zqb. cyol. com/
中国日报：http：//www. chinadaily. com. cn/
21 世纪英文报：http：//www. 21stcentury. com. cn/

专利网站

国家知识产权局：http：//www. sipo. gov. cn/sipo2008/zljs/
中国专利信息检索系统：http：//search. cnpat. com. cn/
日本特许厅：http：//www. jpo. go. jp/
IBM 知识产权网站：http：//www. delphion. com/home/
世界知识产权组织 PCT 数据库：http：//pctgazette. wipo. int/

标准化网站

中国标准化管理委员会网：http：//www. sac. gov. cn/
中国标准科技信息咨询网：http：//www. zgbzw. com/
中国标准服务网站：http：//www. cssn. net. cn/
国际标准化组织（ISO）：http：//www. iso. org/iso/home. htm/
国际电工委员会（IEC）：http：//www. iec. cn/
美国国家标准学会（ANSI）：http：//webstore. Ansi. org/

化学化工资源网站

化学信息门户（ChIN）：http：//chemport. ipe. ac. cn
化学品信息网站（chemblink）：http：//www. chemblink. com/index. htm
化学之门：http：//www. chemonline. net/chemengine
中国化工信息网：http：//www. cheminfo. gov. cn
中国化学化工论坛：http：//www. ccebbs. com/
复合材料搜索引擎：http：//www. composites. com
ChemWeb. com：http：//www. chemweb. com/
ChemCenter：http：//portal. acs. org
Chemistry WebBook：http：//webbook. nist. gov/chemistry/
Chemfinder：http：//www. chemfinder. com/

统计年鉴网站

中国统计年鉴：http：//www. stats. gov. cn/
中国卫生统计年鉴：http：//www. moh. gov. cn/

经济网站

中国经济信息网：http：//www. cei. gov. cn/
中国宏观经济信息网：http：//www. macrochina. com. cn/
中国经济：http：//www. ce. cn/

法律网站

法搜——中国法律信息搜索网：http：//www. qseek，net/
中国法律信息网：http：//www. law-star. com/
北大法律信息网：http：//www. chinalawinfo. com/
国信中国法律网：http：//www. ceilaw. com. cn/
法制网：http：//www. bylm. net/

专业学术论坛

小木虫论坛：http：//www. emuch. net/

研学论坛：http：//bbs. matwav. com/
零点花园：http：//www. soudoc. com/
阿果资源网：http：//www. agpr. net/bbs/
网上读书园地：http：//readfree. net/bbs/index. php/
博研联盟：http：//www. bylm. net/

在线翻译网站

英库翻译：http：//www. engkoo. com/
Google 翻译：http：//translate. google. cn/
金山词霸：http：//www. iciba. net/
CNKI 翻译助手：http：//dict. cnki. net/
雅虎在线翻译：http：//fanyi. cn. yahoo. com/

试题网站

随你问：http：//www. gogoask. com/
中国试题网：http：//www. kaoshi8. com/
新浪考试：http：//edu. sina. com. cn/
考无忧试题网：http：//www. k51. cn/

考研网站

你来我网：http：//www. okhere. net/
中国考研网：http：//www. cnky. net/
中国考研网：http：//www. chinakaoyan. com/
考研共济网：http：//www. kaoyanij. com/
网聚考研人的力量：http：//www. kaoyanren. com/
考研宝典：http：//www. exambook. net/
考研加油站：http：//www. kaoyan. com/

英语网站

爱思英语：http：//www. 24en. com/
星火英语网：http：//sparke. cn/

听力特快：http：//www. listeningexpress. com/

招聘网站

中华英才网：http：//www. chinahr. com/
前程无忧：http：//www. . 51job. com/
智联招聘：http：//www. zhaopin. com/
国家公务员网：http：//www. chinagwy. org/
528 招聘网：http：//www. 528. com. cn/
搜狐就业频道：http：//learning. sohu. com/jiuye/

附录 B　英汉信息检索常用词汇

abbreviated	缩写的
abbreviation listing	缩写刊名目录
abstracts	文摘
academic	学术的
accession number	登记号（存取号、入藏号）
access path	访问路径
acknowledgment	致谢
address	地址
advanced search	高级检索
all fields	所有（任意）字段
alphabetic list	字顺表
alphabetical list of journals	期刊名首字母一览表
anywhere	任意字段
applicant	申请人
application serial number	申请号
application date	申请日期
application type	申请类型
articles	文章（论文）
art & humanities citation index	艺术与人文引文索引

assignee name	受让人姓名
assignee city	受让人所在城市
assistant examiner	助理审查员
attorney or agent	（专利）律师或代理人
author	著作
author affiliation	著作单位
auto stemming off	自动取词根（EI 数据库）
biographical	传记
Boolean operator	布尔运算符
browse	浏览
browser	浏览器
CAS registry handbook	美国化学文摘社登记号手册
Catalogue	目录
Chemical Abstracts	美国《化学文摘》
Chemical Abstracts service source index	《化学文摘》来源索引
Chemical substance index	化学物质索引
China National Knowledge Infrastructure（CNKI）	中国知识基础设施工程
citation index	引文索引
cited	被引用
cited reference	被引文献
claim（s）	权利要求
classification	分类（号）
combining previous search	合并以前的检索
competitive intelligence（CI）	竞争情报
conference	会议
corporate author	团体作者
corporate name	机构名称
criteria	标准（检索式）
cross-license	交叉许可
current US classification	美国（专利）分类号
default fields	默认字段

descriptor	叙词
dissertation	硕士论文
document	文献
document retrieval	文献检索
document type	文献类型
DOI （digital object identifier）	数字化对象识别符
description/specification	专利说明书
electrical and electronics abstracts	电器与电子学文摘
encyclopedia	百科全书
exact phrase	精确匹配
expanded search	扩展检索
expert search	专家检索
field search	字段检索
foreign priority	外国优先权
formula index	分子式索引
free keyword	自由题词
fuzzy search	模糊检索
general subject index	普通主题检索
government interest	政府利益
group author	团体作者
hierarchical list of thesaurus terms	词族表
homograph definitions	同形异义释义
IEEE	电气和工程师协会
IF （impact factor）	影响因子
illustrative structure diagrams	结构式图解
index	索引
information	信息（情报）
information resources	信息资源
information retrieval	信息检索
interface	界面
international classification	国际专利分类号

inventor country	发明人所在国家
inventor name	发明人姓名
IPC（international patent classification）	国际专利分类号（法）
ISBN	国际标准书号
ISSN	国际标准刊号
issue	（第几）期；出版；发行
issue data	（专利）公布日期
journal（name）	期刊名称
journal citation report	期刊引用报告
journal articles	期刊论文
journal translation table	期刊转换表
keyword	关键词
knowledge	知识
language	语种
limit your search	限定检索范围
literature	文献
logon（log on）	登录
logout（log out）	注销
MARC（machine-readable cataloging record）	机读目录格式
match any words	任意词匹配
mirror site	镜面站点
monograph	专著
OA（open access）	开放存取
OPAC（online pubic access catalogue）	联机公共目录（查询系统）
organization	机构（单位）
patent	专利
patent family	同族专利
patentee	专利权所有人
patent number	专利号
patent index	专利索引
peer reviewed	经过同行评议的

precision ratio	查准率
periodicals	期刊
phrase search	短语检索
portable document format（PDF）	便携式文档格式
primary examiner	主要审查员
priority	(专利）优先权
publisher	出版公司（出版商）
publication	出版物
publication year	出版年
quick search	快速检索
query	查询
recall ratio	查全率
reference	参考文献
registry	注册（登记）
related record	相关记录
relevancy ranked	相关度排列
result	(检索）结果
retrieval	检索
retrieval strategy	检索策略
reviews	述评
science citation index	科学引文索引
search criteria	搜索条件
search engine	搜索引擎
search history	检索史检索
selective dissemination of information	定题服务
serial number	流水号
series of monographs	丛书
simple search	简单检索
social sciences citation index	社会科学引文索引
source publication	刊名（来源出版物）
source title	题名（来源出版物）

sources share	资源共享
standard	标准
storage	存储
subheadings	副主题词
subject	主题
subject extracting	主题抽取
summary	综述
technical report	技术报告
term	项、条
thesaurus	叙词表（主题词表、同义词典）
thesis	（博士）论文
title	篇名（题名、标题）
topic	主题
truncation search	截词检索
update	更新内容
virtual library	虚拟图书馆
volume	卷

参考文献

1. 肖珑，赵飞. 面向学习环境的大学生信息素养体系研究［J］. 大学图书馆学报，2015，（5）：50-57.
2. 杨守文，杨健安. 科技查新典型案例解析［M］. 北京：化学工业出版社. 2014.
3. 王晶晶，朱本军，肖珑. 演变中的学术环境和图书馆资源建设新方向—第三届中美调查图书馆合作发展论坛会议综述［J］. 大学图书馆学报，2015，（5）：5-11.
4. 吴长江，朱丽君，黄克文. 现代信息资源检索案例化教程［M］. 武汉：华中科技大学出版社. 2011.
5. 燕今伟，刘霞. 信息素质教程［M］. 武汉：武汉大学出版社. 2008
6. 周文荣. 信息资源检索与利用［M］. 北京：化学工业出版社. 2000.
7. 谢德体，陈蔚杰，徐晓琳. 信息检索与分析利用［M］. 北京清华大学出版社，2007.
8. 何丽梅，喻萍等. 实用文献信息资源检索［M］. 北京化学工业出版社，2002.
9. 朱丽君. 信息资源检索于应用［M］. 北京：化学工业出版社，2004.
10. 柯平. 信息素养与信息检索概论［M］. 天津：南开大学出版社，2005.
11. 谷琦. 数字对象唯一标识 DOI 的应用研究［J］. 现代情报，2009，29（5）：73-76.
12. 蔡志勇. 教你免费查专利［M］. 北京：化学工业出版社，2008.
13. 周晓兰，金声，谢红. 科技信息检索与利用［M］. 北京：中国电力出版社，2008.
14. 刘绿茵. 电子信息检索与利用［M］. 北京：机械工业出版社，2007.
15. 王细荣，韩玲，张勤. 文献信息检索与论文写作［M］. 上海：上海交通大学出版社，2006.
16. 葛敬民. 信息检索实用教程［M］. 北京：高等教育出版社，2005.
17. 腾胜娟，蓝曦. 现代科技信息检索［M］. 北京：中国纺织出版社，2007.
18. 阎维兰，刘二稳. 信息检索［M］. 北京：北京邮电大学出版社，2005.
19. 邓亚桥. 当代信息检索［M］. 长春：吉林人民出版社，2001.
20. 张厚生. 信息检索［M］. 南京：东南大学出版社，2002.
21. 顾文佳. 信息检索与利用［M］. 北京：经济科学出版社，2001.
22. 邵学广等. 化学信息学（第 2 版）［M］. 北京：科学出版社，2005. 4.
23. 孙建军等. 信息检索技术［M］. 北京：科学出版社，2004. 10.
24. 中科院李一斌：RFID 标准之争即利益之争［EB/OL］.（2009-11-16）.［2010-02-

19]. http://info. secu. hc360. com/20019/11/161332184260. shtml.
25. ProQust 学位论文全文检索系统［EB/OL］.［2010-01-11］. http://proquest. calis. edu. cn/umi/index. jsp.
26. 陈勤. 网络免费资源的类型与检索策略［J］. 晋图学刊 2008（2）：40-43
27. 贺晓利. 信息资源网络检索的特点、问题及对策［J］. 现代情报，2007（5）：72-73.
28. http://www. sipo. gov. cn/sipo2008/zljs.
29. http://www. cqvip. com
30. http://www. cnki. net
31. 邓亚桥. 当代信息检索［M］. 长春：吉林人民出版社，2001. 4.
32. R. 霍克. Internet 通用搜索引擎检索指南［M］. 金丽华译. 沈阳：辽宁科学技术出版社，2003. 2.
33.（美）弗莱茨. 施奈德等，杨廷郊等译. Internet 第一搜索引擎—Google 检索指南［M］. 沈阳：辽宁科学技术出版社，2005. 1.
34. 杨凝清. 医学信息教育［M］. 青岛：青岛海洋大学出版社，2002.
35. 张海正. 信息检索［M］. 合肥：安徽科学技术出版社，2007.
36. 张辉. 信息检索与利用［M］. 济南：山东人民出版社，2006.
37. 陈述年. 大学文献信息检索教程［M］. 上海：华东理工大学出版社，2006.
38. 周和玉，郭玉强. 信息检索与情报分析. 武汉：武汉理工大学出版社，2007.
39. 孙乐民. 科技论文写作与投稿［M］. 长沙：国防科技大学出版社，2001.
40. 李庚全. 教师科研向导［M］. 北京：中国社会出版社，2005.
41. 王园春. 科技信息检索与利用［M］. 北京：石油工业出版社，2006.
42. 孙国瑞. 知识产权法教程［M］. 北京：对外经济贸易大学出版社，2007.
43. 王雁书. 知识产权保护概论［M］. 郑州：河南大学出版社，2005.
44. 常红. 基于网络论坛的学术交流模式探讨［M］. 现代情报，2005，（6）：6-8.